物资管理理论与实务

（修订本）

曹俊超　戴克商　　编著

清华大学出版社

北京交通大学出版社

·北京·

内 容 简 介

　　本书比较全面地阐述企业物资管理理论和实务，共分 13 章：物资管理概述、物资消耗定额、物资储备定额、企业物资供应计划、物料需求计划（MRP）、供货单位选择、物资采购、企业物资运输管理、供料管理、库存管理、物资供应统计、物资供应核算、供应链管理环境下采购和库存管理策略。各章内容简明扼要，并附有学习目标、本章小结和思考题，有助于学生对本章各知识点的掌握；多数章节附有学习资料、案例分析、自测题，便于理解、掌握和拓展所学知识在实际中的应用。

　　本书注重基础知识，讲究实用，是财经管理类专业课程教材，也可作为从事企业物资管理工作人员的工作参考书。

图书在版编目（CIP）数据

物资管理理论与实务 / 曹俊超，戴克商编著. — 北京：清华大学出版社；北京交通大学出版社，2006.1（2019.7 重印）

　（21 世纪高职高专规划教材·财经管理系列）

　ISBN 978-7-81082-669-3

Ⅰ. 物…　Ⅱ. ① 曹…　② 戴…　Ⅲ. 物资管理-高等学校：技术学校-教材　Ⅳ. F251

中国版本图书馆 CIP 数据核字（2005）第 146400 号

责任编辑：吴嫦娥

出版发行：清 华 大 学 出 版 社　　邮编：100084　　电话：010-62776969
　　　　　北京交通大学出版社　　邮编：100044　　电话：010-51686414

印　刷　者：北京鑫海金澳胶印有限公司

经　　　销：全国新华书店

开　　本：185×260　印张：18.5　字数：474 千字

版　　次：2019 年 7 月第 1 版第 1 次修订　　2019 年 7 月第 7 次印刷

书　　号：ISBN 978-7-81082-669-3/F·140

印　　数：11 001～13 000 册　　定价：49.00 元

出 版 说 明

　　高职高专教育是我国高等教育的重要组成部分，它的根本任务是培养生产、建设、管理和服务第一线需要的德、智、体、美全面发展的高等技术应用型专门人才，所培养的学生在掌握必要的基础理论和专业知识的基础上，应重点掌握从事本专业领域实际工作的基本知识和职业技能，因而与其对应的教材也必须有自己的体系和特色。

　　为了适应我国高职高专教育发展及其对教学改革和教材建设的需要，在教育部的指导下，我们在全国范围内组织并成立了"21世纪高职高专教育教材研究与编审委员会"（以下简称"教材研究与编审委员会"）。"教材研究与编审委员会"的成员单位皆为教学改革成效较大、办学特色鲜明、办学实力强的高等专科学校、高等职业学校、成人高等学校及高等院校主办的二级职业技术学院，其中一些学校是国家重点建设的示范性职业技术学院。

　　为了保证规划教材的出版质量，"教材研究与编审委员会"在全国范围内选聘"21世纪高职高专规划教材编审委员会"（以下简称"教材编审委员会"）成员和征集教材，并要求"教材编审委员会"成员和规划教材的编著者必须是从事高职高专教学第一线的优秀教师或生产第一线的专家。"教材编审委员会"组织各专业的专家、教授对所征集的教材进行评选，对所列选教材进行审定。

　　目前，"教材研究与编审委员会"计划用2～3年的时间出版各类高职高专教材200种，范围覆盖计算机应用、电子电气、财会与管理、商务英语等专业的主要课程。此次规划教材全部按教育部制定的"高职高专教育基础课程教学基本要求"编写，其中部分教材是教育部《新世纪高职高专教育人才培养模式和教学内容体系改革与建设项目计划》的研究成果。此次规划教材按照突出应用性、实践性和针对性的原则编写并重组系列课程教材结构，力求反映高职高专课程和教学内容体系改革方向；反映当前教学的新内容，突出基础理论知识的应用和实践技能的培养；适应"实践的要求和岗位的需要"，不依照"学科"体系，即贴近岗位，淡化学科；在兼顾理论和实践内容的同时，避免"全"而"深"的面面俱到，基础理论以应用为目的，以必需、够用为度；尽量体现新知识、新技术、新工艺、新方法，以利于学生综合素质的形成和科学思维方式与创新能力的培养。

　　此外，为了使规划教材更具广泛性、科学性、先进性和代表性，我们希望全国从事高职高专教育的院校能够积极加入到"教材研究与编审委员会"中来，推荐"教材编审委员会"成员和有特色的、有创新的教材。同时，希望将教学实践中的意见与建议，及时反馈给我们，以便对已出版的教材不断修订、完善，不断提高教材质量，完善教材体系，为社会奉献更多更新的与高职高专教育配套的高质量教材。

　　此次所有规划教材由全国重点大学出版社——清华大学出版社与北京交通大学出版社联合出版，适合于各类高等专科学校、高等职业学校、成人高等学校及高等院校主办的二级职业技术学院使用。

21世纪高职高专教育教材研究与编审委员会

2006年1月

目 录

第1章　物资管理概述 ················ 1
1.1　物资的分类和物资管理的意义 ··· 1
1.2　物资管理的任务和内容 ·········· 4
1.3　物资管理的组织机构设置和
　　　程序 ························· 6
◇　本章小结 ·························· 11
◇　案例分析 ·························· 11
◇　学习资料 ·························· 19
◇　思考题 ···························· 21

第2章　物资消耗定额 ················ 22
2.1　物资消耗定额概念和作用 ······· 22
2.2　物资消耗定额的制定原则和
　　　方法 ························· 24
2.3　主要原材料消耗定额的制定 ····· 27
2.4　辅助材料和其他物资消耗定额的
　　　制定 ························· 35
2.5　物资消耗定额的执行与管理 ····· 37
◇　本章小结 ·························· 45
◇　学习资料 ·························· 45
◇　思考题 ···························· 46
◇　自测题 ···························· 47

第3章　物资储备定额 ················ 48
3.1　物资储备定额的概念和作用 ··· 48
3.2　物资储备定额的分类和构成 ··· 51
3.3　物资储备定额的制定方法 ······· 52
3.4　物资储备的管理 ················ 59
◇　本章小结 ·························· 61
◇　学习资料 ·························· 61
◇　思考题 ···························· 63
◇　自测题 ···························· 64

第4章　企业物资供应计划 ········· 65
4.1　物资供应计划的编制 ············ 65

4.2　年度物资需用量的确定 ·········· 68
4.3　年度物资采购量的确定 ·········· 72
4.4　物资供应计划的执行与
　　　检查分析 ····················· 74
◇　本章小结 ·························· 78
◇　学习资料 ·························· 78
◇　思考题 ···························· 82

第5章　物料需求计划（MRP） ········ 83
5.1　物料需求计划概述 ··············· 83
5.2　物料需求计划的编制 ············ 92
◇　本章小结 ·························· 102
◇　学习资料 ·························· 103
◇　思考题 ···························· 105
◇　自测题 ···························· 106

第6章　供货单位选择 ················ 107
6.1　供需关系 ······················· 107
6.2　供货单位的选择 ················· 109
6.3　与供货单位的联合计划 ·········· 112
6.4　进货质量管理 ··················· 114
◇　案例分析 ·························· 116
◇　本章小结 ·························· 116
◇　学习资料 ·························· 117
◇　思考题 ···························· 117

第7章　物资采购 ····················· 118
7.1　物资采购概述 ··················· 118
7.2　物资采购 ······················· 119
7.3　物资采购合同的管理与执行 ··· 130
◇　本章小结 ·························· 131
◇　学习资料 ·························· 132
◇　思考题 ···························· 144

第8章　企业物资运输管理 ··········· 145
8.1　物资运输的作用与内容 ··· 145

8.2　物资合理运输 ·················· 146

8.3　物资合理运输的定量分析

　　　方法 ···························· 149

◇　本章小结 ······················ 164

◇　学习资料 ······················ 165

◇　思考题 ·························· 166

◇　自测题 ·························· 167

第9章　供料管理 ················ 169

9.1　供料管理的主要内容 ·········· 169

9.2　供料方式 ···················· 170

9.3　仓库管理 ···················· 175

9.4　物资的节约和综合利用 ········ 188

◇　本章小结 ······················ 190

◇　学习资料 ······················ 190

◇　思考题 ·························· 194

第10章　库存管理 ··············· 195

10.1　库存管理概述 ················ 195

10.2　确定性需求下的库存管理 ····· 197

10.3　时变需求下的库存控制 ······· 207

10.4　随机需求下的库存控制 ······· 211

10.5　进消差库存控制模型 ········· 216

◇　本章小结 ······················ 223

◇　案例分析 ······················ 224

◇　学习资料 ······················ 227

◇　思考题 ·························· 231

◇　自测题 ·························· 231

第11章　物资供应统计 ··········· 233

11.1　物资的收支与结存统计 ········ 233

11.2　物资综合平衡统计 ············ 239

◇　本章小结 ······················ 241

◇　学习资料 ······················ 241

◇　思考题 ·························· 242

第12章　物资供应核算 ··········· 243

12.1　材料收发的核算 ·············· 243

12.2　库存材料的核算 ·············· 250

◇　本章小结 ······················ 253

◇　学习资料 ······················ 254

◇　思考题 ·························· 255

第13章　供应链管理环境下采购和

　　　　　库存管理策略 ········· 256

13.1　供应链管理环境下的采购

　　　管理 ························ 256

13.2　准时采购策略 ················ 260

13.3　供应商管理 ·················· 262

13.4　供应链管理环境下的库存

　　　管理 ························ 267

13.5　供应链管理环境下的库存

　　　管理策略 ···················· 273

13.6　战略库存控制：工作流

　　　管理 ························ 286

◇　本章小结 ······················ 287

◇　学习资料 ······················ 287

◇　思考题 ·························· 288

参考文献 ························· 289

后记 ····························· 290

第 *1* 章

物资管理概述

学习目标

1. 了解物资管理的意义
2. 理解物资的分类
3. 掌握物资管理内容和任务
4. 掌握物资管理工作的程序

随着全球经济一体化进程的不断加速，我国经济融入全球经济的速度不断加快，我国企业承受的竞争压力不断加强，企业不仅要接受国内同行的激烈竞争，而且要直接面对国际跨国公司更加残酷的全方位竞争。国际跨国公司不仅利用其强大的科研实力决胜于中高端市场，而且携其品牌、资金、全球供应与制造网络和成本控制能力决战于低端市场。如此不利的外部环境，迫使我国企业必须在物资管理方面摒弃先前的粗放式经验管理，采用更加科学的管理方法和手段，减少物资消耗，降低产品成本，增强企业竞争力。

1.1 物资的分类和物资管理的意义

1.1.1 物资的范围

物资是物质资料的简称，包括生产资料和生活资料。企业的物资，是指用于产品生产制造过程中所消耗的各种外购的生产资料，如原料、材料、辅助材料、燃料、动力、工具和机械、仪表、零部件等物质。它不包括土地、列作固定资产的机器设备等生产资料。

1.1.2 物资的分类

企业所需物资面广、量大、品种多、规格杂、变化大，各种不同的物料在供应渠道、计划管理、定额制度、使用保管上都有不同的特点和要求。因此，有必要对企业物资进行科学的分类。

1. 按物资在生产中的作用分类

（1）原料、主要材料

是指那些用于生产过程，经加工后构成产品主要实体的各种材料。但原料和主要材料又有区别。原料一般是指采掘工业和农业的产品，如炼铁用的铁矿石，纺纱用的棉花，面粉厂用的小麦等。主要材料是指加工过的工业成品或半成品，是经过进一步加工过的原料，如铸造用的生铁，制造机床用的钢材，织布用的棉纱等。在实际工作中，人们往往把原料和主要材料合称为原材料。

（2）辅助材料

是指用于生产过程，有助于产品形成，但本身不加入产品实体，或者虽然加入产品，但不构成产品主要实体的各种材料，以工业企业为例，按其在生产中的不同作用，又可以分为以下4种：

① 和原材料相结合，使原材料发生物理或化学变化，从而满足既定技术要求的各种材料，如炼铁用的石灰石，炼油用的催化剂，家具生产中的胶水和油漆；

② 和劳动资料使用有关的物资，如与机器设备使用有关的润滑油、链条、皮带腊等；

③ 为创造正常劳动条件而耗用的物资，如工作照明用的灯泡、取暖设备上的暖气片等；

④ 作为产品的次要组成部分，如机器上的油漆等。

（3）燃料

是指用于工艺制造、动力生产、运输和取暖等方面产生热能、动能的煤炭、汽油、木柴等可燃性物资。它属于特殊的辅助材料，由于其在生产过程中具有重要作用，故单独归类。

（4）动力

是指用于生产和管理等方面的电力、蒸汽、压缩空气等。它也是一种特殊的辅助材料。

（5）配件

是指预先准备的用于更换设备中已经磨损和老化的零部件的各种专用备件。

（6）工具

是指生产中消耗的各种刀具、量具、卡具等。

（7）劳动保护用品

是指在生产过程中对工作人员起保护作用的物资，如工作服、手套、安全帽等。

物资的这种分类法，主要根据物资在生产中的作用来确定。同一种物资，由于它在生产中的用途不同，有时作为主要材料，有时则作为辅助材料。如木材，用于制作产品包装箱时，是属于辅助材料，但当它用于制作家具时则又成为主要材料。也有些物资，既可作为原材料，又可作为燃料。如煤炭，一般作为燃料使用，但可以用来提炼多种多样的化工产品，因而在化工企业中它就成为一种主要原材料。

这种分类方法便于企业制定各种物资消耗定额和储备定额，计算各种物资需要量；同时，也为计算产品成本和核定储备资金定额等提供依据。

2. 按物资的自然属性分类

（1）金属材料

包括黑色金属（如钢、铁）、有色金属（如铜、铝、铅、锌）和稀有金属。

（2）非金属材料

包括化工产品、石油产品、纺织产品和建工产品等。

（3）机电产品

电机、电线、仪表，机械设备，电子和光学仪器，液压配套件等。

这种分类方法便于企业编制物资供应目录，以及根据物料的物理、化学性能进行不同的采购、运输和保管。

3. 按物资使用范围分类

（1）生产产品用料

（2）基本建设用料

（3）经营维修用料

（4）科研试制用料

（5）技术措施用料

（6）工艺装备及非标准设备用料

这种分类方法便于企业进行物资核算和平衡，以及资金的预算和控制。

4. 按物资的 ABC 分类控制法（重点分析法）分类

企业所需物资品种多、规格杂、耗用量大，其价值大小和重要程度各不相同，如果对所有物资一样对待，全面控制，势必难以管好。ABC 分类控制法，就是把企业需用品种繁多的物资，按其重要程度、消耗数量、价值大小、资金占用等情况，分成 ABC 三大类。对 A 类物资实行重点管理，对 B 类物资实行一般管理，对 C 类物资实行次要管理。库存物资 ABC 分类标准见表 1-1。

表 1-1　库存物资 ABC 分类标准

类　别	物资品种占企业全部物资品种比重	资金占企业资金总额比重
A	5%～10%	70%～80%
B	15%～20%	20%～25%
C	70%～80%	5%～10%

对上述三类物资在库存控制和管理中采取不同的控制和管理方法。这样，就能简化物资管理工作，做到既能保证生产需用，又占用最少的费用，从而使企业获得良好的经济效益。

1.1.3　物资管理的涵义

企业的物资管理，是指对企业生产经营活动所需各种生产资料的供应、保管、合理使用等各项管理工作的总称。它主要包括物资供应计划的编制，物资的订货和采购；在途物资的运输；进厂验收、入库；物资消耗定额的制定和管理、仓库管理；生产投料前的加工准备；材料的发放；物资的节约和综合利用等工作。

1.1.4　物资管理的意义

企业的物资，是进行生产的物质条件。马克思指出："生产行为本身就它的一切要素来说，也是消费行为。""没有生产就没有消费，但是没有消费，也就没有生产。"任何企业要连续不断地周而复始地进行生产，就需要不断地补充生产中所消耗的各种生产资料。所以，企业物资管理工作做得好坏，直接影响到企业能否建立正常的生产秩序，进而影响到企业能否如期完成生产经营任务，影响企业信誉，最终影响企业的生产经济效益。具体有以下 4 个方面。

第一，做好物资管理工作，有利于企业建立正常的生产秩序，保证企业生产顺利进行。

每个企业每天都在进行着生产经营活动，需要消耗大量的物资。这些物资需要外部成千上万家企业来生产和供应。物资管理工作做得好，供应部门能够按时、按质、按量、按品种、按计划齐备地供应各种物资，企业生产经营才有可能按计划正常进行；相反，就有可能造成停工待料，生产经营不能有节奏地、均衡地进行，企业的生产能力不能充分发挥。企业在取得生产上所需的各种物资后，要发挥物资的最大效用，还必须做好计划、储存、领用、发放、统计等一系列组织管理工作，才能保证生产经营正常进行。

第二，做好物资的采购管理工作，有利于企业减少资金占用，降低物资购储成本，保证产品质量。

企业生产经营过程中所需的大量物资都需要通过采购从外部获取。在企业的流动资金中，物资储备所占的比重也很大。如果采购工作没有做好，采购批量太大，采购价格不合理，采购物资的质量没有得到有效控制，就会占用企业太多的资金，影响企业资金周转，影响产品质量，导致物资库存成本高。因此，做好物资采购工作，在确保采购物资质量的前提下，合理确定采购批量和采购价格，合理安排进货时间，既能保证生产所需和产品质量，又能减少资金占用，加速资金周转，降低物资购储成本。

第三，做好物资的运输管理工作，有利于企业降低外部物流成本。

我国加入 WTO 后，我国越来越多的企业可以从国内和国际两个市场上以更加可靠的质量和更加优惠的价格等条件采购生产所需物资，但同时面临着如何安排运输储存的问题。做好物资运输管理工作，合理安排运输路线，采用恰当的运输方式，选择合理的运输工具，提高运输工具的利用率，就能有效降低企业外部物流成本。

第四，做好物资的供料管理工作，有利于企业节约物料的耗用、避免浪费，降低产品生产成本，提高企业的经济效益。

在企业生产过程中物资管理部门如何依据物资使用部门的需要，采取什么样的方式进行供料又是一个需要认真对待的问题。我国企业在产品成本结构中，单是消耗在原材料上的费用，一般都在一半以上，有的可达 70%～80%。做好物资供料工作，采用集中下料、限额供料等方式，就能有效减少和充分利用下料过程中产生的边角料，提高物资利用率，监督物资供应和使用，从而有利于企业节约物资，防止浪费，提高生产员工的工时利用率，降低产品成本，最终提高企业的经济效益。

1.2　物资管理的任务和内容

1.2.1　物资管理的原则

物资管理工作影响到企业生产的多个方面，由于企业的类型不同、特点不同，所应遵循的物资管理原则也有一定的差异，但基本原则包括以下几点。

（1）保证生产、以产定购原则

进行物资管理的目的是为了满足企业生产所需，生产决定了物资采购的数量、品种和进度，进度决定了物资发放的要求，所以物资管理的首要原则就是保证生产，以产定购。企业必须以产定购，根据企业生产的产品品种和产量，作为物资管理的依据，编制物资供应计划，做到适用、齐备、及时地供应生产所需物资，避免出现停工待料或物资积压仓库现象。

（2）质量原则

质量决定着物资的使用价值。企业购买的原辅材料质量低劣，不仅反映出企业经营管理过程中存在严重问题，而且会造成企业生产出的产品质量降低，直接影响产品的销售和使用，给企业带来不可估量的经济损失和社会形象与信誉的损失。因此，物资管理人员必须遵循不符合质量要求的物资不投产的原则。

（3）信守合同原则

企业物资管理活动一定要严格遵守购销合同。这不仅有利于企业减少商品购销中的经济、法律纠纷，也有利于企业树立和维护良好的企业形象，有利于和其他企业建立长期的合作伙伴关系，稳定进货渠道，获得更有利的进货条件，从而更有利于企业生产的正常进行。

（4）合理库存原则

在市场经济条件下，一方面市场需求瞬息万变，企业的产品也必须随着更新换代；另一方面企业生产所需要的原辅材料大多数是从外购买的，为了保证生产连续并降低企业库存储备，客观上要求保持一定的库存量。库存量不能太多，库存量太多，一则占用太多资金，影响企业资金周转，增加库存费用；二则一旦产品滞销，生产停滞，容易造成物资积压，影响企业效益。因此，物资管理必须遵循合理库存原则，使库存量维持在一个合理水平上。

（5）资金安全原则

企业物资管理是一种将货币转变为原辅材料等物资的交换活动，这种交换活动只有在企业得到原材料等物资实体才算完结。在市场经济中，由于交货期的不同，货源状况不同及付款条件不同等，都会使这种交换活动发生时间、空间上的分离，从而增加了风险系数。所以物资管理部门要与财务部门密切配合采用合适的资金结算方式来保证资金安全，避免经济损失。

1.2.2　物资管理的任务

总的来说物资管理的任务，就是在社会主义市场经济条件下，根据党和国家的方针、政策，按照客观经济规律的要求，在物资管理工作中做到供应及时、周转快、消耗低、费用省，为全面完成企业生产经营计划服务。具体包括以下内容：

① 及时、按质、保量、按品种规格供应企业生产经营活动所需的各种物资；

② 合理组织物资的采购、运输、储存、发放等工作，尽量选用资源充足、价格低廉、质量有保证、路程较近、交通便利的资源，以加速资金运转，减少损耗、节约采购、运输、保管费用；

③ 制定先进合理的物料消耗定额，实行集中下料和限额发料，搞好物料综合利用和修旧利废，督促物料使用部门努力降低物料消耗；

④ 合理控制库存量，减少和消除物资积压，加速物资和资金的运转；

⑤ 积极采用新材料、新工艺，促进企业技术进步。

1.2.3　物资管理的内容

1. 编制物资供应计划

物资供应计划是企业年度生产经营计划的重要组成部分。在编制计划之前，必须要搜集、掌握各种有关的信息资料，包括企业的销售计划、企业的订货合同、企业年度生产计划，物资消耗定额、物资储备定额、上期物资计划执行情况和各种统计资料，以及经过调查研究整理的物资资源情况，市场供需情况，等等。对搜集得来的信息资料进行综合分析，并采取科学方法进行综合平衡核算，使编制的物资供应计划符合实际，切实可行。

2. 组织货源

根据物资供应计划的要求采取可行的方式、方法和策略，选择恰当的购销渠道，确定最佳供应商。当物资有多种供应来源而且企业可以自由选择时，尽量选择质量高、价格低、距离近、交通便利和其他供货条件优越的货源，合理规划物资运输，以降低库存成本，节约外部物流成本。

3. 物资消耗定额管理

企业的物资消耗费用占了产品成本的很大比重，降低单位产品的物资消耗是降低产品成本的重要途径。物资管理部门应广泛地利用科学研究的最新成果，密切配合企业的生产技术部门，开发新产品，改进老产品，提高产品质量，改革生产工艺等，提供新材料和代用料、新工具等工艺方面的情报资料，尽最大可能及时地制定或修订企业生产的各种产品的物资消耗定额，编制物资消耗定额文件，为编制物资供应计划及仓库发料提供依据。

4. 仓库管理

物资管理部门对物资的管理一定要管购、管收、管供、管用、管节约，依据企业的订货合同、生产计划和物资消耗定额，把好进货入库质量关，严格物资的发放、回收、保管制度，实行集中下料，限额供料，开展物资节约、代用和综合利用，消除和减少储存中的损耗及呆滞物料，提供企业材料利用率，监督和促进物资使用部门降低单位产品的物资消耗。

5. 库存量控制和储备资金管理

合理的库存量是保证生产正常进行的前提。物资管理部门应根据物资的供求情况、物资需求性质及企业的保存成本、订货成本和购货成本，采用科学的方法，制定先进合理的物资储备定额，加强物资储备定额的管理工作，合理控制物资储备量和储备资金，加速资金周转，降低库存成本，提高经济效益。

6. 物资供应统计与核算

通过物资供应统计，分析研究物资供应中收支与结成之间的关系，及时发现、解决可能存在的问题与不足，以保证物资的供应。通过物资供应核算，为产品成本核算和资金平衡提供依据。

7. 建立健全物资管理的规章制度

建立健全物资管理的规章制度是搞好物资管理工作的重要前提。物资管理规章制度一般包括物资计划管理制度、采购管理制度、物资入库检验制度、收发料制度、超计划领料审批制度、退料制度、边角余料缴仓制度、仓库管理制度、物资盘点制度、物资运输管理制度、物资管理人员奖惩制度。

1.3 物资管理的组织机构设置和程序

1.3.1 物资管理组织机构设置

企业所需物资数量大、品种多、规格杂、变化又大，不是一个人就可以完成的。要使物资管理工作顺利开展，保证生产正常进行，必须建立一个强有力的组织机构。

1. 物资管理组织机构设置原则

（1）精干、精简、高效原则

精干，是指人员素质高，一人多能。精简，机构简单而不复杂。高效，是指企业有一套高效运转的物资管理组织机构，有科学合理的管理制度，横向上做到各部门、各岗位加强沟通，各司其职，相互配合；纵向上做到信息上传下达迅速。只有机构精简，人员精干，组织才能高效运转。如果人员素质差而过分强调简化机构，应该开展的工作没有开展起来，应该完成的任务完成不了，组织机构无法正常运转，同样是不可取的。

（2）责、权、利相结合原则

若要充分发挥物资管理人员的工作积极性、主动性，增强他们的工作责任心，必须遵守责、权、利相结合的原则。如果有责无权，什么事都要请示上级才能决策，物资管理人员是难以真正履行岗位责任，甚至会贻误时机，影响效率。没有相应的利益激励也是难以调动他们的工作积极性和能动性。只有责、权、利有机地相结合，发挥各自的职能，才能保证组织各自的有效性和效率。

（3）统一原则

统一原则包括两方面的内容。一是命令要统一，物资管理部门的决策、指令、命令要及时下达，一方面要防止令出多门，下级无所适从；另一方面也要杜绝上有政策、下有对策的现象。二是规章制度要统一，不能出现各自为政的现象，应形成一个体系。

2. 影响物资组织机构设置的因素

任何组织系统都应有对内外环境条件的适应性，并且随着内外环境条件的变化而进行相应的调整。影响物资管理组织机构设置的因素有以下几个方面。

（1）企业规模

物资管理机构的大小与企业规模成正比。企业规模大，产量大，所消耗的原材料等物资数量就大，物资管理的工作量就多，为了保证企业生产的正常运转，需要与之相匹配的管理队伍。

（2）经营范围

企业经营宽窄对物资管理机构的要求也有差异。生产品种繁多的企业，其生产所需的物资品种越多，管理就越复杂性，管理的工作量就相应的多一些，管理机构就相应的大一些；生产品种较为单一的企业，业务简单，管理机构也相应小一些。

（3）厂址分布

厂址分布的分散与集中的程度也影响到物资管理机构设置。厂址分布比较分散，管理人员就需要多一些；如果厂址分布比较集中，则管理人员就可以少一些。

（4）市场供应状况

市场供应状况影响到企业物资采购工作。如果企业需要的物资市场上供不应求，采购较为困难，采购人员得四处求购，采购队伍就相应庞大些；如果市场上的物资供过于求，货源充足，购买方便，采购队伍就可以小一些。

（5）物资管理人员素质

企业物资管理人员素质高低不仅决定了物资管理工作的质量，而且也会影响到物资管理机构的大小。物资管理人员素质高，业务熟练，工作能力强，效率高，管理人员可少些；如果管理人员素质差，业务生疏，责任心差，效率低下，要完成相应的管理工作，只能使用更多的人员，管理机构较为庞大。

（6）信息管理系统

信息是企业进行管理的主要依据，如果企业建立了一整套完善的反应敏捷的信息管理系统，能够及时把握市场行情和企业内部生产的变化，信息传输速度快，决策及时正确，效率就高，人员就有可能减少；反之，如果企业没有反应敏捷的信息管理系统，企业内外信息整合差，共享度低，部门之间协调配合困难，工作效率就会大大地下降，物资管理需要的人员就会较多。

3. 物资管理组织的类型

大型企业的物资管理机构，根据工作量大小和厂址分布情况，设立物资供应公司或供应部，行政上属企业领导，业务上独立经营和核算。公司下设立总库、专业分库和现场供应点，见图1-1。厂址分散的企业，下属单位跨地区，则可以分片设立物资供应分公司或综合供应站，并相应设立分库，负责本片的物资供应工作，见图1-2。

中小型企业的物资管理机构，设立物资供应科（处），统一负责企业的物资供应和管理工作。行政上属企业领导，业务上不实行独立的经济核算，但进行经济核算。其内部的组织形式一般有三种。

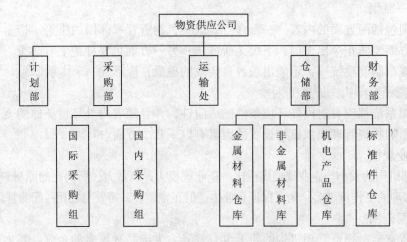

图 1-1　物资管理组织结构 1

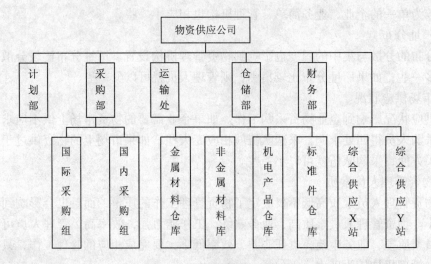

图 1-2　物资管理组织结构 2

① 按业务分工，划分为计划、采购、仓库、综合管理等，见图 1-3。

② 按物资属性分工，即分为金属材料、非金属材料、机电产品、标准件等，见图 1-4。

③ 上述两种形成的综合，即分为金属材料、非金属材料、仓库、综合管理。

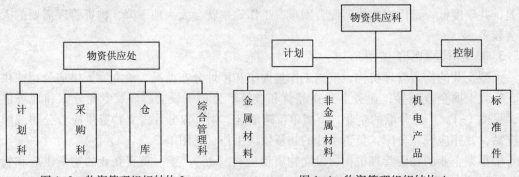

图 1-3　物资管理组织结构 3　　　　　图 1-4　物资管理组织结构 4

　　以上物资管理组织结构基本上是按照职能专业化分割，虽然有上级主管部门进行协调，但是由于各个部门总是从各自利益出发，很难达成一致，从而导致重复和浪费，信息常被扭曲或延迟，企业反应迟钝。从20世纪60年代末开始，物资管理的重要性受到了进一步的重视，将物资管理的功能独立出来，加上这一时期计算机管理信息系统的发展，促进了物资一体化组织的形成。

　　物资管理一体化组织如图1-5所示。在这种组织结构中，总体计划与控制是在组织的最高层次上，计划功能侧重于长期的战略定位，并对物资系统的质量改进和重组负责。物资控制的注意力集中在成本和客户服务绩效上，并为管理决策提供信息。这种物资组织将厂商定位在采购、制造支持和物资配送之间的利益协调方面，有利于从整体上把握全局。

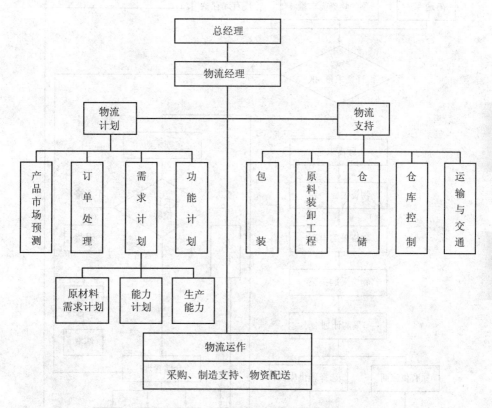

图1-5　物流管理一体化组织

　　组建独立的物资公司或采用第三方物流形式的企业，内部设立计划管理部门来管理协调物资计划、采购、运输、储存保管、物资发放、统计核算等工作。

1.3.2　物资管理的程序

　　要做好物资管理工作，确保物资的正常供应，满足企业正常生产的需要，避免浪费，降低费用，提高企业的经济效益，除了要科学设置相应的组织机构外，还要做好物资管理整个过程各个环节的工作，遵守科学的程序。

　　物资管理的程序见图1-6。

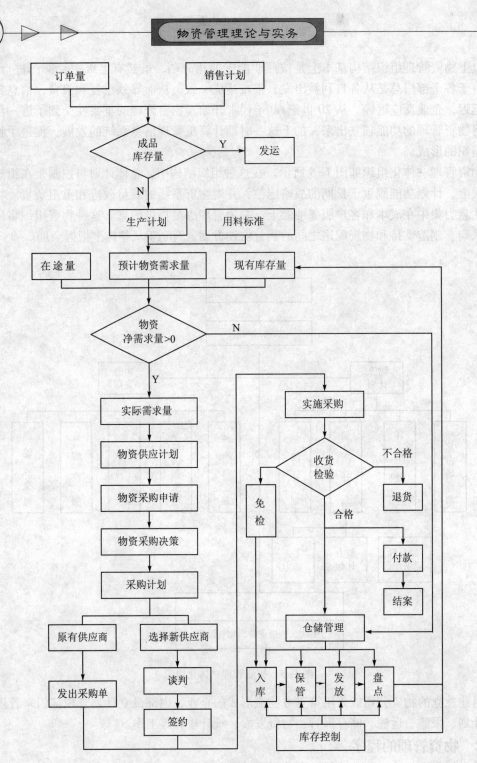

图 1-6　物资管理流程图

小 讨 论

你认为物资管理组织机构设置除了应考虑企业规模、经营范围、厂址分布等因素外，还应考虑哪些因素？

本章小结

　　物资是指企业用于产品生产过程中所消耗的各种外购的生产资料。物资管理，是指企业对企业生产所需的各种生产资料进行计划、采购、运输、储存、验收保管、供料发放、回收废料、统计核算等整个过程的一系列组织管理工作总称，包括编制物资供应计划、组织货源、库存量控制等多项内容。做好物资管理应遵循以产定购、信守合同原则、合理库存和资金安全等原则，按照精干，精简，高效，责、权、利相结合和统一的原则，考虑企业规模、经营范围、厂址分布等多方面因素，建立一个强有力的组织机构；此外，还应遵守科学的管理程序。

　　本章的重点是物资的分类、物资管理的原则、物资管理的任务、物资管理组织机构设置原则、物资管理组织的类型。

　　本章的难点是物资管理组织的类型。

案例分析

JL 公司的物资管理

一、概况

　　JL 公司是一家大型化工集团公司。自改革开放以来，公司经过企业联合和兼并等不断开拓，现在已拥有二级企事业单位 30 多个、职工 12 万人，生产化工、医药、机械、仪表等 660 余种工业产品，年总产值达 30 多亿元。是一家跨地区、跨行业的企业集团。

　　物资管理是公司生产经营管理的重要组成部分，是保证生产发展和提高经济效益的主要环节。每年公司需要消耗大量物资，以原材料为例，每年要消耗原油 250 万吨，煤 110 万吨，原盐 12 万吨，硫铁矿 17 万吨，纯苯 5 万吨，纯碱 3.5 万吨，钢材 2.6 万吨，木材 1.5 万立方米等。全公司共有厂级仓库 330 个，车间级仓库 300 多个，储存各类物资达 2.3 亿多元。在第 7 个五年计划期间（1985—1990 年），公司对物资管理工作进行了全面整顿。改革了物资管理体制，完善厂物资管理规章制度；大力推行了 ABC 分类、价值工程、储备定额管理等现代管理方法；培训了一批能用现代化管理方法从事物资管理的业务骨干。在 20 世纪 80 年代末开展的"双增双节"运动中累计创造价值 6 100 万元，其中修旧利废 1 940 万元，降低采购成本 2 960 万元，"三材"节约 615 万元，处理积压 587 万元。厂级仓库 93% 达到化工部一类仓库标准，成为全国化工系统物资管理先进企业。

二、改革物资管理体制，向管理要效益

（一）实行分级分权管理，发挥两个积极性

　　JL 公司 1978 年在原供销处的基础上成立了供销公司。实行物资工作"五统一"的管理体制，即在供销业务活动中实行统一计划、统一定购、统一分配、统一调度、统一管理的高度集中的管理体制。在当时物资短缺条件下，提高了物资调度水平，克服了分散管理时采购人员满天飞的现象；解决了层层储备，过多占用资金的问题；扭转了多头对外的混乱局面，减少了积压浪费现象。对当时保障生产、节约资金、加强管理起到了一定的推动作用。

　　随着国家经济体制改革的不断深入，企业的经营思想发生了重要变化。企业由过去注重产值、产量，原材料靠国家拨给、产品靠国家包销，转到以提高经济效益为中心，供、产、销、运一起抓的轨道上来。在这种情况厂，如果在物资管理上统得过多、过死，不利于调动二级厂的生产经营积极性，因此，在 1984 年公司开始实行分级分权管理。它的总方针是统

一计划，分级管理；统一对上，分级负责；通用集中，专用到厂的供销管理办法。明确规定了供销公司和二级单位在物资管理方面的职责范围。

供销公司按公司年、季、月生产经营计划和正常的储备定额对通用物资申请订货，落实指标和货源，保证合同和质量，负责通用辅料的催货、发运、验收、付款和保管，专用辅料到厂验收结算。

产品销售则由公司统一组织参加订货会，供销公司负责指导产品销售工作中的技术服务、市场调查、预测和搜集商品信息，包装物的改进和召开展销会等。

分厂负责原料、燃料和专用辅料的催货、发货、验收、付款和保管。同时负责本厂产品的发运和货款回收，处理商务纠纷等。

这种管理办法，明确了两级的责任。分厂有了相应的资金和物资权力，并负有同权力相应的管理责任，调动了他们经营管理和提高经济效益的积极性。而供销公司则发挥了统筹管理，实行监督的作用。

（二）供、管、用三位一体，向管理要效益

抓管理是不投资、不上项目的"技措"，物资管理尤其如此。JL公司突出的做法就是把供、管、用捆在一起抓，坚持不懈地解决重供轻管忽视使用的问题。

化工生产使用的原材料、燃料不仅数量大，而且种类多，在这个量大、面广、环节多的物流中，把供、管、用捆在一起抓，对避免损失和浪费，降低企业成本，提高经济效益具有重要意义。JL公司以向管理要效益为目标，着重抓了以下环节。

1. 抓物资的限购利库。供销公司专门设立了限购利库机构，提出了"四不采购"、"五不验收"、"六不发料"，即没有计划、超计划、质次价高、规格不符都不采购；无计划（合同）、无计划进货、超储、质次、专储项目不清都不验收；印鉴不全、涂改不清、没有计划价、手续缺项、实领数以少改多、物资待验都不发料。认真执行这些规定，收到了较好的效果。

2. 抓储备资金的合理占用。为克服"分级管理"以后"分级储备"造成资金占用上涨的问题，公司着力抓储备资金的合理占用。在公司下达年、季、月生产经营作业计划时，同时向供销公司和各厂明确下达年、季、月物资资金占用指标，公司对各厂资金定额按月考核，并有明确奖惩办法。

同时各库严格管理，制定各物资储备定额、储备上限及下限。计划员和保管员加强合作，及时掌握库存动态。在资金下库、责任到人的基础上，对超定额的进料不收，无计划的领料不发，库存达到最低储备时，向计划员发出警报；长期无动态的物资，定期开列明细表通报有关科室。建立有关账、表、牌，及时反映资金升降情况。

3. 对影响资金周转的因素定期进行分析。对资金分析的主要内容有：查明资金升降原因，了解储备资金占用实际情况和资金结构的合理程度；对比历史同期，对照先进水平，提出改进措施和改进办法。

由于采取了上述措施，JL公司的物资管理做到了将计划、申请、分配、订货、加工、调拨、催货、运输、验收、保管、统计及出库等环节的工作，从供到管，到使用，一环一环抓起来，做到供、管、用三位一体，理顺物资管理体制。

三、采用 ABC 分类法，明确管理重点

JL公司各厂物资控制大都采用了 ABC 分类法，明确了管理的重点，使库存合理率上升，资金周转时间缩短，次数增加。

如染料厂所用辅料共分32个大类别，5 868个品种，资金占用为520万元。根据这些辅料的重要程度、消耗数量、价值大小、资金占用比例进行分析。具体做法如下所述。

1. 计算各种物资在一定时间内所占资金数额。

(1) 按单个品种计算，适用于品种少的情况（白金、坩埚）；

(2) 按物资类别计算（钢材类、建材类、仪表类）；

(3) 混合计算，即有按品种计算，也有按类别计算的。

2. 按各种物资的单价高低、用量大小、重要程度、采购难易，分成类别。

3. 计算全部资金、品种的累计数和资金占用额，以及各种物资占品种（笔数）与资金累计百分数，如表1-2所示。

表1-2 ABC分类计算表

类 别	资金/万元	占用资金百分比/%	笔数	笔数百分比/%
A类	328.9	63.25	1 348	22.98
B类	108	20.76	1 385	23.60
C类	83.1	15.98	3 135	53.42
	520	100	5 868	100

4. A类物资管理办法。应严格控制储备量，降低资金占用量。一般采用经济批量定期订货，按下限储备，认真查看月份库存结构。

5. B类物资管理办法。实行一般控制、定点订货、定期检查。

6. C类物资管理办法。C类物资占用资金少、品种繁多，采取简便的管理办法，可以根据需要加大进货量，减少订货次数，延长订货间隔期，使管理人员集中精力，加强对A、B类物料管理。

在A类物资管理中，必须确定经济批量，采用公式为

$$经济订购批量 = \sqrt{\frac{2 \times 年需要量 \times 订购费用}{单位物资平均保管费用}}$$

从1986年起，该厂为了验证经济批量是否可靠，连续三年对各类物资按笔进行核定，结果基本是一致的。故此，该厂对各类物资下达储备资金定额，绘制出物资库存结构图，定出了最高和最低储备。为使ABC分类管理在每个库房落到实处，每个保管员每季度都要向科报出自己所保管物资资金和库存结构情况。

几年来，染料厂由于把ABC管理法运用于物资管理中，因而收到了较好的经济效果。各年库存主要指标如表1-3所示。

表1-3 各年库存主要指标

万元

年 度	储备定额	年初库存	年收入额	年消耗额	年末库存	与定额比	周转天数
1985	484	366.3	1 676.3	1 644.6	398	降86	
1986	5	398	2 146.4	2 153.4	391	降109	72天
1987	520	391	2 112.8	2 051.7	462.1	降57.9	100天
1988	700	452.1	1 779.5	1 737.7	493.6	206.4	

其他各主要分厂如炼油厂、化肥厂、动力厂、有机合成厂等均运用了ABC的重点管理法，取得了较好的效果。例如：炼油厂推行ABC重点管理法后，辅料库存资金周转次数明

显加快，推行前，全年周转1.7次，每次为211天；推行后，全年周转2.18次，每次为168天。仓库物资盘盈盘亏率明显下降，推行前全年都在万分之四到四点五；推行后在万分之一点七以下。全公司凡推行ABC重点管理法的单位，库存结构趋于合理。

四、应用价值工程降低采购成本

JL公司各厂在物资供应工作中应用价值工程，在提高物资管理水平与经济效益方面，都取得了明显的效果。现以炼油厂为例，说明价值工程的应用。

（一）选择价值工程的经济模型

价值工程是以提高经济效益为目的，以经济模型为手段的。根据该厂物资供应的特点和生产、建设对物资功能的要求，经过分析后，选择了以下4种价值工程经济模型：

（1）$\dfrac{F\uparrow}{C\downarrow}=V\uparrow$功能提高，成本下降，这是最理想的物资。

（2）$\dfrac{F\uparrow}{C\rightarrow}=V\uparrow$功能提高，成本不变，价值提高，着眼于提高物资的功能。

（3）$\dfrac{F\rightarrow}{C\downarrow}=V\uparrow$功能不变，成本下降，价值提高，着眼于成本下降。

（4）$\dfrac{F\uparrow}{C\uparrow}=V\uparrow$功能的提高大于成本的提高，价值提高，着眼于提高物资的功能。

选定的这4种价值工程模型，与提高工厂物资供应管理水平关系如图1-7所示。

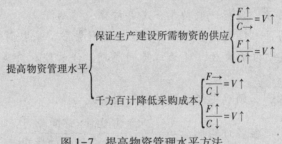

图1-7 提高物资管理水平方法

（二）以功能分析为核心

在物资工作中，运用价值工程，必须对物资管理工作中的对象，逐个逐项地进行功能分析，即从计划开始，到物资的采购、运输、验收、入库、保管、发放等诸方面的每一环节，全面进行功能分析。具体做法如下所述。

1. 抓物资计划的准确率，保证供应：根据工厂生产、建设的特点，基于$\dfrac{F\uparrow}{C\rightarrow}=V\uparrow$的价值工程原理，既要提高计划准确性，保证供应，又要降低采购成本。准确率的计算公式有两种情况。

（1）当消耗小于计划时：

$$计划准确率=\frac{实际耗用量（年、季、月）}{计划需要量（年、季、月）}\times100\%$$

（2）当消耗大于计划时：

$$计划准确率=\left[1-\frac{实际耗用量（年、季、月）}{计划需要量（年、季、月）}\right]\times100\%$$

2. 开展"货比三家"活动,降低采购成本。价值工程的应用,使"货比三家"活动抓住了功能分析这个核心,应用 $\dfrac{F\rightarrow}{C\downarrow}=V\uparrow$ 模型来考虑取舍。例如该厂新建沥青装置需要一台进口"界面变送器",约需 5 000 美元,与日商多次商谈未成,国内产品上海报价15 000元,广州报价20 000元,在几种功能相同的情况下,最后选择公司仪表厂试制,价格 5 500 元,不仅节约了资金,更重要的是保证了工期。

3. 按照 $\dfrac{F\rightarrow}{C\downarrow}=V\uparrow$ 模型,开展修旧利废工作。既可以恢复废旧物资的功能,又可以降低供应费用。

(1) 催化装置用的20#透平油,每次检修都要更换15吨。后来将15吨废油精心加工,经检查各项指标均达到功能要求,除去加工费,还节约 15 000 元。

(2) 为了提高催化汽油回收率,厂提出停用 3A 微球催化剂,改为 yg 型催化剂,这样将使库存 400 吨 3A 微球催化剂被迫报废,损失 83 万元,按照 $\dfrac{F\rightarrow}{C\downarrow}=V\uparrow$ 模型,经有关部门多次研究,用 Zg 型催化剂与 3A 催化剂按比例混用,满足 yg 型功能要求,用一年的时间消耗了库存,节约资金 83 万元。

工厂利用价值工程经济模型,加强计划管理,开展"货比三家"和修旧利废活动,一年来共节约资金 904 100 元。

4. 在应用价值工程中,抓好物资的合理储备,加速资金周转。物资是资金的转化形式,而且具有时效性。库存物资只有及时地应用到生产中去,变成新的产品,才能获得新的价值和利润。周转越快,效益越好。为此,抓了两个方面的工作。

(1) 开展库存"三率分析"(库存结构合理率、动态率和资金占用率)。要求从科长到计划员、采购员、保管员都必须熟悉库存"三率"情况,了解物资不周转的原因,及时采取措施,正确掌握进料时间的间距,使物资活动符合需要和合理储备的规律,从而加速了资金周转,降低了资金的占用。以辅助材料为例:

资金周转次数,1984 年为 1.7 次(周转周期 211 天),1985 年为 2.18 次(周转周期 168 天)。

库存资金占用,储备定额 599.8 万元,1984 年为 455.1 万元,资金占用率 76%。1985 年为 525.6 万元,资金占用率 81%(包括调价因素)。

(2) 抓好"老积压"的处理,防止新的积压。狠抓了从基建转入生产的 390 万元老积压物资的处理。一是厂内改代利用;二是建立门市部,积极地对外销售,经过几年的努力,取得了明显的效益。

(三) 做好日常物资供应管理工作

运用价值工程必须和日常物资供应管理工作密切结合,形成一套行之有效的方法。

1. 加强计划管理,建立"三平一审把好关"的程序。一切按计划办事,平合同、平积压、平库存,坚持综合平衡。采购计划的形成要经保管员、供应科长、财务科长、经营厂长层层审批把关。

2. 在管理中实现集中管理"一一三"的规定。即:合同章集中由科长一人管理,集中审批合同;实现计划、合同、对外调剂一支笔审批。三核实:

(1) 计划员审核物资名称、规格、型号、数量、价格和用途。

(2) 供应科长按计划逐项审核。

（3）财务科长审核资金来源。

3. 坚持采购中的"一多四不"规定（即一个系数，多渠道，四不采购）。

（1）采用价值系数，指导采购工作。

$$v = \frac{实现必要功能的最低成本}{实现必要功能的目前成本}$$

系数 v，给采购工作提供了一把"货比三家"的科学尺子。

（2）在认真执行国家经济、物资政策有关规定的基础上，采取开放型、多渠道订购物资，是"货比三家"、降低采购成本的前提。如一个渠道是封闭型的，往往会捆住了手脚，应用价值工程就无从谈起，降低采购成本也就成为空话。

（3）严格执行"四不采购"。即没有计划不采购，超计划不采购，质次价高不采购，规格不符不采购。

应用价值工程，在降低采购成本方面收到了明显的效益，近三年就节约资金 102 万元。

五、强化储备定额管理，降低储备资金占用

JL 公司强化了对生产、检修所需原材料的定额管理，减少超储积压，加快了物资周转速度。在工厂生产规模不断扩大，主要原材料大幅度提价的情况下，原材料储备资金占用仍保持较低水平，为公司增加经济效益做出了一定的贡献。

（一）科学合理地核定物资储备定额

科学合理地核定各类物资的储备定额是强化定额管理的前提和依据。原材料在投入生产运行之前，一般须有一个储备过程，这是保证生产连续、均衡正常进行的必要条件。这对于生产环环相扣、连续化极强的化工企业更显得十分必要。但是储备得过多，又会造成积压和浪费，直接影响工厂的经济效益。为了能制定一个比较科学合理的物资储备定额，首先针对物资供应工作中存在的"家大业大、浪费点没啥"不注意节约的思想倾向和"库中有货、日子好过"忽视经济效益的做法，组织有关库存控制的培训。然后，要求计划、采购人员深入生产、辅助车间和仓库，摸清自己所分管的原材料的底数；掌握它们的需要量、消耗定额和消耗规律；了解所需原材料的生产厂家、生产周期、供应方式和市场货源情况。在摸清底数的基础上，本着既保证生产又减少物资储备量和资金占用的原则，按品种逐项核定物资储备定额。

根据公司《物资定额管理制度》规定，储备定额制定的方法如下。

1. 根据生产实际需要，按照物资 45 大类目录，以及物资的性质、用途，制定库存物资储备定额。

2. 原料、燃料、包装物及包装材料，依据当年产量计划、生产进度和供应间隔期核定。

3. 主要材料应依据当年生产、经营维修、更新改造及其他单项工程预算结合进度核定。

4. 基本建设材料和设备应按单项工程的设计、设计预算或材料清单，结合施工进度备料，原则上不留储备。

5. 备品配件、汽车配件等应根据历史消耗数量、更新周期核定。

6. 科学研究物资储备，按主管部门批准的年度科研计划和有关材料清单进行备料。

7. 工器具和劳保用品，应按规定的发放标准、使用期限和工种，以及人员的增减情况核定。但应考虑企业所在地市场供应和减少资金占用具体情况，应以社会为仓库，随进随发，可不储或低储。

8. 其他辅助材料，基本上根据历史平均消耗量和供应间隔期并结合当年实际情况核定。

9. 车间仓库储备定额应考虑少品种、低限量、关键必备；应实行"三定"，即定品种、定数量、定资金；库存储备资金纳入储备资金管理范围。

车间仓库管理的原则是，实行"二步耗料制"（即双堆法），定期补充，按月稽核的原则。

由于有了以上合理核定物资储备定额的方法和制度，近年来，公司所需的大宗原料、燃料始终保持在较低的储备水平上。主要材料，如电缆、钢材、阀门等的储备量逐年下降。不直接用于生产的物资，如杂品、劳动保护用品等实现了少储备或无储备，同时又保证了工厂正常生产的物资需要。

（二）层层落实物资储备定额，严格检查、考核

物资储备定额制定后，关键在于落实执行。为把定额落在实处，根据公司制度，按材料类别或品种落实库存定额，规定以下方面。

1. 物资储备定额必须下库，落实到品种或大类上，并严格考核，不得超储，做到合理储备。

2. 必须严格控制库存物资储备数量，可分上限和下限储备，做到上限保资金，下限保生产。

3. 物资计划和采购人员严格按照储备定额、工程预算及车间用料计划组织进货。

4. 凡属超定额（或超上限）采购的物资，未经本部门领导签字批准，不得验收入库。

5. 库存储备物资，应按其用途、消耗金额大小和采购难易程度等，划出 ABC 类物资，并采取相应的控制办法，达到经济合理。

6. 储备定额要逐月分析最高、最低储备和定额执行情况。详细记载，定期修订。

在落实储备定额具体做法上，该公司将各类材料的储备资金（库存资金、在途资金、二级库各类资金）捆起来落实到分管计划员头上。由于把三种资金捆起来进行控制、考核，因而极大地增强了计划人员的责任感，使他们由过去单纯管物，向管物、管钱、管用、管节约方面迈进了一大步。如负责劳动保护用品的计划员，为了降低劳动保护用品的储备量，对不影响生产的劳保手套、口罩、工作服、洗衣粉、肥皂等用品，以社会为库存，不再储备或少储备，实行定期发放。这样做不仅减少了储备资金占用，而且又降低了管理费用，减少了损失和浪费。

同时，依据计划员、采购员、保管员的职责，制定和落实物资储备定额"包保"责任。随着"包保"责任的落实，促进了储备定额管理。

为保证储备定额的实现，公司制定了定期检查、考核制度。坚持每季对厂、车间级库的库存情况进行一次检查、讲评。主要检查库存物资的动态率、结构合理率和资金占用率。并针对检查中发现的问题，组织有关人员进行分析，找出问题，查原因、制定改进措施，并限期改正。同时，把物资储备定额的落实情况同计划员、采购员、保管员的奖金挂钩，实行储备资金承包。

储备资金承包不是个人承包，也不是单一部门的承包，而是群体承包，一条龙承包。从厂长到职工，从科长到科员，从科室到车间、班组，从供应部门的计划员、采购员、保管员到车间的材料员、保管员、成本员及财会部门的有关人员，都应加入储备资金承包行列，做到人尽其责，合理分配奖金，调动方方面面的积极因素，为降低物资库存做出贡献。

为了更好地开展储备资金承包活动，充分地调动各部门、各类人虽的积极性，还把物资储备资金具体划分为原料、燃料、材料、设备、包装物等储备资金，分别计算。避免得奖时大家都来喝粥，受罚时大家都跟着吃药的状况。真正做到了谁降低库存，谁节约了资金，谁就可以拿到奖金。

由于认真落实了储备定额，定期检查、考核，并与奖金挂钩，全公司上下配合，使公司的储备资金定额下降了 3 760 万元。

（三）严格控制 A 类物资

公司生产所需的大宗原料、燃料，如石油、煤、苯等和直接用于生产的关键仪表、阀门、钢材等属于 A 类物资，占储备资金的 70% 以上。严格控制 A 类物资，就抓住了问题的关键。

在实际工作中，公司严格控制 A 类物资的采购量和库存量，在确保生产的前提下，最大限度地削减库存。如化肥厂生产每年需用 20 多万吨原煤，过去几年，由于能源紧张，供应缺口比较大，再加上运输等困难，直接威胁生产。为此，该厂同十几家煤矿建立了稳固的供需关系，并同铁路运输部门搞好综合平衡，严格控制原煤的到货量，缩短了储存时间，加快了周转速度。原煤的月储备金额由过去的 1 363 万元下降到 1 017 万元，每月少占用资金 346 万元。又如硝酸车间氧化炉用的白金网，过去的储备量为 8 小 2 大（张网）。由于白金价格高，每克为 45 元，占用储备资金 263.7 万元。经过认真分析、反复摸索，采取勤送、勤取的方法，将储备量降为 6 小 2 大。以后又进一步降低为 4 小 1 大，资金占用降到 51.5 万元，仅此一项就减少储备资金 212.2 万元。

化肥厂有车间级仓库 28 个，占用储备资金 100 多万元。本着"少品种、低储量、关键必备"的原则实行三定，即定品种、定数量、定资金。在车间领导协助下，经过几上几下，共核定 3 700 多个品种，使车间级仓库储备资金下降近 40 万元。

（四）不断摸索节流、降耗的方法，确保储备定额的实现

主要节流、降耗的方法有以下两种。

1. 加强计划性，搞好综合平衡。计划是保证物资供应的依据和前提。正确编制和执行物资供应计划，对减少资金占用，加速资金周转有着重要的作用。为了提高计划的准确性，规定了编制计划的程序，根据车间、基建等提供的用量计划，对需要量、储备量、结存量和余缺量进行综合平衡，合理储备物资。在计划执行阶段，明确规定要严格按计划要求的数量、质量、到货期组织订货和采购。保管员要依据计划验收入库，从而有力地控制了库存，防止或减少了超储、积压物资的发生。

2. 限额发料、定量供应。以各种消耗定额为依据，限额发料。对不影响生产的杂品和车用油、柴油实行定量供应办法。

对于积压物资（每种物资全年一笔未动者为积压）要充分利用和积极处理，造成积压报废的由所在单位负一切经济责任，扣减单位利润分成指标。如 1988 年清仓挖潜，全公司报出超储、积压物资 1 652 万元，仅 1989 年一季度处理 10%，就降低储备资金 160 万元。公司库存物资动态率如表 1-4 所示。

表 1-4　全公司库存物资动态率　　　　　　　　　　%

年　份	1984	1985	1986	1987	1988	总平均
动态率	65.53	55.22	54.98	58.95	63.5	59.64

JL 公司由于在物资管理方面实行分级管理、供管用三位一体管理；推行 ABC 分类、价值工程等先进方法；严格规章制度，加强定额管理；降低了库存资金占用和生产成本，因而取得了较好的经济效果。

[思考题]

1. JL公司物资管理为什么要采取分级管理体制，在市场机制完善的条件下，它应采取什么体制？

2. JL公司每季度检查库存物资动态率、结构合理率、资金占用率，对库存控制能起到什么作用？

3. 通过JL公司的案例，你认为加强物资管理应由哪些地方着手？怎样才能取得经济效益？

[分析提示]

JL集团公司是以生产化工产品为主的企业集团。其主要生产过程属流程型生产，生产流程固定；产量基本稳定、均衡；生产中对原料、燃料、辅料需求品种和数量也基本稳定。由于一些化工产品如化肥、电石等产量很大，原料、燃料需求量大、流量大，除了化工类产品生产的原燃料及辅料外，其机械、仪表类产品的生产，以及基建、设备检修、维护等也需要大量的材料、零件、部件，这些物资品种繁多，需求量变动较大。因此，JL集团物资管理具有范围广、数量多、流量大等特点，加强物资管理是提高企业经济效益的重要途径。

JL集团下属二级企事业单位30多个，由于所需的多种原料、燃料，如石油、苯等是国家重要生产资料，原属国家统配物资范围，实行统一计划、统一申请、统一订购，JL公司为对这些物资统一管理，确保重点用户需要，因此采用统一计划、分级管理的办法。随着我国市场机制的完善，JL公司物资管理体制还应有进一步的变化。

在储备定额落实方面，公司制定了考核检查制度，每季要检查库存物资动态率、库存结构合理率和库存资金占用率，公式如下所述。

库存物资动态率为

$$\frac{本期有动态笔数}{库存总笔数} \times 100\%$$

库存结构合理率为

$$1 - \frac{超上限笔数 + 低于下限笔数}{库存总笔数} \times 100\%$$

库存资金占用率为

$$\frac{报告期库存物资总金额}{核定储备资金定额} \times 100\%$$

仓库采用限额发料，生产厂原料发放采用的计算公式为

$$某种主要原材料需用量 = \left(\begin{array}{c}计划\\产量\end{array} + \begin{array}{c}技术上不可避免\\的废品数量\end{array}\right) \times 单位产品原料消耗定额$$

▶ 学习资料 ◀

物资管理制度

第一条 计划管理工作的任务

（1）在科学预测的基础上，为企业的发展方向、发展规模和发展速度提供依据，制定企业的长远规划，并通过近期计划组织实施。

（2）根据市场需要和企业能力，签订各项经济合同，编制企业的年度、季度计划，使企业各项生产经营活动和各项工作在企业统一的计划下协调进行。

（3）充分挖掘及合理利用企业的一切人力、物力、财务，不断改善企业的各项技术经济指标，以取得最佳的经济效果。

第二条 物资计划编制的要求

（1）根据供应计划的要求，各单位需按下列时间向物资供应部申报计划，年度计划必须在上一年的 12 月底之前做好物资供应部下发的第二年度材料计划申请表填报工作；追加计划必须提前一个月申报。物资供应部在每年的 10 月上旬将年度计划申请表发到各生产部门填写（填报时必须将生产用料和维护用料分开填报）。如不按时送报计划，影响供应，责任由各单位负责。

（2）企业计划必须认真进行综合平衡，坚持"积极平衡，留有余地"的原则，不留缺口，不"打埋伏"。

（3）各单位在编制计划时要有依据，有核算，并根据物资需求量和自有储备量进行编制，力求准确。在编制计划时应按规定和要求填写物资名称、型号、规格、计量单位、数量，技术要求、供应时间和地点等。

（4）对已审定的各单位年度材料计划，一式二份由材料计划申请单位负责人、物资供应部负责人签名盖章后生效，双方单位各执一份。

（5）计划外材料的申请，可按材料计划外采购办法处理。

（6）物资供应部对各单位所签订的年度材料计划，设立账本进行材料计划执行情况管理，做好材料计划在领用过程中的记录。

第三条 重要物资的归口管理

（1）物资供应部在公司主管领导的直接领导下，负责物资的统一管理工作及国内采购工作，同时组织做好本公司的物资筹供。

（2）物资供应部是物资归口管理的职能部门。重要物资按上级有关规定实行归口管理，凡属归口管理的物资，统一由物资供应部负责，同时实行统一计划，统一申请，统一进货，统一供应，统一管理。归口的品种，按规定执行。

第四条 加强物资的采购管理

（1）各单位所需属于归口管理的各类物资，必须由物资供应部统一组织订货采购，未经物资供应部门同意不得自行采购。

（2）部分归口管理的物资，经物资供应部门认可或委托，可由需求单位或相关专业部门协调进行采购。物资供应中，应树立全心全意为生产部门服务的思想，做到及时、主动、优质；同时认真做好市场调查及大宗物资采购的招标工作，确保供应好，周转快，消耗低，费用省。

（3）物资供应部门参加设备引进的技术谈判和商务工作，负责合同的编制和制定，做好合同的执行和管理工作及设备到库后的核查，并会同工程技术部门做好引进设备的验收工作。

第五条 加强工余料、拆旧料、废旧料的管理

（1）各项生产所发生的工余料、拆旧料、筛选料、边角余料及废料，应由生产部门负责整理、鉴定后，分类、造单，移交物资供应部，生产部门不得自行处理或截留。违者追究有关单位和个人的责任。

（2）固定资产报废由相关单位提出报告经财务部和公司领导审核批准后，通知物资供应部门回收处理。

第六条 加强物资材料的转让和外售的管理

各种物资材料的转让和外售，一律须经物资供应部审核，由总经理批准。

第七条 加强物资仓储的管理

（1）仓储工作为抓好物资的入库验收、保管保养和出库发放等三方面的管理。要积极创造与物资吞吐量相适应，与高科技产品相适应的仓储条件。

（2）仓管员在认真做好物资进仓验收工作的同时，对物资的数量、规格、质量、品种等情况要如实反映，做到准确无误。

（3）严格执行发料须有领料凭证，检查审核凭证手续是否齐全准确，发现凭证有不妥之处，仓管员应拒发材料。切实做好物资的管理工作，对各类物资要求做到合理堆放、牢固堆放、定量堆放、整齐堆放、方便堆放。坚持先进先出，切实做到快收快发。

（4）认真做好一年一度的仓库物资的清仓盘点工作，做到账、卡、物三相符。

第八条 统计工作

统计工作是企业的一项基础工作，是监督检查计划执行情况的重要工具，应准确、及时、全面反馈计划执行情况，禁止弄虚作假。

第九条 加强物资供应人员队伍的建设

（1）为了适应企业生产经营发展的需要，提高物资管理的水平，必须加强物资供应人员队伍的建设。

（2）物资供应部门的工作人员必须不断加强业务知识的学习，热爱本职工作，廉洁奉公，遵纪守法，遵守公司的各项规章制度。同时，要经常对其工作人员进行职业道德教育和法制教育，以确立全心全意为用户服务的思想。要充分发挥公司各单位物资供应人员的积极作用，要求各生产部门配备一名业务素质好、思想觉悟高的专职材料员或保管员，并保持相对稳定，以负责本单位的物资供应工作。各级领导要切实加强对物资工作的领导，努力为企业发展做出贡献。

（3）严禁物资供应部门工作人员利用工作之便为自己或他人联系公司以外的业务及从事经济活动。

思 考 题

1. 企业物资包括哪些？
2. 怎样理解物资管理的涵义？
3. 做好物资管理有何意义？
4. 物资有哪些分类标准？不同的分类有何作用？
5. 从事物资管理应遵循哪些原则？
6. 做好物资管理工作需要完成哪几项任务？
7. 物资管理包括哪些内容？
8. 设置物资管理组织机构应遵守哪些基本原则？
9. 设置物资管理组织机构应考虑哪些因素？
10. 企业物资管理组织机构有哪几种类型？
11. 物资管理程序包括哪些环节？

第 2 章

物资消耗定额

学习目标

1. 理解物资消耗定额的涵义，了解物资消耗定额的作用
2. 了解制定物资消耗定额的基本方法，理解主要原材料消耗定额的构成
3. 掌握主要原材料消耗定额制定的方法
4. 掌握辅助材料和其他物资消耗定额制定的方法
5. 了解物资消耗定额基本文件的内容
6. 了解物资消耗定额执行情况考核分析的内容
7. 了解降低物资消耗的途径

在企业的生产经营过程中，不论是产品制造，还是基本建设、经营维修，或是从事试验研究，都需要消耗大量的物资。企业的生产经营过程，从一定意义上说，也就是各种物资使用和消耗的过程。物资消耗定额是物资管理的一项基础工作，要搞好企业生产经营管理，就必须确定物资消耗数量的合理界限，充分有效地提高物资的利用率，节约物资的消耗。

2.1 物资消耗定额概念和作用

2.1.1 物资消耗定额的定义

物资消耗定额是指在一定的生产技术条件下，为生产单位产品或完成单位工作量所规定的必需消耗的物资数量标准。

定义中所讲的"一定的生产技术条件"是指企业的生产技术水平、经济管理状况等影响物资消耗定额水平的各种因素。"单位产品"是指以实物为单位表示的一个产品，如一个零件、一台电子计算机、一辆自行车等。"单位工作量"主要指以劳动量指标表示的某项工作量，如建筑一平方米住宅、装卸一吨货物、汽车行驶一百千米等。"单位产品"或"单位工作量"应该是符合国家标准、部颁标准、主管机关规定或合同规定的技术条件的合格产品或工作量。"必需消耗的物资数量标准"，应理解为在最低工艺损耗的情况下，生产单位产品或完成单位工作量，所需要的足够物资量。从理论上讲，就是指在充分研究物资消耗规律的基础上，得出的正确反映物资消耗规律的数量。

2.1.2 物资消耗定额的计量单位

物资消耗定额的计量单位一般用实物量来表示。例如，制造机床的钢材消耗定额用"千克/台"表示，发一千瓦电的煤炭消耗定额以"千克/千瓦"表示。这个计量单位包括两个方面，一方面是表示所生产的单位产品或所完成的单位工作量的计量单位，如一台机床等；另一方面是为生产上述单位产品或完成上述单位工作量而合理消耗物资的计量单位，如合理消耗钢材多少千克、煤炭多少千克。

物资消耗定额，有的也可用相对数表示，如冶金、化工及一些以农副产品作为加工对象的企业，往往用制成率、成品率、配料比或产出率等来表示，如一吨甜菜的出糖率是百分之几等。在装配式生产企业，物资消耗定额又可分为单项定额和综合定额。单项定额是指在一定的条件下，按具体规格的（单个）零件逐项制定的物资消耗定额，是加工前下料及核算各生产环节用料数量的依据，通常作为企业领取和发放物资的重要依据。综合定额是指制造单位产品所消耗的全部物资的定额，如制造一台机床需要多少吨钢材、生铁、铜等。综合定额是单项定额的汇总，是用来核算物资需要量，编制物资供应计划不可缺少的依据，也是计算产品成本和考核企业物资消耗是否合理的依据。

物资消耗定额计量单位选择正确与否，直接关系到物资消耗定额的贯彻执行等一系列问题。为此，物资消耗定额的选择，应遵守以下原则：

- 物资消耗定额计量单位中表示所生产的单位产品或所完成的单位工作量的计量单位，应当与计划任务规定的指标单位相适应；
- 物资消耗定额计量单位中，表示物资消耗的计量单位，应当与物资供应目录中规定的计量单位相适应；
- 物资消耗定额的计量单位，应当正确而直观地反映出物资的真实消耗情况，尽可能采用与物资消耗成正比的计量单位。

2.1.3　影响物资消耗定额的主要因素

制造一件产品或完成单位工作量需要消耗多少物资，取决于一系列因素。生产同一种产品或完成同一项工作，由于不同时间、不同地点和不同单位的生产技术与组织条件不同，其物资消耗定额很可能是不同的。影响物资消耗定额的主要因素有如下几个方面。

（1）生产技术条件

这里主要是指生产的技术装备、工艺水平和产品结构。如生产同一种产品，用模型锻造或自由锻造，用剪切下料或气割下料，所耗用的物资有多有少。产品的结构不同，物资消耗水平也有很大差异。所以，提高生产技术水平，采用新的产品设计、新的工艺方法、新的材料、先进的技术装备，可以在不同程度上降低物资消耗定额。例如，某钢铁公司采用高炉喷煤粉新技术，一年节约焦炭17万吨，并使每吨生铁喷吹的重油由23千克降低到5千克。

（2）企业的管理水平

企业的管理水平的高低直接影响物资消耗定额。例如，物资供应在品种上是否"对路"，在时间上能否做到"及时"，在数量上能否做到"恰当"，在质量上是否可靠，废旧物资回收利用搞得好坏，物资消耗定额管理水平的高低，对物资消耗定额都有着直接的影响。

（3）自然条件

自然条件对一些物资的消耗定额有着直接的影响。例如，在矿山不同地质条件的岩层中开拓相同规格和数量的巷道，所耗用的炸药和硬质合金就不同；气温的差异，会导致燃料消耗数量的增减。

（4）物资的质量状况

生产同一种产品采用不同性能的物资，其物资消耗定额的数量也有差异。如用高强度的金属材料和低强度的金属材料生产同一台设备，汽车用不同标号的汽油运送每吨千米的货物，其金属材料、汽油的消耗定额都必然有差异。

（5）人的因素

物资消耗定额是由人们制定出来的，也是由员工去执行的，他们的素质高低，他们对降低物资消耗的态度，往往对物资消耗定额的制定水平起着关键性的作用。如果他们能有主人翁的意识，高度珍惜企业财富，处处精打细算，避免各种浪费，物资消耗定额就能降低；反之，定额就会增大。

2.1.4 物资消耗定额的作用

（1）物资消耗定额是编制物资供应计划的基础

企业编制物资供应计划，首先要确定物资需用量，然后根据物资需用量和储备量确定物资的采购量。而物资需用量的确定，要以规定的计划任务和物资消耗定额为依据；物资储备量的确定，与平均日耗量和储备天数有关，而日耗量大小又取决于平均每日需要完成的任务量与物资消耗定额。因此，物资消耗定额对物资供应计划的编制有着十分重要的作用。

（2）物资消耗定额是物资管理部门组织限额发放的依据

限额供料是物资管理部门根据生产作业计划和消耗定额，确定企业内部各用料单位的用料数量，并按额定数量供应物资的方法。有了先进合理的物资消耗定额，企业物资管理部门就便于掌握生产部门的实际需要，根据生产进度，及时地、均衡地、齐备成套地按物资消耗定额确定的需用量组织物资的供应，并据此对物资的消耗情况进行控制。

（3）物资消耗定额是合理使用和节约物资的重要手段

企业有了物资消耗定额，就有了消耗的标准，就能根据它来衡量物资在使用过程中是节约还是浪费；就能有效地组织限额供料，促进车间、班组加强经济核算，精打细算，杜绝浪费；就能促使职工不断改进操作方法，千方百计地节约物资。

（4）物资消耗定额是促进企业技术水平、管理水平、工人生产技能提高的强大动力

先进合理的物资消耗定额是建立在先进技术和科学管理基础上的，是随着生产技术的进步和管理水平的提高而不断变化的。通过定额的制定和贯彻，就能进一步推动企业积极采用先进的工艺技术，改进工具，改进产品结构，加速技术进步，改善经营管理，并不断提高工人的操作技术水平。同时，随着物资消耗定额水平的提高，往往还会带来企业设备技术水平和劳动生产率水平的提高。

2.2 物资消耗定额的制定原则和方法

物资消耗定额的制定，包括"定质"和"定量"两个方面。"定质"即确定所需物资的品种规格和质量要求；"定量"即确定物资消耗定额的数量标准。

2.2.1 物资消耗定额制定的原则

（1）定额的完整性、先进性和合理性原则

制定物资消耗定额，一定要做到完整、先进和合理、所谓"完整"，就是在制定的定额中应包括本企业完成生产任务所需要的某种物资的全部合理消耗量，即既要包括本企业直接消耗的该物资，又要包括带料外包加工所消耗的该物资等。所谓"先进"，就是制定的定额必须是认真总结了本企业的先进经验，并考虑到了近期就能被本企业所采用的同行业、同系统和国际上所出现的节约物资的先进工艺和技术等。所谓"合理"，就是制定的定额数值应该是现行生产工艺和物资技术条件下制定的完成单位生产任务的物资的有效消耗与物资在生

产过程中的合理损耗之和。即这个物资消耗数值既不能包括物资的各种不合理损耗，也不能脱离现行生产、技术条件，是为大多数人经过一定的努力可以达到的合理水平。

（2）系统全面原则

即定额资料必须是系统全面的，以满足生产组织和计划工作的需要。

（3）恰当原则

即制定定额的工作量不能过大过繁，必须根据不同材料、不同产品的要求，选择不同的定额制定方法。

2.2.2　制定物资消耗定额的主要依据

① 具有产品总重量和制品净重的单位产品零件明细表和完整的产品零件设计图纸及有关技术资料；

② 完整的机加工、锻造、铸造、焊接等有关工艺规程文件及加工余量标准，下料公差标准等技术参数；

③ 各种物资的国家标准、部颁标准及工厂技术标准和有关材料目录；

④ 历年有关物资消耗定额的统计资料；

⑤ 企业年度生产计划和生产技术准备计划；

⑥ 采用新材料、新工艺、新技术的可行性研究。

2.2.3　物资品种、规格和材质的选定

制定物资消耗定额，必须正确选择所需物资的品种规格和材质。选择的原则是：技术上可靠，经济上合理，供应上可能，具体有如下要求。

① 要符合产品功能的要求。即选定的物资要保证产品符合国家规定的技术标准或合同规定的技术要求和条件，这是选定物资的首要因素；

② 要有良好的工艺性。即在保证产品质量的前提下，选定的物资有利于采用先进的工艺和操作方法，有利于提高劳动生产率和设备利用率；

③ 要符合降低产品成本的要求。即要尽量避免采用贵重物资；要充分考虑材料的合理代用；尽可能采用规格标准化的物资；尽量考虑就近就地取材的可能性，以降低运输费用等；

④ 要考虑到现实的资源情况和供应可能。

2.2.4　制定物资消耗定额的基本方法

制定物资消耗定额的基本方法有以下 4 种。

1. 经验估计法

经验估计法是根据制定物资消耗定额人员的实际工作经验，结合参考有关技术文件（如设计图纸、供应规程）和产品实物，考虑到在计划期内生产技术条件的变化等因素，通过估算制定物资消耗定额的一种方法。这种方法比较简便易行，但技术依据不足，没有精确的计算，受定额制定者主观经验的影响很大，因而定额的准确性较差。为提高定额的正确性，可由定额管理人员、技术人员和工作经验丰富的生产工人三方组成定额制定小组，小组成员3～5 人，各自估算出物资消耗的数值，然后采用式（2.1），计算出物资消耗数值的平均值，作为物资消耗定额。

$$单位产品（工作量）平均物资实际消耗量 = \frac{a+4m+b}{6} \qquad (2.1)$$

式中：a 为最少的物资消耗量；m 为平均物资消耗量；b 为最多的物资消耗量。

此法一般是对品种繁多而占用资金较少的物资，或在缺乏技术资料和统计资料的情况下采用。

2. 统计分析法

统计分析法是根据物资消耗的统计资料，考虑到计划期内生产技术和生产组织条件的变化等因素，经过对比、分析、计算来制定物资消耗定额的一种方法。具体步骤如下所述。

① 确定统计期。统计期要选择接近制定定额的时期，而且最好又是生产任务和消耗水平比较正常的时期。因为这样一个时期能够比较正确地反映历史的消耗水平和消耗规律，能给定额的制定提供比较可靠的依据。

② 整理统计期内完成的产品（或工作量）数量和各类物资的实际消耗数量。对物资实际消耗数量要进行认真分析，剔除不合理因素，对应该消耗而没有反映消耗的物资品种和数量，则应予以补充，使实际数量基本上能够反映出历史消耗情况和规律。

③ 根据统计期内物资实际消耗数量和实际完成的任务数，求得单位产品（或工作量）的平均实际消耗数量。计算公式为

$$\text{单位产品（或工作量）平均实际消耗数} = \frac{\text{统计期内物资实耗总数}}{\text{统计期内实际完成任务总数}} \qquad (2.2)$$

也可以先计算各期的平均单耗，然后加总，再按统计期数加以平均。计算公式为

$$\text{单位产品（或工作量）平均实际消耗数} = \frac{\text{各期平均单耗之和}}{\text{期数}} \qquad (2.3)$$

④ 在单位产品平均实际消耗数的基础上，计算单位产品先进平均消耗数。即

$$\frac{\text{单位产品（或工作量）}}{\text{先进平均消耗数}} = \frac{\text{单位产品平均实际消耗数} + \text{单位产品最少实际消耗数}}{2} \qquad (2.4)$$

计算先进平均消耗数，也可以把达到和低于平均实际消耗数的各期的单耗相加，再加以平均求得。即

$$\frac{\text{单位产品（或工作量）}}{\text{先进平均消耗数}} = \frac{\text{达到和低于平均实耗数的各期单耗数总和}}{\text{达到和低于平均实耗数的期数}} \qquad (2.5)$$

⑤ 确定了先进平均消耗数量后，再考虑到计划期内生产技术组织条件可能发生的各种变化，确定一个修正系数，求得物资消耗定额。计算公式为

$$\frac{\text{单位产品（或工作量）}}{\text{物资消耗定额}} = \text{单位产品（或工作量）先进平均消耗数} \times \text{修正系数} \qquad (2.6)$$

采用统计分析法制定物资消耗定额，工作量大而准确性比经验估算法高，只要有比较健全的统计资料，都能采用这种方法。但由于统计分析法是以过去的统计资料为依据，定额的准确程度在很大程度上取决于统计资料的准确性；而且，由于物资消耗的统计资料一般比较笼统，因而在一定程度上会影响物资消耗定额的质量。所以，在运用统计分析法时，必须对统计资料进行深入细致的分析，剔除其不合理消耗部分。

3. 技术分析法

这是按照产品结构设计、技术特点、所用设备、工艺流程、原材料质量及生产工人的技术水平和劳动熟练程度等，通过科学分析和技术计算，来制定物资消耗定额的一种方法。这种方法要求具备大量的、完整的技术资料，通过一定的计算程序，工作量较大，技术性较强，制定的物资消耗定额比较科学、精确，但需要精确计算，使用范围受到一定的限制。一

一般说来，凡是设计图纸和工艺文件比较齐全，产品结构比较稳定，产量较大的产品，对主要原材料消耗定额的制定，比较适宜采用此法。

技术分析法制定物资消耗定额的具体步骤有以下 4 个方面。

① 根据产品装配图确定产品的所有零部件。

② 根据每个零部件的加工工序流程确定每个零部件的每道加工工序。

③ 对于每个零件，考虑从下料切削开始一直到最终所有各道加工的切削完成，形成零件净尺寸 Q 为止的所有切削的尺寸留量 q_i。

④ 每个零件的净尺寸 Q 加上所有各道切削尺寸留量之和，就是这个零件的物资消耗定额 G，即

$$G = Q + \sum q_i \qquad i = 1,\ 2,\ 3,\ 4 \tag{2.7}$$

其中，切削消耗留量尺寸 q_i 包括以下 4 部分。

q_1：加工留量。选择材料直径、长度时，总是要比零件的净直径、净长度要大，大的部分就是加工切削的尺寸留量。加上加工尺寸留量后的零件材料就叫毛坯。

q_2：下料切削留量。下料时，每一个零件的毛坯都是从一整段原材料上切断而来的。切断每一段毛坯都要切削损耗一个切口宽度的材料，这就是下料切口留量。一个零件的毛坯尺寸加上切口尺寸，就是零件的工艺尺寸。

q_3：夹头损耗。一整段材料可能切成多个零件毛坯。在切削多个毛坯时，总是需要用机床夹具夹住一头，如果最后一个毛坯不能掉头切削，则这个材料夹头部分就不能利用而成为一种损耗，就是夹头损耗。

q_4：残料损耗。一整段材料可能切成多个零件毛坯，可能出现 n 个工艺尺寸不能刚好平分一整段材料而剩余一小部分不能利用，这就是残料损耗。夹头损耗和残料损耗都要分摊到每个零件上去计算物资消耗定额。

4. 实际测定法

实际测定法是运用现场实物秤（重量）、量（尺寸）和计算等方式，对工人操作时的物资实际耗数量进行测定，然后通过分析研究，制定物资消耗定额的一种方法。运用这种方法时，应注意生产条件和操作工人的典型性、代表性，测定次数一般不应少于三次，以利于比较真实地反映出物资的实际消耗水平，避免偶然性。

实际测定法的优点是切实可行，能消除某些不合理的消耗因素。但是，组织测定工作量大，需要较多的人力和较长的时间，而且受一定的生产技术条件、测定人员及操作工人水平的限制，从而可能影响到定额的精确程度。一般在生产批量大、周期短、工艺简单、涉及加工工种和人员较少的情况下采用。

以上 4 种制定物资消耗定额的方基本法，各有其优点和不足之处。在制定定额时，应根据企业的不同条件、不同时间、不同物资，权衡利弊，加以选用，也可以互相结合，综合加以应用，使物资消耗定额制定得先进合理。

2.3　主要原材料消耗定额的制定

2.3.1　物资消耗的构成

为了正确制定主要原材料消耗定额，首先要分析原材料消耗与消耗定额的构成，以及各构成部分之间的相互关系。所谓原材料消耗的构成，是指从取得原材料开始一直到制成成品

产出为止的整个过程中原材料被消耗在哪些方面。所谓原材料消耗定额的构成，是指定额中应包括哪些原材料消耗。了解和掌握原材料消耗的构成和原材料消耗定额的构成，是正确制定消耗定额的前提，也是帮助我们找出降低物资消耗定额措施的重要手段。

主要原材料消耗的构成，一般包括以下 3 个部分。

（1）产品（零件）净重

它是构成产品（零件）的实体重量，是原材料的有效消耗部分。例如，用钢材加工一个 5 千克的主轴，这 5 千克钢材就是该主轴的净重，属于钢材的有效消耗部分。

（2）工艺性消耗

它是指产品（或零件）在准备过程中或加工制造过程中，由于改变原材料物理性能（形状、尺寸等）和化学成分所产生的消耗。如下料过程中产生的料头、边角余料；锻造中的氧化铁；机械加工过程中产生的切屑等。这部分消耗是由工艺技术上的原因造成的，是不可避免的。工艺性损耗的大小受工艺技术条件和工人操作技术水平的影响。要降低工艺性损耗，必须加强技术研究，采用新工艺。

（3）非工艺性消耗

是由于生产中产生的废品而产生的损耗；由于运输、保管、装卸等原因而产生的途耗、库耗；由于原材料供应不合要求造成的损耗；由于原材料改制代用而引起的损耗；以及由于其他非工艺技术原因，如丢失、变质等造成的损耗，等等。非工艺性损耗，并非产品制造所必需，应力求避免和减少。

在确定原材料消耗构成的基础上，即可确定消耗定额的构成。产品（或零件）净重是原材料的有效消耗，是消耗定额的基本构成部分；工艺性损耗是由于技术加工的特性所引起的补充消耗。只包括产品净重和工艺性消耗的物资消耗定额称工艺定额。除工艺定额外还包括非工艺性消耗中的废品消耗，称为工艺消耗定额。原材料消耗定额就是由产品净重和工艺性消耗两部分构成的，通常把它称为材料工艺定额，或者简称工艺定额。用公式表示为

$$\frac{\text{单位产品（零件）}}{\text{工艺定额}} = \frac{\text{单位产品}}{\text{（零件）净重}} + \frac{\text{各种工艺性}}{\text{损耗的重量总和}} \tag{2.8}$$

或

$$\frac{\text{单位产品（零件）}}{\text{工艺定额}} = \frac{\text{单位产品}}{\text{（零件）净重}} \times \left(1 + \frac{\text{各种工艺性损耗占产品}}{\text{（零件）净重的百分比}}\right) \tag{2.9}$$

非工艺性损耗一般是由于管理工作不善而造成的，这种损耗不应包括在定额中。但是，在一定的生产技术组织条件下，有些非工艺性损耗又是难以完全避免的。为了保证生产需要，确保供应，有必要在工艺消耗定额的基础上，按一定比例加上这部分的损耗，一般以材料供应系数来表示。这样计算出来的定额，通常叫作材料供应定额，用公式表示为

$$\text{材料供应定额} = \text{工艺消耗定额} \times (1 + \text{材料供应系数}) \tag{2.10}$$

$$\text{材料供应系数} = \frac{\text{单位产品（零件）非工艺损耗}}{\text{工艺消耗定额}} \tag{2.11}$$

在实际工作中，材料供应系数一般可按有关的统计资料分析研究确定。但非工艺性的废品损耗，对材料使用率的影响很大，应力求减少，因此，有些企业在确定材料供应系数时，规定了严格的废品率加以控制。

上述 3 种定额各有不同的作用。工艺定额是企业进行班组核算、成本核算和向车间、班组供料、考核及仓库供料的依据。工艺消耗定额是仓库备料的依据；材料供应定额则作为计

算物资需用量和确定采购量的依据。

综上所述，原材料消耗及其定额的构成，如图 2-1 所示。

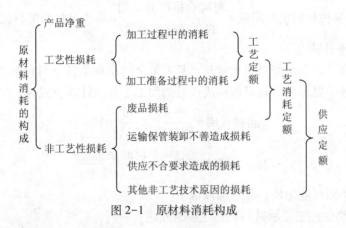

图 2-1　原材料消耗构成

2.3.2　主要原材料消耗定额的制定

主要原材料构成产品主要实体，占物资消耗的极大比重，是构成产品成本的主要部分。企业对主要原材料消耗定额的制定，不同的企业，由于工艺性质和所用材料不同，制定消耗定额的方法也不相同。通常用技术分析法，一般技术分析法有以下几种。

（1）按投料要求计算

一般做法是根据企业实际使用材料的具体要求，从物资供应部门的材料产品目录中选择一种最合理、最经济的材料规格（尺寸），按下列公式计算。

$$某种零件材料消耗定额 = 零件毛重（毛坯重量）+ \frac{落料中的损耗重量}{落料零件数量} \tag{2.12}$$

按企业余料利用标准可以利用的材料，应从落料的损耗重量中扣除。

按零件计算出来的消耗定额，先要填入物资消耗定额明细表。这种明细表是以零件为主体的，分别记载每种零件所需材料的性质、形状及消耗定额。将同一产品各种零件使用的各种材料消耗定额汇总起来，就可算出单位产品各种材料的综合消耗定额。

（2）按材料利用率计算

此法适用于品种规格比较简单，在不同产品或不同零件之间通用性较强的材料。落料时可采用综合套裁方法，其材料消耗定额可按下列公式计算。

$$落料部门材料利用率 = \frac{（产品）零件坯料净重之和}{落料的材料净重} \times 100\% \tag{2.13}$$

$$产品（零件）的材料消耗定额 = \frac{产品（零件）坯料净重}{落料部门材料利用率} \tag{2.14}$$

（3）按配料比计算

配料比是指某种材料占投入材料总重量的比例，可根据工艺文件及工人技术操作水平等因素来确定。

按配料比计算方法是利用某种产品预定的各种材料之间的配料比例和其他技术经济指标，如成品率、损耗率等来计算消耗定额的方法。计算公式为

$$成品率（\%）= \frac{合格产品产量}{投入材料重量} \tag{2.15}$$

$$每吨合格产品需用的全部材料重量=\frac{1}{成品率}\times 1\,000\,千克 \tag{2.16}$$

$$某种材料消耗定额=\frac{每吨合格产品需用}{的全部材料重量}\times 某种材料的配料比 \tag{2.17}$$

（4）按制成率计算

按制成率计算，是利用原材料重量与产品重量之间比例来计算材料消耗定额的方法。此法适用于只用一种主要原材料就可以制成产品的加工工业。计算公式为

$$成品制成率=\frac{产成品重量}{原材料耗用量}\times 100\% \tag{2.18}$$

$$原材料消耗定额=\frac{单位成品重量}{成品制成率} \tag{2.19}$$

下面举几个不同行业为例，分别加以说明。

1. 机械制造类企业主要原材料消耗定额的制定

机械制造类企业的产品是由多个零件装配而成的。很多零件要先经下料部门加工成毛坯，再由机械加工车间进行切削制造。因此，零件的材料消耗定额一般是以毛坯的重量为出发点计算的。由于毛坯零件使用不同的材料，如有的用棒材、型材，有的用板材，有的用锻件，工艺要求不同，因而计算的方法也就各不相同。

（1）锻件材料消耗定额

锻件材料消耗定额，是以锻件毛坯重量来计算的。具体可分两步进行。

第一步，计算锻造前的重量，即坯料重量。计算公式为

$$锻造前毛坯重量=锻造后毛坯重量+锻造切割损耗重量+烧损重量 \tag{2.20}$$

式中

$$锻造后毛坯重量=零件净重+加工余量 \tag{2.21}$$

锻造切割损耗重量，包括肥边、切除、夹头、冲眼等，通过计算或实测求得。

烧损也称火耗，是锻件坯料在加热或煅打过程中的损耗。此损耗的大小，与锻造过程中的加热次数、锻造方法、加热炉形式、锻件大小和锻件的复杂程度有关。计算烧损的公式为

$$烧损重量=(锻造后毛坯重量+锻造切割损耗重量)\times \frac{烧损率}{1-烧损率} \tag{2.22}$$

烧损率一般根据上述加热次数等因素，通过经验统计求得。

第二步，在锻造前毛坯重量上再加毛坯下料切口重量和分摊到的残料重量，求得锻件材料消耗定额。其计算公式为

$$
\begin{aligned}
锻件材料消耗定额 &= \frac{锻造前}{毛坯重量}+\frac{下料}{切口重量}+\frac{分摊到的}{残料重量} \\
&= 零件净重+加工余量+\frac{锻造切割}{损耗重量}+烧损重量+ \\
&\quad 下料切口重量+\frac{分摊到的}{残料重量}+夹头重量
\end{aligned} \tag{2.23}
$$

根据上述分析，锻件材料消耗定额的构成如图 2-2 所示。

（2）型材、棒材消耗定额

零件棒材消耗定额，是以零件毛坯重量为基础，加上锯（切）口和分摊的夹头及残料重

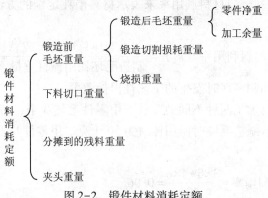

图 2-2　锻件材料消耗定额

量求得的。计算公式为

$$
\begin{array}{c}
零件棒料 \\
消耗定额
\end{array}
=
\begin{array}{c}
零件 \\
毛坯重量
\end{array}
+
\begin{array}{c}
锯（切） \\
口重量
\end{array}
+
\begin{array}{c}
夹头 \\
重量
\end{array}
+
\begin{array}{c}
残料 \\
重量
\end{array}
\tag{2.24}
$$

在具体计算时又有两种情况，以棒材为例。

① 一根棒材锯（切）几个同样零件时，计算公式为

$$
零件棒材消耗定额 = \frac{一根棒材的重量}{一根棒材可锯（切）的毛坯数}
\tag{2.25}
$$

式中

$$
一根棒材的重量 = 棒材单位长度的重量 \times 棒材长度
\tag{2.26}
$$

$$
\begin{array}{c}
一根棒材可锯 \\
（切）的毛坯数
\end{array}
= \frac{棒材长度 - （料头长度 + 夹头长度）}{单位毛坯长度 + 锯（切）口宽度}
\tag{2.27}
$$

例 2-1　合力公司制造甲零件，工艺规定零件长度为 240 毫米，最大直径为 32 毫米，零件最大直径的加工余量为 4 毫米，零件两端应各留 1.5 毫米的端面加工余量。棒材在下料车间锯成毛坯，锯口为 4 毫米。从机床技术资料查出，卡盘的夹头为 10 毫米。选用直径为 36 毫米（32 毫米+4 毫米），长度为 4 000 毫米的 45 号圆钢进行加工，这种 45 号圆钢每米重 8 千克，则零件消耗定额为多少？

解

$$
一根棒材可锯（切）的毛坯数 = \frac{4\,000-10}{(240+1.5\times2)+4} = 16（根）\cdots\cdots 38 \text{ 毫米}
$$

计算时出现的 38 毫米余数，为切头余料，属于工艺性损耗。

$$
零件棒材消耗定额 = \frac{4\times8}{16} = 2（千克/根）
$$

② 从一根棒材上加工几种不同长度的零件毛坯。为使工艺性损耗合理分摊给各个零件，可用下料部门材料利用率来计算消耗定额。计算公式为

$$
零件棒材消耗定额 = \frac{单位零件毛坯重量}{下料部门材料利用率}
\tag{2.28}
$$

式中

$$
单位零件毛坯重量 = 单位零件毛坯长度 \times 棒材单位长度重量
\tag{2.29}
$$

单位零件毛坯重量也可以直接称量求得。

下料部门材料利用率是毛坯重量（或长度）与耗用的材料重量（或长度）之比，一般

用 k_1 表示。所以，用下料部门材料利用率来表示材料消耗定额的方法也称为 k_1 法。k_1 计算公式为

$$下料部门材料利用率（k_1）=\frac{毛坯总重量（或总长度）}{制造毛坯耗用棒材重量（或长度）} \quad (2.30)$$

k_1 愈接近 1，说明切割毛坯时发生的工艺性损耗愈少。

例 2-2　用一根棒材加工两种不同的零件，甲零件毛坯 3 个，每件为 3 千克；乙零件毛坯 6 个，每件为 4 千克。制造毛坯时所用棒材为 50 千克。甲零件与乙零件的棒材消耗定额各为多少？

解　下料部门材料利用率 $=\dfrac{3\times8+4\times6}{50}=0.96$

甲零件棒材消耗定额 $=\dfrac{3}{0.96}=3.125$（千克/件）

乙零件棒材消耗定额 $=\dfrac{4}{0.96}=4.166$（千克/件）

（3）板材消耗定额

由板材加工零件时，消耗定额的组成与棒材基本相同。其主要问题是合理下料和采用先进工艺，尽量减少切割损耗，把边角余料减少到最低限度，充分利用材料。具体计算也有两种情况。

① 在同一张板材上切割同种零件，当下料方法经济合理时，其消耗当额的计算公式为

$$零件棒材消耗定额=\frac{每张板材重量}{每张板材可以切割的零件数} \quad (2.31)$$

例 2-3　在一张规格为 610×1 830×1.5 毫米的钢板上加工 E 型垫片，经合理套裁，共切割垫片 114 片，钢板单重为 11.77 千克/米^2，求垫片的消耗定额。

解　每张钢板重量 $=11.77\times0.61\times1.83=13.14$（千克）

垫片钢板消耗定额 $=\dfrac{13.14}{114}=0.115$（千克/片）

② 在一张钢板上切割几种不同的零件，为了合理分摊余料的损耗，可用 k_1 法计算材料消耗定额。计算公式与棒材消耗定额基本相同。计算公式为

$$板材下料利用率（k_1）=\frac{零件毛坯总重量（或总面积）}{板材重量（或面积）} \quad (2.32)$$

$$零件板材消耗定额=\frac{单位零件毛坯重量}{板材下料利用率} \quad (2.33)$$

例 2-4　在一张规格为 710×1 420×1.5 毫米的 24 号钢板（11.85 千克）上，要裁出如图 2-3 所示的各种零件毛坯。求每个零件的材料消耗定额。

解　根据图 2-3 所示，得

$$板材下料利用率（k_1）=\frac{(1.75+0.54+1.192+0.335+1.335)\times2}{11.85}$$

$$=0.93$$

①号零件材料消耗定额 $=\dfrac{1.75}{0.93}=1.88$（千克/件）

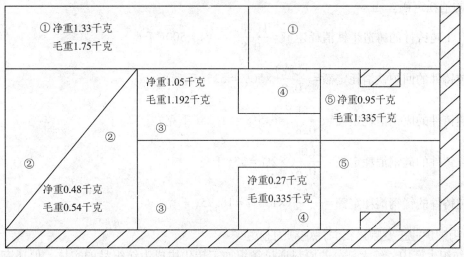

图 2-3　钢板落料示意图

②号零件材料消耗定额 $= \dfrac{0.54}{0.93} = 0.58$（千克/件）

③号零件材料消耗定额 $= \dfrac{1.192}{0.93} = 1.28$（千克/件）

④号零件材料消耗定额 $= \dfrac{0.335}{0.93} = 0.36$（千克/件）

⑤号零件材料消耗定额 $= \dfrac{1.335}{0.93} = 1.45$（千克/件）

2. 化学、冶金、炼油和铸造一类企业主要原材料消耗定额的制定

化学、冶金、炼油和铸造等类企业的生产特点是把几种主要原材料放在一起，经过化学反应，制成产品。制定主要原材料消耗定额，通常是根据企业生产工艺流程的特点和预定的配料比，用一系列技术经济指标（如成品率、损耗率）来计算求得的。

以铸造企业计算金属炉料的消耗定额为例，铸件金属炉料由多种成分合成，主要有：铸铁、旧生铁、废钢和各种铁合金。投入熔化炉中的各种金属炉料都有一定的比例，称为配料比。铸件炉料消耗定额，一般是按一吨合格铸件为单位来进行计算的。由于在铸造过程中，要产生烧口、冒口以及难以避免的废品，因此，要铸造出一吨合格铸件，就要耗用大于一吨的金属炉料。合格铸件总重量与金属炉料总重量之比，称为合格铸件成品率。计算铸件炉料消耗定额时要从成品率出发，再按一定的配料比，分别计算出炉料中不同成分材料的消耗量。计算公式为

$$\genfrac{}{}{0pt}{}{1 \text{ 吨铸件所需某种}}{\text{金属炉料消耗定额}} = \frac{1（\text{吨}）}{\text{合格铸件成品率}} \times \text{配料比} \tag{2.34}$$

式中

$$\text{合格铸件成品率} = \frac{\text{合格铸件总重量}}{\text{各种金属炉料总重量}} \tag{2.35}$$

1（吨）/合格铸件成品率表明铸造一件铸件的炉料总重量。

例 2-5 某机器厂铸工车间铸造的机座，每件重 1 000 千克，炉料配比比例如下：铸铁生铁 40%、回炉铁 50%、废钢 6.5%、硅铁 2%、锰铁 1.5%，合格铸件成品率 80%，试确定

各种铁的消耗定额。

解　1吨铸件的铸造生铁消耗定额 $=\dfrac{1(吨)}{0.8}\times 40\% = 500$（千克）

1吨铸件的回炉铁消耗定额 $=\dfrac{1(吨)}{0.8}\times 50\% = 625$（千克）

1吨铸件的废钢消耗定额 $=\dfrac{1(吨)}{0.8}\times 6.5\% = 81.25$（千克）

1吨铸件的硅钢消耗定额 $=\dfrac{1(吨)}{0.8}\times 2\% = 25$（千克）

1吨铸件的锰钢消耗定额 $=\dfrac{1(吨)}{0.8}\times 1.5\% = 18.75$（千克）

3. 纺织企业主要原材料消耗定额的制定

在纺织生产中，绝大部分的原料通过纺织加工转化构成为纺织品的实体，但还有相当一部分原料在生产过程中变成各种不同形态的废料。因此，原料消耗定额可根据制成率或废料率为基础加以制定。这两个技术经济指标，从不同角度表明原料的利用程度。制成率是指制成的产品实体中所占用原料数量对投入原料总重量之比；废品率是指各种废品的数量对投入原料总重量之比。

以棉纺企业棉纱的混用原棉消耗定额为例，先要计算各道工序的制成率。计算公式为

$$工序制成率 = \dfrac{本工序出产的半成品（或产品）重量（千克）}{本工序喂入品重量（千克）}\times 100\% \qquad (2.36)$$

由于纺纱生产的特点是各工序都在同一原料上连续加工，所以在计算各工序制成率后，还要计算本工序累计制成率和总制成率。

$$本工序累计制成率 = 本工序制成率\times 上工序累计制成率 \qquad (2.37)$$
$$总制成率 = 最后一道工序的累计制成率\times 各工序制成率的连乘积 \qquad (2.38)$$

计算出总制成率后，即可求得原棉消耗定额。计算时一般是以每吨棉纱为单位。计算公式为

$$每吨棉纱混用原棉消耗定额（千克） = \dfrac{1\,000}{总制成率}（千克） \qquad (2.39)$$

例 2-6　江南棉纺织厂纺部在生产过程中共经过清花、梳棉、并条、粗纺、细纺、络纱、摇纱等工序。在清花工序喂入混用原棉 50 000 千克，出产半制品花卷 48 307 千克；然后进入梳棉工序，出产重条 45 786.8 千克；其他工序依次出产的半制品分别为并条 45 625.9 千克，粗纺 45 260.9 千克，细纺 44 939.5 千克，络纱 44 860.1 千克，最后在摇纱工序出产棉纱 44 829.5 千克，则棉纱混用原棉消耗定额为多少？

解　第一步，计算总制成率

清花工序制成率 $=\dfrac{48\,307}{50\,000}\times 100\% = 96.614\%$

因为清花工序是第一道工序，所以，本工序制成率即为累计制成率。

梳棉工序制成率 $=\dfrac{45\,786.8}{48\,307}\times 100\% = 94.783\%$

梳棉累计制成率 $= 94.783\%\times 96.614\% = 91.573\,6$

并条工序制成率 $= \dfrac{45\ 625.\ 9}{45\ 786.\ 8} \times 100\% = 99.\ 649\%$

并条累计制成率 $= 99.\ 649\% \times 91.\ 573\ 6\% = 91.\ 252\ 2\%$

粗纺工序制成率 $= \dfrac{45\ 260.\ 9}{45\ 625.\ 9} \times 100\% = 99.\ 200\%$

粗纺累计制成率 $= 99.\ 200\% \times 91.\ 252\ 2\% = 90.\ 522\ 2\%$

细纺工序制成率 $= \dfrac{44\ 939.\ 5}{45\ 260.\ 9} \times 100\% = 99.\ 290\%$

细纺累计制成率 $= 99.\ 290\% \times 90.\ 522\ 2\% = 89.\ 879\ 5\%$

络纱工序制成率 $= \dfrac{44\ 860.\ 1}{44\ 939.\ 5} \times 100\% = 99.\ 823\%$

络纱累计制成率 $= 99.\ 823\% \times 89.\ 879\ 5\% = 89.\ 720\ 4\%$

摇纱工序制成率 $= \dfrac{44\ 829.\ 5}{44\ 860.\ 1} \times 100\% = 99.\ 932\%$

摇纱累计制成率 $= 99.\ 932\% \times 89.\ 720\ 4\% = 89.\ 659\%$

第二步，计算每吨棉纱混用原棉消耗定额

每吨棉纱混用原棉消耗定额(千克) $= \dfrac{1\ 000}{\text{总制成率}}(\text{千克}) = \dfrac{1\ 000}{89.\ 659\%} = 1\ 115.\ 36(\text{千克})$

以上阐述的是制定主要原材料消耗定额的基本方法。在实际工作中，由于加工过程十分复杂，制定主要原材料消耗定额是一项十分细致而又繁复的各种，涉及的面很广，工作量也很大。因此，在不同的企业里，应当根据不同的情况和条件，灵活地加以具体运用。

2.4 辅助材料和其他物资消耗定额的制定

企业生产所需的辅助材料和其他物资品种繁多，使用范围复杂，其消耗定额的制定方法各不相同，应根据实际情况分别加以求得。

2.4.1 辅助材料消耗定额的制定

制定辅助材料消耗定额，一般都采用比较概略的计算方法。由于辅助材料的使用面很广，有工艺用的、包装用的、维修用的、劳保用的等。在制定消耗定额时要找出这些材料与哪些因素有依存关系，然后按照不同的方法加以制定：与主要原材料结合使用的辅助材料，可按主要原材料单位消耗量的比例进行计算，如炼一吨生铁需要多少溶剂等。与产品产量成正比例的辅助材料的消耗定额，可按单位产品需要量来计算，如包装用材料和保护用涂料等。与设备开动时间或工作日有关的辅助材料消耗定额，可根据设备开动时间或工作日数来计算，如设备开动一小时需要多少润滑油等。与材料使用期限有关的辅助材料消耗定额，一般按规定使用期限确定，如皮带运输机上的运输皮带等。与工种有关的辅助材料消耗定额，可以工种为单位来进行计算，如劳保用品等。对于难以计算的辅助材料消耗定额，一般可根据统计资料和实际耗用确定。

2.4.2 燃料消耗定额的制定

燃料的范围很广，包括煤、焦炭、石油、木材等，使用的途径不同。因此，燃料消耗定额应根据不同的消耗用途和不同的消耗标准分别制定，一般用单位消耗量标准计算。如工艺用燃料消耗定额，以加工 1 吨产品、生产 1 吨合格铸件或锻件所需燃料为标准来制定；动力用燃料消耗定额，以发 1 千瓦电、生产 1 立方米压缩空气、生产 1 吨蒸汽所需燃料为标准来制定；取暖用燃料消耗定额，一般是按每个锅炉或单位受热面积来制定。

燃料消耗定额是一个能耗标准。由于燃料的品种多，物理状态各不一样，发热量也不相同，为考核使用各种燃料时能耗效果的可比口径，通常以折合标准燃料来计算。因而在制定消耗定额时，应先按照标准燃料的发热量来计算，然后以标准燃料的消耗定额来换算成各种不同品种实际使用燃料的消耗定额。所谓标准燃料，即每千克发热量为 7 000 大卡的燃料。各种具体品种燃料的发热量，可从产品目录中查到。

具体品种燃料发热量与标准燃料发热量之比，称为热当量系数或发热量换算系数。设 C 为具体品种燃料的发热量，则

$$热当量系数（或发热量换算系数）= \frac{C}{7\,000} \qquad (2.40)$$

确定了热当量系数后，即可从具体品种燃料的消耗量出发，折算成标准燃料的耗用量。

$$F_{燃料} = \frac{C}{7\,000} \times F \qquad (2.41)$$

式中：$F_{燃料}$ 为换算出来的标准燃料耗用量；F 为实际耗用的具体品种燃料耗用量。

然后，再用下列公式计算出每单位的标准燃料消耗定额。

$$N_{燃料} = \frac{F_{标准}}{P} \qquad (2.42)$$

式中：$N_{燃料}$ 为以标准燃料计算的燃料消耗定额；P 为某一时期内的生产总量。

最后，换算成某种具体品种燃料的消耗定额，即

$$某种燃料消耗定额 = 标准燃料消耗定额 \times \frac{7\,000}{C} \qquad (2.43)$$

或

$$某种燃料消耗定额 = N_{燃料} \times \frac{7\,000}{C} \qquad (2.44)$$

2.4.3 动力消耗定额的制定

生产中用的动力，一般有电力、蒸汽、压缩空气等。动力消耗定额一般也是按用途分别制定。如用于发动机的电力消耗定额，一般先按设备类别和实际开动马力计算每小时电力消耗量，然后再按每种产品消耗设备小时数，计算出单位产品的电力消耗定额；采用电加热冶炼金属时，可直接按每吨炉料计算其消耗定额。在具体制定时，一般可采用实测和统计分析法。

2.4.4 工具消耗定额的制定

工具消耗定额，一般可用制造一定数量产品需要使用某种工具的时间除以某种工具的耐用期限来确定。但在不同生产类型条件下，具体计算方式有所不同。以金属切削刀具为例，在大量大批生产条件下，计算公式为

$$单位产品某种工具消耗定额 = \frac{加工单位产品某种工具使用时间}{某种工具的使用期限} \qquad (2.45)$$

$$某种工具的使用期限 = \frac{某种工具两次刃磨间}{的平均耐用时间（分）} \times \left(\frac{某种工具的工作部分长度}{一次刃磨的厚度} + 1 \right) \qquad (2.46)$$

在单件小批生产条件下，一般可按设备工作 1 000 小时需要消耗的工具数来确定工具消

耗定额。具体步骤如下：首先，根据经验或参考有关资料，为各类机床设备确定需要哪种工具；其次，估算出各类设备工作时切割时间所占的平均百分数；再次，估算出某种工具在前述总的切削时间中所占的比重（即某种工具进行切削所费时间与该类机床上所有刀具进行切削所费总时间之比）；最后，按该种刀具的耐用时间用下列公式计算出某类型设备工作 1 000 小时的刀具消耗定额。

某种刀具消耗定额（按设备工作 1 000 小时计算）

$$= \frac{1\,000 \times \left(\begin{matrix} \text{该类设备上切削时} \\ \text{间占工作时间的\%} \end{matrix} \times \begin{matrix} \text{该类刀具进行切削所费时间占} \\ \text{该类设备总的切削时间的\%} \end{matrix} \right)}{\text{某种工具的使用期限}} \qquad (2.47)$$

若工具使用期较长可用经验估计法，确定一个定期的货币定额。

工具消耗定额也可根据实际经验，或通过对工具消耗的统计资料进行分析来确定。

2.4.5　配套物资定额的制定

随着生产社会化和专业化程度的不断提高，企业生产的产品中有相当部分零部件是通过企业间协作或外包的形式来加工制造的。这些协作或外包生产的零部件称为配套物资（或称为配套产品）。这些配套物资有下列特点：配套物资本身是成型的某协作企业的一种产品；配套物资本身的结构多数由许多零部件组合而成；企业一般不再进行加工或改装，直接进行装配组合；其多数属于外购的标准化、规格化的产品，如机电产品。

为了保证生产的正常进行和合理的库存量，必须规定合理的配套定额。

所谓配套定额，是指企业在一定的生产技术条件下，制造单位产品所需的配套零部件的合理数量。例如生产一台自动车床，需要多少台电动机，多少只热继电器，多少套轴承，多少米铜塑线；生产一台电动机，需要几套轴承，多少漆包线，多少标准紧固件等。企业配套定额的确定，一般是按照产品的设计单位，或企业的设计技术部门所提供的"配套件外购目录明细表"来编制的。在编制"配套定额明细表"时应注意以下几点。

① 凡属按台件（只）计量的外购配套机电产品，在装配组合之前，不再进行改变其形状、尺寸等加工工作，因此不存在所谓的"工艺性损耗"，如配套用的电机、轴承等可直接投入装配组合，其配套定额的数量就是设计中所要求的数量。

② 凡属按吨重和米长等计算的外购配套机电产品，在其装配组合之前需要进行一定的工艺加工，故应考虑其工艺损耗。如各种绝缘材料在使用前必须进行一定的加工，其消耗定额则可按材料消耗定额编制方法加以确定；又如电线、电磁线等要进行截断等加工操作，则应考虑其料头及夹头损耗等。

③ 配套定额中还应该包括与企业产成品成套供应出厂的一些附带机械设备。如锅炉生产厂，锅炉出厂时应附带配套的电动机，则电动机应计入锅炉厂的配套定额内。

④ 配套定额内还应包括技术文件规定的随机出厂的备用配套件。如无锡机床厂的磨床出厂时附带有备用砂轮，这些砂轮应计入磨床的配套定额内。

⑤ 对于无线电元件，在装配组合之前需要进行筛选工作，以剔除一些不合要求的元件。这种因剔除所造成的缺额，不应包括在配套定额内，可用另外增加采购量的办法予以解决。

2.5　物资消耗定额的执行与管理

物资消耗定额的制定只是实行物资消耗定额管理的开始，更重要的工作在于定额的贯彻执行，并在执行过程中加强管理。在物资消耗定额等贯彻执行过程中主要做好以下几方面的工作。

2.5.1　建立和健全管理责任制

为了使物资消耗定额在生产实践中发挥它应有的作用，企业必须建立和健全严格的物资消耗定额管理的责任制度，使每一项物资消耗定额都有专门的部门和专人负责管理。定额分工应根据企业的具体条件，从有利于生产、有利于节约出发，归谁管理最有利，就由谁管，而且是既管定额的制定，又管定额的贯彻执行。

企业物资消耗定额的管理应在厂部统一领导下，实行归口分级管理。所谓"归口"，即按照业务分工，把各类物资消耗定额的制定、修改和管理工作，划归各职能部门具体负责；所谓"分级"，即厂部、车间、班组各级在物资消耗定额管理中的分工和各自的职责。一般来讲，企业的物资消耗定额管理，应在生产技术副厂长和总工程师的领导下，由工艺技术部门统一归口，有关部门分工负责。工艺技术部门负责产品用主要原材料和一部分辅助材料消耗工艺定额（包括配套产品定额）；工具部门负责工、夹、模、量具材料消耗定额；设备动力部门负责设备维修备件和用料、润滑油、动力和动力用燃料消耗定额；运输部门负责汽油、汽车备件和轮胎消耗定额；劳动保护和劳动保护用品的消耗定额由安全部门负责；有铸造冶炼部门的负责铸锻件方面的物资消耗定额；各承办单位负责技术措施及临时性材料消耗定额；物资管理部门除提供物资目录和物资资源情况，配合工艺技术部门等确定物资品种、规格之外，负责汇总全厂非生产用料及非工艺性损耗，并编制全部供应定额，同时还要和财务部门一起经常监督、检查定额的执行情况，定期分析物资的利用情况，分析定额的准确程度；等等。但不论哪一种消耗定额的制定与修改，企业物资管理部门都应积极参与。

2.5.2　物资消耗定额的审批

物资消耗定额草案制定出来后，必须经过群众讨论和有关领导审查批准后，方能贯彻执行。讨论和审查的目的，在于进一步提高物资消耗定额的质量。

物资消耗定额的审查，一般要求逐项、逐级进行审查。在审查过程中，要有领导、物资供应人员、成本人员和有实践经验的工人参加。审查的内容通常为：审查制定物资消耗定额工作报告的说明，以便了解制定工作概况；审查是否符合当前党和国家的有关方针政策；审查是否完成主管部门下达的控制指标；审查物资消耗定额的项目；审查重点项目变化的情况，增减的原因；与历年消耗统计资料相比，分析是否符合物资消耗的规律性；审查有关计算方法是否先进合理，有关技术资料是否齐备完整；审查大类综合定额中各类产品的产量与生产计划所列的口径是否一致；审查是否积极采用了新工艺、新技术和新材料；审查是否已采纳了群众讨论及各级审批过程中的正确意见；审查制定过程中拟订实现物资消耗定额措施的情况；等等。

定额经过审查后，报请有关领导审批。审批定额的标准是：第一，定额必须完整、先进、合理；第二，定额必须达到了本企业的历史最好水平或低于上一年度的实际消耗水平；第三，定额管理制度及岗位责任制必须建立健全并切实可行；第四，必须实行定额供料和按实际消耗严格考核；第五，计量工具必须准确和齐备。

2.5.3　物资消耗定额基本文件的编制

物资消耗定额制定并经过批准后，对物资消耗定额加以整理、汇总，就成为物资消耗定额文件，分发各有关部门，作为定额管理的依据。以机械制造企业为例，消耗定额基本文件的主要内容有零件材料消耗定额表（卡）、材料使用卡片（表）和单位产品综合材料消耗定额明细表（卡）。

（1）单位零件材料消耗定额卡（表）

单位零件材料消耗定额卡，是以零件为对象，分车间记载各种零件所需材料的名称、品种、规格、型号、性能及消耗定额数据，如表 2-1 所示。这种消耗定额表，是集中下料和仓库供料的重要依据，也是编制零件成本的明细表和其他物资消耗定额的依据。

（2）材料使用卡片（表）

材料使用卡片，是以每一种具体品种规格的材料为对象，分车间汇总各种零件使用同一种材料的消耗定额，并列明各种产品所需该种零件数，如表 2-2 所示。这一使用卡片可以作为编制订货明细表及单位产品综合材料消耗定额文件的依据。

（3）单位产品综合材料消耗定额明细表（卡）

单位产品综合材料消耗定额明细表，是以每种产品为对象编制的，其内容包括该产品所需各种物资的名称、规格、型号、物资消耗定额等，如表 2-3 所示。这一明细表是物资管理人员编制物资供应计划及单位产品成本计划的依据。

2.5.4　物资消耗定额的执行

物资消耗定额的贯彻执行是发挥定额作用的阶段，是定额管理的关键。它的内容包括：生产车间、工段、班组按物资消耗定额领用物资和进行经济技术分析；物资、财务部门按物资消耗定额发送物资和按定额课目结算物资支出费用；以及物资消耗定额技术人员的日常管理等。其中的定额供料制度是物资消耗定额贯彻执行的中心环节。物资消耗定额技术人员的日常管理所包括的内容则有：经常深入生产第一线了解掌握物资消耗动态及各种影响因素和影响结果，记录、分析发生物资消耗突变的生产情况和原因及结果，建立必要的物资消耗资料台账，并定期汇总出结果，分析、整理出物资消耗定额执行结果资料并揭示出定额贯彻执行过程中出现的问题，拟订改进建议，推广节约物资的先进经验等。

2.5.5　物资消耗定额的执行情况的检查与考核

物资消耗定额的数值是否符合企业客观实际，切实可行，还要通过实践的检验。对定额执行情况进行检查和考核，揭示为了检查消耗定额与生产中实际消耗物资的吻合程度和物资的利用情况，发现定额执行中的先进经验与存在问题，分析发生差距的原因，并为修订新定额积累资料。

考核的主要内容有两方面。

1. 材料的有效利用程度的考核分析

材料的有效利用程度分析，是反映定额执行状况的一个重要标志。所谓材料的有效利用程度，是指构成成品实体的净重和相应的单位成品实耗量之比，通常用材料利用率来表示。材料利用率综合反映企业的生产技术水平和管理水平。材料利用率高，表明材料在生产过程中的有效利用程度好，无效损失少，使用合理，定额执行结果比较理想。相反，材料利用率低，表明材料在生产过程中有效利用程度差，无效损失大，使用有浪费现象，定额执行结果与要求差距较大。

材料利用率的高低，受到生产中各个环节的影响。因此，计算材料利用率时，先要按生产过程中各个环节分别计算。

表2-1　零件材料消耗定额表

车间名称	第一车间	制品编号	21	定额表编号	2-1121
部部编号	21-12	零件编号	21-12-05	零件名称	轴

零件最大尺寸		零件净重（千克）	零件数量		规格	材料利用率	备注
断面（宽度）	长度		每件制品	备件	B-1050-41	73.7%	
φ30	70	0.388 9	4	1			

材料编号	1321112	材料名称（牌号、种类、形状）	碳钢10号	材料尺寸（断面、宽度、长度）	φ34，长4 000厘米

制成零件数量（圆形、管形、板形）　28.5

材料重量（圆形、管形、板形）

毛料尺寸		毛料重量（面积、长度）	废料重量（千克）			
断面（宽度）	长度		切口	料头	定额	
φ34	72厘米	0.512 9千克	0.014 25	0.000 528	0.527 7二克	

加工余量		
断面（宽度）	长度	
4厘米	2厘米	

可利用废料	用于何种零件		本零件利用废料情况	签字修改定额		
	编号	数量		编表：	日期	通知单编号
重量（面积、长度）				编：		
尺寸（长度）				批准：		

表 2-2　材料使用卡片

车间名称	第一车间						制品编号	21
材料编号	材料名称	牌号、种类	断面	长度	重量	规格	计量单位	计划价格
1320001	碳钢	10号	φ34	4 000	28.5千克	B-1050-41	千克	0.5元

消耗定额

部件编号	零件			定额表编号	材料形状	每件毛坯	每套制品		每套备件		合计（注）		材料利用率
	编号	名称	净重				零件数量	千克	零件数量	千克	零件数量	千克	
21-12 …	21-12-05 …	轴 …	4 …	21-121 …	圆钢 …	0.527 7 …	4 …	2.110 8 …	1 …	0.527 7 …	5 …	2.638 5 …	73.3 …
共计							160.0		24.4		184.0		71

修改定额

通知单编号			
日　期			
签　字			

注：每套制品即每套制品所需每套备件，即每套制品之外的备件所需，故需另加。

表 2-3 单位产品综合材料消耗定额表

材料名称	牌号	规格	尺寸	计量单位	数量	单价	制品编号 21 金额/元
⊕钢材							
1. 热轧钢							
碳钢							
合金钢							
⋮							
2. 冷轧钢							
合金钢							
⋮							
φ有色金属							
1. 成材							
铝材							
黄铜材							
⋮							
总计							13 520.0

① 生产准备过程的材料下料利用率，用 k_1 表示，计算公式为

$$k_1 = \frac{\text{零件毛坯重量（或体积）}}{\text{消耗材料重量（体积）}} \times 100\% \tag{2.48}$$

这个指标表明材料在下料时的有效利用程度。

② 在生产加工过程的材料加工利用率，用 k_2 表示，计算公式为

$$k_2 = \frac{\text{零件净重（或体积）}}{\text{零件毛坯重量（体积）}} \times 100\% \tag{2.49}$$

这个指标表明材料在由毛坯制成成品时材料的有效利用程度。

③ 在装卸运输保管过程的材料利用率，用 k_3 表示，计算公式为

$$k_3 = \frac{\text{经过装卸运输保管过程后的材料重量（或体积）}}{\text{进入装卸运输保管过程前的材料重量（体积）}} \times 100\% \tag{2.50}$$

这个指标表明材料在装卸运输保管之后的完好程度。

④ 回收利废过程的材料利用率，用 k_4 表示，计算公式为

$$k_4 = \frac{\text{回收后利用的材料净重量（或体积）}}{\text{消耗的材料重量（体积）}} \times 100\% \tag{2.51}$$

这个指标表明材料在生产中变成非净重部分的那些无效损耗，还可以回收利用的程度。

综合上述 4 个过程的材料利用率，即可求得总的材料利用率 k。

$$k = k_1 + k_2 + k_3 + k_4 \tag{2.52}$$

2. 定额完成情况的考核分析

考核分析物资消耗定额的完成情况，可以从不同角度采用不同的指标。

第一，把单位产品（零件）净重与材料消耗定额进行对比分析。一般用工艺定额利用率来表示，计算公式为

$$\text{工艺定额利用率} = \frac{\text{单位产品（零件）净重}}{\text{单位产品（零件）材料消耗定额}} \times 100\% \tag{2.53}$$

工艺定额利用率主要反映产品设计和工艺技术水平。工艺定额利用率愈高，表示工艺性损耗愈少，材料利用得愈好。

第二，单位产品（零件）的材料实际消耗量与材料消耗定额进行对比分析。一般用单位产品实耗完成定额百分比表示，计算公式为

$$\frac{\text{单位产品（零件）材料}}{\text{实耗量完成定额百分率}} = \frac{\text{单位产品（零件）材料实际消耗量}}{\text{单位产品（零件）材料消耗定额}} \times 100\% \qquad (2.54)$$

完成定额百分率越高，说明材料实际消耗数量越多；反之，说明实际材料消耗数量越少，材料利用越充分，越合理。

材料实际消耗数量与定额对比，其下降或上升的百分比，可表示为

$$\frac{\text{单位产品（零件）材料实际消耗}}{\text{情况比定额下降或上升百分率}} = \frac{\dfrac{\text{单位产品（零件）}}{\text{材料消耗定额}} - \dfrac{\text{单位产品（零件）}}{\text{材料实际消耗数量}}}{\text{单位产品（零件）材料消耗定额}} \times 100\%$$

$$= \left(1 - \frac{\text{单位产品（零件）材料实际消耗数量}}{\text{单位产品（零件）材料消耗定额}}\right) \times 100\%$$

$$(2.55)$$

计算结果如果是正数，说明单位产品（零件）材料实际消耗数量比定额少，其差异百分比反映材料的节约程度；如果是负数，说明实际消耗数量高于低额，其差异百分比反映材料的超支程度。

2.5.6　物资消耗定额的修订

物资消耗定额制定后，经过一段时间的执行，必须在不断分析执行情况的基础上进行必要的修订。这是因为物资消耗定额是在一定条件下，近似正确地反映了物资消耗规律，但是影响物资消耗的诸多因素是在不断变化着的。作为执行过程中相对稳定的物资消耗定额也必须随着客观条件的变化而变化。同时，由于原物资消耗定额的制定，受到制定物资消耗定额的条件限制，对物资消耗规律的认识也存在一定的局限性。由这种局限性所造成的矛盾，随着物资消耗定额执行过程中对物资消耗规律认识的不断深入，就会越来越显得突出。为了解决这些矛盾，要求我们在物资消耗定额管理过程中对原物资消耗定额进行修订。问题的关键是多长时间修订一次合适。时间短了没有好处，因为时间短，不一定能把问题充分暴露出来，更主要的是定额要保持相对的稳定性，频繁变动会影响群众执行定额的积极性；时间长了，也不利于生产、供应和节约工作。一般来说，在正常情况下，每半年或一年修订一次为宜，但遇到下述情况，应及时修订：

① 发现在物资消耗定额制定过程中，制定的定额不准或计算所依据的资料不准；

② 产品的结构发生了改变；

③ 物资的品种、质量、规格等发生了变动；

④ 提高了生产、施工技术或改进了工艺操作；

⑤ 由于技术革新、技术革命的实现，必须改变原有物资的质量、品种或规格等。

物资消耗定额的修订，必须按有关规定，经过群众讨论，物资供应部门会签，物资消耗定额主管部门通过，报请上级审查批准后，才能正式生效。

在物资消耗定额的具体修订工作中，可参照表 2-4 所要求的内容和填表分发填制备案。

表 2-4　物资消耗定额修改通知单

企业名称：　　　　　　　计量单位：
通知部门：　　　　　　　尺寸：　　　　　　　毫米
产品型号：　　　　　　　重量：　　　　　　　千克

20××年　月　日

零件		修改前								修改后									采用日期（前起始月份）	修改定额的原因
名称	图号	每台件数	材料名称	材料型号规格	净重		毛重		定额	每台件数	材料名称	材料型号规格	净重		毛重		定额	材料利用率		
					尺寸	重量	尺寸	重量					尺寸	重量	尺寸	重量				
1	2	3	4	5	6	7	8	9	10	11	12	13	14	15	16	17	18	19	20	21
签收		供应科			财务科			车间			修改人									

填表说明：

1. 此表为修改物资消耗定额时分送有关部门审查，各有关部门要在"签收"栏中签章；
2. 第20栏为修改后物资消耗定额正式采用的日期，在机械制造企业中常以某一投料台份来表示；
3. 第21栏要详细说明物资消耗定额修改的原因及有关措施；
4. 本表经各有关部门审查会签报上级批准后执行。

2.5.7　降低物资消耗的途径

（1）改革产品设计，减少构成产品或零件净重的物资消耗

产品的结构、式样、大小、长短、光洁度、精密度、所用材料的规格、质量及对各种材料的技术要求，都是由产品设计决定的。产品设计上的合理节约对物资消耗的节约影响大且深远。因此，在保证和提高产品质量的前提下，改革产品设计，减少单位产品的物资消耗，是实现节约物资的重要措施。

（2）采用先进工艺，减少工艺性损耗

工艺性损耗是物资消耗的一个重要构成部分，采用先进工艺，尽可能减少工艺性损耗，就可以更好地降低物资消耗。如在机械制造厂，采用粉末冶金、精密铸造、精密锻造等新工艺代替费料、费工的旧工艺，不仅能节约大量金属材料，节约加工工具和机床设备，而且还能提高产品质量和劳动生产率。

（3）采用新材料和代用料

在保证产品质量前提下，研究采用新材料和代用料，是减少物资消耗，降低产品成本的重要措施。因此，企业要千方百计地研究和采用新材料，一般尽量用资源多的材料代替资源稀缺的材料，用一般金属材料代替贵金属材料，塑料制品代替金属制品，边角余料代替做整料等。

（4）实行集中下料，推广套裁下料方法

如果采用分散下料，由于各部门生产的局限性，往往只从本部门需要出发，很少考虑材料利用率。实行集中下料，能从全厂需要着眼，开展"巧裁缝"活动，先下大、再下小，就可以最大限度地减少边角余料，提高材料的利用率。

（5）加强物资的运输保管工作，尽量减少物资在流通过程中的损耗

物资在储运过程中，会发生一定的损耗，特别是那些容易散失、锈蚀变质的物资更是如

此。对于这类物资，要特别注意加强运输保管工作，建立和健全管理制度。

（6）回收利用废旧物资

在企业的生产过程中，不可避免地产生一部分废料。如下料过程中产生的锯屑、料头、边角余料；设备装置、仪表、工具及其他低值易耗品等，由于使用磨损也会丧失原有使用价值，或者虽然有一定的使用价值，但已不适应原有生产技术要求而被报废。旧物资及时进行回收、修理利用，以充分发挥物资的作用，也是节约物资和解决企业生产所需物资缺口的有效办法。

本章小结

物资消耗定额是指在一定的生产技术条件下，为生产单位产品或完成单位工作量所规定的必须消耗的物资数量标准。它的计量单位一般用实物量来表示，有的用相对数来表示。企业生产技术组织条件不同，其物资消耗定额是不同的。制定物资消耗定额对企业编制计划、组织供料等诸多方面有重要作用。制定物资消耗定额有多种基本方法可供选择。企业原材料消耗定额是由产品净重和工艺性损耗两部分消耗构成的，简称工艺定额。除工艺定额外还包括非工艺性消耗中的废品消耗，称为工艺消耗定额。主要原材料消耗、辅助材料和其他物资消耗定额的制定有多种方法可供选择。在物资消耗定额的贯彻执行过程中需要做好多方面的工作，及时修订物资消耗定额，采取必要的途径降低物资消耗。

本章的重点是物资消耗和物资消耗定额的构成；物资消耗定额制定的基本方法；机械制造类，化工、冶金、制造类和纺织企业材料消耗定额的制定；物资消耗定额考核内容。

本章的难点是主要原材料、辅助材料、燃料、动力工具等消耗定额制定方法及实际应用。

学习资料

企业物资消耗定额管理制度

总则

（一）物资消耗定额是企业生产经营计划中的一个重要技术经济指标，是正确确定物资需要量，编制物资供应计划的重要依据，是产品成本核算和经济核算的基础。实行限额供料是有计划地合理利用和节约原材料的有效手段。

（二）物资消耗定额应在保证产品质量的前提下，根据本厂生产的具体条件，结合产品结构和工艺要求，以理论计算和技术测定为主，以经验估计和统计分析为辅来制定最经济最合理的消耗定额。

物资消耗定额的内容

（三）物资消耗定额分工艺消耗定额和非工艺消耗定额两部分。

工艺消耗定额：

1. 主要原材料消耗定额——指构成产品实体的材料消耗，如六角钢、氧化铝等；

2. 工艺性辅助材料消耗——工艺需要耗用而又未构成产品实体的材料，如石蜡、苏州土等。

非工艺消耗定额：

指废品消耗、材料代用损耗、设备调整中的损耗等，但不包括途耗、磅差、库耗等（此部分作仓库盘盈盘亏处理）。

物资消耗定额的制定和修改

（四）材料工艺消耗定额由工艺科负责制定，经供应科、车间会签，总工程师批准，由有关部门贯彻执行。非工艺消耗定额根据质量指标，由供应科参照实际情况制定供应定额。

（五）工艺消耗定额必须在保证产品质量的前提下本着节约的原则制定。

（六）物资消耗定额一般一年改修一次。由供应科提供实际消耗资料，工艺部门修订工艺消耗定额。由于管理不善而超耗者，不得提高定额。

（七）凡属下列情况之一者，应及时修改定额。

1. 产品结构设计的变更；

2. 加工工艺方式的变更，影响到消耗定额；

3. 定额计算或编写中的错误和遗漏。

限额供料

（八）限额供料是执行消耗定额，验证定额和测定非工艺消耗量的重要手段，是分析定额差异和提出改进措施的依据。

（九）限额供料范围：

1. 产品用料，包括本厂自制件和外协加工件；

2. 大宗的辅料和能源。

（十）限额供料的依据：

1. 工艺科提供的产品单件材料工艺消耗定额；

2. 生产调度科和车间提供的月度生产作业计划；

3. 车间提供的在制品、生产余料盘存表和技术经济指标月报表。

思 考 题

1. 什么是物资消耗定额？怎样理解物资消耗定额的涵义？

2. 物资消耗定额用什么计量单位来表示？

3. 在装配式生产企业，物资消耗定额有哪些形式？

4. 单项定额有何作用？

5. 综合定额有何作用？

6. 选择物资消耗定额形式应遵守哪些原则？

7. 影响物资消耗定额有哪些因素？

8. 制定物资消耗定额有何意义？

9. 制定物资消耗定额应遵循哪些原则？

10. 制定物资消耗定额有哪几种基本方法？各自适用的范围是什么？

11. 主要原材料消耗在哪几个方面？

12. 材料工艺定额由哪几部分构成？

13. 工艺消耗定额由哪几部分构成？

14. 材料供应定额如何计算？

15. 主要原材料消耗定额制定有哪几种方法？

16. 锻件材料消耗定额如何计算?

17. 零件棒材消耗定额如何计算?

18. 板材消耗定额应如何计算?

19. 什么是配料比?

20. 纺织企业主要原材料消耗定额是如何计算的?

21. 辅助材料消耗定额如何计算?

22. 何谓标准燃料?

23. 大量大批生产条件下工具消耗定额应如何计算?

24. 物资消耗定额归口分级管理的意思是什么?

25. 物资消耗定额审查有哪些内容?

26. 物资消耗定额基本文件有哪些主要内容?

27. 物资消耗定额的执行情况从哪几方面进行考核?

28. 什么条件下对物资消耗定额进行修订?

29. 降低物资消耗有哪些途径?

自测题

1. 冠球公司机械加工车间制造甲、乙两种零件,甲零件使用 ϕ35 毫米一号钢材,单位产品长度为 160 毫米,净重 0.85 千克;乙零件使用 ϕ40 毫米三号钢材,单位产品长度为 130 毫米,净重 0.75 千克。甲、乙两种零件使用钢材的规格尺寸是: ϕ35 一号钢材长度2 220毫米,重量12.5 千克; ϕ40 三号钢材长度 2 100 毫米,重量 13.31 千克。试计算:

(1) 甲、乙两种零件的毛坯重量;

(2) 甲、乙两种零件的材料消耗定额;

(3) ϕ35、ϕ40 毫米钢材的材料利用率

2. 质高标准件厂生产 A、B、C 三种规格的螺帽,共耗用钢材 1 000 千克,单位螺帽净重分别为 40 克、32 克、24 克,总重量 800 千克。试计算各种螺帽钢材消耗定额。

3. 通用机械厂铸造一种机体,单位毛坯重量为 260 千克,铸件合格率为 65%。该铸件的炉料配比为:铸造生铁 35%、废铁 40%、废钢 20%、矽铁 3%、锰铁 2%,焦比 1:10(即 1 千克的焦炭能熔化 10 千克的炉料)。试计算单位铸件的炉料消耗数量,炉料中各种材料的消耗定额及单位铸件的焦炭消耗定额。

4. 有为制作厂熔炼一吨产品需要标准燃料 93 千克,现有煤、焦炭、重油三种品种燃料可供使用,该三种品种的燃料每千克发热量分别是:焦炭为 5 600 大卡,焦炭为 6 510 大卡,重油为 10 500 大卡。试分别计算熔炼 1 吨产品三种燃料的消耗定额。

5. 北方水泵厂加工车间加工泵盖,需要用 ϕ10 毫米的钻头钻孔 5 个,每个孔深 10 毫米。ϕ10 毫米钻头的工作长度为 70 毫米,使用到 10 毫米时规定就不能继续使用。经过技术测定,每消耗 1 毫米钻头可钻深度 300 毫米。另外,再考虑到意外事故,设使用系数为 0.8。试计算一个 ϕ10 毫米钻头能加工的泵盖数。

6. 利民化肥厂生产的碳酸氢铵,使用的原料煤和燃料煤都是由嵩山煤矿供应,原煤平均含碳量为 71.4%,每千克发热量为 5 950 大卡。按上级主管部门核定,每吨合成氨消耗标准燃料煤(含碳84%)1.615 吨,每吨合成氨消耗的标准燃料煤(每千克含热量 7 000 大卡)0.901 吨。作为碳化煤用的煤炭与石膏的比例为 8:2。试确定每吨合成氨原料煤、燃料煤及石膏的消耗定额。

第 **3** 章

物资储备定额

学习目标

1. 了解物资储备的概念和物资储备的必要性，理解物资储备定额的概念和物资储备定额作用
2. 了解物资储备定额的分类，理解物资储备定额的构成，掌握经常储备定额、保险储备定额、季节性储备定额和类别（综合）物资储备定额的制定方法
3. 掌握物资储备资金定额的制定方法，了解物资储备管理的主要工作内容，理解进行物资储备考核常用的指标

  企业生产经营过程中所需的各种物资都是分批采购、陆续消耗的。根据生产任务算出的各种物资需要量，是一个计划期的总量，企业不可能也没必要一次全部购进，而是根据生产进度的生产批量、生产周期、生产特点及合理利用流动资金等各项因素，并考虑到供应条件，间断地、分批分期地采购供应的。物资储备定额是物资管理的一项基础工作，为了搞好企业的生产经营管理，保证生产连续不断地进行，企业就必须确定一个合理的物资储备数量。

3.1 物资储备定额的概念和作用

3.1.1 物资储备的概念

  物资储备是指社会生产过程中储存备用的生产资料。它是生产资料产品脱离一个生产过程但尚未进入另一个生产消费过程时，而以储备形式暂时停留在生产领域和流通领域某个环节上。马克思指出："生产过程的不断进行，要求一定量商品不断处在市场上，也就是形成储备。"

  在生产过程中，每一个生产企业既生产社会需要的产品，同时又消耗着其他许多企业的商品。一个企业生产需要消耗的生产资料，要通过交换、运输、储存等环节，才能进入本企业的生产过程。因此，社会产品必然有一部分处于生产领域内，一部分处于流通领域内，形成物资储备。

  物资储备一般有三种形态：一是生产储备，是指处于生产领域内的物资储备；二是流通储备，是指准备进入和已经进入流通领域的物资储备；三是国家储备，是指由国家物资储备机构或国家物资管理部门掌握的物资储备。本课程所讲的物资储备是指生产储备。

3.1.2 物资储备的必要性

  生产企业建立物资储备，一般是由下列 4 种情况引起的。

（1）企业物资采购的时间及其数量与投入生产的时间及其数量不一致

企业的生产是连续不断进行的，生产过程中所需要的各种物资也是连续不断地投入的。有的是每日每时投入，有的按一定周期投入，也有的是随时需要随时投入。而物资的采购，通常是预先按一定的间隔时间分期、分批地进行的。由于采购与投入在时间上和数量上存在差异，必然需要有一定量的物资作为周转储备，以确保生产的连续进行。

（2）生产企业与供应商在空间上的不一致

企业生产所需的大量物资需要从外地乃至从国外采购。由于供需双方不在一个地方，物资从供应商的产地运到需求地的生产企业，实现物资的空间转移，就需要有一定的在途物资和待运物资。

（3）物资投入前的准备工作

根据生产的特点和要求，有的物资在投入使用前，必须先经过整理加工等准备工作阶段。例如，木材的干燥，矿石的筛选，煤炭的混配，金属材料的裁切等。由于投产前需要经过一定的准备加工时间，必然需要相应的储备数量，以保证投产前准备工作的顺利进行。

（4）为了预防、应付采购供应中可能遇到的意外事故

由于供货过程中受供应商和交通运输等多方面不确定复杂因素的影响，如供应商不能按时交货，供应质量不符合使用要求；运输能力紧张不能如期运输，运输延误等。企业为了防止这些事故发生而停工待料，就必须建立适当的安全储备。

总之，生产储备是为了确保企业生产正常进行而建立的，是用来协调解决生产与供应之间矛盾所必需的。

3.1.3　物资储备定额的概念

物资储备定额是指在一定的生产技术组织条件下，为保证生产活动正常进行，使企业生产经营管理取得最佳经济效益而制定的必需的、经济合理的物资储备品种结构和数量标准。

概念中讲的"使企业生产经营管理取得最佳经济效益而制定的必需的、经济合理的物资储备品种结构和数量标准"，指的是只要能取得最佳经济效益，物资储备能降多少就降多少。概念中讲的"一定的生产技术组织条件"，是指影响物资储备定额的各种因素，这些因素主要有以下两个方面。

1. 企业的内部因素

① 企业生产的方式与规模。一般来说，品种少批量大、生产稳定、消耗均衡、生产专业化程度较高的企业，其物资储备定额相对就小；反之，多品种小批量、生产和消耗不均衡稳定，生产专业化程度较低的企业，物资储备定额就要大些。

② 企业的管理水平。如果企业管理水平高，生产计划性强，物资计划准确，供需协调，中间环节流畅，物资储备定额就可相应降低些；如果管理水平低，生产计划多变，内部层层设库，物资储备定额就要加大。

③ 物资采购供应间隔期。企业物资的采购供应间隔期愈长，订购量愈大，物资的储备量就愈大；反之，则愈小。

④ 管理人员的素质。如果物资管理人员思想好，业务精，有强烈的主人翁意识，就能充分发挥积极性和主观能动性，全面衡量企业的外部和内部的条件，采用科学的方法，争取供应商和运输部门的密切配合，加速物资周转，把物资储备降低到最低限度。

2. 企业的外部因素

① 生产力分布概况与生产发展水平。如果生产力分布合理，生产水平发展较高，各地区

的物资自给能力强，大部分物资可以就近就地供应、直达供应，企业的物资储备定额就可以小些；反之，就要增加。

② 供货距离和运输条件。生产企业与供应商之间的空间距离越短，交通运输条件越好，物资补充就有可能越迅速，企业物资储备定额就相对越少。反之，储备量越多。

③ 物资供货条件和供货单位的服务质量。一般来讲，物资供应充裕，供货单位服务质量好，企业无后顾之忧，可以使物资储备降低到最低限度；反之，物资愈紧俏，供货单位服务质量差，企业为确保生产所需，就会加大物资储备量。

④ 物资的自然属性。物资本身的物理属性和化学属性决定物资的使用时效，储存超过这个时限，物资的使用价值受到影响。为此，物资的储备量和储存期的控制，以不损坏物资的使用价值为限度。如某些化工产品、药品等，超过使用有效期就只能报废。如基建用的水泥，储存时间一般不能超过三个月。否则，就会降低使用价值，影响施工质量。

⑤ 物资在生产中的作用。一般来说，那些对生产起主要保证作用的物资，其储备数量应能保证生产不间断地需要，储备定额一般要比起次要作用的物资多一些。价值昂贵的物资储备量要严格控制，以节约流动资金占用；价值比较低的物资，储备定额可适当加大一些，以减少采购次数，节省采购成本。

影响物资储备的因素很多，各种因素之间往往又是相互联系、相互制约的。企业应根据本企业的具体情况，既要全面分析，又要抓住重点，在不断提高企业管理水平的基础上，确定既能保证生产正常需要，又是最低的必需的物资储备定额。

3.1.4　物资储备定额作用

物资储备定额，是企业物资管理工作的一项重要内容。其主要作用有以下几个方面。

（1）物资储备定额是编制企业年度物资供应计划的主要依据之一

物资供应计划中的储备量指标主要是根据储备定额核算的。只有当物资需要量和储备量确定之后，才能确定物资采购量。

（2）物资储备定额是衡量企业物资库存动态的标准

有了储备定额，物资管理部门就能据此协调采购与库存关系，经常掌握和监督库存动态，使库存保持合理的水平，既保证正常供应，又不致形成超储积压，影响物资效用的充分发挥。

（3）物资储备定额是核定流动资金的重要依据之一

在企业占用的流动资金中，物资储备占用的资金比重很大。因此，物资储备定额是否准确合理，对于流动资金定额的准确性及流动资金周转的快慢，往往具有决定性意义。

（4）物资储备定额是企业确定仓库面积和其他有关保管设施的依据

为确保企业购进的物资在储存保管期间不发生丢失变质，需要有一个适当的储存仓库。无论是新建、扩建还是改建仓库，以及物资在仓库内的摆放等，都必须准确地确定仓库规模的大小。要做到这一点，必须按所储存的物资数量来决定，而物资储存数量则主要是根据物资储备定额来决定。

总之，物资储备定额是加强物资计划管理、正确组织物资供应、合理控制物资储备量和资金周转的基础，它直接影响物资管理的经济效果。

3.2　物资储备定额的分类和构成

3.2.1　物资储备定额的分类

物资储备定额可以按照不同的特征进行分类，常用的分类方法有以下 4 种。

按定额指标的计量单位不同，可以分为以周转天数（或周转次数）、实物、金额表示的物资储备定额。以实物表示的物资储备定额，例如吨、件、立方米等，主要用于编制物资供应计划、物资采购和保管等工作。以金额表示的物资储备定额主要用于编制财务计划，制定流动资金定额，进行资金管理。周转天数是指储备量可供生产使用多少天，周转次数是指储备量按计划期内需用量可周转的次数，周转天数与周转次数成反比例关系，即周转天数越多，周转次数越少，两者互为倒数。以天数表示的物资储备定额是上述两种表现方式的计算基础。在物资消耗定额不变的情况下，物资储备天数越长，则实物储备数量越大，储备资金占用额越多。

按物资在生产中的不同作用，可分为原材料储备定额、辅助材料储备定额、燃料储备定额、备件储备定额、工具储备定额等。这种分类方法，可以帮助我们掌握物资消耗定额管理工作中的重点，并有助于选择不同的制定定额的方法。

按物资的自然属性来分，可分为金属材料储备定额、化工材料储备定额、建筑材料储备定额、爆破材料储备定额等。这种分类方法主要是使储备定额可以和物资供应计划对口，便于编制计划和管理。

按物资储备定额的综合程度不同，可分为个别物资的储备定额和类别（综合）物资的储备定额。个别物资储备定额是按照物资的具体品种规格制定的，一般以实物计算单位和周转天数表示，它是具体编制重点物资供应计划的依据，也是对物资储备进行重点控制的依据。类别物资储备定额是在个别物资储备定额的基础上，对同类物资制定的综合平均储备定额，它较为概略，一般以金额和周转天数表示，用于编制大类或分类物资供应计划，确定仓库面积，制定储备资金定额。

3.2.2　物资储备定额的构成

企业的物资储备定额，一般包括经常储备定额和保险储备定额。由于某些物资的生产、运输具有季节性，需要这类物资的企业，还要增加季节性储备定额。

1. 经常储备定额

经常储备定额是指企业在前后两批物资进厂的供应间隔期内，为保证企业日常生产正常进行所需的储备数量。这种储备是动态的，当第一批物资进厂时，达到最高储备量。随着生产的不断耗用、物资储备量逐渐减少，直到第二批物资进厂前的瞬间，物资储备降到最低点。当第二批物资进厂后，企业的物资储备又达到最高储备量。这样不断补充、不断耗用、由高到低、由低到高、周而复始、如此不断循环往复，使企业物资储备始终在最大值和最小值之间变动，形成物资的经常储备。每个企业在生产经营活动中，对各种所需物资都必须建立这种储备，才能确保企业生产活动的正常进行。

2. 保险储备定额

保险储备是一种后备性质的储备，是为了预防物资在供应过程中，因运输误期、延期、质量、品种、规格不符合标准及计划超产等不正常情况下，能保证生产连续进行所必须储备的物资数量。保险储备在正常情况下不予动用，只有在经常储备中断而必须动用才能保持生产不受影响的情况下才动用，并一经动用后，在下次进货恢复经常储备时，即将动用的保险储备部分及时补足。

　　企业的保险储备，并不是在任何时候都是必需的。对于供应稳定和就近易采购的物资，一般可以不建立保险储备。同时，企业应不断改进运输工作和其他供应组织工作，改善与供应商之间的关系，与供应商建立相互信任的合作伙伴关系，尽可能地消除供应中存在的不确定型因素，从而达到尽可能地减少保险储备。

　　3. 季节性储备定额

　　季节性储备定额是指企业为了克服某些物资生产、运输、消费的季节性因素影响，保证生产正常进行而建立的物资储备数量。例如烟叶、棉花等农产品必须在收获期集中采购储备；必须经水路运输的物资，必须在河道冰封前完成采购和运输任务；因季节的气候条件或其他因素，生产厂不能常年生产的某些物资，必须在此生产期间集中采购储备。这种因收获期、封冰期、雨季等的影响，企业必须临时提前增加储备以保证物资不致中断的措施，就形成了季节性储备。这种储备，由于它的特殊性，形成了周转慢、周期长的特点。

　　以上所说，是为了保证企业生产的正常进行，针对不同情况，必须建立的不同形式的储备。而各项储备所需要的具体数量，不仅直接关系到企业保证生产的程度，而且也关系到流动资金周转快慢和企业最终的经济效益。因此，必须确定一个先进合理的物资储备定额。

3.3　物资储备定额的制定方法

　　物资储备定额主要取决于周转天数（或周转次数）和周转量两个因素。如果物资周转一次所需天数越短，或者在一定时期周转次数越多，则物资储备量就越少；反之，物资储备量就越大。如果物资周转量越多，物资储备量就越大；反之，就越小。根据这个原理，物资储备定额可用储备天数来表示，也可用储备天数乘以平均每日需用量来表示。计算公式为

$$物资储备定额 = 物资合理储备天数 \times 平均每日需用量$$

　　由于各种物资储备的作用不同，其储备天数和每日需用量的确定相当复杂，以下就不同情况分别加以阐说。

3.3.1　经常储备定额的制定方法

　　经常储备的数量在前后两批物资进厂间隔期中，是由最高数量逐步降低到最低数量的。经常储备定额的制定是按经常储备的最高数量计算的。其计算公式为

$$经常储备定额 = 平均每日需用量 \times 经常储备合理天数 \tag{3.1}$$

$$经常储备合理天数 = 供应间隔天数 + 检验入库天数 + 使用前准备天数 \tag{3.2}$$

　　1. 物资平均每日需用量的确定

　　物资平均每日需用量的确定有两种方法。

　　（1）定额计算法

　　就是用年度（或计划期）生产任务直接乘以物资消耗定额求出年度（或计划期）某种物资需用量；再根据某种物资年度（或计划期）需用量除以360天来确定。当计划年度内物资需用量的波动较大时，也可以季度或更短的计划时间为单位确定平均每日需用量。凡是有消耗定额的物资，应尽量采用这种方法。计算公式为

$$平均每日需用量 = \frac{计划年度（或计划期）产量 \times 物资消耗定额}{360（或计划期）天} \tag{3.3}$$

（2）统计分析法

一般在消耗定额不完备的情况下，利用前一年或前几年的统计资料，扣除不合理消耗部分求得。计算公式为

$$平均每日需用量 = \frac{统计期实际消耗量}{统计期天数} \tag{3.4}$$

如果是近几年消耗量比较稳定，可用平均值即可；如果是逐年递增的，可参考去年消耗量；如果是逐年递减的，参考当年消耗量。

2. 供应间隔天数的确定

供应间隔天数是指某一物资前后两批到货之间的相隔天数。它由提供物资单位的生产方式、供应批量、运载限额及物资采购单位的需用进度、批次、数量等各个因素综合所形成。一般来说，供应间隔天数的长短在很大程度上决定经常储备量的多少，是决定经常储备量的主要因素。由于供应间隔天数形成的特点不同，与其相应的计算方法也各有所区别。其确定的主要方法有以下 3 种。

（1）供货限额法

根据供货供应商的供货规定，物资购入受到包装、容量、运载限额等规定限制，而不能与企业物资计划需用量、时间衔接时，其供应定额可按供货规定的限额进行确定，计算公式为

$$供应间隔天数 = \frac{供货限额数量}{平均每日需用量} \tag{3.5}$$

这一方法适用于供货供应商有发货限额、供货来源单一、供需关系比较稳定和需用量小于限额供货数量的物资。

（2）加权平均法

这是根据报告年度每次进货统计资料，加权平均计算供应间隔天数，然后结合计划年度情况适当加以修正，其计算公式为

$$平均供应间隔天数 = \frac{\sum (每次到货数量 \times 每次供应间隔天数)}{\sum 每次到货数量} \tag{3.6}$$

例 3-1 诚信公司拟制定下年度甲种物资计划，现有报告期前三季度该种物资入库的原始统计资料（见表 3-1）。试根据此表确定甲种物资的平均供应间隔天数。

表 3-1 甲种物资进货记录表

供货单位	入库时间	入库数量/吨
诚心工贸公司	1 月 3 日	84.67
诚心工贸公司	2 月 5 日	90.12
诚心工贸公司	3 月 20 日	88.43
诚心工贸公司	4 月 30 日	86.75
诚心工贸公司	5 月 28 日	89.22
诚心工贸公司	7 月 15 日	85.86
诚心工贸公司	8 月 20 日	84.62
诚心工贸公司	9 月 21 日	87.00
合　　计		696.67

解　按式（3.6）计算平均供应间隔天数，见表3-2。

表3-2　供应间隔天数计算表

物资入库日期	物资入库数量/吨	供应间隔天数/天	按供应间隔天数计算的加权入库量/(吨·天)
①	②	③	④=②×③
1月3日	84.67	33	2 794.11
2月5日	90.12	43	3 875.16
3月20日	88.43	41	3 621.63
4月30日	86.75	28	2 429.00
5月28日	89.22	48	4 282.56
7月15日	85.86	36	3 090.96
8月20日	84.62	32	2 707.84
9月21日	87.00	38（预计）	3 306.00
合　计	696.67		26 107.26

$$平均供应间隔天数 = \frac{\sum（每次到货数量 \times 每次供应间隔天数）}{\sum 每次到货数量}$$

$$= \frac{26\ 107.26}{696.67} = 37.4 \approx 38（天）$$

这一方法，在供货比较正常的情况下，适用于大多数物资。一般企业在确定供应间隔天数时，多采用这一方法。

（3）供货间隔期法

就是根据报告年度订货合同所列交货期和该订货发运至本企业仓库（收货记录）期间的统计资料，运用加权平均计算出实际供应间隔天数，在此基础上，结合计划年度内新的供货、运输条件，进行综合分析对比后研究确定。其计算公式为

$$供应间隔天数 = \frac{订货间隔期加权合计}{订货量合计} + \frac{运输期加权合计}{入库量合计} \tag{3.7}$$

这一方法，对于因供货单位轮番生产或集中生产及其他特殊原因的影响，形成不正常供货；对于供需之间相距较远、交通不便的个别物资，可参照采用这一方法来计算供应间隔天数。

3. 检验入库天数的确定

它是指物资到达企业后，根据企业的管理规定，在入库前进行卸货、拆包、开箱、整理、清点、检尺、过磅、质量检验、搬运入库等过程所需用的时间。可根据实际测算或根据报告年度有关记录资料（验收记录、检查化验记录等），采用加权平均计算出各过程的实际需用天数，在此基础上，结合计划年度管理的情况和收货能力，进行综合分析对比后研究确定。其计算公式为

$$检验入库天数 = \frac{检验入库天数加权合计}{到货量合计} \tag{3.8}$$

4. 使用前准备天数的确定

使用前准备天数是指物资在投入生产前，需用经过一定的加工或技术处理，例如测尺、

搭配、下料及为改善物资外观或性能的调直、清洗、粉碎、干燥等处理所需的天数。但它不是每种物资都必须具有的。由于企业管理水平和物资技术要求的不同，所需时间是不同的。因此，可根据报告年度的有关记录，采用加权平均计算出实际需用天数，并在此基础上，结合计划年度的具体情况，进行综合分析对比后研究确定。其计算公式为

$$\text{使用前准备天数} = \frac{\text{使用前准备天数加权合计}}{\text{使用准备各工序发生量合计}} \tag{3.9}$$

有的物资可以边处理边使用，则按其交叉程度核定。如第一天准备部分数量，即可供第二天使用，并准备供第三天使用的，则可按一天使用。

3.3.2 保险储备定额的制定方法

保险储备定额是由平均每日需用量与保险储备天数这两个因素决定的。即

$$\text{保险储备定额} = \text{保险储备天数} \times \text{平均每日需用量} \tag{3.10}$$

保险储备天数，是指由于个别原因，如交货延期、运输延误、质量不符等原因使经常储备不能按计划正常形成，为避免影响生产计划需用而所采取的临时机动措施，以弥补生产用量所需要的时间。

保险储备天数的确定，一是根据上期的平均误期天数来确定。它是从进货记录中，找出其中进货间隔天数超过平均进货间隔天数的次数，然后将误期天数和每批入库量，加权平均求得平均误期天数，其计算公式为

$$\begin{matrix}\text{平均误期天数} \\ (\text{保险储备天数})\end{matrix} = \frac{\sum\left[\left(\begin{matrix}\text{误期进货} \\ \text{间隔天数}\end{matrix} - \begin{matrix}\text{平均进货} \\ \text{间隔天数}\end{matrix}\right) \times \begin{matrix}\text{误期入} \\ \text{库数量}\end{matrix}\right]}{\text{误期入库数量总和}} \tag{3.11}$$

例 3-2 以例 3-1 诚信公司为例，试确定甲种物资的保险储备天数。

解 由例 3-1 已知，平均供应间隔天数约为 38 天，所以误期天数的计算见表 3-3。

表 3-3 误期天数计算表

物资入库日期	物资入库数量/吨	供应间隔天数/天	误期天数/天	按误期天数计算的加权入库量/(吨·天)
①	②	③	④	⑤=②×④
1 月 3 日	84.67	33	0	
2 月 5 日	90.12	43	5	450.60
3 月 20 日	88.43	41	3	265.29
4 月 30 日	86.75	28	0	
5 月 28 日	89.22	48	10	892.20
7 月 15 日	85.86	36	0	
8 月 20 日	84.62	32	0	
9 月 21 日	87.00	38（预计）	0	
合 计	696.67			1 608.09

$$\begin{matrix}\text{平均误期天数} \\ (\text{保险储备天数})\end{matrix} = \frac{90.12 \times 5 + 88.43 \times 3 + 89.22 \times 10}{90.12 + 88.43 + 89.2} = 6(\text{天})$$

在确定保险储备定额时，还要充分研究各种不同的供应条件。如与供应商建立了合作伙

伴关系，且供应商交通便利能直达供应，则保险储备应减少到最低限度；与此相反的供应条件，则应适当加大保险储备天数。

3.3.3　季节性储备定额的制定方法

季节性储备定额是指供应中断的季节初所应当达到的最高数量。季节性储备是由供应季节性和用料季节性所形成的。确定季节性储备定额，主要在于正确确定季节性储备天数。计算公式为

$$季节性储备定额＝季节性储备天数×平均每日需用量 \qquad (3.12)$$

季节性储备天数一般根据运输或供应中断天数决定。例如某条河道每年 12 月进入枯水期，到来年 3 月后方能通行，则由这条河道运输的某些物资的季节性储备天数为 4 个月。

有了经常储备天数、保险储备天数和季节性储备大数后，物资的储备定额的计算公式为

$$\begin{matrix}某种物资 \\ 储备定额\end{matrix} = \begin{matrix}平均每日 \\ 需用量\end{matrix} × \left(\begin{matrix}供应间 \\ 隔天数\end{matrix} + \begin{matrix}检验入 \\ 库天数\end{matrix} + \begin{matrix}使用前 \\ 准备天数\end{matrix} + \begin{matrix}保险 \\ 天数\end{matrix} + \begin{matrix}季节性 \\ 储备天数\end{matrix} \right) \qquad (3.13)$$

企业的物资储备定额，一般就是由经常储备定额、保险储备定额和季节性储备定额构成的。由于经常储备定额是经常变化的，所以物资储备定额有它的上限和下限。上限为经常储备定额、保险储备定额和季节性储备定额之和，即物资的最高储备定额；下限为保险储备定额，即物资的最低储备定额。

例 3-3　以例 3-2 诚信公司为例，该物资供应常年有保证，已知该物资日均需要量为 2.44 吨，验收需 3 天，使用前准备需 2 天，试确定诚信公司甲种物资的经常储备定额、保险储备天数和物资储备定额。

解

$$\begin{matrix}甲种物资经 \\ 常储备定额\end{matrix} = \left(\begin{matrix}平均供应 \\ 间隔天数\end{matrix} + \begin{matrix}验收 \\ 天数\end{matrix} + \begin{matrix}使用前 \\ 准备天数\end{matrix} \right) × \begin{matrix}计划期 \\ 日需用量\end{matrix}$$

$$= (38+3+2)×2.44 = 104.92（吨）$$

甲种物资的保险储备量＝保险储备天数×计划期日需用量＝6×2.44＝14.64（吨）

由于该物资供应有保证，不必考虑设立季节性储备定额。所以，甲种物资储备定额为

甲种物资最高储备定额＝甲种物资经常储备定额＋甲种物资保险储备定额

$$= 104.92+14.64 = 119.56（吨）$$

甲种物资最低储备定额＝甲种物资保险储备定额＝14.64（吨）

企业确定了物资储备定额，则库存控制就有了标准。当某种物资库存超过最高储备时，就作为超储，应当停此进货；当某种物资库存降到最低库存时，就应立即组织进货，补充库存，以防止供应脱节停工待料而影响生产任务如期完成。

3.3.4　类别（综合）物资储备定额的制定方法

在确定了经常储备定额、保险储备定额和季节性储备定额后，即可制定类别（综合）物资储备定额。在制定类别物资储备定额时，计算方法与上述有些不同。具体地说，类别（综合）物资储备定额的最高储备量，就是本类中各种物资最高储备量之和，最低储备量也就是本类各种物资最低储备量之和。但由于本类各种物资的供应间隔期与入库、出库时间是参差不齐，因此，某一类物资的储备，经常是处在最高与最低储备量之间。这说明类别物资的储备，不论从实物储备量，还是从资金占用的角度，都不需要按最高储备量来计算，通常只保持平均储备定额即可。

这种平均储备定额的计算，主要是采取对供应间隔天数打一个折扣，即乘以供应间隔系数的办法。一般情况下，供应间隔系数约为 50%～80%。若该类物资品种规格较多，各种物资的进厂时间交错比较均匀，则供应间隔系数取 50%；反之，若物资的品种规格较少，进厂的交错时间并不均匀，则供应间隔系数取 80%。确定了供应间隔系数后，类别物资储备定额的计算公式为

$$\begin{array}{l}\text{类别（综合）}\\\text{物资储备定额}\end{array}=\left(\begin{array}{l}\text{供应间}\\\text{隔天数}\end{array}\times\begin{array}{l}\text{供应间}\\\text{隔系数}\end{array}+\begin{array}{l}\text{检验入}\\\text{库天数}\end{array}+\begin{array}{l}\text{使用前}\\\text{准备天数}\end{array}+\begin{array}{l}\text{保险}\\\text{天数}\end{array}+\begin{array}{l}\text{季节性}\\\text{储备天数}\end{array}\right)\times\begin{array}{l}\text{平均每日}\\\text{需用量}\end{array}\quad(3.14)$$

其中：平均每日需用量是本类各种物资日需用量的总和；供应间隔天数、检验入库天数、使用前准备天数、保险天数和季节性储备天数，均按个别物资有关天数及个别物资占本类物资总数的比重，加权平均进行计算。

3.3.5　物资储备资金定额的制定

物资储备定额是以实物形式来表示的，如果以货币来表示就是物资储备资金定额，即用于物资储备的流动资金定额。企业的物资储备资金定额是指企业正常生产条件下，为了储备一定数量的物资所需要的最低资金数量的标准，是用货币表示的物资储备定额。这部分资金在整个企业流动资金结构中一般要占 50%。

1. 物资储备资金的构成

储备资金是供应过程中的流动资金，包括 7 项：原料及主要材料资金，外购半成品、配套件资金，辅助材料资金，燃料资金，修理用备件资金，包装物资金，低值易耗品资金。

2. 物资储备资金定额的计算

1）原材料资金定额的计算

确定原材料资金定额，可采用定额计算法，就是以物资储备定额为基础，主要考虑两个因素：该种原材料平均每日耗用额，该原材料资金周转期，计算公式为

$$\text{某原材料资金定额}=\begin{array}{l}\text{计划期该原材料}\\\text{平均每日耗用额}\end{array}\times\begin{array}{l}\text{该原材料}\\\text{资金周转期}\end{array}\quad(3.15)$$

原材料平均每日耗用额可根据计划期生产任务、物资消耗定额和物资单件价格来确定，计算公式为

$$\begin{array}{l}\text{计划期原材料}\\\text{平均每日耗用额}\end{array}=\frac{\text{计划产量}\times\text{物资消耗定额}}{\text{计划期天数}}\times\text{物资单件价格}\quad(3.16)$$

原材料资金周转期是指原材料从采购付款开始到投入生产为止，这个过程中占用资金的天数，又叫原材料储备定额天数。计算公式为

$$\begin{array}{l}\text{原材料}\\\text{资金周转期}\end{array}=\begin{array}{l}\text{供应}\\\text{间隔天数}\end{array}\times\begin{array}{l}\text{供应间隔天数的}\\\text{供应间隔系数}\end{array}+\begin{array}{l}\text{检验}\\\text{入库天数}\end{array}+\begin{array}{l}\text{使用前}\\\text{准备天数}\end{array}+\begin{array}{l}\text{保险}\\\text{储备天数}\end{array}+\begin{array}{l}\text{资金}\\\text{在途天数}\end{array}$$

$$(3.17)$$

其中，供应间隔天数、检验入库天数、使用前准备天数、保险储备天数在 3.3.1 节和 3.3.2 节已经作了详细叙述，在此只要确定了供应间隔天数的供应间隔系数和资金在途天数，即可计算出原材料资金定额。

（1）供应间隔天数的供应间隔系数

按供应间隔天数计算的原材料资金定额是这项原材料最高储备定额，但仅在到货那一天达到这个定额的最"高峰"，前后都逐渐减少。因此，企业平均占用资金低于这个定额，在

企业不止一种原材料的情况下，可以更加合理地安排各种原材料的付款日期，资金可以相互调剂使用，所以企业所需资金应在定额上打一定折扣。这个折扣称为供应间隔天数的供应间隔系数，其计算公式为

$$\text{供应间隔天数的供应间隔系数} = \frac{\sum \dfrac{\text{各种材料每日占用额的合计数}}{\text{最高占用额}} \div \text{计算期天数}}{} \times 100\% \qquad (3.18)$$

$$= \frac{\text{材料平均每日占用额}}{\text{最高占用额}} \times 100\%$$

在运用实际资料计算供应间隔系数时，所选用的资料应能全面反映资金的占用情况；选用的时间不宜过短；要剔除偶然因素的影响；已长期不用的材料不能列进去；要剔除非经常性因素，结合计划期内的变动情况来考虑。通常供应间隔系数在 50%～80% 之间。

非经常用的原材料储备定额，不宜用供应间隔天数来计算。例如，轮番投产和不定期投产的材料，可按一次投料价值确定；生产中需用不多，消耗和进货又变动较大的材料，可用上期实际平均余额为依据，结合计划期任务和供应情况的变化来确定。

（2）资金在途天数

根据企业供需双方商定的结算方式，如果在物资还未入库前，货款先要付出，则在物资进厂以前的运输途中便需要占用一定的流动资金。这部分被占用的流动资金通常财务上称为"资金在途天数"。如果合同、协议规定到货验收后再付款，就不必计算资金在途天数。

2）原材料以外各项资金定额的计算

（1）燃料和辅助材料资金定额的计算

燃料和辅助材料项目中那些主要的、占用较多资金的品种应按原材料的计算方法计算资金定额；那些耗用量较少、占用资金少的品种可按类计算其资金定额；随产量增加而增加消耗量的辅助材料，其资金定额为

$$\text{辅助材料资金定额} = \frac{\text{上期辅助材料平均占用资金额} - \text{不合理占用资金部分}}{\text{上期总产值}} \times \text{计划总产值} \times \left(1 - \text{节约资金率}\right) \qquad (3.19)$$

式中，上期平均占用额，对于非季节性企业，按年计算；季节性企业，按生产最低限度计算。

与产量变动关系不大的辅助材料，其资金定额为

$$\text{辅助材料资金定额} = \left(\text{辅助材料实际库存资金额} - \text{不合理占用资金额}\right) \times \left(1 - \text{节约资金率}\right) \qquad (3.20)$$

（2）低值易耗品资金定额计算

低值易耗品种类多、价值不大，其资金定额为

$$\text{低值易耗品资金定额} = \frac{\text{上期低值易耗品平均合理占用资金额}}{\text{上期总产值}} \times \text{计划总产值} \times \left(1 - \text{节约资金率}\right) \qquad (3.21)$$

（3）修理用备品备件资金定额计算

一般应以企业过去每百元机器设备原值占用备品备件资金额的统计资料为基础，考虑设备的多少，新旧程度及制造质量、耐用程度确定一个适当的百分比来计算。一般为 2% 以下。

（4）包装物资金定额的计算

随产品一起出售的包装物资金额为

$$
\begin{aligned}
\text{包装物} \\
\text{资金定额}
\end{aligned}
=\frac{\text{计划期需用}\atop\text{包装物数量}\times\text{计划}\atop\text{单价}}{\text{计划期天数}}\times(\text{储备、包装到发运的定额天数}) \qquad (3.22)
$$

可以多次周转使用的包装物的资金定额为

$$
\begin{aligned}
\text{包装物} \\
\text{资金定额}
\end{aligned}
=\frac{\text{计划期使用}\atop\text{包装物数量}\times\text{计划}\atop\text{单价}-\text{使用的包装物}\atop\text{已摊销的价值}}{\text{计划期天数}}\times\frac{\text{包装物周转}}{\text{一次天数}} \qquad (3.23)
$$

3.4　物资储备的管理

物资储备定额和储备资金定额确定后，如何贯彻实施和考核，是物资管理的重要一环。一般来说，物资储备管理工作包括：明确归口管理和经济责任制、加强计划管理、确定采购方式、加强仓库管理、及时处理积压呆滞物资、认真考核等内容，以保证生产经营需要，减少物资储备，加速资金周转，提高企业经济效益。

3.4.1　明确归口管理和责任制

企业的物资储备定额和资金指标，由物资供应部门负责管理，物资供应部门把储备定额上账下库，资金指标分解落实到人。建立相关的纵向和横向的经济责任制度，明确相关部门及岗位的职责，以消除管理不严、职责不清、奖罚不明等所造成的不良影响。建立物资采购、计划调整等管理制度，明确要求无计划不采购、无计划不入库、无计划不付款，以保证物资管理工作的正常秩序。

3.4.2　加强材料采购工作的计划性

根据不少企业的经验，为了保证采购工作有计划地进行，必须做好三项工作：一是负责采购人员，既要负责按计划采购，又要负责管好储备资金定额；二是加强材料采购工作的管理，避免购进材料不符合生产需用的损失；三是加强采购用款的监督。不少企业供应部门把有关材料的计划用款数落实到采购的人员，并由财务部门发给用款限额凭证，随时检查还可以用款的限额。

3.4.3　实行重点管理

由于企业生产所用的物资品种繁多，各种物资的效用、价格、数量和资金占用各不相同，计算繁杂，工作量很大。为了做到既能保证计算的正确可靠，又能减轻工作量，提高物资储备管理效率，在实际工作中，可以采用抓住重点、照顾一般的办法，实行有选择的管理，即实行区别对待，分类管理，集中主要力量，管理好金额较大的少数物资。

3.4.4　清仓利库、综合利用

随着企业生产的发展、技术的进步和消费者消费需求的变化导致的产品的变化，以及物资采购在前，生产计划在后等客观原因，使企业的库存物资出现一些过剩或呆滞积压，一时还难以完全避免。因此，加强清仓利库，定期检查库存物资，仍显得十分必要。首先要做到防患于未然，事先采取措施，如生产计划发生变化，对于某些已订合同供应商尚未发货的不需要物资，及时列入退货计划，通过与供应商协商，调整合同的采购品种和数量，或转让给其他需要单位。其次是清仓查库中已查出的呆滞积压物资，要做好修旧利废、回收复用改制利用或转售给需要单位。清仓利库工作一定要制定物资处理计划和确定处理指标，落实到人，建立岗位责任制。

3.4.5 改善企业外部供应条件

降低物资储备定额的关键在于压缩物资储备天数，特别是压缩供应间隔天数，这在很大程度上取决于企业外部的供应条件。企业应发挥主观能动性，尽量促进供应条件的改善。一是选择最有利的供货来源，与供应商建立合作伙伴关系，采用科学的方法确定采购批量和供应间隔天数。二是努力改善运输方式，合理组织物资的检验入库和使用前准备工作，以尽可能缩短运输、入库、使用前准备时间。三是合理确定必须储备天数，以进一步压缩物资储备天数。

3.4.6 建立物资储备的考核指标

建立和健全物资储备的考核指标，对于促进和提高企业的物资管理工作和经济效益，作用十分重要。通常可采用的考核指标有以下 6 个方面。

（1）储备资金定额实际占用率

$$储备资金定额实际占用率 = \frac{报告期储备资金平均占用额}{储备资金定额} \times 100\% \qquad (3.24)$$

这是反映企业储备资金定额的完成或超降情况的指标。

（2）储备资金周转天数

$$储备资金周转天数 = \frac{报告期储备资金平均占用额}{报告期物资消费总金额 \div 报告期天数} \qquad (3.25)$$

这是反映企业储备资金的周转速度指标。天数越短，说明资金周转速度越快，资金运用的效率越高；反之，天数越长，资金周转速度越慢，资金运用的效率越差。

（3）万元产值占用储备资金额

$$万元产值占用储备资金额 = \frac{报告期储备资金平均占用额（万元）}{报告期产值（万元） \div 10\,000} \qquad (3.26)$$

这是企业占用储备资金同生产效果联系起来的考核指标。但要注意产品是否适销对路，如果是滞销产品，即使占用储备资金额低，并不意味企业的经济效益好。

（4）储备资金利润率

$$储备资金利润率 = \frac{报告期利润（元）}{报告期储备资金平均占用额（元）} \qquad (3.27)$$

这是以企业的利润收益来考核储备资金的运用效果，是综合反映企业经营效果的考核指标。但在考核中一定要注意产品的价格因素；否则，不能反映经济效益的好坏。

（5）主要原材料储备定额的实际库存量

这是某些单项重要原材料实际库存与储备定额相比较的考核指标，以考核库存是否合理，这是按每一种重要的原材料分别计算的。

（6）呆滞物资占用定额资金率

$$呆滞物资占用定额资金率 = \frac{报告期呆滞物资占用资金额（元）}{储备资金定额（元）} \times 100\% \qquad (3.28)$$

这是反映企业库存中无效储备占整个定额资金的比例。考核这项指标，对于防止新积压的产生，促进原积压的处理，有积极意义。

以上各项指标是从不同的角度考核物资储备管理的水平，如果在实际工作中，只采用单一指标考核，往往可能掩盖存在的其他问题，不能全面反映企业的储备管理水平。因此，应根据企业的具体情况，采用多种指标进行综合考核，从多方面考察储备资金运用的效率和效果，以利于总结经验，肯定成绩，找出问题，克服缺点，从而进一步改善企业的管理水平。

本章小结

　　物资储备是指社会生产过程中储存备用的生产资料。物资储备定额是指在一定的生产技术组织条件下，为保证生产活动正常进行而制定的物资储备的数量标准。物资储备定额对编制企业物资供应计划、衡量企业物资库存动态、核定流动资金等诸多方面具有重要作用。物资储备定额可以按定额指标的计量单位、物资在生产中的作用等多方面进行分类。确定物资储备定额就是分别确定经常储备定额、保险储备定额和季节性储备定额。在确定了经常储备定额、保险储备定额和季节性储备定额后，即可制定类别物资储备定额。在制定类别物资储备定额时，主要是采取对供应间隔天数打一个折扣，即乘以供应间隔系数的办法。物资储备定额如果以货币来表示就是物资储备资金定额，即用于物资储备的流动资金定额。

　　本章的重点是物资储备定额的概念，物资储备定额的构成，经常储备定额、保险储备定额、季节性储备定额和类别物资储备定额制定的方法，物资储备资金定额确定的方法，企业物资储备管理水平的考核指标。

　　本章的难点是制定物资储备定额和确定物资储备资金定额的方法。

学习资料

产品用料明细表实施办法

一、总则

（一）目的

规范产品用料明细表的制定、修改流程，使之有章可循。

（二）适用范围

公司内有关产品的用料明细的制定、修改与使用，均依本办法执行。

（三）权责单位

1. 开发部负责本规章制定、修改、废止之起草工作。

2. 总经理负责本规章制定、修改、废止之核准。

二、产品用料明细表的作用

（一）定义

产品用料明细表，也称产品结构或用料结构，通常简称 BOM（Bills Of Materials），表示产品与组件、组件与零件、零件与原材料等明细及其相互关系的一览表。

（二）产品用料明细表的内容

应包括产品、组件、零件的阶数及料号、品名、规格、标准用量、标准损耗率、来源、图号等内容。

1. 阶数

① 阶数就是指半成品、组件、零件在产品用料明细表中所处的结构层数。

② 直接组成成品之半成品、组件、零件，其阶数为第 1 阶，即最后一个加工工程所用之

成品材料为第 1 阶材料。

③ 直接组成第 1 阶材料之半成品、组件、零件、原材料，其阶数为第 2 阶。依此类推第 3 阶、第 4 阶……

④ 每一种材料必须层层细分至购入之原材料或零件为止。

⑤ 同一种材料由于在不同的地方使用，其阶数可以不同，但料号却相同；材料经过加工后成为半成品或组件，其料号、阶数均不相同。

⑥ 阶数使用阿拉伯数字 1，2，3…表示。

2. 料号

① 依《物料编号原则》的规定，每一个成品、半成品、组件、零件、原材料均有料号。

② 相同的材料料号只有一个，但材料经加工后，其料号就发生变化。

③ 料号表示见《物料编号原则》。

3. 品名

① 不同的产品中相同的组件、零件应统一名称。

② 同一组件、零件经加工后，其料号变化，但品名可以不变。

③ 品名用中文表示。

4. 规格

① 明确各材料之规格、型号、加工阶段，不同料号之材料其规格、型号一般不同。

② 同一组件、零件经加工后，其料号变化，规格型号不变，但因加工阶段不同，故其规格内容仍然不同。

③ 规格用中文表示，并可加入"220V"、"Made in China"等其他文字形式或符号作补充。

5. 标准用量、标准损耗率

① 明确各材料之标准用量。

② 按来料及生产现状确定标准损耗率。

6. 材料来源

① 分为自制、外购两种，用 M 代表自制，用 P 代表外购。

② 外购件经过加工、组装、修改等作业后，料号改变，且其来源应注明为 M。

③ 注明为 M 的材料表示可以继续细分子阶，注明为 P 的不可再细分。

7. 图号

① 每一零件均应标注其零件图号。

② 标准件或原材料可以不需图纸，故无图号。

③ 图号编写规则依相关规定处理。

(三) 产品用料明细表的作用

1. 开发部

检索图纸；设计类似品参考；有利于设计时的标准化；检讨工艺改善。

2. 生技部

检讨工艺流程；评估作业时间；制定作业标准书。

3. 生管部

安排生产计划；把握生产进度；制定物料需求计划；填写请购资料时使用。

4. 采购部

制定采购计划；确定交货时间、数量；设定单价参考；代用品申请参考。

5. 制造部

安排生产任务；管理半成品；物料管理依据；生产进度控制。

6. 资材部

物料发放、点收依据；盘点方便；呆滞物料分析；重估库存基准。

7. 品管部

产品结构检验；制程巡检依据；首样检查；让步接收判定参考。

8. 财务部

把握零件成本；计算半成品、成品成本；分析实际成本差异；盘点工作参考。

三、产品用料明细表的制定与修改

（一）制定办法

① 开发部在新产品设计完成阶段，应制定产品的零件一览表，即 Parts List，简称 P/L，明确产品使用的零件及原材料的名称、规格、标准用量。

② 开发部应及时提供零件图、装配图、样品等资料，经产品评鉴合格、试制成功后移交导入量产。

③ 生技部在产品试制（小批量产）时，应参与工艺流程之制定、评估。

④ 由生技部依据产品设计资料、试制过程、在产品零件一览表（P/L），制成产品用料明细表（BOM）。

⑤ BOM 制成后，应分发开发、品管、生管、资材、制造、采购、财务等部门各一份，原件由生技部保存。

（二）修改规定

1. 修改时机

① 工艺流程更改，导致产品加工顺序变更时。

② 设计变更，导致产品结构发生变化时。

③ 材料规格发生变化，需修改时。

④ 标准用量和损耗率因生产条件发生变化，需要改时。

⑤ 其他原因，导致 BOM 表中的部分内容需修改时。

2. 修改规定

① 依《技术变更管理办法》进行变更申请与作业。

② 依技术变更通知单内容视需要对 BOM 进行修改。

③ 修改之后 BOM 应重新分发，并回收旧 BOM。

思 考 题

1. 什么是物资储备？物资储备有哪几种形态？

2. 物资储备有何必要？

3. 什么是物资储备定额？怎样理解物资储备定额的涵义？

4. 物资储备定额有什么作用？如何对物资储备定额进行分类？

5. 物资储备定额有哪几部分构成？

6. 影响物资储备定额有哪些主要因素？

7. 物资平均每日需用量确定有哪几种方法？具体是如何计算的？

8. 如何确定供应间隔天数？

9. 检验入库天数是如何确定的？

10. 使用前准备天数该怎样确定？

11. 影响经常储备定额有哪些因素？

12. 如何制定保险储备定额？

13. 如何确定季节性储备天数？

14. 如何计算物资最高储备定额？如何确定物资最低储备定额？

15. 供应间隔系数该如何确定？

16. 如何计算类别物资储备定额？

17. 什么是物资储备资金定额？它由哪几部分构成？

18. 如何计算原材料资金周转期？

19. 资金在途天数该怎样确定？

20. 原材料资金定额应如何计算？

21. 燃料和辅助材料资金定额应如何计算？

22. 低值易耗品资金定额应如何计算？

23. 修理用备品备件资金定额应如何计算？

24. 包装物资金定额应如何计算？

25. 物资储备管理有哪些内容？

26. 物资储备管理水平考核有哪些指标？

自测题

宝马公司拟制定下年度甲种钢材物资计划，现有报告期前三季度该种物资的入库的原始统计资料，如表3-4所示，预计下次进货时间在10月27日。已知该钢材日均需用量为2.80吨，验收需3天，使用前准备需1天，供应间隔系数为60%，资金在途天数为1天。甲种钢材供应充足，不需用设立季节性储备，每吨价格3 000元。试确定宝马公司甲种钢材的经常储备定额、保险储备定额、物资储备定额和储备资金定额。

表3-4　钢材进货记录表

供货单位	入库时间	入库数量/吨
福建钢铁公司	1月15日	100
福建钢铁公司	2月19日	90
福建钢铁公司	3月16日	80
福建钢铁公司	5月5日	100
福建钢铁公司	6月2日	120
福建钢铁公司	7月20日	100
福建钢铁公司	8月25日	110
福建钢铁公司	9月26日	100
合　　计		800

第 4 章

企业物资供应计划

学习目标

1. 了解物资供应计划的作用、任务、种类和内容
2. 掌握确定物资需用量的基本方法和确定各类物资年度需用量的具体方法
3. 掌握计划期初物资库存量和计划期末物资储备量是如何确定的
4. 理解年度物资平衡表的涵义，掌握季度物资供应计划的编制方法
5. 了解编制月度物资供应计划的要求
6. 了解物资供应计划的检查分析的基本内容

为了确保企业生产经营活动的正常进行，需要有一定的物资储备作保证。但物资采购供应与物资需用在时间和数量方面的不一致性，可能导致物资储备量增多，就会增加库存费用，同时也增加了可能的物资积压和跌价的风险；库存量少了，企业正常的生产秩序难以维持，加大了企业生产停工待料的风险，影响产成品的按期交货，既丧失经营机会，又对企业信用产生不利作用，因此需要制定企业物资供应计划，来协调供需存方面的矛盾。企业物资供应计划是物资管理的一项基础工作，为了搞好企业的生产经营管理，在合理控制库存的条件下保证生产连续不断地进行，企业就必须编制一个符合企业实际情况、切实可行的物资供应计划。

4.1　物资供应计划的编制

4.1.1　物资供应计划

企业物资供应计划是按照企业生产经营计划的要求，确定计划期内为保证企业生产正常进行所需各种物资的计划。它是企业生产经营计划的重要组成部分，是企业申请物资和采购物资的依据。

企业的物资供应计划，有物资申请计划和物资采购计划两种。由公司或集团公司统一采购物资的，生产企业应用物资申请计划；企业直接向市场采购的物资，应用物资采购计划。

4.1.2　物资供应计划的作用

物资供应计划是企业生产经营计划的重要组成部分，是确定计划期内为保证生产正常进行所需各种物资的计划，是企业向市场采购物资（或申请物资）的依据。它是以实物为对象，运用投入产出理论和系统分析方法，根据企业生产安排和对市场供求预测等资料而做出的物资供应部署方案；也是企业为保证生产不断地进行，按品种、质量、数量、期限、成套

齐备地获得生产资料的重要依据，是计划期内完成物资供应任务的行动纲领。正确地编制物资供应计划，对于加强物资管理，保证生产需要，促进物资节约，降低产品成本，加速资金周转有重要作用。具体来说，物资供应计划的作用有以下几点。

（1）物资供应计划是企业组织物资供应工作的起点

企业物资供应工作包括计划、采购、运输、检验入库、物资领用发放等一系列工作。计划居于物资供应工作的起点，具有十分重要的地位。如果没有编制好物资供应计划，则采购什么，采购多少，何时采购，向谁采购，都无法正确落实，即使强行组织采购，由于缺乏系统周密的考虑，很有可能造成采购物资不配套、采购数量不合需要、质量不符要求等诸多问题，对其他环节的工作也会带来不利影响。因此，只有编制好物资供应计划，才能使企业物资供应工作顺利开展。

（2）物资供应计划是企业均衡地、有节奏地进行生产经营活动的保证

为了稳定产品质量，提高设备和工时的利用率，充分利用人力资源和企业生产能力，尽可能地避免时松时紧、前松后紧现象的发生，随时满足顾客需要，要求企业均衡地、有节奏地组织生产经营活动。但要做到这一点，必然要求物资管理部门能够根据企业生产经营活动的需要，提供与之相应的配套物资供应服务；否则，可能导致"巧妇难为无米之炊"。这就需要编制比较系统周密的物资供应计划，以保证按时、保质、足量、配套齐全地供应生产经营活动所需的各种物资，以保证企业生产经营各项活动的顺利开展。

（3）物资供应计划直接影响企业生产技术财务计划的实施

企业的物资供应计划是企业生产技术财务计划的有机组成部分，它与其他计划之间存在着互相依赖、互相促进、互相制约和相辅相成的关系。例如：物资供应计划要根据生产计划、设备维修计划及技术组织措施计划等对物资供应的要求来编制；另一方面，它又为完成上述计划提供物资的保证。又如在成本财务计划中，成本的降低指标是确定物资消耗定额和物资需用量的重要因素。而企业实际的物资消耗定额和物资需用量又是成本计划中确定生产费用和生产成本的重要依据，物资供应计划中的物资储备量和采购量又直接影响到流动资金定额等。

综上所述，正确地编制物资供应计划不仅是企业有计划地组织生产经营的必然要求，而且也是为企业做好其他计划工作的必然条件。

4.1.3 物资供应计划的任务

企业物资供应计划的基本任务，就是以国家方针、政策和指示为指导，根据企业确定的生产经营任务，以提高经济效益为中心，保证企业的生产正常有序地进行，并通过物资供应计划的实施和控制，促进合理地、节约地使用物资。为了完成上述基本任务，物资供应计划必须做到以下3个方面。

① 保证及时供应。物资供应计划应与生产经营计划在时间上协调一致。从各项生产计划任务需要物资的时间出发，确定物资供应计划的供应时间，以满足各项生产建设计划对物资供应时间的要求。

② 保证成套齐备供应。编制系统周密的物资供应计划，保证成套齐备地供应生产经营所需的各种物资。也就是说，企业物资供应计划的范围、物资品种、规格、数量和质量要求要根据企业生产经营计划的需要而定。

③ 保证经济合理。物资供应计划必须寻求最佳的物资供应方案，挖掘一切可利用的资源和促进合理地使用物资，使物资供应计划真正体现出在保证生产经营活动正常开展的前提下，达到企业储备最低、占用资金最少、资源得到最佳使用和综合利用的目的。

4.1.4　物资供应计划的种类

企业的物资供应计划，可以按照不同的标志进行分类，主要有以下几种。

按照企业内部物资使用方向和用途分类，可分为：基本生产用料计划、技术改造用料计划、设备维修用料计划、新产品试制和重要科研项目用料计划、职工福利用料计划、基本建设物资供应计划。

按照物资的性质和类别分类，可分为：钢材供应计划、炉料供应计划、机电配套产品供应计划、木材供应计划、燃料供应计划等。

按照计划期的长短来分类，可分为：年度物资供应计划、季度物资供应计划、月度物资供应计划。

年度物资供应计划编制的主要内容包括确定各种物资的需要量；确定各种物资的储备量和核定储备资金定额；编制物资采购计划。

季度物资供应计划是按照企业现有库存量和季度内可能到货情况，做出备料安排。

月度物资供应计划是季度计划的具体化，具体安排月度内物资的需要量，作为采购、订货和组织供料的依据。

4.1.5　物资供应计划编制的主要工作内容

企业编制物资供应计划的主要工作内容有：编制物资供应计划目录；确定各种物资的需用量；确定计划期初和期末的储备量；编制物资平衡表，确定物资申请（或采购）量等。

（1）编制物资供应目录

企业在生产经营活动中所需要的物资品种是十分繁多的。企业为了完成某项生产任务或制造某种产品所需的材料，往往有许多品种、规格可供选用或代用。合理的选择材料，不仅直接关系到物资的节约使用问题，而且对于保证产品质量，提高生产效率，促进技术进步，合理利用国家资源都具有重要意义。

为了便于企业正确选择和确定需用的物资品种，企业的物资供应部门必须认真编好物资供应目录。物资供应目录，是企业的物资供应部门，把企业生产需用的成千上万种不同规格的物资，按照物资分类的顺序，有系统地整理汇总，并详细标明各种物资的类别、名称、规格、型号、技术标准、计量单位、价格及物资的供应来源等。它是编制物资供应计划和组织物资采购的重要依据，也是设计、工艺等部门正确选用物资的必要参考。

编制物资供应目录是一项细致和复杂的工作，需组织物资、技术、财务等部门，在保证和提高产品质量前提下，从技术、经济和供应条件等方面考虑，选择经济合理的物资品种。具体选择和确定物资品种的要求可参见 2.2.3 节。

（2）确定各种物资的需用量

就是确定计划期各种物资所必需消耗的数量，具体确定方法见 4.2 节内容。

（3）确定计划期初和期末的储备量

就是确定在报告期末为保证计划期初生产正常开展而准备的库存量和计划期为下一年度准备的库存储备数量。具体确定方法见 4.3 节内容。

（4）编制物资平衡表，确定物资采购（申请）量

就是根据物资需用量和计划期初期末储备量，确定计划期采购量。有关物资需用量、计划期初和期末储备量、物资采购量的确定具体见 4.3.3 节内容。

4.2 年度物资需用量的确定

企业的物资需用量是指在计划年度内，企业产品生产、日常维修、大修理、新产品试制和技术组织措施等所必须消耗的物资总量。正确的物资需用量应是保证企业生产正常进行所必须消耗的最低的而又足够的物资数量。如果需用量规定偏低就会影响企业生产的正常秩序，偏高就有可能造成物资的积压和浪费。因此，正确计算物资需用量是物资供应计划的重要环节，对做好企业生产经营有很大影响。

1. 确定物资需用量的主要依据

确定物资需用量的主要依据是任务量和消耗定额。任务量是指企业在计划期内生产建设任务的数量，包括生产、维修、大修、更新改造、基本建设等任务。这些资料主要从企业内部收集：生产计划部门提供计划期产品产量计划、技术措施计划、生产作业计划，在制品存量、期末在制品预计占用量生产周期等；技术部门提供新产品试制计划、各项物资工艺消耗定额，自制工艺装备计划；设备动力部门提供生产设备大、中、小修计划，自制非标准维修配件计划；质量检验部门提供计划期内产品质量合格率、废品率指标等；安全劳动保护部门提供劳动保护用料计划；厂部各科室及车间提供其他消耗用料计划；等等。

确定物资需用量所依据的消耗定额是物资供应定额，物资供应定额是在工艺消耗基础上确定的，是一个动态指标。在确定过程中必须全面掌握与分析物资消耗的历史资料，进行复查核对，以利于提高制定物资需用量的准确性。

2. 确定物资需用量的基本方法

年度物资需用量应按照每一类物资，每一种具体的品种和规格分别予以计算。不同用途、不同种类的物资及在不同的条件下，需用量的计算方法各不相同，但概括起来，可分为直接计算法和间接计算法两种。

1）直接计算法

也称定额计算法，它是根据计划任务、物资消耗定额和考虑其他必要的因素来确定物资需用量的一种方法。其计算公式为

$$\begin{aligned}某种物资\\需用量\end{aligned}=\left(\begin{aligned}计划\\产量\end{aligned}+\begin{aligned}技术上不可\\避免的废品数量\end{aligned}\right)\times\begin{aligned}单位产品\\材料消耗定额\end{aligned}\times\left(1+\begin{aligned}供应\\系数\end{aligned}\right)-\begin{aligned}计划回用\\废品数量\end{aligned} \quad (4.1)$$

式中的计划产量，包括成品产量和期末期初在制品的差额。在制品差额对材料需用量的影响，可根据统计资料确定的在制品差额占成品产量用料的百分比来确定。技术上不可避免的废品数量、废品回用数量，可由技术部门提供资料，或根据统计资料确定。前者应充分考虑提高技术水平，尽可能减少废品；后者应考虑最大可能，能回用于同一产品的，则在该产品的需用量中减掉。供应系数是考虑了由非工艺性损耗带来的需用量增加额，一般是根据历年统计资料，结合计划年度的情况分析确定。

直接计算法以物资消耗定额作为计算依据，计算出来的物资需用量一般比较准确。因此，凡是有条件的，应尽可能采用直接计算法。

2）间接计算法

或称比例计算法，还有称之为经验统计分析法，它是指当某物资的消耗定额尚未确定，或暂时无法确定时，按照一定比例、系数（如某种物资需用量占主要产品用料的百分比、平均每万元产值的材料消耗等）和经验来确定和估算物资需用量的方法。间接计算法又有动态

分析法、类比计算法。

（1）动态分析法

它是在对历史资料进行分析的基础上，根据对计划期与报告期生产任务的变化，分析研究任务量与物资消耗定额的变化规律，来计算物资需要量的一种方法。其计算为

$$\text{某种物资需用量} = \frac{\text{计划任务量}}{\text{上期实际（预计）完成任务量}} \times \frac{\text{上期实际（预计）所耗物资总量}}{} \times \frac{\text{物资消耗增减系数}}{}$$

或

$$\text{某种物资需用量} = \frac{\text{计划期任务量}}{\text{报告期预计完成任务量}} \times \frac{\text{报告期预计消耗物资总量}}{} \times \frac{\text{物资消耗压缩系数}}{} \qquad (4.2)$$

式中物资消耗增减系数或物资消耗压缩系数是根据报告期消耗量的增减趋势，结合计划年度内可能采取的各种节约措施，并剔除报告期实际消耗中的不合理因素来确定。

（2）类比计算法

是在某项产品或某项任务的物资消耗，既无消耗定额，又无历史资料可查时，参照同类产品或类似任务的物资消耗定额来计算物资需要量。其计算公式为。

$$\text{某种物资需用量} = \text{计划产量} \times \text{类似产品某种物资消耗定额} \times \text{调整系数} \qquad (4.3)$$

式中调整系数可根据新产品和与之类比的老产品在结构上、工艺上及在物资消耗上的各种不同因素，并按不同的物资类别加以确定。一般用%表示。

间接计算法属于经验统计法的范畴，其准确性主要取决于比例或系数的准确程度。但在实际计算中，比例和系数往往受到客观条件和人的主观因素影响，不容易确定得合理、准确。因此，其计算结果不够准确，执行过程中一定要不断地检查、分析，及时予以调整。

在实际工作中，是采用直接计算法还是间接计算法，可考虑以下因素加以确定。

① 生产批量：大量大批生产，一般采用直接计算法；单件小批生产，可采用间接计算法。

② 新老产品：老产品可采用直接计算法，新产品可采用间接计算法。

③ 资源用途：生产用主要原材料采用直接计算法，生产用辅助材料可采用间接计算法。

④ 物资需用量大小：需用量大的可采用直接计算法，需用量小的可采用间接计算法。

⑤ 物资价值：价值高的采用直接计算法，价值低的采用间接计算法。

按照上述有关计算方法，确定各种物资需用量，一般是通过编制物资需用量核算表进行的。物资需用量核算表如表 4-1 所示。

表 4-1　物资需要量核算表

| 产品名称 | 计划产量 | 计量单位 | ××物资 | | | …… |
			供应定额	计量单位	计划期需要量	
合　计						

3. 确定各类物资年度需用量的具体方法

（1）主要原材料需用量的确定

主要原材料需用量与产品产量有直接的联系，而且都有物资消耗定额。因此，通常是根

据产品计划产量和产品物资消耗供应定额运用直接计算法来计算其需用量。

（2）辅助材料需用量的确定

企业使用的辅助材料，品种繁多，用途很广，可按照其用途不同分别计算。有些辅助材料有消耗定额，需用量与主要原材料需用量的计算方法相同，可按照计划产量和物资消耗定额直接计算确定。有许多辅助材料没有消耗定额，需用量可采用间接计算法来确定。

（3）燃料需用量的确定

燃料需用量应按照它的各种不同用途分别计算。大多数燃料需用量可根据消耗定额直接计算确定。例如，工艺性燃料需用量，可根据计划产品和燃料消耗定额直接计算；制造蒸汽的燃料需用量，可按蒸汽的需用量和烧出每吨蒸汽所需的热量来计算；取暖用燃料需用量，可根据取暖季节时间、取暖面积等因素来计算确定；运输工具用的燃料需用量，可根据运输工具的型号、行驶百吨千米耗油量和计划期内以吨千米计算的货运量来计算确定。

由于各种燃料的发热量不同，因此燃料的消耗定额一般是按标准燃料来计算。在计算燃料需用量时，先按标准燃料计算，然后根据实际采用的燃料品种，按热当量系数折合成实际采用的燃料需用量。

工艺过程中的燃料需用量，其计算公式为

$$\text{实际的工艺性燃料需用量} = \frac{\text{计划产量} \times \text{单位产品的标准燃料消耗定额}}{\text{该品种燃料的发热量换算系数}} \quad (4.4)$$

$$\text{发热量换算系数} = \frac{\text{实际使用燃料每千克发热量（大卡）}}{\text{标准燃料每千克发热量（7 000 大卡）}}$$

生产动力燃料的需用量，以生产蒸汽为例，其计算公式为

$$\text{蒸汽设备的燃料需用量} = \frac{\text{所需蒸汽量} \times \left(\begin{array}{c}\text{一个规格蒸} \\ \text{汽的含热量}\end{array} - \begin{array}{c}\text{锅炉进水的} \\ \text{原有温度}\end{array} \right)}{7\ 000 \times \begin{array}{c}\text{该种燃料的发热} \\ \text{量换算系数}\end{array} \times \text{锅炉效率}} \quad (4.5)$$

（4）动力需用量的确定

企业使用的动力，主要有生产用电（熔炼、热处理、机械加工、焊接等）和照明用电。用途不同，电力需用量的计算方法也不相同。例如，冶炼生产用电需用量，可按每吨炉料的电力消耗定额来计算；机器设备用电，应按机器设备的种类和工作时间来计算；生活照明用电，可根据照明度数、照明时间，同时结合开灯率并考虑电路损耗等因素来计算需用量。

电力需用量的计算，以电动机用电为例，计算公式为

$$\begin{array}{c}\text{计划期一组电动机电力} \\ \text{需用量（千瓦小时）}\end{array} = \frac{\begin{array}{c}\text{一台电动机每小} \\ \text{时电力消耗定额}\end{array} \times \begin{array}{c}\text{同类电动机} \\ \text{台数}\end{array} \times \begin{array}{c}\text{该组电动机} \\ \text{的运转率}\end{array}}{\text{电动机效率（包括电路损耗在内）}} \times \begin{array}{c}\text{计划期制度} \\ \text{工作小时数}\end{array} \quad (4.6)$$

（5）设备维修物资需用量的确定

设备维修根据技术要求的不同和工作量的大小可分为大、中、小修和维修保养。设备种类不同，修理等级不同，所耗用的物资也不相同。因此，设备维修物资需用量的计算比较复杂。一般企业采用的计算方法，主要有以下几种。

① 按修理复杂系数、物资消耗定额确定物资需用量。其计算公式为

$$\begin{array}{c}\text{设备维修} \\ \text{物资需用量}\end{array} = \begin{array}{c}\text{计划期修理} \\ \text{复杂系数总和}\end{array} \times \begin{array}{c}\text{每一修理复杂系数} \\ \text{物资消耗定额}\end{array} \quad (4.7)$$

式中，修理复杂系数是表示设备修理复杂程度的一个基本核算单位，同时也是编制备品备件和物资消耗定额、计算不同设备修理工作量的一个统一依据。修理复杂系数是设备管理中的一个重要指标，常用"R"来表示，它取决于设备的结构特点、工艺特点、尺寸大小、精度高低等因素。对于不同类型的设备，"R"值有不同的计算公式；对于同类设备，"R"值计算过程中的各个参数也不相同。为方便起见，对于通用的、标准的、系列的设备，一般都是列入各工业主管部门编制的"设备修理复杂系数手册"之中，它们的 R 值可从"手册"中直接查得，例如，从"手册"中可查得 C_{620} 机床的 R 值为 10；0.6 千瓦的保护式同步鼠笼电动机的 R 值为 1。

采用上述方法计算维修物资需用量的一般程序是：

第一步，确定各类设备的平均修理复杂系数；

第二步，确定每一设备每一修理复杂系数的物资消耗定额；

第三步，确定每类设备一年内需要修理的复杂系数总和；

第四步，确定每类设备维修耗用的物资需用量。

② 按大类设备每台每年平均修理物资消耗定额，确定维修物资需用量。其计算公式为

$$\text{设备维修物资需用量} = \text{某类设备修理数量} \times \text{单位设备修理物资消耗定额} \qquad (4.8)$$

③ 以每万元产值维修消耗物资的比例计算。此法是用历年来的总产值与历年来维修消耗物资总量相比，求出历年来平均每万元产值维修消耗物资数量，再结合计划年度的情况来确定维修物资需用量。采用这一方法，必须注意加强对历史统计资料的收集、整理和分析。

④ 以占产品用料的百分比来确定维修物资需用量。此法是利用历年统计资料找出维修用料占产品用料的百分比及其变化规律的基础上，结合计划年度的情况来确定物资需用量。

(6) 工具需用量的确定

企业的工具需用量，是按用途、种类、规格分别计算的，它由工具消耗量和工具周转量组成。工具消耗量，是指企业在计划年度内为完成生产任务而耗用的工具数量。工具周转量，是为了保证企业生产不断地进行而处于储存和使用过程中的工具数量。

不同类型的企业，生产情况和使用工具的情况也不相同，工具需用量计算方法也不一样。在大量大批生产条件下，工具需用量可按计划产量和工具消耗定额来计算，计算公式为

$$\genfrac{}{}{0pt}{}{\text{某产品计划期}}{\text{某种工具消耗量}} = \genfrac{}{}{0pt}{}{\text{计划期该产}}{\text{品计划产量}} \times \genfrac{}{}{0pt}{}{\text{单位产品某种}}{\text{工具消耗定额}} \qquad (4.9)$$

在成批生产条件下，可按设备的计划工作台时数和设备每一台时的工具消耗定额来计算。在单件小批生产条件下，通常按万元产值的工具消耗来计算。

在确定了各种产品的消耗量后，再把各种产品消耗某种工具的数量相加，即得计划年度某种工具的消耗总量。

企业计划年度工具需用量，除计算工具消耗量外，还要计算工具周转量。工具周转量包括工具总库的正常储备量，各车间工具室储备量及使用、修理中工具占有量，一般按经验统计法确定。某种工具消耗量和工具周转量相加，再减去期初期末工具实际盘存数差额，得计划期该种工具需用量。

此外，还有如技术措施用料等方面的需用量，一般可采用统计资料或经验来估算确定。

企业把各类物资的需用量核定以后，可编制各种物资需用量汇总表。

4.3　年度物资采购量的确定

年度物资采购量，是根据年度物资的需用量，考虑到计划期初可利用的资源和计划期末应留的储备量等因素，通过综合平衡而确定的。确定年度物资采购量，是编制年度物资供应计划的最后环节。

4.3.1　计划期初物资库存量的确定

根据编制物资供应计划的时间不同，期初库存量有两种：实际库存量和预估库存量；如编制计划的时间在计划期内，就用实际库存量；如果编制计划的时间在计划期前，因无法取得期初实际库存量资料，就用预估库存量。期初库存量预计正确与否，在一定程度上影响到物资供应计划的质量和物资供应工作的效果。因此，期初库存量的预计，必须充分考虑各方面的因素，周密地预计各种动态，来加以确定。其计算公式为

$$\begin{matrix} \text{计划期初} \\ \text{预计库存量} \end{matrix} = \begin{matrix} \text{编制计划时} \\ \text{实际库存量} \end{matrix} + \begin{matrix} \text{编制计划时至计划} \\ \text{期初预计到货量} \end{matrix} - \begin{matrix} \text{编制计划时至计划} \\ \text{期初预计耗用量} \end{matrix} \qquad (4.10)$$

4.3.2　计划期末物资储备量的确定

计划期末物资储备量，就是计划年度内最后一天的库存量，是为保证下一计划年度开始时企业生产正常进行所需的物资储备。

计划期末物资储备量，一般是根据计划期的下一期的期初生产需要和物资供应条件来确定。对于不同储备形式的物资，确定的方法也有所不同。

1. 采用周转储备的物资期末储备量的确定

周转储备一般包括经常储备和保险储备两部分。采用周转储备的物资通常把周转储备定额作为期末储备量。在实际工作中，又分两种不同情况进行不同的处理。

① 若企业需用某类物资的品种、规格较多，应当按物资"小类"或"组"来计算期末储备量，通过采用50%～75%的经常储备加上保险储备。

② 若企业需用某类物资的品种、规格很少，则

$$\text{物资期末储备量} = \text{物资经常储备定额} + \text{物资保险储备定额} \qquad (4.11)$$

2. 采用提前储备的物资期末储备量的确定

有些企业，一些物资的品种、耗用量，在计划年度内变化很大，或在一次使用后，要隔一段时间（时间长度往往不等）才再使用。对这类物资往往采用提前储备的形式，根据该类物资的需用日期，提前采购入库，保证到期供料。采用提前储备必须有比较具体的、固定的生产进度，什么时候需要，就按一定的提前期准备。因此，在计划期末如果物资已经采购进厂尚未用完，就有一定量的期末储备；否则，就没有期末储备。

3. 采用季节储备的物资期末储备量的确定

季节储备不同于周转储备，它只是在采购季节随着采购的不断进行，库存不断积累，达到一定数量后就停止采购，库存也达到最高数量，以后只是陆续耗用。因此，采用季节储备的物资，其期末储备量可根据计划下一期的生产需要来确定。如果计划下一期初的生产规模有所扩大，则在计划期就要增加采购量，期末储备量也将增加。有些物资只是在计划年度的某一时间段存在季节储备，则在计划期末没有季节储备。

4.3.3　编制年度物资平衡表

1. 编制物资平衡表

企业在确定各种物资需用量、期初和期末储备量的基础上，就可以编制年度物资平衡

表，对物资需用量与资源进行综合平衡后，提出计划年度物资的采购量，其计算公式为

$$\begin{matrix}\text{计划期某种} \\ \text{物资采购量}\end{matrix} = \begin{matrix}\text{计划期该种} \\ \text{物资的需用量}\end{matrix} + \begin{matrix}\text{计划期末该种} \\ \text{物资储备量}\end{matrix} - \begin{matrix}\text{计划期初该种} \\ \text{物资预计库存量}\end{matrix} - \begin{matrix}\text{企业内部} \\ \text{可利用的资源}\end{matrix} \qquad (4.12)$$

式中企业内部利用的资源，是指企业进行改制、代用和修旧利废等方面的物资。

企业在确定各种物资的需用量和采购量后，就可按物资的具体品种、规格编制物资平衡表。具体格式如表 4-2 所示。

表 4-2　20××年物资平衡表

物资名称	计量单位	上年实际消耗量（预计）	年初已有资源（物资）				需用量	年末储备	企业内部可利用资源	采购量					备注
			合计	年初库存	合同结转	在途与待验				合计	一季度	二季度	三季度	四季度	
		①	②	③	④	⑤	⑥	⑦	⑧	⑨=⑥+⑦-②-⑧					
甲															
乙															
…															
合计															

2. 编制物资供应计划

物资平衡表编好后，即可按物资类别加以汇总，编出物资供应计划。

4.3.4　常备与专用物资计划的编制

在实际编制物资供应计划时，通常把物资供应计划分为常备与专用物资计划。

常备物资就是企业长期要用或能通用，共同需用的、常备的物资。常备物资通常可运用存量计划性采购。常备物资计划编制如图 4-1 所示。

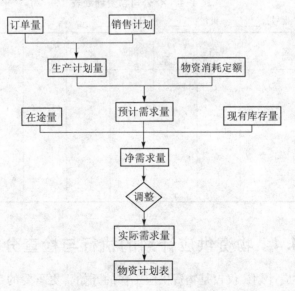

图 4-1　常备物资计划编制流程图

专用物资，对企业而言，就是有了订单才会去购买的物资，属于具体某一产品的专用料件。这类物资是依据订单分别制定计划，通常不设库存。计划编制如图 4-2 所示。

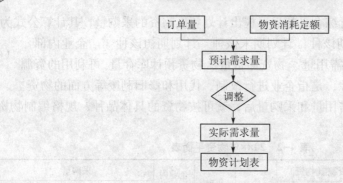

图4-2 专用物资计划编制流程图

物资供应计划的形式如表4-3和表4-4所示。

表4-3 月份物资计划表

日期：___年___月___日　编制：_____　审核：_____　批准：_____

项次	品名	规格	前月库存		上　月				本　月				备注
			仓库	未验收	已购未入	库存	计划用量	结存	计划请购	库存	计划用量	结存	

表4-4 ××公司物资计划表

订单号：_____　生产批号：_____　批量：_____　日期：_____　No.：_____

项次	品名	规格	单位消耗量	单位	购买时间	预计消耗量	调整量	请购量	需用日期	备注

4.4 物资供应计划的执行与检查分析

编制年度物资供应计划，仅仅是物资供应工作的开始，更重要的是组织物资供应计划的执行，检查分析计划执行的情况，从中发现问题，及时总结经验，不断提高物资管理水平。

物资供应计划的执行、检查分析工作，包括很多方面，下面着重就编制物资的短期计划和检查分析工作做一些简要的阐述。

4.4.1　编制季度物资供应计划

企业的年度物资供应计划指明了企业在计划期内物资供应工作的方向，在具体执行时，由于时间跨度较长，存在的不确定性因素较多，不便于组织执行，需要编制更详细的时间跨度较短的季度和月度物资供应计划。

季度物资供应计划的编制，主要是根据季度生产计划及其他用料计划按物资明细规格来确定季度物资需用量和储备量，并根据已有物资库存量进行平衡。

1. 在制品物资占用量的确定

编制季度物资供应计划，必须先确定在制品物资占用量。因为

$$\frac{产品物资}{需用量} = \frac{产成品}{物资需用量} + \frac{期末在制品}{物资占用量} - \frac{期初在制品}{物资占用量} \tag{4.13}$$

期初、期末在制品由于占用物资数量上的差异和品种规格的不同，关系到产品物资需要量，并直接影响季、月物资供应计划的准确程度。因此，在编制计划前，必须由生产部门提供期初在制品实际（预计）数量和期末在制品计划周转数量，以便核算期初、期末在制品物资占用量。

为了保证企业生产的正常进行，必须确定合理的在制品数量，做到既不影响生产，又不至于造成在制品因过多而积压。在实际生产过程中，在制品数量往往是变化的，因此，物资供应部门应主动协同生产部门共同研究及时加以调整，防止出现因在制品的不正常而造成物资供应工作的被动局面。

2. 产品需用量的确定

在取得了季度生产计划或生产作业计划所规定的产品计划产量和投料数量、产品物资消耗工艺定额等资料及非工艺性损耗系数后，就可以核算产品需用量。

核算产品需用量一般有以下两种方法。

（1）分步计算法

即分别计算计划产成品、期初在制品、期末在制品和非工艺性损耗的物资需用量，然后加以汇总。其计算公式为

$$\frac{产成品}{需用量} = \sum\left(\frac{某产品季度}{计划产量} \times \frac{物资消耗}{工艺定额}\right) \tag{4.14}$$

$$\frac{季初在制品}{实际占用量} = \sum\left(\frac{某产品季初}{在制品实际数量} \times \frac{物资消耗}{工艺定额}\right) \tag{4.15}$$

$$\frac{季末在制品}{计划占用量} = \sum\left(\frac{某产品季末}{在制品实际数量} \times \frac{物资消耗}{工艺定额}\right) \tag{4.16}$$

$$\frac{非工艺性}{损耗数量} = \sum\left[\left(\frac{某产品产成品}{需用量} - \frac{某产品季初在制品}{实际占用量} + \frac{某产品季末在制品}{计划占用量}\right) \times \frac{非工艺性}{损耗系数}\right] \tag{4.17}$$

$$\frac{某规格物资}{产品需用量} = \frac{产成品}{需用量} - \frac{季初在制品}{实际占用量} + \frac{季末在制品}{计划占用量} - \frac{非工艺性}{损耗数量} \tag{4.18}$$

例 4-1　万科集团公司甲产品第三季度计划产量为 30 000 台，季初实际在制品为 150 台，季末计划在制品 300 台。甲产品生产使用 45#φ80 炭结圆钢的工艺消耗定额为 80 千克/台，非工艺性损耗系数为 1%，求该公司第三季度此种钢材的产品需用量是多少？

解　产成品需用量 = 30 000×80(千克) = 2 400(吨)

季初在制品预计占用量 = 150×80 = 12 000(千克) = 12(吨)

季末在制品计划占用量 = 300×80 = 24 000(千克) = 24(吨)

非工艺性损耗数量 = (2 400+24−12)×1% = 24.12(吨)

因此，此公司 45#ϕ80 炭结圆钢产品需用量 = 2 400+24−12+24.12 = 2 436.12(吨)

（2）一步计算法

即根据实际投料量直接计算产品需用量。其计算公式为

$$\begin{aligned}\text{某规格物资} \atop \text{产品需用量} = &\left[\left(\begin{matrix}\text{某产品季度}\\\text{计划产量}\end{matrix}+\begin{matrix}\text{某产品季末}\\\text{在制品计划数量}\end{matrix}-\begin{matrix}\text{某产品季初}\\\text{在制品实际数量}\end{matrix}\right)\times\begin{matrix}\text{物资消耗}\\\text{工艺定额}\end{matrix}\right.\\&\left.\times\left(1+\begin{matrix}\text{非工艺性}\\\text{损耗系数}\end{matrix}\right)\right]\end{aligned} \qquad (4.19)$$

例如，以例 4−1 万科集团公司为例，万科集团公司 45#ϕ80 炭结圆钢产品需用量为

$$(30\ 000+300-150\times80)\times(1+1\%) = 2\ 436\ 120(\text{千克}) = 2\ 436.12(\text{吨})$$

3. 经营维修及其他需用量的确定

经营维修及其他需用量的核算可根据不同情况不同处理：

① 有消耗定额的，按消耗定额进行核算；

② 有以往历史统计资料的，按经验统计定额进行计算；

③ 根据下达的任务和控制指标，由需用部门提报计划；

④ 由物资使用部门提报计划，有关部门进行审定。

4. 已有资源（物资库存量）的确定

已有资源（库存量）一般包括以下一些内容：

① 现有库存量；

② 待验收入库的物资；

③ 合同及合同结转的物资；

④ 其他可使用的物资。

5. 季末储备量的确定

季末储备量确定，一般有以下三种方法。

① 按物资储备定额进行核算。物资储备量是按最高储备量和最低储备量的形式制定的，在实际工作中，不可能所有物资在同一时期内达到最高或最低储备。核算时，因根据物资的需用量、货源情况、通用程度等各种因素灵活地进行安排。

② 根据实际订货情况，将下个计划期第一次进货前的需用量作为季、月储备量的方法。其计算公式为

$$\text{季末储备量} = \text{每日平均需用量}\times\text{本季末至下次进货前的天数} \qquad (4.20)$$

③ 用下一计划期物资需用量作为本计划期的储备量

但需注意的是，不论采用那种方法确定物资储备量，都必须在保证综合储备定额完成的前提下，使季末物资储备量符合先进合理的要求。

6. 综合平衡，确定季度物资供应计划

$$\text{产品需用量}+\text{其他需用量}+\text{季末物资储备量}-\text{已有库存量} = \begin{matrix}\text{不足}（+）\\\text{多余}（-）\end{matrix} \qquad (4.21)$$

通过季度物资平衡，了解存在的问题，可针对问题制定切实可行的具体处理措施，来保证物资供应既满足生产所需，又避免多余积压，提高物资的使用效果。

季度物资供应计划表如表4-5所示。

表4-5　20××年第　季度××材料供应计划表

企业名称　　　　　　　　　　　　　　　　　　　　　　　　　第　页　共　页

序号	材质规格	计量单位	期初库存	待验	×季投料						储备		合同物资				平衡结果		处理措施	备注
					合计	产品投料				其他	合计	其中：产品	小计	月	月	月	多余	不足		
						小计	月	月	月											

制表人_____　　　年____月____日

4.4.2　编制月度物资供应计划

企业物资供应部门在编制年（季）度物资供应计划时虽然已经组织了多方面的平衡，但是，一方面，年（季）度物资供应计划的平衡，还必须通过月度物资供应计划来加以具体化；另一方面，在编制年（季）度物资供应计划时，不可能预见到全（季）年物资供应工作中的所有变化，如生产任务的变动、产品零件设计与工艺的修改、加工过程中的废品损耗、物资不能按期到货及到货物资质量不符、数量不足等。这样原先的平衡就经常被生产和供应情况的变化所打破，必须根据新的情况，及时地组织新的平衡。月度物资供应计划正是组织这种新的平衡的有力工具。

月度物资供应计划就是在认真做好季度物资平衡的基础上，随时掌握生产和供应过程中的变化情况，及时发现问题，迅速协调与外部供应商的关系，保证物资供应工作的正常开展。通过月度物资供应计划，检查季度生产前物资准备情况，确定尚需准备的物资数量，保证成套齐备地供应生产，调整季度投料进度，为下料、供料等供应工作提供切实可靠的依据。

月度物资供应计划的编制，可参照季度计划编制的方法进行。

月度物资供应计划的重点是解决物资缺口。对平衡出来的缺料，要及时编制月度采购计划，采取措施确保生产所需。采购计划表如表4-6所示。

表4-6　20××年　　月　采购计划明细表

物资类别：工业轴承　　　　　　　　　　　　　　　　　　　　编号：2005051603

序号	规格型号	计量单位	数量	技术要求	主要所有方向	要求进货期限	单价/元	金额/元	备注
1	205	套	5 000	E级精度	主机配套	×月×日前	9.8	49 000	
2									
3									
⋮									

填表要求：

① 采购计划应按物资大类分类填报，如"电动机"、"工业轴承"等，各类物资供应计划的前面应列出合计采购金额；在总的采购计划的首页应列出各类物资采购金额的总计数；

② 编制采购计划时，一定要把物资进货期限填写清楚。

季度物资供应计划和月度物资供应计划的编制时间，应根据企业规模大小、物资供应市场情况提前一段时间进行。季度物资供应计划的编制，一般是在季前20天进行。月度物资供应计划编制，一般在月前10天进行。

4.4.3 物资供应计划的检查

物资供应计划的检查分析有两种形式。一种是经常性的检查分析；另一种是总结性的检查分析，这种方式是在计划期结束后进行。两种检查方式的基本内容是相同的，主要包括：

① 物资供应计划及其执行情况分析；

② 物资验收、发放情况的分析；

③ 物资储备量与资金占用情况的分析；

④ 物资的节约与综合利用情况的分析。

物资供应计划检查分析的主要手段是物资的核销。物资核销的内容主要是物资的品种、物资使用方向和物资消耗量三个方面。物资核销的依据主要是任务量、消耗定额与物资消耗的原始记录。物资核销工作是企业生产经营管理工作的一个有机组成部分，它与企业实行严格的经济核算是相辅相成的。通过物资核销，可以促进企业、车间、班组加强经济核算；建立和健全企业、车间、班组各项原始记录的登记制度，以及建立符合物资管理需要的物资统计网络，为及时提供物资供应各项经济活动方向、各种物资消耗情况的准确数据创造条件。

本章小结

物资供应计划是以实物为对象，运用投入产出理论和系统分析方法，根据企业生产安排和对市场供求预测等资料而做出的物资供应部署方案。企业的物资供应计划可以按照不同的标志进行分类。正确编制物资供应计划，对于保证生产需要等诸多方面有着重要作用。企业编制物资供应计划的主要工作内容有：编制物资供应目录、确定各种物资的需用量、确定计划期初和期末的储备量和编制物资平衡表，确定物资采购（申请）量等。为提高编制物资供应计划的质量，需要选择恰当的方法。编制好年度物资供应计划，还需编制季度和月度物资供应计划以便组织执行。在执行过程中检查分析计划执行的情况，从中发现问题，及时总结经验，不断提高物资管理水平。

本章的重点是物资供应计划的类型和物资供应计划的编制。

本章的难点是物资需用量的计算，物资储备量的确定。

学习资料

物资计划管理制度

（一）各部、分公司每年必须在12月底之前做好物资供应部下发的第二年度材料计划申请表填报工作。

（二）在填报第二年度材料计划申请表时，各单位应根据公司下达的年度工作任务情况，认真准确地制定出全年生产所需的材料用量计划，确保本单位材料计划符合工程和维护生产需要。

（三）对已审定的各单位年度材料计划，一式二份由材料计划申请单位负责人、物资供应部负责人签名盖章后生效，双方单位各执一份。

（四）物资供应部对各单位所签订的年度材料计划，设立账本进行材料计划执行情况管理，做好材料计划在领用过程中账务方面的记录。

（五）计划外材料的申请，可按材料计划外采购办法处理。

（六）为了加强物资计划管理，物资供应部对于计划外材料的领用应严格控制，有少发或不发的权利。

材料计划若干办法

根据公司关于加强物资管理的有关决定，物资部已将年度材料计划汇总完毕，并与工程部和其他分公司审签了全年的工程材料计划和维护材料计划。为了做好和加强材料计划执行的管理，做到保障供应，力求节约，避免积压浪费现象，现对材料计划的执行办法做以下通知。

（一）工程材料计划

1. 凡属自办工程计划使用的材料，领取时必须同时具有外线工程材料管理表和货仓取货申请单方可办理领料手续。外线工程材料管理表上要填写工程部确定的工程名称，工程编号及施工单位。工程编号以工程部编制的号码为准，自办工程编号的号码尾数是"1"字表示。在审批领取材料时，材料名称、数量应以外线工程材料管理表上确定的为准，仓库取货申请单的数量必须要与表内相符，才能审批发货。对已领出的材料，如有因设计修改造成材料更换或取消工程施工等情况的，要及时到物资部办理材料计划更正手续，否则由相应部门负责。

2. 凡属代办工程计划内使用材料，在办理材料领取时，领料手续与自办工程相同。代办工程编号的号码尾数用"9"字表示。代办工程材料除工程设计指定领料施工外，承担代办工程的施工单位一律要在公司物资部购买材料，以确保工程材料质量。

（二）维护材料

1. 各分公司必须严格按照已签订的材料计划领取维护所需要的材料。领取材料时，在货仓取货申请单上的工程编号格内必须填上维护工程编号或维护工程说明，才给审批办理领料手续。分公司设立的材料小仓库，除储备日常少量够用的维修材料外，不允许过量地存放材料，为确保材料在工程中的合理流通使用，并保证材料的质量，做到物尽其用。绝对不允许将计划内的维护材料作其他用途使用。

2. 公司下达给各分公司的年度放号任务，各单位须按照已签订的材料计划合理地分配领取。如电话机、电话线、电话机出线盒及零星配套材料，必须按照放号的实际数量领取，日常仓库只允许储备极少数量作维护备料。对已领出去的电话机，在放号时出现质量问题，可分批送回公司物资部仓库更换。但绝对不允许将已用过的或残缺的及与放号机不相符的电话机送回仓库更换。

（三）劳保用品计划

劳保用品计划内物资的发放，统一由公司人事部门处理，其中包括三个分公司的劳保用品计划。对独立核算单位的劳保用品，由本单位自行解决。各单位在领取劳保用品时，必须到公司人事部审批申请取货单后，仓库才给予发放。

（四）业务单式计划

业务单式计划由公司业务部统一计划安排，包括三个分公司所需要的业务单式用量。各单位必须根据本单位业务量的实际情况进行领用，不允许自行到外面印刷各种业务单式，对用量不够或增加印刷其他品种的业务单式，应向物资部申请办理，以便保证业务单式格式和内容的完整性，并逐步使业务单式有一个完整的管理制度。

（五）计划外材料的申请

在执行材料计划的过程中，对一些突发性的工程和维护工程中出现的应急抢修材料，或者计划内数量已用完，以及制定计划时无法考虑到的一些工程材料及其他物资，使用部门可以填报需求单向物资部申请计划外采购，经物资部领导审批后才给予办理。工程使用的材料，国内物资采购到货时间需要一个月左右，进口物资采购到货时间需要 3～4 个月才能完成。因此希望各单位在制定材料计划时必须做到周密考虑，力求准确，使材料计划在各项工程中起到计划合理、保障供应的作用。

（六）执行材料计划的实施办法

1. 凡属计划内使用的工程、维护材料，需经计划人员在外线工程材料管理表、货仓申请取货单审核盖章后，才能领取材料。

2. 为了掌握好各单位计划内材料使用的情况，将主要工程材料建立账本，以便累计全年的材料使用情况。

3. 各单位领取材料经审核盖章后，计划室将留下外线工程材料管理表、货仓申请取货单作为统计资料凭证。

下发物资管理若干规定

为加强公司物资供应管理工作，做到"有章可循，有标准可依，切实贯彻以通信为中心，保质，保量，及时成套，主动服务，科学管理"的工作方针，更好地为特区邮电通信现代化服务，充分发挥物资管理部门在通信生产建设中的主渠道作用和支撑作用，特下发此规定，望各单位遵照执行。

（一）重要物资的归口管理

物资供应部在公司主管领导的直接领导下，负责物资的统一管理工作及国内通信设备和器材的采购工作，同时组织做好本公司的物资筹供。物资供应部是物资归口管理的职能部门。重要物资按上级有关规定实行归口管理，凡属归口管理的物资，统一由物资供应部负责，同时实行统一计划，统一申请，统一进货，统一供应，统一管理。归口的品种，按物资部和邮电部的规定执行。

（二）加强物资的计划管理

凡属公司的通信、基建生产等所需的物资（引进设备和器材除外），各单位必须按规定向物资供应部申报计划。物资供应部门负责全公司计划物资的申请、汇总、平衡、供应和调度工作，同时加强与专业部门和财务部门的联系，认真审核，综合平衡，确定计划申报量并经主管领导同意后编制上报。

各单位在编制计划时要有依据，有核算，并根据物资需求量和自有储备量进行编制，力求准确。在编制计划时应按规定和要求填写物资名称、型号、规格、计量单位、数量，技术要求、供应时间和地点等。根据供应计划的要求，各单位需按下列时间向物资供应部申报计划，年度计划必须在上一年的 12 月 1 日前申报；追加计划必须提前一个月申报。物资供应

部在每年的 10 月上旬将年度计划申请表发到各生产部门填写（填报时必须将工程料和维护料分开填报）。如不按时送报计划，影响供应，责任由各单位负责。

（三）加强物资的采购管理

各单位所需属于归口管理的各类物资，必须由物资供应部统一组织订货采购，未经物资供应部门同意不得自行采购。部分归口管理的物资，经物资供应部门认可或委托，可由需求单位或相关专业部门协调进行采购。物资供应中，应树立全心全意为生产部门服务的思想，做到及时、主动、优质。同时认真做好市场调查及大宗物资采购的招标工作，确保供应好，周转快，消耗低，费用省。

物资供应部门参加通信设备和器材引进的技术谈判和商务工作，负责合同的编制和制订，做好合同的执行和管理工作及设备到库后的核查，并会同工程技术部门做好引进设备的验收工作。

（四）加强工余料、拆旧料、废旧料的管理

各项工程和生产所发生的工余料、拆旧料、筛选料、边角余料及废料，应由施工单位、生产部门负责整理、鉴定后分类列单移交物资供应部，施工单位、生产部门不得自行处理或截留。违者追究有关单位和个人的责任。固定资产报废由相关单位提出报告经财务部和公司领导审核批准后，通知物资供应部门回收处理。

（五）加强物资材料的转让和外售的管理

邮电通信物资是保证邮电通信建设顺利完成的前提，各种物资材料的转让和外售，一律须经物资供应部批准，售往特区外的物资材料，由总经理批准。

（六）加强物资仓储的管理

仓储工作为抓好物资的入库验收、保管保养和出库发放等三方面的管理。要积极创造与物资吞吐量相适应，与高科技产品相适应的仓储条件。仓管员在认真做好物资进仓验收工作的同时，对物资的数量、规格、质量、品种等情况要如实反映，做到准确无误。严格执行放料须有领料凭证，检查审核凭证手续是否齐全准确；发现凭证有不妥之处，仓管员应拒发材料。切实做好物资的管理工作，对各类物资要求做到合理堆放、牢固堆放、定量堆放、整齐堆放、方便堆放。坚持先进先出，切实做到快收快发。认真做好一年一度的仓库物资的清仓盘点工作，做到账、卡、物三相符。

（七）加强物资供应人员队伍的建设

为了适应通信建设发展的需要，提高物资管理的水平，必须加强物资供应人员队伍的建设。物资供应部门的工作人员必须不断加强业务知识的学习，热爱本职工作，廉洁奉公，遵纪守法，遵守公司的各项规章制度。严禁物资供应部门工作人员利用工作之便为自己或他人联系公司以外的业务及从事经济活动。

同时，要经常对其工作人员进行职业道德教育和法制教育，以确立全心全意为通信建设、为用户服务的思想。要充分发挥公司各单位物资供应人员的积极作用，要求各生产部门和维护部门配备一名业务素质好、思想觉悟高的专职材料员或保管员，并保持相对稳定，以负责本单位的物资供应工作。各级领导要切实加强对物资工作的领导，努力为特区邮电事业做出贡献。

思 考 题

1. 什么是物资供应计划？物资供应计划有何作用？

2. 物资供应计划的任务是什么？

3. 如何对物资供应计划进行分类？

4. 编制物资供应计划有哪些主要的工作内容？

5. 年度物资需用量包括哪几个方面？

6. 确定物资需用量的主要依据是什么？

7. 确定物资需用量有哪些方法？选择采用某种方法时需要考虑哪些因素？

8. 确定主要原材料需用量应采用什么方法？

9. 燃料需用量该如何确定？电力需用量该如何确定？设备维修物资需用量该如何确定？

10. 计划期初物资储备量该如何确定？怎样确定计划期末物资储备量？

11. 什么是物资平衡表？

12. 季度产品物资需用量可采用哪些方法？

13. 季末物资储备量如何确定？

14. 编制月度物资供应计划有何必要？

15. 物资供应计划检查分析有哪些内容？采用什么手段对物资供应计划进行检查分析？

第 **5** 章

物料需求计划（MRP）

学习目标

1. 了解物料需求计划（MRP）发展的过程，理解独立性需求与从属性需求的两个非常重要的概念，理解 MRP 系统主生产作业计划、库存状态和产品结构信息三种输入信息的内容
2. 了解 MRP 系统的运行步骤，掌握 MRP 一些主要的决策参数确定方法
3. 掌握库存量、零部件需求和 MRP 订货确定方法
4. 掌握 MRP 的编制方法

　　物资供应计划的编制为企业在计划期内协调供需存方面的矛盾，做好物资供应工作提供了强有力的依据。但市场竞争的日趋激烈，由企业产品销售的不确定性因素造成销售的不稳定性，影响了物资供需存的关系，加上计划期的时间跨度相对较长，更增加了不确定因素的影响，使计划预期结果与实际情况存在较大的差异，导致企业库存居高不下，严重影响企业资金周转，影响企业经济效益。物料需求计划（MRP）以其更短的计划期，区分不同的需求特征，针对不同的需求采用不同的方法，更好地适应市场供需的千变万化，在制造业得到了日益广泛的应用，取得了良好的经济效益。

5.1　物料需求计划概述

5.1.1　物料需求计划的产生与发展

　　MRP 是以计算机为基础的物料计划与库存控制的系统管理方法；是一种对相关需求物料进行计划与控制的方法。它是根据现有存货、已下达订单和物料清单的确切信息，将主生产作业计划的产品或最终项目的需求，自动地计算出构成这些成品的零件、部件，以至原材料的净需求，由成品的交货期计算出各部件、零件生产进度日程与外购件的采购日程（期限）；然后制定出逐日的、详细的作业计划来满足这种需求。

　　20 世纪 60 年代中期之前，企业一般用订货点法作为编制库存计划和控制库存量的基本方法。订货点法不仅用于原辅材料采购供应，也用于零部件生产制造中。订货点法主要根据历史记录和凭实际经验来推测未来的物料需求，比较适用于需求量稳定均衡的物料。

　　60 年代中期，随着新产品、新材料的不断涌现，消费者需求愈来愈个性化、多样化和多变，为了满足不断变化的生产需求，生产企业不能再像过去那样大量大批生产和销售，必须根据销售市场的变化及时调整生产计划。由于企业生产计划和生产作业计划需要按照销售市

场的变化及时灵活地做出调整，订货点法无法预测未来需求的变化，不能按照各种物料的真正需用的时间确定订货日期，为了保证市场供应，尽可能地避免消费需求的波动对物料采购供应的冲击，企业不得不保持一个较大数量的安全库存，造成库存量过高。实践表明，订货点法已经不能适应新的生产环境，必须寻找新的方法使企业在规定的时间、规定的地点，按照规定的质量和数量得到真正需要的物料，换句话说，就是库存管理怎样才能符合生产计划的要求。MRP 思想就是在这种背景下应运而生的。

这种方法是由美国著名的生产管理与计算机应用专家欧·威特和乔·伯劳士在 20 世纪 60 年代对 20 多家企业进行研究后提出的。由于该方法是生产管理专家在结合生产经验和计算机数据处理优势的基础上研制的，比较简单而适用，因而得到美国生产与库存管理协会的大力推广，并迅速运用于美国企业。据 1981 年统计，在美国已有 8 000 家公司和企业已建立了 MRP 系统，并取得了良好的经济利益，如材料费用可降低 5%；直接生产人员的劳动生产率可提高 5%～6%；间接人员的劳动生产率可提高 20%～25%；原材料和在制品占用资产可减少 20%～30%。这样，企业花费在 MRP 上的投资费用，一般只需二三年即可全部收回。

20 世纪 70 年代后随计算机的发展应用服务日益广泛，并且在应用中得到进一步的发展，70 年代末 MRP 成功地扩展到第二代 MRP（制造资源计划）。到 90 年代又发展出现了 ERP（企业资源计划）。

5.1.2 MRP 的原理

认识研究 MRP，首先必须从了解 MRP 引入的独立性需求和从属性需求（相关需求）两个不同的概念出发。区分两种不同的需求，是 MRP 方法的首要特点。

（1）独立性需求

独立性需求是指一个库存项目的需求与其他库存项目的需求是无关的需求。即需求项目之间没有任何联系，不会产生一个项目的需求对另一个项目需求产生影响的需求形式。例如，制造企业的成品库存与配件库存，用于维护、修理、办公的各种用品等都属于独立性需求库存。

（2）从属性需求（相关需求）

当一个库存项目的需求和其他库存项目的需求直接相关时称之为从属性需求。例如，生产洗衣机的企业，所需要的电动机是根据生产多少台洗衣机来决定的，它们的需用量和需用时间可由 MRP 计算得出，这些物料就是从属性需求（相关需求）。当电动机单独出售时，它既是从属性需求，又是独立性需求。

需求相关性可能有两种：一种是横向的，如随同产品发货的备件等；另一种是纵向的，即上一级的需求项目派生出下一级需求项目。图 5-1 示意了需求项目的这种纵向依赖性。例如，图中 A22 和 A23 的需求取决于上一级组件 A2 的需求；而 A2 的需求又取决于上级部件 A 的需求；部件 A 的需求又取决于最终产品 P 的需求。

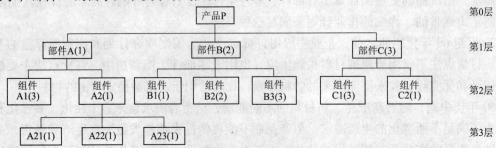

图 5-1　产品结构图

1975 年美国专家约瑟夫·奥里奇编写了有关 MRP 的权威性专著，提出了一些对制造业库存管理有重要影响的新观点。

① 制造装配业生产中的零部件、原材料的库存管理，与产品或用于维修服务的零部件库存不同，不能当作独立项目看待。它们的需求是根据由它们装配而成的最终成品的需求所决定的，属非独立需求（或称相关需求）。

② 在各时间区间，对最终成品的需求一经确定（即确定了主生产计划），有关时间区间中对所有零部件和原材料的需求就能计算出来。因此，对各种零部件、原材料需求量分别进行预测是没有意义的。

③ 假设对最终产品的库存用订货点法进行控制，由它而引起的相关零部件（原材料）的需求可能是非连续的、不均衡的波动需求。即使在产品需求量是均衡的条件下，考虑到零部件的生产批量及一种零部件可能用于生产不同的最终产品，也会使得对零部件的需求是波动的。波动需求现象意味着订货点法不宜用于制造装配业中零部件的库存控制。

④ 计算机提供的数据处理能力，可以迅速地完成对零部件需求的计算。

基本 MRP 处理过程如图 5-2 所示。它是根据主生产作业计划、产品结构决定生产哪些零部件，各种物料（产成品、零部件库存、在制品）的库存量、订购文件，自动地计算出构成这些成品的部件、零件，以至原材料的相关需求量，生产进度日程或外协、采购日程。

MRP 的目标是：

① 及时取得生产所需的原材料及零部件，保证按时供应用户所需产品；

② 保证尽可能低的库存水平；

③ 计划生产活动、交货进度与采购活动，使各部门生产的零部件、外购的配套件与装配的要求在时间和数量上精确衔接。

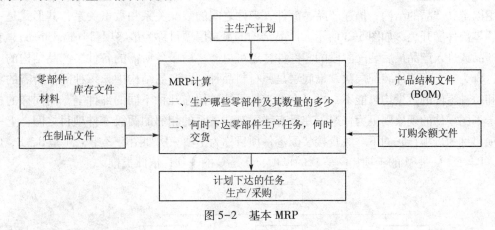

图 5-2　基本 MRP

5.1.3　MRP 的输入信息

MRP 系统有三种输入信息，即主生产计划、库存状态信息、产品结构信息和零件清单。

1. 主生产计划（MPS）

主生产计划（Master Production Scheduling，MPS），也称主生产作业计划。它是生产计划系统的核心，是生产制造功能与市场营销功能的界面，是所有短期生产活动，包括原材料采购、零部件外协制造和装配等活动的依据。主生产作业计划的对象是产品，它规定在计划期内（年、月）每一生产周期（旬、周）最终产品的计划生产量。

主生产计划根据用户订单和市场预测并考虑企业生产能力来确定，是 MRP 的基本输入，

MRP 根据主生产计划展开，导出构成这些产品的零部件与原材料在各周期的需求量。

有些企业除生产成品外，同时还生产用于维修或试验用的备件、部件和供销售用的半成品、部件，它们也属于独立需求。这些部件、备件的品种、数量、需求的时间等也应通过用户订单和预测来确定，并输入 MRP 系统中。

2. 库存状态信息

库存状态信息因保存所有产品、零部件、在制品、原材料（统称为"项目"）的库存状态信息，主要包括如下内容。

① 当前库存量。指企业仓库实际存放的、当前可用的库存量。

② 计划入库量（在途量）。是指根据正在执行中的采购订单或生产订单，在未来计划周期项目的入库量。在这些项目入库的周期内，把它们视为可用库存量。

③ 提前期。是指执行某项作业由开始到完成所需用的时间。对采购件，是从向供应商提出对某个项目的订货，到该项目到货入库所消耗的时间；对于制造或装配件，是从计划下达工作任务到制造或装配完毕所消耗的时间。

④ 订购（生产）批量。是指在某个时间周期一次向供应商订购（或要求生产部门生产）某项目的数量。

⑤ 安全库存量。是为了预防需求或供应方面不可预测的波动，在仓库中经常应保持的最低库存数量。

此外，还需输入和保存组装废品系数、零件废品系数、材料利用率等信息。

3. 产品结构信息和零件清单

1）产品结构信息

产品结构信息（Bill Of Material，BOM）又称为产品零部件明细表、材料明细表、物料清单，用以定义产品的结构，描述产品、部件、零件之间的装配关系和数量关系，其形式是一份产品的零部件展开表，如图 5-3 所示。产品结构的最高层项目称为最终项目（End Item），它可以是产品或进入产品最后装配阶段的零部件，还可以是售后服务所需的备件。产品结构的中间结构，分为数个零部件装配层次，最底层是原材料品种。在产品结构中，每种部件所需的零件种类和每种零件的数量均可能不一样；有的零件可能被用在几种不同的部件上，而同样的材料被用于不同零件的现象则更为普遍。在具有装配制造关系的相邻的两级零件项目之间，上一级零件项目称为母项，它的下一级直接装配零件项目称为子项。例如图 5-3 中，M 是 B，E，C 的母项，B，E，C 是 M 的子项；C 是 D 的母项，D 是 C 的子项；依此类推。

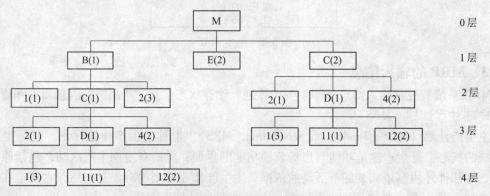

图 5-3　产品 M 的结构

产品结构信息中的每一个项目，都只有一个唯一的代码，而且这套编码系统应与企业仓库管理部门、工程部门和设计部门使用的零部件代码统一。由于物料需求计划的制定过程是采用逐级处理的方式，某一级零部件的生产作业计划产生对下一级零部件的需求，这种需求成为制定下一级作业计划的依据；每一级对下一级的需求，在性质上是一种随时间变化的从属性需求，其数量与时间都是由该级的作业计划决定的。为了实现逐级处理方式，同时避免处于不同层次的相同零部件或原材料因重复展开而增加计划工作量，在产品结构信息输入计算机时，设定计算机根据输入的结构关系自动赋予各部件、零件、原材料等每一个项目一个唯一的低层代码。当一个项目（部件、零件、原材料）出现在多种产品结构的不同层次，或出现在一个产品结构的不同层次上时，该项目就具有不同的层次码。如图 5-3 中部件 C 既处于 1 层，也处于 2 层，即部件 C 的层次代码是 1 和 2。当一个零部件或原材料有一个以上层次码时，应以它的最低层代码（其中数字最大者）为其低层代码。图 5-3 中各零部件及原材料低层代码如表 5-1 所示。

M：总装产品；

B，C，D：零部件；

1，2，4，11、12：原材料；

E：外购件，不必进一步分解。

B(1)：每个产品 M 需要 1 个零部件，其余类推。

2(3)：一个单位零部件 B 需要 3 个单位的原材料 2，其余类推。

表 5-1　零部件原材料代码

零部件、原材料	低层代码
M	0
B	1
E	1
C	2
D	3
1	4
2	3
4	3
11	4
12	4

一个零件的需求量为其上层（母项）部件对其需求量之和，图 5-4 按低层代码在作第二层分解时，每件 M 直接需要 2 件 C；B 需要 1 件 C，因此，生产 1 件成品 M 共需 3 件 C。部件 C 的全部需要量可以在第二层展开时一次求出，从而简化了运算过程。

在制造业，一般都有产品结构复杂、品种繁多的特点。许多企业在基本型产品的基础上，作一些更改如增加或减少某些零部件而形成许多变型产品。产品基本型少而变型品种多，既能满足社会多方面的需要，又能减轻企业生产的工作量、提高经济效益。图 5-4 为 C620-1 车床基本型和变型产品的产品结构示意图，图中用下划线标志出变型产品与基本型产品之间的区别。如果在数据库中对每种产品的产品结构都进行完整的描述必然会造成大量的数据重复，当它们的组成结构有变化时，又要在多次进行修改。

为满足设计和生产情况不断变化的要求，适应变型产品增加的趋势，BOM 必须设计得十分灵活，使用户既能从 BOM 取得与每种产品相应的零件清单，又不致在计算机中储存大量

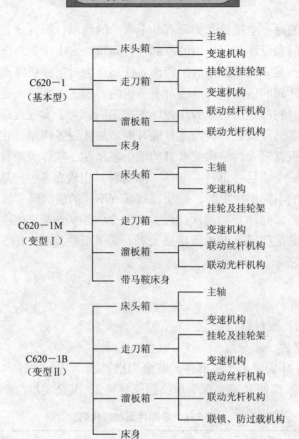

图 5-4 C620 车床结构

重复的数据。因此，在计算机中采用将项目描述与结构描述分开，产品结构使用单级描述方法，如图 5-5 所示。图 5-5（b）表示产品 A 和 K 的产品完整结构；图 5-5（a）为两种产品在计算机中的储存方式。由图 5-5 可见，对每种成品、部件只描述其直接下层，产品结构数据按单级零件清单储存，每个单级零件清单只出现一次。即每种零部件，无论它在多少种产品中出现，在计算机中只储存一次有关它的信息。如部件 D 在多个产品中均要使用，而且在 A 产品中有两处用到 C 部件，C 部件是由 D 部件和及其他零件组成的。但在描述中，无论 D 是用在什么地方，只需对它描述一次。若 D 部件的组成有变化，只要改变它在计算机中的单级零件清单，在各产品中它的结构也随之更改。产品结构数据部分储存内容为：母项件号、每个子项的件号、需求数量（装配一个母项所需的数量）等。

利用以单级清单为基础的产品结构数据，通过程序处理，可以生成不同型式的零件清单来满足生产经营管理的不同要求。

2）零件清单

提供给用户的零件清单，包括展开和反查两种处理方式。展开处理又称为拆零或零件分解，它是通过分解产品或部件，求出其组成成分及每组分的数量。反查处理则与之相反，它是采用追踪各零部件在哪些上级装配件中使用及使用数量多少的方式。每种处理方式又有不同的输出形式，如展开型清单有以下三种输出形式。

（1）单级展开

按照水平分层顺序分拆一个装配件，求出它的直接组成部分，如图 5-6（a）所示。

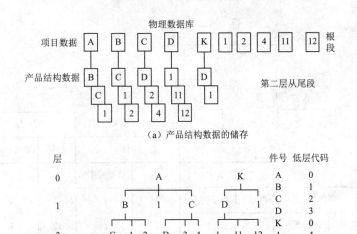

（a）产品结构数据的储存

（b）产品结构树和低层代码

图 5-5　产品单级结构和产品结构树

对于组装型的企业，如果子装配件均由外部采购，可用单级展开清单来计算其物料需求。一般企业的装配车间和仓库，需要根据单级展开清单发放装配件的组分零件，财务部门需要用它来计算装配件的成本。

（2）层次展开

即按产品、部件的装配形态自上而下、从左到右地分解装配件，直到最基本的零件为止。如图 5-6（b）所示。产品结构中各层次排列应用缩排的形式，最高层装配件位于左边，最低层在最右边。

层次展开可应用于装配计划、部件装配计划的 MRP 计算、维修备件清单及成本计算等方面。

（3）综合展开

按产品汇总列出一个产品所需各种零部件总需要量的清单。如图 5-6（c）所示。它可应用于决定生产的零件总数、查零件配套情况；也可为确定产品价格、计算产品成本提供条件。

3）产品结构描述的几点说明

在进行产品结构描述时需要注意以下两点。

（1）固定零件清单

如果企业生产的产品是由固定的零件清单构成，不存在变型或选择件，产品之间通用件很少，那么就没有必要采用单级展开的形式描述，可以使用固定零件清单。

（2）大量变型产品和任选件处理

在一般情况下，采用上述的单级零件清单存储方式，对每种变型或选择组合产品，分配一个项目号就能准确地提供有关基本型和变型产品的结构信息。但如果产品有大量选择组合、变型产品太多时，可能造成大量数据重复，不宜采用分配新项目号的办法，而是根据情况采用以下两种处理方法。

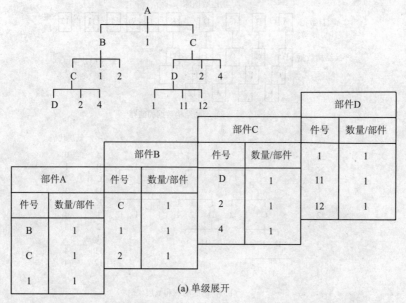

(a) 单级展开

部件A

件号	数量/部件
B	1
C	1
1	1

部件B

件号	数量/部件
C	1
1	1
2	1

部件C

件号	数量/部件
D	1
2	1
4	1

部件D

件号	数量/部件
1	1
11	1
12	1

(b) 层次展开

部件A

件号(按层次错开排列)	数量/部件
B	1
· C	1
· · D	1
· · · 1	1
· · · 11	1
· · · 12	1
· · 2	1
· · 4	1
· 1	1
· 2	1
C	1
· D	1
· · 1	1
· · 11	1
· · 12	1
· 2	1
· 4	1
1	1

(c) 综合展开

部件A

件号	总数
B	1
C	2
D	2
1	4
2	3
4	2
11	2
12	2

图5-6　展开型零件清单

方法一：当众多的变型是由几种基本部件按不同的选择组合形成的，采用产品结构模块方法。例如汽车生产企业，有不同类型的发动机、底盘、颜色、外形可让消费者选择。若有10种发动机、4种底盘、30种颜色、3种外形进行不同组合，便可能形成3 600种产品，如图5-7所示。如果按产品结构存储，就要存入3 600种结构，使MRP展开复杂化。

图 5-7　产品结构模块

解决上述问题可采用结构模块方法，即去掉产品层（0 层），代之以部件（1 层或更低层次）作为最终状态。上例若以第一层为最终状态，总共只有 10+4+30+3＝47 种结构。

方法二：当众多的变型是由于某项项目的取舍而形成的，如汽车中是否装空调、CD 唱机等。可以采用在产品结构记录中增设一数据项，用来识别这些项目的选择属性，在零件清单生成时决定取舍。

5.1.4　MRP 系统的运行步骤

基本的 MRP 由于没有形成封闭系统，缺乏对完成计划所需的各种资源进行计划与保证功能；缺乏对计划实施过程中进行反馈控制的功能，容易造成管理上的失控，所以，在基本的 MRP 基础上，引入资源计划与保证、执行与反馈等，形成闭环 MRP 系统。MRP 系统的运行，需要借助于电子计算机，其运行步骤大致如下所述。

① 根据市场预测和客户订单，正确编制可靠的生产计划和生产作业计划。在计划中应明确规定生产的品种、规格、数量和交货日期。

② 正确编制产品结构图和各种物料、零部件的用料明细表。

③ 正确掌握各种物料和零件的实际库存量，以及最高储备量和保险储备量等有关资料。其中实际库存量，一般应通过盘点来确定，以保证库存数据的准确性。

④ 正确规定各种物料和零件的采购交货日期，以及订货周期和订购批量。

⑤ 根据上述资料，通过 MRP 的逻辑运算，确定各种物料和零件的总需要量（毛需求量）及实际需要量（净需求量）。其中，总需要量是根据成品结构图和用料明细表逐一计算出来的；实际需要量就是总需要量扣除实际库存量。

⑥ 按照各种物料和零件的实际需要量，以及规定的订购批量和订货周期，向采购部门发出采购通知单或向生产车间发出生产指令。

MRP 整个系统的工作流程如图 5-8 所示。

从图 5-8 中可以看出，闭环 MRP 系统开始于编制主生产作业计划。然后根据主生产作业计划的要求、库存状态和产品的物料清单信息，将主生产作业计划转换成每种所需零部件和材料的制造或采购订单下达日期和数量。订单下达日期是根据提前期标准确定的；订单的数量是根据零部件的净需求和期量标准确定的。这个计划过程称为物料需求计划，它是整个闭环 MRP 系统的核心。通常所说的 MRP，从狭义的角度，就是指这一步计划过程；而从广义的角度看，MRP 是包括主生产作业计划、能力计划、库存管理、采购计划和车间控制的整个系统。本章提到的物料需求计划或 MRP，都是指狭义的 MRP。

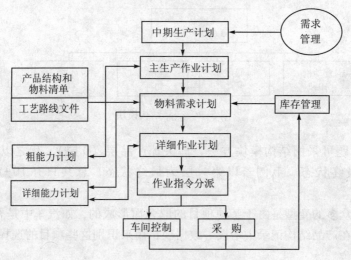

图 5-8　闭环 MRP 系统

5.2　物料需求计划的编制

5.2.1　MRP 决策参数的确定

要运行 MRP 系统除需要主生产作业计划、产品结构及库存状况等反映生产情况的信息外，还涉及一系列的参数，如计划展望期、提前期、批量等。在此，对以下几个主要的参数作简要的阐述。

1. 计划展望期

系统生成物料需求计划所覆盖的未来时间区间，称为计划展望期。MRP 计划展望期的长度，要足以覆盖计划中物料的最长累计提前期。最长累计提前期是产品结构各层次上最长提前期之和。通过层层提前期求和，找出最长路径，才能决定计划展望期。如图 5-9 所示。

已知产品组装提前期为 2 周，每种零部件生成提前期为 3 周，采购提前期为 1 周，则该企业生产的计划展望期至少应扩展 9 周；否则，将无法对最低层项目安排计划投入日期。

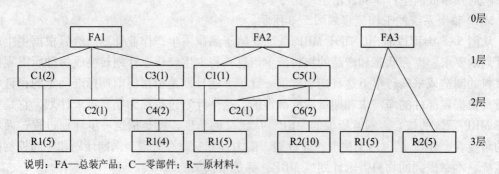

说明：FA—总装产品；C—零部件；R—原材料。

图 5-9　产品零件清单

2. 时间段（周期）

计划展望期被分成称为时间段的小时间区间，把各项目的需要量、预计到货量、可利用库存量，生产指令下达等一系列活动的连续时间，分割为时间段，按时间段来组织生产、采购和供应作业。规定各时间段的生产、采购等活动，一定要在该时间段内完成。

在整个计划展望期内，通常采用相等的时间段。统计资料显示，约有 70% 的用户采用一周为一个时间段；有的系统以日为时间段，使计划更为精确，同时可无限制地扩展计划展望期，这样的系统称为无时间段（Buckless）MRP 系统。

3. 提前期

提前期是指执行某项任务由开始到完成所消耗的时间。MRP 系统所用的提前期是计划提前期，不是实际提前期。由于它的精确性并不是十分重要，因此，MRP 中所用的计划提前期可凭经验公式估算，常用的经验公式为

$$LT = 2N+6 \tag{5.1}$$

式中：LT 表示提前期；N 为工艺数。

4. 批量

在 MRP 计算中，计划订购的数量并不一定正好等于净需求量，经常要用一些方法进行调整。常用的决定批量的方法分为静态方法和动态方法两类。

1）静态方法

所谓静态方法就是订货批量保持为一常数的方法，也就是固定订货批量。在确定订货批量时，需要考虑以下主要因素：

① 经济订货批量，即根据年库存成本最低来确定订货批量；

② 制造过程生产能力；

③ 运输能力及包装容器大小；

④ 物理尺寸和重量；

⑤ 逻辑上的订货倍数（如箱、打等）。

2）动态方法

即订货数量在不同周期可能是变动的，常用的动态方法有两种。

（1）直接批量法

直接批量法是最简单的动态批量方法。它是将每个时期对某项目的净需求量，直接作为订货批量，如表 5-2 所示。

表 5-2　订单计划表　　　　　　　　　　　件

	周　　　　期								
	1	2	3	4	5	6	7	8	9
净需求量		3 000	1 000	1 500	2 000	3 000	2 500	1 000	3 500
计划订单入库		3 000	1 000	1 500	2 000	3 000	2 500	1 000	3 500

直接批量法一般最适用于价格昂贵的项目。因为它不保存无用的库存，减少了资金占用，降低了保存成本。订货量恰好等于净需求量，随每次净需求的变化而变化。

一般来说，直接批量法不适用于标准件和通用件。

（2）固定周期批量法

此法就是固定几个周期采购一次，订货量等于固定的几个周期的净需求量之和。如

表 5-3 所示。

表 5-3 订单计划表　　　　　　　　　　　　　　　　　　　　件

	周　　　期								
	1	2	3	4	5	6	7	8	9
净需求量	1 000	3 000	1 000	1 500	2 000	3 000	2 500	3 500	1 500
计划订单入库		4 000		3 500		5 500		5 000	

表 5-3 中的固定周期为 2。

此外，还有期间费用平衡表、西尔弗-米尔启发式等方法，这些方法在以后章节阐述。

以上各种方法计算出的批量，在实际操作过程中应根据实际具体情况作一些调整，例如考虑运输能力、报废系数等。

5. 安全库存量

为使企业生产经营活动正常进行，防止因需求或供应的波动引起停工待料，经常在仓库中各项目保存一定数量的计划库存量，称为安全库存量。安全库存量是消除供应制造过程中不可预见变化的重要方法，但是，安全库存必然增加库存费用。因此，必须确定一个适宜的安全库存水平。

安全库存水平常用安全库存量来表示，当计划周期的计划库存量达到或低于安全库存量时，该周期就应该有计划订单入库。例如，某部件安全库存量为 5 件，当计划库存量低于 5 件时就需要有计划订单入库。

确定安全库存常用统计分析法，其计算步骤如下所述。

（1）利用历史数据求出平均预测误差（MAD）

根据历史的各周期计划需求量与实际需求量的差别，计算预测误差。计算公式为

$$\mathrm{MAD} = \frac{\sum\limits_{i=1}^{N} |X_i - \widetilde{X}|}{N} \tag{5.2}$$

式中：MAD 为平均预测误差；X_i 为实际需求量；$\widetilde{X}$ 为预测需求量；N 为周期数。

（2）选择服务水平，确定安全因子值

安全库存量的大小，将影响服务水平及成本。提高安全库存，从而使缺货概率减少，服务水平提高，但库存费用也随之升高。根据所选择的服务水平，可查阅有关书籍的安全因子值表，找出与服务水平相应的安全因子值，如表 5-4 所示。

表 5-4 安全因子值表

服务水平（不缺货的订货周期%）	安全因子
50	0.00
75	0.84
80	1.05
90	1.60
94	1.95
95	2.06
96	2.19
98	2.56
99	2.91

（3）计算安全库存量

计算安全库存量的公式为

$$安全库存量 = 平均预测误差 \times 安全因子 \tag{5.3}$$

例 5-1　永久实业公司有以往 9 个月的甲种产品的需求量的预测和统计资料如表 5-5 所示，公司要求服务水平保存在 98% 以上，试确定其安全库存量。

表 5-5　甲产品需求量　　　　　　　　　　　　　　　　　件

周　期	1	2	3	4	5	6	7	8	9
预测需求量	25	25	25	25	25	25	25	25	25
净需求量	31	20	41	30	19	20	34	21	32

解　计算平均预测误差，如表 5-6 所示。

表 5-6　平均预测误差　　　　　　　　　　　　　　　　件

周期	预测需求量	实际需求量	预测误差	绝对误差
1	25	31	6	6
2	25	20	−5	5
3	25	41	16	16
4	25	30	5	5
5	25	19	−6	6
6	25	20	−5	5
7	25	34	9	9
8	25	21	−4	4
9	25	32	7	7

$$\mathrm{MAD} = \frac{\sum\limits_{i=1}^{N} |X_i - \widetilde{X}|}{N} = \frac{63}{9} = 7（件）$$

根据服务水平为 98%，查表得相应的安全因子值为 2.56，所以，安全库存量 = 7×2.56 = 17.92 ≈ 18（件）

5.2.2　库存量的确定

由于 MRP 是假设所有的零件清单项目都通过存货这种形态转换，也就是说，每种零部件的完工都看作是已下达订单的完成入库，每种需求的满足都看作是通过存货来满足的。因此，必须通过库存控制，使可用库存量经常保持大于等于零。

可用库存量的计算公式为

$$X = A + B + D - C \tag{5.4}$$

式中：X 为可用库存量；A 为现有库存量；B 为已订货量；C 为积压的需求量；D 为计划将要下达的订货量。

在 MRP 中，库存有以下 5 种要素，并且都带有时间参数，它们是现有库存量、已订货量、毛需求量、净需求量、计划订货量。

这 5 种库存要素可以分为两类：一是库存数据包括现有库存量和已订货量；二是需求数据包括毛需求量、净需求量和计划订货量。

5.2.3　零部件需求量的计算方法

在 MRP 的计划编制中，关键是确定毛需求量和净需求量（或实际需求量）。

在 MRP 中，毛需求量是指零件清单的项目级上，母项零件对子项零件的一种等价的需求量。它的特征是：

① 毛需求量是不考虑库存量的需求量；

② 对 BOM 中某个零件项目的毛需求量，是它的上一级母项零件对它的需求量，而不是最终产品对该项零件的总需求量；

③ MRP 最终项目的毛需求量是由主生产作业计划规定的。

对某个零件项目的净需求量，要根据该零件项目的毛需求量、现有库存量和计划订单入库量来计算。净需求量的计算方法有两种，下面举例加以说明。

例 5-2　已知甲种零件计划周期毛需求发生的时间和数量如表 5-7 所示，甲种零件现有库存量为 23 件，另有 30 件已订货量，将于第 3 期到货，要求计算该零件项目的净需求。

表 5-7　甲零件的库存状态

	期　　　间									合计
	1	2	3	4	5	6	7	8	9	
毛需求/件		20		25		15	12		15	87
计划入库订单/件			30							30
现有库存/件	23									

解　方法一：净需求的计算方法如下：

毛需求　　　　　　　　　　　　87
减计划订单入库　　　　　　　 −30
减现有库存　　　　　　　　　 −23
=净需求　　　　　　　　　　　 34

如果计算结果为负值，也就是现有库存加上计划订单入库量之和超过了毛需求，则净需求为零。净需求的计算过程应一期一期地向前推移，计算过程和计算结果如表 5-8 所示。

表 5-8　甲零件净需求计算表

	期　　　间									合计
	1	2	3	4	5	6	7	8	9	
毛需求/件		20		25		15	12		15	87
计划入库订单/件			30							30
现有库存/件	23									
净需求/件						7	12		15	34

方法二：这种计算净需求的方法，是根据期末现有库存量的余额来估计净需求。当现有库存第一次出现负值时，它代表第一个净需求；在随后的期间中，负的现有库存量之差等于对应期间上的净需求，如表 5-9 所示。计算公式为

$$\frac{本期期末}{现有库存余额} + \frac{下一期到期的}{计划订单入库量} - \frac{下一期的}{毛需求量} = \frac{下一期期末}{现有库存余额} \tag{5.5}$$

表 5-9　甲零件净需求计算表

| | | | | | 期　　间 | | | | | 合计 |
	1	2	3	4	5	6	7	8	9	
毛需求/件		20		25		15	12		15	87
计划入库订单/件			30							30
现有库存/件	23	23	3	33	8	8	−7	−19	−19	−34	−34
净需求/件							7	12		15	34

实际应用中可选择任一种方法计算净需求。

5.2.4　MRP 订货确定方法

当需求量确定之后，就要进一步明确各种零部件是什么时候需要，每次订货批量是多少，以及订货周期是多长。一般可采用表格法计算确定。表格法的形式如表 5-10 所示。

表 5-10　MRP 订货计算表

时间/周	1	2	3	4	5	6	7	8	9	10	⋯
毛需求量/件											
计划订单入库/件											
库存量/件											
计划订单下达/件											

在表 5-10 中，第一行表示时间，是按作业日历计算的日期。作业日历不同于公历，它是工作日或工作周的日历，是按工作日或工作周顺序编号的。例如，公历是每年 365 天，而工作日是除去每周的休息日、节假日的实际工作天数；公历每周是 7 天，而如果每周工作 5 天，则工作日历每周等于 5 个工作日。习惯上，用两位数字（00～99）表示工作周的顺序号，当排到 99 时，再从 00 开始；用三位数字（000～999）表示工作日的顺序号，当排到 999 时，再从 000 开始。表 5-11 是一个企业工作日编号的例子。

表 5-11　作业日历示例

			8　　月			
星期日	星期一	星期二	星期三	星期四	星期五	星期六
	1	2	3	4	5	6
	515	516	517	518	519	
7	8	9	10	11	12	13
	520	521	522	523	524	
14	15	16	17	18	19	20
	525	526	527	528	529	
21	22	23	24	25	26	27
	530	531	532	533	534	
28	29	30	31			
	535	536	537			

第二行毛需求量，如果是最终产品需求量，则根据主生产作业计划（MPS）确定；如果是零部件或材料，应区分独立需求和从属需求（或相关需求），独立需求的零部件的需求量，应根据用户订货和市场预测来确定，从属需求的零部件需求量是由母项零部件与子项零部件

之间的逻辑关系来确定。

　　在产品结构相邻两层零件项目之间，唯一的逻辑关系是母项零件的计划订单下达，与子项零件的毛需求之间的直接关系。因为在母项零件的计划订单下达的时候，母项零件就要开始消耗子项零件了，所以，这时必须有可用的子项零件存在。这种联系如表5-12所示。

　　第三行计划订单入库，一般是根据实际需要时间来确定。例如：已知某零件为装配成品所需，规定1、3、7周各交货40件；同时，社会维修所需备件每周为5件；采购提前期为四周；订货批量为85件；保险储备量为15件，则MRP订货计算如表5-13所示。由于第1周零件的毛需求量为45件，而现有库存量只有33件，如果没有计划入库，则必造成因缺货而停工待料，因此，在第一周必须安排计划订单入库，以满足市场所需；在第5周虽然需求量只有5件，上期库存量有18件，完全能满足需求，但用现有库存满足需求后，期末库存量只有13件，不能满足最低库存量（或保险库存量）的要求，因此，在第5周必须安排计划订单入库，以满足最低库存的要求。

表5-12　母项记录与子项记录的联系

母　　项	期				间						
	1	2	3	4	5	6	7	8	9	10	…
毛需求量/件											
计划订单入库/件											
库存量/件											
计划订单下达/件		30		35			50			40	
子　　项		↓		↓			↓			↓	
毛需求量/件		30		35			50			40	
计划订单入库/件											
库存量/件											
计划订单下达/件											

表5-13　MRP订货计算表

时间/周		1	2	3	4	5	6	7	8	9	10	…
毛需求量/件		45	5	45	5	5	5	45	5	5	5	
计划订单入库/件		85				85						
库存量/件	33	73	68	23	18	98	93	48	43	38	33	
计划订单下达/件		85										

　　第四行库存量，指的是上期末或本期初的库存量。在表5-13中，第1周库存量是33+85-45=73件；第2周库存量是73-5=68件；其余周期的库存量按此类推。库存量应明确规定最高储备量和最低储备量，以免超储或脱节。

　　第五行计划订单下达，就是净需求的满足，主要是根据计划订单入库时间、采购（或订货）提前期和采购策略来确定。在表5-13中，采用定量不定期的采购策略，订货提前期为4周，所以，在第五期的计划订单入库必须在第一期时就要下达计划订单。

对于采购提前期，如果某个零部件的采购提前期是 4 周，若换算成天数，则应从交货期日减去 20 天作为它的计划订单下达日期。计划订单的提前期，还取决于 MRP 系统的时间单位，如果时间单位为周，若提前期为 9 天，MRP 将其看作 2 周；即使提前期仅为 1 天，MRP 仍将其看作 1 周。这应特别引起注意。

5.2.5　物料需求计划的编制方法

1. 需求的展开

MRP 的计划编制过程是一个将来自 MPS（主生产作业计划）的最终项目需求，展开成各级零部件或材料项目需求的过程，而这个过程又是通过库存记录之间的逻辑联系连接起来的。母项目的毛需求减去该项目的现有库存和计划订单入库便决定了净需求，而净需求又由对应数量的计划订单下达来满足；母项目的计划订单下达，又决定了相邻层上的子项目的毛需求；这样一层接一层地重复地处理下去，直至外购项目（零件或原材料）上。

这种标准化的一层接一层的处理过程，也就是按照产品结构的层次，当同一层次的所有项目都处理完后，才转入下一层处理。这种一层接一层的处理逻辑和程序，加上产品结构采用最低层编码使每个项目只处理一次，可以保证最高的处理效率和处理结果的准确性。这种一次接一次处理程序如图 5-10 所示。

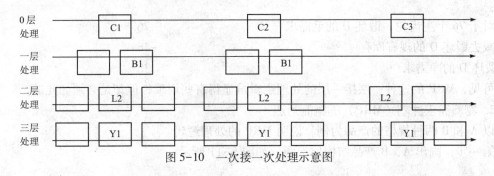

图 5-10　一次接一次处理示意图

这种一层接一层的、由母项目的毛需求减去库存决定净需求，然后通过与净需求对应的计划订单下达，决定子项目毛需求的重复处理程序，是 MRP 处理逻辑的核心，也是 MRP 与传统作业计划方法的根本区别所在。它看上去似乎很烦琐，但却是不可避免的。下面举例来说明这一点。

例 5-3　某企业准备生产 100 辆重型卡车，每辆卡车装有 1 个变速器 A，每个变速器装有 1 个齿轮箱 B，每个齿轮箱装有 1 个主齿轮 C，每个主齿轮由 1 件锻坯 D 制造。现有库存数据如下所述。

变速器 A：　　　　2
齿轮箱 B：　　　　15
主齿轮 C：　　　　7
锻　坯 D：　　　　46

试根据以上资料确定每种零部件项目的净需求。

按照传统作业计划方法，由于物料清单一般只给出产品需要的各种零件的数量，因此许多计划人员都应用下述逻辑来安排生产。

项目 A：　　　　　100−2＝98
项目 B：　　　　　100−15＝85
项目 C：　　　　　100−7＝93

项目 D：　　　　　　　　100－46＝54

但这是不正确的。例如项目 D 真正的净需求不是 54，而是 30。正确的计划编制逻辑应当是一层接一层地确定每个项目的净需求，即

计划生产的重型库存数量	100
变速器 A 的毛需求	100
减变速器 A 的现有库存量	－　2
＝变速器 A 的净需求	98

对于 98 个变速器，齿轮箱 B 的毛需求	98
减齿轮箱 B 的现有库存量	－15
＝齿轮箱 B 的净需求	83

对于 83 个齿轮箱，主齿轮 C 的毛需求	83
减主齿轮 C 的现有库存量	－　7
＝主齿轮 C 的净需求	76

对于 76 个主齿轮，锻坯 D 的毛需求	76
减去锻坯 D 的现有库存	－46
＝锻坯 D 的净需求	30

可见，MRP 的这种一层接一层的处理逻辑虽显得有些烦琐，但却是必须如此的。

2. 物料需求计划（MRP）的编制方法

以 A 和 B 两种规格的产品为例，说明 MRP 的处理逻辑。

第一步，画出 A，B 产品结构层次图，如图 5-11 所示。

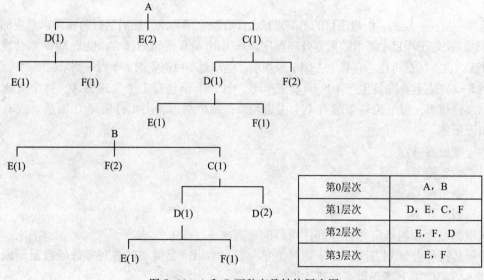

第0层次	A，B
第1层次	D，E，C，F
第2层次	E，F，D
第3层次	E，F

图 5-11　A 和 B 两种产品结构层次图

第二步，产品及零件的市场需求情况。

A，B 两种产品及零件市场需要量如表 5-14 所示。

表 5-14 AB 产品及零件市场需要量

时间/月	9	10	11	12	13
A	1 250				850
B		460			360
D	270				250
E	330				430

表 5-14 中 A，B 两种产品，属于独立需求，D，E 两种零件，除满足 A，B 两种产品需要（非独立需求）外，还满足维修、备件（独立需求）等市场需要。

第三步，库存量、订货周期和批量等情况。

库存量：A 为 50 件，B 为 60 件，C 为 40 件，D 为 30 件，E 为 600 件，F 为 400 件。

订货周期：L_A 为 2 周，L_B 为 2 周，L_C，L_D，L_E，L_F 各为 1 周。

订货批量：A，B 批量不限，C 批量规定为 500 件，D 批量规定为 800 件，E 批量规定为 2 000 件，F 批量不限。

第四步，MRP 表格的计算，见表 5-15。

每周库存量计算公式为

$$每周库存量＝本周收货量＋上周库存量－本周需用量$$

表 5-15 MRP 计算表　　　　　　　　　　　　　　　件

物件	时间/周 项目		4	5	6	7	8	9	10	11	12	13
A $L_A=2$	毛需求		—	—	—	—	—	1 250	—	—	—	850
	库存量	50	50	50	50	50	50	0	0	0	0	0
	计划订单入库		—	—	—	—	—	1 200	—	—	—	850
	计划订单下达		—	—	—	1 200	—	—	—	850	—	—
B $L_B=2$	毛需求		—	—	—	—	—	460	—	—	—	360
	库存量	60	60	60	60	60	60	60	0	0	0	0
	计划订单入库		—	—	—	—	—	400	—	—	—	360
	计划订单下达		—	—	—	—	400	—	—	360	—	—
C $L_C=1$ $Q_C=500$	毛需求		—	—	—	1 200	400	—	1 210	—	—	—
	库存量	40	40	40	40	340	440	440	440	230	230	230
	计划订单入库		—	—	—	1 500	500	—	1 000	—	—	—
	计划订单下达		—	—	1 500	500	—	—	1 000	—	—	—
D $L_D=1$ $Q_D=800$	毛需求		—	—	1 500	1 700	—	270	1 000	850	—	250
	库存量	30	30	30	130	30	30	560	360	310	310	60
	计划订单入库		—	—	1 600	1 600	—	800	800	800	—	—
	计划订单下达		—	1 600	1 600	—	800	800	800	—	—	—
E $L_E=1$ $Q_E=2 000$	毛需求		—	1 600	1 600	2 400	1 200	1 130	800	2 060	—	430
	库存量	600	600	1 000	1 400	1 000	1 800	670	1 870	1 810	1 810	1 380
	计划订单入库		—	2 000	2 000	2 000	2 000	—	2 000	2 000	—	—
	计划订单下达		2 000	2 000	2 000	2 000	—	2 000	2 000	—	—	—

续表

物件	时间/周 项 目		4	5	6	7	8	9	10	11	12	13
F $L_F = 1$ Q_F 不限	毛需求		—	1 600	4 600	1 000	1 600	800	2 800	720	—	—
	库存量	400	400	0	0	0	0	0	0	0	0	0
	计划订单入库		—	1 200	4 600	1 000	1 600	800	2 800	720	—	—
	计划订单下达		1 200	4 600	1 000	1 600	800	2 800	720	—	—	—

表5-15中A，是独立需求产品，已知市场需求量第9周为1 200个，第13周为850个，原有库存50个，批量不限。根据供需平衡原理，在第9周应计划订单入库1 200个（即计划订单入库量＝毛需求量−现有库存量＝1 250−50＝1 200），第13周时计划订单入库850个。因为产品A的订货提前期为2周，所以，在第7周应计划订单下达1 200个，第11周应计划订单下达850个。

表5-15中B，是独立需求产品，已知市场需求量第10周为460个，第13周为360个，原有库存量有60个，批量不限。根据供需平衡原理，在第10周应计划订单入库400个，在第13周应计划订单入库360个。因为产品B的订货提前期为2周，所以，在第8周应计划订单下达400个，第11周应计划订单下达360个。

表5-15中C，是从属性需求，是为了满足A、B两种产品的需要，1个A需要1个C，1个B需要1个C。C的订货批量规定为500或500的倍数，原有库存量有40个。C的需求量第7周为1 200个，是满足A产品的需要；第8周为400个，是满足B产品的需要；第11周为1 210个，是分别满足A产品850个和B产品360个需要。

表5-15中D，该零件作为独立需求，第9周的需求量为270个和第13周的250个。掌握从属性需求，1个A需要1个D，1个C需要1个D。由于A和B两产品都有一个C各需1个D，例如第7周的需要量1 700个，其中满足A的需求为1 200个，满足B的需求为500个。计划订单入库与计划订单下达的批量按规定为800及其倍数。

表5-15中E，既要考虑满足市场需要，第9周为380个和第13周的430个；又要满足A、B两产品的需要，1个A需要2个E；1个B需要1个E。表5-15中毛需求，第5周和第6周各为1 600个，是满足D的需要；第7周2 400个，是满足A的需要，即2×1 200＝2 400；第8周1 200个是满足B和D的需要，即B的400个和D的800个；第9周1 180个，是市场需要的380个和D的需要800个；其余类推。订货批量为2 000及其倍数。

表5-15中F，是从属性需求，1个B需要2个F；1个C需要2个F；1个D需要1个F。例如，第6周毛需求为4 600个，其中C的需求量是1 500×2＝3 000；D的需求量是1 600个，即3 000＋1 600＝4 600。F的订货批量不限，一般应根据实际情况决定。

本章小结

MRP是以计算机为基础的物料计划与库存控制的系统管理方法，是一种对从属性需求物料进行计划与控制的方法。这种方法是由美国著名的生产管理与计算机应用专家欧·威特和乔·伯劳士在20世纪60年代对20多家企业进行研究后提出的。认识MRP必须了解独立性需求和从属性需求（相关需求）两种不同的需求。MRP系统有主生产作业计划、库存状态与产品结构信息三种输入信息。但要运行 MRP 系统，还涉及确定计划展望期、提前期、批量等一系列参数。在 MRP 的计划表编制过程中，采用一层接一层的处理逻辑和程序，加上产品结构采用最低层编码使每个项目只处理一次，可以保证最高的处理效率和处理结果的准确性。这种一层接一层处理逻辑是 MRP 的核心，也是 MRP 与传统作业计划方法的根本区别所在。

本章的重点是区分独立性需求和从属性需求（相关需求）两种不同的需求，MRP 系统的主生产作业计划、库存状态与产品结构信息三种输入信息，MRP 计算表的编制。

本章的难点是 MRP 计算表的编制。

学习资料

物料需求计划管理制度

一、总则

1. 目的

规范物料分析作业，制定计算物料需求数量、交期的作业流程，使之有章可循。

2. 适用范围

本公司用于产品主产使用的原物料的分析，并提出需求计划的作业。

3. 权责单位

（1）生管部负责本规章制定、修改、废止之起草工作。

（2）总经理负责本规章制定、修改、废止之核准。

二、各部门工作职责

1. 配合部门

（1）业务部提供销售计划、客户订单资讯；

（2）资材部提供成品、半成品、原物料库存状况报表；

（3）生管部提供生产计划；

（4）技术部提供产品用料明细表；

（5）采购部提供采购提前期、经济订购量、最小订购量。

2. 责任部门

生管部物控人员为用料分析之责任人员，负责制定物料需求计划。

三、物料需求计划步骤

1. 决定产品总需求量

业务部决定产品总需求量。总需求量一般由三个来源整合而成。

（1）某期间（如一个月或一季度）的实际订单量；

（2）该期间的预测订单量；

（3）管理者决策改变前述数量（如为平衡淡旺季或调整产品结构需要）。

2. 决定产品实际需求量

根据所获得的总需求量，再依据该产品的成品存量状况予以调整，得

$$实际需求量 = 总需求量 - 库存数量$$

一般由业务部或生管部确认。

3. 确定生产计划

生管部依实际需求量确定生产计划，一般需做以下工作：

（1）产能负荷分析；

（2）产销平衡；

（3）中日程生产计划与细部生产计划。

4. 分解出物料清单

生管部物控人员负责物料清单的分析。

物料需求量＝某期间之产品实际需求量×每一产品使用该物料数量

5. 区分物料 ABC 项目

（1）物控人员根据物料状况区分 ABC 项目，一般作如下区分：

占总金额 60%～70% 的物料为 A 类；

占总金额余下的 30%～40% 的物料为 B 类及 C 类物料。

（2）A 类物料作物料需求计划，B 类、C 类物料使用订货点方法采购。

6. 确定物料实际需求量

根据物料在制造过程的损耗率，计算实际需求量。

物料实际需求量＝物料需求量×(1+损耗率)

7. 决定物料净需求量

A 类物料净需求量，必须参考库存数量、已订货数量予以调整。

物料净需求量＝物料实际需求量－库存数量－已订未进数量

8. 确定订购数量及交期

根据经济订购量、库存状况及生产计划，确定物料每次订购数量及交期。

（1）订购数量一般以经济订购量或经济订购量之倍数确定。

（2）交货期以使预计库存数量少为原则来确定。

9. 填写并发出物料计划性订货通知

（1）物控人员根据上述步骤获得数据，整理出计划性订货通知。

（2）订货日期根据采购提前期（即发出订单到物料入库之间的时间）而确定，即

订货日期＝预计物料交货期－采购提前期。

物料需求计划编制管理规定

一、物料需求计划的编订

1. 营业部于每年年度开始时，提供公司生产销售的每种产品的"销售预测"，销售预测须经营会议通过，并配合实际库存量、生产需要量、市场状况，由生产单位编制每月的"生产计划"。

2. 生产单位编制的"生产计划"副本送至采购中心，据以编制"采购计划"，经经营会议审核通过，将副本送交管理部财务单位编制每月的"资金预算"。

3. 营业部门变更"销售计划"或有临时的销售决策（例如紧急订单），应与生产单位、采购中心协商，以排定生产日程，并据以修改采购计划及采购预算。

二、采购预算的编订

1. 材料预算分为：

（1）用料预算；

（2）购料预算。

前项用料预算再按用途分为：

① 营业支出用料预算；

② 资本支出用料预算。

2. 材料预算按编制期间分为：

(1) 年度预算；

(2) 分期预算。

3. 年度用料预算的编制程序如下。

(1) 由用料部门依据营业预算及生产计划编制"年度用料预算表"（特殊用料应预估材料价格）经主管部长核定后，送企划部材料管理汇编"年度用料总预算"转公司财务部。

(2) 材料预算经最后审定后，由总务部仓运股严格执行，如经核减，应由一级主管召集部长、组长、领班研究分配后核定，由企划部分别通知各用料部门重新编列预算。

(3) 用料部门用料超出核定预算时，由企划部通知运输部门。超出数在 10% 以上时，应由用料部门提出书面理由呈转一级主管核定后办理。

(4) 用料总预算超出 10% 时，由企划部通知储运部说明超出原因呈请核实，并办理追加手续。

4. 分期用料预算由用料部门绕制，凡属委托修缮工作，采购部按用料部门计划分别代为编列"用料预算表"，经一级主管核定进行采购。

5. 资本支出用料预算，由一级主管根据工程计划，通知企划部按前条规定办理。

6. 购料预算编制程序如下：

(1) 年度购料预算由企划部汇编并送呈审核；

(2) 分期购料预算，由仓运股视库存量、已购未到数量及财务状况，编制"购料预算表"会企划部送呈审核转公司财务会议审议。

7. 经核定的分期购料预算，在当期未动用者，不得保留。其确有需要者，下期补列。

8. 资本支出预算，年度有一部分未动用或全部未动用者，其未动用部分则不能保留，视情况得在次一年度补列。

9. 未列预算的紧急用料，由用料部门领料后，补办追加预算。

10. 用料预算除由用料部门严格执行外，并由企划部加以配合控制。

思 考 题

1. 什么是 MRP？

2. 什么是独立性需求？

3. 什么是从属性需求（或相关需求）？需求相关性有哪几种可能性？

4. MRP 的目标是什么？

5. MRP 系统需要输入哪些信息？

6. 主生产作业计划是如何确定的？它的计划对象是什么？

7. 库存状态信息有哪些内容？

8. 什么是产品结构信息？

9. 产品结构项目编码应注意哪些事项？

10. 零件清单处理有哪几种方式？

11. MRP 的运行需要经过哪几个步骤？

12. 什么是计划展望期？如何进行清单？

13. 什么是提前期？

14. 确定批量有哪些方法？

15. 安全库存量是如何确定的？

16. 作业日历与公历有何区别？

17. 零部件的毛需求量和净需求量该如何确定？

18. 举例说明 MRP 的编制逻辑。

自测题

红利公司生产如图 5-12 所示的两种产品。其中零件 L2 和原材料 R1 及 R2 实行外购。该公司接到用户通知，在未来的 6 个月内，每周需要这两种产品各 100 单位。公司这两种产品当前库存量分别为 700 单位和 900 单位。这两种产品的组装批量均为 1 000 单位/批，组装提前期为 2 周，每种零部件的生产提前期为 3 周，采购提前期为 1 周。公司目前仅有零件 L2 和 L6 的库存量各 1 000 单位；其余零件库存量为 0；同时公司生产计划部门刚刚发出 2 000 单位 L4 的计划订单，该订单计划于 3 周后完工送往装配线。要求：以 5 周为一个计划周期，用 MRP 方法制定连续 4 个周期的计划。

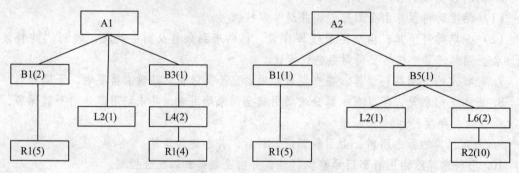

图 5-12　红利公司产品结构层次图

第 **6** 章

供货单位选择

学习目标

1. 了解供需关系的典型方式，理解供需关系策略
2. 掌握如何选择供货单位
3. 掌握如何制定供需联合计划
4. 掌握如何进行进货质量管理

随着科技的迅猛发展，现代产品迅速向多功能、高可靠方向发展，产品的结构越来越复杂，一种现代产品往往需要成千上万个零部件和数千种材料组成。新材料、新产品层出不穷，开发周期日趋缩短，企业间的竞争也日趋激烈。消费需求也呈多样性和多变性。在如此剧变的外部环境的影响下，企业的产品生产必须在高度的专业化和广泛的协作化基础上进行。从一些企业的调查资料看，有些企业的产品外购配套件、协作件的价值占总成本的 50%～60%，有的甚至更高。表 6-1 是调查国内企业某些产品外购货品价格占总成本比例情况表。由于产品是在广泛的基础上进行的，因此，企业必须对供货单位的选择给予高度的重视。

表 6-1　外购货品价格占产品总成本比例情况表

序　号	产品名称及型号	外购货品价格占产品总成本比例/%
1	S195 柴油机	70
2	小型手扶拖拉机	65
3	普通车床	40～50
4	采油压裂车	60～70
5	抽油机	40～50
6	印刷机	50～60

6.1　供需关系

6.1.1　传统的采购和现代采购

传统的采购供应一般只是材料，例如一种标准钢材，一种简单的化工原料或一种标准的零部件。而现代的采购必须包括购买产品的设计、制造和检测能力及其他形式的专门技术，表 6-2 为现代的采购是与传统的采购的对比。

表 6-2 采购对比表

序 号	传统的采购	现代的采购
1	天然原材料或半成品	除材料外还购买设计、计划和技术服务
2	公差大、质量变化不大	高精度、高可靠性
3	规格很不完全	复杂的设计、大数量的设计参数
4	单独使用、互换性差	互相依赖性大，互换性高
5	进货检验、适用可行	只靠进货检验是不行的
6	签订合同不多，在地区上很靠近，反馈路线短	多层次地签订合同，地区分布广，反馈路线长
7	双方彼此保密	互相交流很必要
8	单线联系	多层联系
9	供应商只供应商品	供应商除供应货物外，还得给合格证明

6.1.2 供需关系的策略

按对最终产品的功能影响程度不同，把产品所需的原材料、燃料、辅助材料、部件、零件分为关键类、重要类、一般类三类，并以此为依据来选择供应单位。

关键类，指对产品功能有致命影响的物资，比如关键的原材料、主要的零部件。

重要类，指对产品功能无致命影响但能造成故障或严重降低产品的实用性能的物资，比如机电配套件和部分标准件。

一般类，指对产品的实用性能有轻微影响或几乎没有影响的物资。

相对应于这三类，在供需关系中可采用以自制或外购策略。对于外购物资，还可分为下列几种策略。

1. 采用多种供应来源

多种供应来源比较适用于关键类和部分重要类物资的采购。因为这些物资对产品的功能影响很大，要持货比三家的谨慎态度，以保证产品在质量、成本、交货期等方面实现用户满意度的期望。当然，独家供应来源也有便利之处，但缺乏竞争，难于预防因突发事件引起的供货质量保证能力的波动。

2. 采用独家供应单位的策略

由于许多客观条件的限制，多种供应来源往往难于实现，许多企业仍采用独家供应策略为主。为保证独家供应的物资质量、成本、交货期都能符合要求，必须注意以下三个方面。

① 对供应单位的监督。关键类、重要类物资在订货合同中必须明确规定监督条文，尤其是对物资的质量、交货期和索赔等方面更应规定明确的、可操作的条款。

② 对供应单位的帮助和扶持。独家供应单位在调查评价之后认为可取，但他们又存在某些方面的不足时，必须把供应单位看成本单位的一部分进行帮助和扶持。一般可以从人员培训、设备改选、技术指导及建立质量管理体系等方面对供应单位进行辅导扶持。必要时还可以派出有关人员驻厂帮助指导。

③ 加强企业总体目标的交流，树立供需双方互相依存、共同发展、共同受益、实现双赢的观念，克服不敢对独家供应单位提出要求而降低供应质量的迁就现象。

6.1.3 供需关系的典型方式

企业为了保证自己正常的生产经营秩序，在采购企业所需的物资时，往往与自己的供货企业建立一定的供需关系。典型的供需关系方式有以下几种。

（1）合同关系

这是一种在采购活动中"保持一定距离"的关系。签订合同的双方都必须是有法人地位，在充分协商、平等互利的原则下，双方为达到特定的经济目的，对各自的经济利益作出周密考虑后，向对方提出合理的要求。一旦合同完成，他们的关系就中止。

（2）非合同关系

这是一种市场上常见的"买"和"卖"的关系，即企业进行市场选购，一手交钱，一手交货。双方之间都不求建立长期的关系，而且双方都尽力追求短期经济利益。

（3）合作关系

这是一种建立在相互信任基础上的关系。这种关系的形式有多种多样，如总厂与分厂，企业集团，战略伙伴关系。这些合作关系虽名称不同，但在实质内容上有许多相同之处。这类合作关系，有的是建立在技术上互相依存的基础上；有的是建立在经济互利的基础上；有的是建立在管理上互助的基础上；或者上述几种兼有之的合作。

对于复杂程度不高的产品，技术上容易自足；对于复杂的现代产品，合作企业之间在技术上相互帮助是十分必要的，而且越来越多。

经济上互利，这是保证合作关系能长期存在的前提。合作企业之间的经济效益有着唇齿相依的关系，他们之间必须经常研究市场动态，产品寿命周期及新产品的开发，并协调一致地采取行动，使双方都能获得理想的经济效益。

管理互助才能促使双方在管理上达到一个新水平，更好地适应生产现代产品的需要。在合作关系建立之前，各个企业都具有各自的管理特点；在建立合作关系之后，双方如果不积极相互取长补短，进行管理磨合，使之能相互适应，管理上新水平是难于实现的。

对于现代产品的生产制造而言，要保证产品质量让用户满意，供需双方相互之间的合作关系不仅是必要的，而且应该是优先的。建立战略伙伴关系，实行集中采购（或唯一采购）是一个趋势。

6.2 供货单位的选择

6.2.1 合格的供货单位的主要条件

在选择供货单位时，必须考察对方是否具备了作为一个合格的供货单位的 5 个主要的基本条件：提供优质产品（质量）、发货准时（交货期）、满足数量要求（数量）、价格合理（价格）、提供良好的服务（服务）。

此外，还需考察其他供货条件，例如，资源稳定程度、提供运输工具的便利程度、交货方式、结算方式、付款期限等。

6.2.2 对供货单位的选择方法

供货单位能否满足上述要求，在签订合同前是很难把握的。为了做到签订合同时，心中有充分的把握，可以采用下列办法。

① 了解供货商的资信声誉。这可从过去、现在的买方那里了解供货商供货及时性、质量及合同履行情况。在了解各供货商单位资信后，选择信誉好、诚信可靠的供货单位，再进行下面的工作。

② 对工厂进行深入的调查。

③ 对供货单位提供的首件样品进行检验和审查。

④ 对供货单位进行评价。

6.2.3 调查活动计划

1. 调查的内容

对各供货单位的调查事前必须拟订周密的调查计划，并把这计划变成具体的表格，然后把表格寄给供货单位，让他们填好后寄回，并要求寄回表格的同时要附上有关的资料和各种手册。通过这些调查前的活动，一方面可使调查人员对前去看什么，问什么心中有数；同时也可能使对方了解调查计划而进行密切配合。

具体调查内容有以下几个方面。

（1）企业概况

① 历史及地位：建厂日期、所属关系，在行业中所处的地位（效益、质量、规模等）。

② 产品制造：近年来生产的产品品种、规格、质量（技术标准），生产能力，加工制造的主要方式、产品开发能力与规模，生产、班次安排，计划与调度能力，应变能力，外协控制能力。

③ 该企业被购买产品的市场供货量和市场占有率。

④ 职工素质：各种知识层次的职工比例。

⑤ 遵守合同等信誉情况。

（2）管理能力

领导制度与高层管理，组织机构与管理模式，计划管理体系，技术管理水平，发展计划与策略，信息渠道是否畅通，决策层对发展合作关系的动机、可能性、迫切性，以及双方可能获益因素的分析等。

（3）质量保证能力

质量方针，工序控制质量检验与监督、质量管理、质量改进，质量成效等。

从以上调查内容可见，调查工作应由物资供应部门邀请设计部门、工艺部门、质量部门等有关人员参加，组成综合调查班子，并与供货单位的相应部门进行对口联系。

2. 调查的判断

调查以后必须综合各方面的情况对供货单位做出如下 3 种判断：适合于作供货单位；经过采取若干整改措施后，可作为供货单位；不适合作供货单位。

由于受调查人员的水平，调查时间的限制，以及对方配合的态度等因素制约，影响到调查结果的准确性，因此也有可能造成判断的失误，导致决策的失误。这就是调查错判的风险。

对供货单位的选择是一个循环不止的过程，要规定一个合适的周期，进行再调查、再选择，以促进供货单位不断地改善各方面的工作。

6.2.4 对供货单位的审核与评价

供货单位交货一段时间之后，为了验证调查结果的准确性及确定今后对供货单位的方针，必须对供货单位进行审核与评价。

供货单位的审核和评价，除了对其资信状况、供货数量和履行合同的及时性等的审核、评价外，应特别注重下述供货产品质量的审核和评价。

（1）供货单位合格货品质量供货资格审查程序

供货单位一经确定，则必须按图 6-1 的程序活动，才能取得货品质量供货资格。资格审查的关键在于产品本身的质量，而样品的形成条件必须是用正常的生产方式制造出来的。对于样品不仅要按标准进行试验，还应特别注意对特殊要求（寿命、故障率、维修性及环境）的试验。

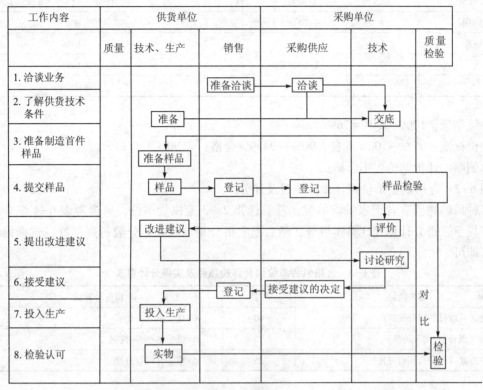

图 6-1 供货单位取得认可的程序示意图

（2）货品质量合格决定的审核

供货单位在发送各批货品时，将试验结果同时提交采购单位，采购单位对进货进行检验后，把试验结果同供货单位提供的试验资料对比，然后对供货单位的符合性可否予以信任做出决定。采购单位对供货单位的符合性做出"可予信任"的决定后，停止原先的按批收货的检验方式，而采用定期的核对检验（这种定期方法一般采用每 10 批抽检一次），用以核实供货单位的检验和测试部门做出的产品合格决定是否继续可予信任。这种定期的核实，就称为货品质量合格决定的审核。

如果采购单位检验过程中发现进货抽检结果与供货单位的货品质量有出入，甚至有错误时，就应从前次复检合格的批号开始进行重新复查，继续执行按批进货检验。

（3）评级方法

为了便于供货单位之间的比较，以便做出更好的决策，必须对供货单位的产品质量、价格、服务质量等方面做一个数量化的评价。常用的数量化评价方法有：

① 用质量特性来表示，如可靠性（MTBF），硬度（HB），浓度 1%等；

② 用金额表示；

③ 用缺陷百分数表示；

④ 以批为单位来衡量交货的质量，即以拒收批量/检验批量，单位可用百分比来表示；

⑤ 用加权值评分的方法。

例 6-1 表 6-3 提供了某产品进货检验结论，请对供货单位货品质量作出评价。

表 6-3 某产品进货检验结论及评级表

批的质量	批数	缺陷数/%	加权值	综合评分（缺陷%×加权值）
有缺陷回用	4	4/100＝4%	1	4%
筛选式返修	5	5/100＝5%	2	10%
拒收退货	2	2/100＝2%	5	10%
				合计 24%

评级结果：100%-24%＝76%。

评价标准：95%～100%优良；90%～94.9%合格；＜90%不合格。

本例题的评价结论：不合格。

例 6-2 合格供货单位综合评价项目及评分。

某种采购物资有若干家供货单位，若要选择 2～3 家供货单位，可参考表 6-4 综合评价项目、权重、得分计算式计算实得分，然后把实得分累加起来，分数越高越好，选择最高分前 3 名即可。

表 6-4 合格供货单位综合评价项目及实得分计算表

评价项目	权重	得分计算式
质量（接收批数百分比%）	40	40×接受批百分比
价格（低价格/实际价格）	35	35×低价格/实际价格
服务质量（信守合同百分比）	25	25×信守合同百分比

6.3　与供货单位的联合计划

随着市场竞争日趋激烈，许多企业为了不断提升核心竞争力，都把相当部分的零部件外协（外包）加工。为了保证供需单位之间的各个环节能够协调发展，制定一个联合计划是十分必要的。通过联合计划把一些决策内容具体化，以利于双方的贯彻实施，并在实施过程中不断地取长补短。不断地沟通信息，为制定新的联合计划提供依据，促进双方共同发展。

6.3.1　制定联合计划的指导思想

双方在制定计划时必须树立以下几个观念。

（1）全局观念

供需双方的生产状况都直接或间接地、或多或少地影响着对方企业的发展，故制定联合计划一定要顾全大局，要有实现双赢的全局观念。

（2）质量观念

制定联合计划之前，供货单位必须全面了解自己所提供的产品的使用条件和规格，部件在整体中的部位及作用，主要性能、可靠性、保养性、安全性等方面的要求；需方必须明确供方能有多大的能力保证产品的质量。只有供需双方在相互了解的基础上都树立质量观念，确保需方所生产的产品能满足客户的需求，才能使双方的合作长期化。

（3）效益观念

用最小的耗费获得最大的经济效果是企业生产经营活动的基本原则。因此，合作双方必须十分重视同经济活动有关的所有结构与因素的分析。

（4）应变观念

计划是规划未来的行动。由于各种主客观原因，制定计划时总会有考虑不周的地方；针对未来环境变化所采取的措施也会因环境的不确定性而不能完全兑现。因此，供需双方都要在执行计划的过程中具有随环境变化而改变计划的应变能力。当然，企业的应变能力必须与违反合同分辨开，以免引起不必要的争议。

6.3.2 联合计划的主要内容

供需双方的联合计划主要包括质量、效益与管理三方面的内容。

1. 联合质量计划

（1）开展技术经济分析活动

客户购买产品是购买产品的适用性，它要求供需双方一起应用价值分析（VE）的方法对产品的实际使用价值进行研究，目的在于寻求由于下列原因造成的额外成本并提交有关方面采取措施并消除。

① 产品超出了使用规格要求。比如可以使用标准产品时，却去订购有特殊规格要求的产品。

② 强调原始价格而不是产品整个寿命周期内的使用成本。

③ 强调规格的符合性而不是适用性。

（2）为保证产品质量而制定的联合技术计划

① 商定技术规格中性能要求的含义；

② 对缺陷的严重性分级做出决定，以帮助供应单位确定质量控制的重点；

③ 规定在制造过程中需要采取的特殊措施，以确保某些重要性能得到满足；

④ 供需双方的检验方法和试验条件标准化，以确保它们的一致性。

（3）开展供货单位的质量保证活动

供货单位与采购单位是一种相互依存、共同发展的关系。供货单位供货质量好坏、数量多少、交货期的准时都直接影响采购单位产品的质量；同样，采购单位组装后如果质量不佳，使产品销量减少，企业亏损，则供货单位也会受到直接影响和损失。对采购单位来说，产品质量在一定程度上决定于供货单位质量保证活动的有效性。所以，在制定联合质量计划时，除上述内容外还要特别注意：

① 建立完善的供应货品的质量控制的工作程序和工作标准，并要定期进行严格的考核；

② 对供货单位的关键工序、关键零部件建立质量审核制度，并充分利用审核结果；

③ 建立通畅、灵敏的协作质量信息管理系统，并维护其正常运转；

④ 促进与帮助供货单位进行技术交流和技术改造；

⑤ 帮助、指导供货单位开展 TQC 活动，并把供应单位的质量保证体系视为采购单位总体系的一部分，定期进行审核。

2. 联合效益计划

为使双方在联合期间都能得到最佳的经济效果，双方都应努力把成本降到最低限度。为达到这一目的，必须进行包括成本预测、成本计划、成本控制、成本核算、成本分析在内的一系列经济活动分析。

为使联合效益计划有可能实现，双方必须制定目标成本。

目标成本＝计划销售收入-应纳税金-计划利润目标

或

$$单位目标成本 = 预测单位售价 \times (1-税率) - 计划利润目标/计划销售量$$

计划销售收入是根据预测的销售量和销售价格确定的。计划利润目标是企业在计划期内要达到的盈利目标值，是根据预测的销售条件计划实现的利润目标。

通过目标成本的计算可以使供需双方变"事后算账"为"事前管理"，使经济效益的实现更有把握。在制定目标的过程中还可促进双方的互相了解。

3. 联合管理计划

要实现质量和经济上的目标，就必须实行管理上的联合，使供需双方的关系就像一个企业的两个部门一样。

在联合管理计划中涉及双方的许多部门，因此必须由供应单位的综合调查组人员参加，弄清楚各自的职责，并把这些职责写入计划。为了在实施各项计划时能及时发现问题，处理问题，除了要求信息渠道畅销、灵敏之外，双方的领导要经常沟通，以达到及时协调供应中产生的各类问题。管理计划涉及面广，必须由供应单位的综合调查人员参加，相应地建立多渠道的联系，以满足联合计划实施的需要。

6.4 进货质量管理

6.4.1 首件（批）样品的检验

首件（批）样品是具有代表性的样品，它是供货单位对样品进行全面检验和试验，认为达到购货单位的质量要求时所提供的样品。首件（批）样品经检验合格后，应由购货单位保存，直到合同执行终止为止。

首件（批）样品提供时间，必须考虑到当首件（批）样品检验发生缺陷时，供货单位有足够的时间消除它，而不至于因为消除缺陷而影响了第一批货品的按时交货。

在执行合同过程中，如果供货单位对产品质量作了较大改进，或者质量要求有了改变，或者制造工艺有了较大改变，供应单位还应提供首件（批）样品。

6.4.2 进货验收

进货验收包括数量验收和进货质量检查。进货的质量检验可以和接收供货单位的其他活动，如卸货、开封、点数、搬运入仓库等结合起来一并进行。

进货验收，供货单位必须提供以下资料：检验指导书、进厂货品必需的技术资料、标准公差表、抽样表、检验设备、感官检验标准。

采购单位在进货检验时必须认真做好检验记录，并及时传递供货检验信息，以促进供货单位改进今后的供货质量。

6.4.3 供货单位的货品质量认证

货品质量认证，是指供需双方在一个共同明确的计划要求指导下，以共同确认的协调一致的检验方式，把进货检验集中在供货单位完成，采购单位在接收时仅仅做数量上的验收和查验运输途中的损失。必要时，进行抽样检查货物质量。

6.4.4 货品质量合格证明与合格货品的管理

货品质量合格证明是合格产品的"通行证"，它的具体内容应包括：制造厂名称、有关的购货合格批号、根据购货协议条款规定的货物标志、检验结果、日期和签名。

一般常见的合格证明形式有以下4种。

① 品种合格证明书。这是制造单位证明所发的货品与合同条款一致，它不带任何试验结果的证书。

② 质量证书。用于说明可做的试验结果是与发这批货品的以同样加工方式进行生产时得到的，但不一定是发这批货品所做的试验结果。

③ 试验证书。证书中制造单位要给出合同规定的所有试验结果，并保证是由批中所包括的件或批中抽出的样品进行试验的结果。

④ 接收证书。这是由供货单位与采购单位的代表共同签字的证书。

以上这些合格证书都应随货品一同发出。

合格货品到货后，采购单位必须做好储存管理，以避免由于储存管理不善而导致货品质量降低。在这个过程中应注意：

① 规定各种外购货品的识别标记，防止类别、型号的混杂，避免被调换；

② 规定搬运方法、储存条件及周期，防止货品受损、失落和变质；

③ 健全在库外购货品的台账管理，做到账、卡、物的数量、型号的一致性；

④ 建立在库货品的质量档案，使制造过程中的质量辨认和追踪有据可查。

6.4.5　外购的不合格货品处理

在订货合同中必须明确规定不合格货品的退货、索赔等条款，这些条款的主要内容应有：

① 经商定的抽样检验的拒收批，原则上应当退还给供应单位；

② 在采购单位对拒收批挑选的费用应由供货单位承担；

③ 供货单位必须承担因向采购单位提供不合格可能造成的损失费用。

6.4.6　供货单位的质量改进

质量改进是提高企业防止出现质量问题的能力。改进方法可参阅有关质量管理书籍。这里，仅强调在采购单位对供货单位要求中有特殊重要意义的几种方法或概念。

1. 识别长期性的故障

有些故障是单独出现的，而有些故障是"重复出现"的。这"重复出现"的故障，说明其原因并不是一个重复出现的问题，而是在设计、工序、制造等方面存在着根本问题，必须配合质量管理、设计、工艺等部门通过资料及现场进行分析，及时对长期性故障进行识别。

2. 识别的主要方法

很多供应质量的改进计划，都因为少数的关键问题没有辨认出来而失败。要查出影响质量改进关键问题，可从以下各个方面中任何一个方面入手，借助于帕累托图进行如下分析。

① 按材料号数或零件号数（或次品、拒收批数等）分析。

② 按产品类别进行损失分析。

③ 按工序进行损失分析。将次品或拒收批数量按有关的工序分类。例如车、磨、热处理等，计算其工序损失。

④ 将各种购买作为一个整体，按供应者进行分析。这种分析有助于找出供应者管理方法上的缺陷。

⑤ 按故障类别进行分析。

⑥ 按零件的成本进行分析。

3. 相互帮助

对于主要的供应质量问题，经常具有公司间的交叉，因此在分析问题时联合起来分析比独家分析要好得多。在相互帮助下，可以依靠有技术及管理专长的专家来帮助解决问题；或者提供特殊的设备和测量仪器；或者介绍解决其他购买者或供应者同样问题的经验；或者提供解决问题的专门知识。

由于双方都是独立的公司，因此，相互帮助时都要互相尊重，把双方的长处结合在一起来解决问题。

案例分析

沿江实业有限责任公司为了筛选产品主要原材料的合格供货单位，在筛选期分别向A、B、C、D、E 5家供货单位分别发出各100批订单。各供货单位在合同规定的范围内供货情况如表6-5～表6-7所示。若你是采购负责人，如何确定两家供货单位让公司领导决策参考。请详细说明选择过程和理由。

表6-5 沿江实业有限责任公司产品主要原材料进货质量报告

	A公司	B公司	C公司	D公司	E公司
有缺陷回用/批数	4	3	5	0	1
筛选式返修/批数	5	2	2	2	7
拒收退货/批数	2	2	2	3	0

表6-6 沿江实业有限责任公司产品主要原材料单价的合同规定

	A公司	B公司	C公司	D公司	E公司
单位产品价格/元	110	105	108	106	106
合同规定的价格折扣/%	2	0	1	0.5	1.2

表6-7 沿江实业有限责任公司产品主要原材料交货期的合同规定
（交货期为订单发出的第×天）

	A公司	B公司	C公司	D公司	E公司
合同规定交货期	5	5	6	4	6
实际交货期	5	4	7	4	6

本章小结

本章从对比传统采购与现代采购入手，按照对最终产品功能影响程度不同的三类货品的采购，提出采用多种供应单位与独家供应单位两种供需关系策略及供需关系的三种典型方式：合格的供货单位的主要条件，对供货单位的选择方法，对供货单位的调查计划及审核、评价程序和方法。阐述了与供货单位的联合计划制定的指导思想及主要内容、进货质量管理程序与方法，以及供货单位如何进行质量改进。

本章的重点是掌握如何综合考虑影响采购物资的各种因素来选择合格的供应单位，以及如何通过进货质量管理识别合格的供应单位。

本章的难点是对供货单位选择的量化分析。

学习资料

外协厂商考核及等级评定办法

第一条　适用范围

（一）本公司对现有的协作厂商实施考核及等级评定，依等级的升降，作为外协订制及付款办法的依据。

（二）依协作厂商的要求，对提出申请的厂商重新进行等级鉴定。

（三）对试用厂商实施考核，当试用期间结束时，其考核评分达到 70 分以上时，则正式成为本公司的协作厂商，并划分其等级。

（四）协作厂商交货验收不良率过高时或在本公司生产装配造成重大问题，经通知也未能有效改进时，则予以重新考核评定等级。

第二条　目的

（一）掌握协作厂商的经营概况，确保其供应的产品质量符合本公司的需要。

（二）了解协作厂商的能力和潜力，提供外协管理单位选择的依据。

（三）协助协作厂商改善质量，提高交货能力。

第三条　考核及等级评定小组的组成须由质量管理、生产管理、技术、外协管理等单位会同前往。

第四条　考核及等级评定的项目与标准

（一）项目

1. 质量 45%；

2. 交货期 20%；

3. 价格 15%；

4. 管理及其他 20%。

（二）对协作厂商或试用厂商每月考核，考评质量、交货期、价格三项。对试用厂商试用期满，协作厂商每年进行一次其内容包括考核质量、交货期、价格、管理及其他等全部项目的考核，并根据考核结果划分其等级及升等、降等。

思 考 题

1. 传统的采购与现代采购有什么不同？

2. 应如何选择合格的供货单位？

3. 为什么要与供货单位一起制定联合计划？联合计划内容应包括哪些？

4. 叙述供货质量管理过程的主要工作及其内容。

第 **7** 章

物 资 采 购

学习目标

1. 了解物资采购的任务和步骤
2. 掌握物资采购的方式
3. 了解物资采购合同管理的内容

　　企业在物资供应计划的指导下，通过对众多供应商的评估，确定了合格供应商名单后，必须认真组织好物资的订货与采购，通过各种渠道把企业所需的各种物资按计划购买进来。

7.1　物资采购概述

7.1.1　物资采购的含义

　　所谓物资采购，是指企业从外部购买所需要物资的业务活动。它包括计划订货、市场采购、加工订制和厂外调剂等方面。

　　物资计划编制后，就要通过订货、采购等工作来执行物资供应计划。

7.1.2　物资采购的任务

　　物资采购要求做到"适用、及时、齐备、经济"。"适用"指采购物资的品种、规格、质量、数量要适应完成企业任务的需要；"及时"指进货安排要满足物资使用时间上的要求；"齐备"是指配套使用的物资在采购数量、进货时间上要衔接；"经济"指要按总费用（包括物资价格、运杂费、采购费用和储存费用）最小的原则来组织采购。

　　物资采购的基本任务是：

　　① 建立可靠的供应商体系，尽可能选择物美价廉、交货迅速的供应单位，以控制成本；

　　② 利用供应商的专业优势，吸引供应商参与产品开发；

　　③ 了解市场，预测未来物资供求趋势，为采购及决策提供资料；

　　④ 联合企业生产、设计、工艺等部门，利用价值工程方法，选择新型材料和代用物资，促进企业节约使用材料、降低产品成本，提高经济效益；

　　⑤ 在保证生产需要的前提下，根据就近、就地原则组织物资采购，以缩短采购时间，降低物资储备量，减少资金占用；

　　⑥ 不断改进采购工作和供应商管理，提高采购物资的质量。

7.1.3　物资采购的过程

　　物资采购过程，大约需要经过以下 4 个阶段。

（1）准备阶段

主要是搜集企业计划任务量、物资消耗定额、消耗统计资料、产品图纸和说明书、物资计划分配指标，了解实际用料情况，调查物资资源市场供求情况等。

（2）决策阶段

包括确定采购物资的品种、规格、数量和质量要求，选择供货单位，确定采购批量，安排进货进度等。

（3）供需衔接阶段

组织申请计划物资的订货和采购，同供货单位协商衔接。

（4）进货作业阶段

包括对采购合同进行分类整理，建立台账、编制进货作业计划，根据合同和进货作业计划收（接）货，验收入库，按时付款结算，对违反合同的供货按规定拒付或提出索赔要求。

7.1.4 物资采购的形式

1. 一家采购

指某种物资集中由一个供应商来提供。它的优点是可以结成相互信任的伙伴关系，加强双方沟通，密切双方的联系；物资质量比较稳定；由于采购总量较大，可以获得更优惠的供货价格和其他优惠的供货条件；可以适当地降低物资库存量，降低库存费用；有条件实现供应商管理库存和物资直供生产作业现场，达到零库存管理目标。它的缺点是如果供应商出现生产不稳定，则对企业生产影响较大。

2. 多家采购

指某一种物资至少有两家以上的供应商提供。它的优点是可以比较不同供应商供应物资的质量和价格等，从中选择最佳供应商；在某一家供应商供货出现问题时，不至于立即影响本企业生产。它的缺点是同种物资的质量不具有一致性；增加了管理费用和管理的复杂性；也有可能因分散采购，减少了采购量降低了谈判力而得不到最优惠的供应价格和其他优惠供应条件。一般选择采购形式时，通常是由多家采购逐渐向一家采购过渡的，最终选择一家最合适的供应商后，相对固定下来。随着情况的变化，经过一段时间，又可能出现更合适的供应商，这时就有需要变更供应商。

3. 现货采购

这是指随时用货币能立即购买到的物资，一手交钱，一手交货。它的优点是能适应本企业需要的变化，有利于加速资金周转，而且在时间、数量和供应商的选择上都比较灵活，什么时间需要就什么时间购买，需要多少就购买多少。它的缺点是购买价格会贵一些。这对消耗量较少而消耗又无规律的物资较为合适。

4. 期货采购

指与供货单位用签订合同的形式采购物资。这种采购形式，可以按照本企业生产计划的要求，在签订合同时向供货单位提出适合本企业生产计划的交货期，由供应单位按合同交货期的规定供货。对消耗量较大而消耗比较有规律的物资较为适合。

7.2 物 资 采 购

7.2.1 物资采购工作流程

物资采购是指企业根据生产的需要在市场上直接购买物资的活动。市场采购的物资品种繁多，使用面广、经营网点多，生产单位分散，所有制多样性。由于产地及生产厂家不同，产品质量和价格有较大差异，不同厂家的信誉也不同，增加了采购的难度和风险性，因此，为了取得价廉和切合需要的物资，控制采购风险，企业必须遵守科学的采购工作流程。

物资采购工作流程可分三大阶段：计划阶段、实施阶段、监控阶段。

1. 计划阶段

（1）物资请购

物资请购一般由需用部门、物资管理人员填写"请购单"后，经部门主管核准后交采购部门采购。"请购单"是物资采购工作的凭证，一般包括：请购单编号、请购部门、请购日期、请购物资名称、规格、料号、采购数量、功能要求、需要日期等，也可以是与产品计划图纸相配套的物料清单，它表明每一件产品所需的各种材料、零部件的数量，以及验收标准等，并涵盖请购、采购、验收三种签核流程。

需用部门在请购单上要表明对请购物资在质量和水准上的要求。这些要求包括：厂牌或商标、物资形状或尺度、化学成分、强度、精密度、耗损率、色泽、生产方式或制作分发、市场等级、标准规格、样品、蓝图、性能、用途，以及售后服务等。

由于用途的不同，请购单通常有数联，以颜色区分，以利分发传送。由采购部门留存的（第一联）又称准购单，由财务部门留存的（第二联）又称验收单，由计算机中心留存的（第三联）又称验收单副联，由营业部门留存的（第四联）又称采购通知单，由收货部门留存的（第五联）又称验收单联，由营业部门在开发票时所留存的（第六单）又称请购单。请购物资登记如表7-1和表7-2所示。

表7-1　成批请购单

制造号码_____　　　　　请购单号_____

产品名称			生产数量			开工日期		
项次	请购材料	单位用量	标准用量	库存量	供应本批数量	请购数量	核准数量	备注

表7-2　请购物资登记表

请购单位_____　　　制表日期：_____年_____月_____日　　　　No._____

日期	项次	请购编号	品名	用途	规格	色泽	数量	请购人姓名	厂商	单价	预交日期	备注

主管：

（2）信息汇集

搜集各类采购信息为采购决策和请购单审核提供依据。

① 外部信息。包括：市场供求状况及预期价格波动及趋势，供应商的多少，产品的质量、价格、运距与运费、供应的可靠性、新材料、新设备、替代品的状况，以及政府对物资管理的政策和法规等。

② 内部信息。包括：生产计划任务量，产品市场等级、设计蓝图、材料说明、功能说明，物资消耗定额、消耗统计资料、设备能力，所需要物资的性能、用途、进货和供应能力，物流组织状况和资金条件。

（3）采购决策

请购单审核以后，要进行采购决策，这包括以下内容。

① 品种决策。就是确定采购物资的品种规格及功能要求。

② 采购量决策。就是确定计划期内采购总量。

③ 供应商决策。就是选择供应渠道和确定供应商。

④ 采购方式决策。就是决定是现货采购还是远期合同采购，是网络采购还是招标采购，是向生产商直接采购还是向中间商间接采购，同种物资是向一家采购还是向多家采购，是由集团公司总部集中采购还是由各事业部分散采购。

⑤ 采购批量与采购时间决策。就是确定一次采购数量的多少和前后两次采购的时间间隔及进货时间。

⑥ 采购价格决策。就是确定合理的价格水平。

⑦ 进货方式决策。就是确定是自行提货还是由供应商运送。

⑧ 确定参与采购的人员。企业规模大小不同，参与采购的人员构成差异很大。一些企业除了采购人员外，还需要技术人员、财务人员、管理人员、使用人员乃至最高主管的参与。

（4）编制物资采购计划

采购计划包括年度采购计划和季度、月度采购计划。实施物料需求计划（MRP）的，则可执行时间更短的周采购计划。

年度采购计划规定了大类物资的年度采购总量，其目的在于与市场供应资源的平衡，与企业内的进、存、供能力的平衡，与企业的资金、成本、费用等指标的平衡。

季度和月度采购计划，是在年度计划的指导下，按具体品种规格编制的，是具体落实年度计划，组织日常采购的任务书。

编制物资采购计划可采用的表格如表7-3所示。

表7-3 物资采购计划表

日期：___年___月___日　　　　编制：_____　　　　审核：_____　　　　批准：_____

材料名称	规格	部门	全年采购量	单价	分月采购计划											
					月		月		月		月		月		月	
					数量	金额	数量	金额	数量	金额	数量	金额	数量	金额	数量	金额

2. 实施阶段

（1）选择供应商

对于供应链中的供应商，可以直接将采购信息传递给对方。而对于非供应链中的供应商采购部门可以利用商务网络平台，将生产所需物资的供应商罗列出来，找出质量好、价格低、费用省、交货及时、服务周到的供应商。

（2）商务谈判

与选中的供应商进行谈判，明确自己希望得到什么、对方要求什么、能做出什么样的让步使谈判成功等。决不能认为谈判是一种对抗，是要战胜对方，要从长计议，只有"双赢"，才能使谈判成功。

（3）签订成功合同

一旦谈判成功，就要以符合法律规范的书面形式确定下来，明确双方的权利与义务，以及合同变更和违规的处理。

（4）验收入库

采购部门要配合仓库部门按有关合同规定数量、总量、验收办法、到货时间做好验收入库工作。财务部门按入库单及时付清货款，对违反合同的要及时拒付或提出索赔要求。

3. 监控阶段

（1）合同监管

对签订的合同要及时进行分类管理，建立台账，按期检查合同执行情况，并将执行过程及时输入数据库，以对供应商做出评价。采购部门要加强与供应商的联系，督促其按期交货。对出现的数量、质量、到货时间等问题要及时交涉。同时要与企业内部的其他部门密切配合，为顺利执行合同做好准备。

（2）购后评价

所购物资投入使用后，采购部门要与使用部门保持联系，掌握使用情况、使用数量及服务水平，并考虑各供应商的履约情况，以决定今后对供应商的选择和调整。

采购工作程序如图 7-1 所示。

7.2.2 物资采购方式

做好物资采购工作除了应遵守以上采购程序外，为有效规避采购风险，还应该选择适当的采购方式。

1. 集中采购

集中采购是指企业内部设立专职的采购机构和人员对生产所需的物资统一组织采购。

（1）集中采购的优点和缺点

集中采购的优点是：

① 有利于获得采购规模效益，降低进货成本和运输成本；

② 有利于发挥采购职能机构业务特长，提高采购工作效率和采购主动权；

③ 有效提高企业在供应商心目中的重要地位，易于稳定企业与供应商之间的关系，获得供应商更宽松支付条件、更多的优惠条件，得到供应商在技术开发、货款结算、售后服务等诸多方面的支持与合作；

④ 利于企业内部采购管理、节约资金，以避免多头采购而造成积压。

集中采购的缺点是：

① 由于集中采购的数量一般较大，有可能造成超量供应，使不需要的物资过多地囤积，

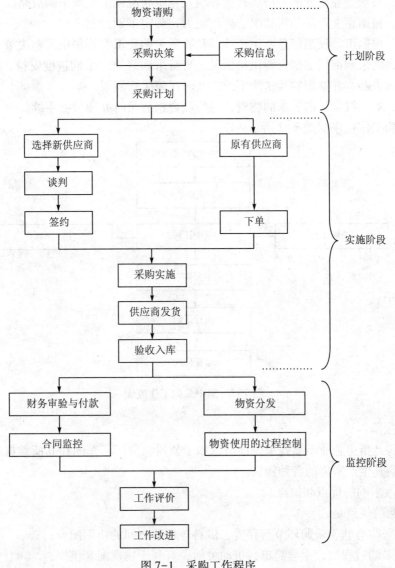

图 7-1 采购工作程序

导致库存量居高不下；

②集中采购的过程过长，手续繁多，有可能会延迟物资的到位时间，造成同一时间请购的物资出现时间差，造成供应不配套；

③大量采购可能诱发供应商生产时按照自己的作业工序和最优顺序集中生产，使物资在供应上出现有料则是全部，无料便一件没有的情形，使得物资使用部门难以安排生产。

（2）集中采购的适用范围

①大宗或批量物资，价值高或总价多的物资；

②关键零部件、原材料或其他战略资源，保密程度高，产权约束多的物资；

③易出问题及已出问题的物资；

④定期采购的物资。

（3）集中采购的工作程序

第一步，根据企业所处的经济、社会环境及竞争状况制定企业采购战略。

第二步，根据企业产品销售状况、生产能力，确定采购计划。

第三步，根据市场反馈信息、生产特点和物资采购要求实施集中采购决策。

第四步，由采购部门根据资源供给情况、自身采购规律和采购进度安排，结合最有利的采购方式实施采购，并办理检验送货手续，及时保障生产需要。

第五步，对于符合采购要求的物资，经检验合格后及时办理付款手续。

集中采购工作程序如图 7-2 所示。

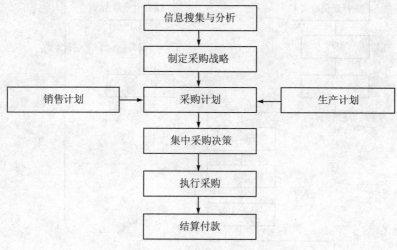

图 7-2　集中采购工作流程

2. 分散采购

分散采购是指由企业下属各单位部门，如子公司、分厂、车间在其所掌握的资金权限内独立自主采购其生产所需的各种物资。

（1）分散采购的优点和缺点

分散采购的优点是：

① 分散采购有利于采购环节与存货、供料等环节之间的协调配合；

② 分散采购过程短，手续简单，机动灵活，有利于物资配套供应；

③ 分散采购问题反馈快，针对性强，有利于按需供应，有效杜绝超量和物资囤积；

④ 分散采购的时间比较短，可以及时根据供需情况进行调整，当生产计划发生改变时，可以随之改变，进行配套供应。

分散采购的缺点是：

① 采购批量小，缺乏对供应商的影响力，与供应商之间难以建立稳定的购销关系，难以得到更多的采购优惠条件；

② 企业内部部门之间的多头采购易于占压资金。

（2）分散采购的适用范围

① 子公司、分厂、车间；

② 异国、异地供应的情况；

③ 在费用、时间、效率、质量等方面优于集中采购的物资；

④ 批量小、价值低，总支出在产品经营费用中占的比重小的物资；

⑤ 产品开发研制、试验或少量变型产品所需的物资；

⑥ 市场资源有保证，易于送达，较少的物流费用的物资。

3. 现货采购

现货采购是指企业根据生产需要，直接通过市场充分自主地向供货方协商定价，即时进行银货交换的一种采购方式。

（1）现货采购的优点和缺点

现货采购的优点是：

① 买卖双方一手交钱、一手交货，银货两清，对资源或物资的占有或转移是明确即时的，风险小，且容易享受供应商提供的优惠价格；

② 只要供方有货，需方拿钱就能买到，供需双方当面看货、成交，灵活、方便；

③ 现货采购时间快，周期短，出现物资不配套时可以及时调整，满足生产需求；

④ 现货采购可以清楚地了解物资的品质，能规避品质和跌价风险。

现货采购的缺点是：

① 随行就市，价格波动，不利于企业均衡生产；

② 物资质量和物资数量不能保障，有缺货风险。

（2）现货采购的适用范围

① 企业所需的物资或资源充足且能及时送达；

② 企业生产和经营临时需要的物资；

③ 设备维护保养、修理、更新改造需要的物资；

④ 企业新产品开发或研制需要的物资；

⑤ 通用件、标准件、易损件、普通原材料及其他常备物资；

⑥ 企业生产用的辅助材料、工具、夹具及低值易耗品。

（3）现货采购的工作程序

现货采购的工作程序如图7-3所示。

① 提出需要。物资使用人根据本岗位物资消耗或使用情况，向主管人员提出需要，由主管人员综合本部门物资需求，到供应部门申请。

② 确定需要。供应部门人员进一步确定所需物资的特性和数量。对于复杂物资，采购人员应与工程技术人员、使用者等共同研究，详细评价物资的可靠性、耐用性、价格、功能等其他特性，确定其是否符合生产需要。

③ 说明需要。确定需要以后，采购机构将提请技术部门对所购物资做出详细技术说明。

④ 信息分析。企业内部详细中心根据当前市场信息，参考以前的历史资料进行有针对性的分析提炼，并将有价值的结论提供给决策机构，或作为采购的依据。

⑤ 询价比价，选择订货方式。采购人员根据所购物资进行实地走访、调查，确定采购意向，并反馈给决策部门。

⑥ 报批。采购人员根据最有利于企业的采购意向，包括标的、数量、价格等，报请主管部门审批。

⑦ 购买。由采购人员按主管部门批示的要求采购企业生产所需的物资。

⑧ 结算。按合同约定方式、时间、过程结算。

⑨ 送达、验收。按合同约定将企业所需物资运送到指定地点，验收入库。

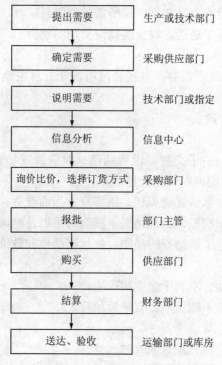

图 7-3　现货采购工作流程

4. 远期合同采购

远期合同采购是指购销双方为稳定供需关系，通过合同约定，实现物资的供应和资金的结算，并通过法律和供需双方信誉与能力来保证约定交割实现的一种采购方式。

（1）远期合同采购的优点和缺点

远期合同采购的优点是：

① 远期合同采购有利于双方的沟通与合作，相互信任，稳定供需关系，形成战略伙伴关系，需方得到供应商的最有利支持；

② 远期合同采购，给予供应商充分的生产制造和供应准备时间，使得准时交货率大大提高，确保配套供应的实现；

③ 物资质量与数量有保证，保持物资价格稳定，减少检验费用、交易成本和运输成本；

④ 交易过程透明有序，易于把握。

远期合同采购的缺点是：

① 远期合同采购需要对物资的需求做出预测，一旦预测失误就会造成物资供应超量或不足而影响生产；

② 由于销售市场的变化，企业生产作业计划调整在所难免，就会出现物资供应超量或不足，导致物资供应不配套；

③ 一旦生产的产品品种发生了变化，需要的物资品种也随之发生变化，就有可能出现生产需要的物资没货，而不需要的物资出现库存积压。

（2）远期合同采购的适用范围

① 大宗或批量采购的物资；

② 企业生产和经营长期需要的主要原材料和关键零件。

5. 直接采购

直接采购是指物资需求方直接向制造厂家进行采购的一种采购方式。

（1）直接采购的优点和缺点

直接采购的优点是：

① 直接采购直接向制造厂家进货，产销直接见面，易于供需双方交流，可以很好地协商解决质量、数量等诸多方面的要求，避免因品质、品种等方面出现供应不配套现象；

② 直接采购减少了中间环节，容易确保物资按时供应和配套供应，有效降低采购成本；

③ 直接采购容易掌握采购的主动权，信息反馈比较快，解决供应问题比较容易，花费时间较短，可以有效减少供应不配套造成的物资积压。

直接采购的缺点是：

① 较大的采购批量，加大了企业融资压力，增加了库存流动资金占有和保管费用，影响资金周转；

② 企业自身要有采购、储运等机构与设施，采购运输成本较高。

（2）直接采购的适用范围

① 一般原材料；

② 辅助材料；

③ 配件。

6. 间接采购

间接采购是指通过中间商实施采购行为的一种采购方式，主要是委托流通企业采购。

（1）间接采购的优点和缺点

间接采购的优点是：

① 有利于减少流动资金占用，加快资金周转；

② 有利于购进专业性强及选择性强的物资，有利于择优选择供应商；

③ 缩短空间距离，减少交易时间和费用，从而降低采购成本。

间接采购的缺点是：

① 间接采购环节多，情况及信用度一时难以搞清，风险较大；

② 采购价格较高，出现问题解决起来比较麻烦，产生物资供应不配套的概率较大；

③ 采购物资的品种和供货进度等不容易掌握控制。

（2）间接采购的适用范围

① 直接采购的费用和时间大于间接采购的费用和时间的物资；

② 企业规模小，缺乏能力、资格和渠道进行直接采购；

③ 没有适合采购需要的机构、人员、仓储设施的企业。

（3）间接采购的程序

间接采购的工作程序如图 7-4 所示。

① 采购计划。就是根据产品需求状况、生产作业计划、库存容量来制定采购计划。

② 选择中间商。就是根据已有物资供货信息及市场调查情况，实行比质比价评估，选择性能价格比最佳的流通企业或中介组织作为供应商。

③ 签订合约。就是根据企业自身对物资的需求、库存情况、结算能力，签订有利于本企业并得到中间商认可的合同，注意对物资采购"适质、适量、适价、适时、适地"要求的把握和理解。

图7-4 间接采购程序

④ 过程监督查询。就是为了保证所需物资及时送达，满足生产和最终用户的需要，对供货进度和过程要有一个清楚的了解和必要的监督，以防意外情况发生，影响企业的生产，造成缺货损失。

⑤ 验收。就是当中间商将企业所需物资按要求送达时，应做好接收、检验工作，包括起重搬运设施、检验人员、库位与库容、账本单据等方面的准备。

⑥ 入库管理。就是接收检验工作完成后，应及时办理入库手续，并将物资存放到指定地点，妥善保管，还应将到货情况按管理要求反馈给有关单位和人员。

⑦ 付款。就是物资入库后，当品种、规格、厂家、质量、数量、价格、进度等指标得到确认后，应办理结算手续，支付中间商货款。

⑧ 采购评估。就是根据中间商提供所送物资的供应数据、检查记录和测试结果，对采购指标进行评估，并附带考核其供货进度、到位情况、服务水准等项目。

7. 招标采购

招标采购是一种特殊的交易方式，有广义、狭义之分。广义的招标采购是指招标人发出招标公告或通知，邀请潜在的投标商进行投标，最后招标人通过对各投标人提出的规格、质量、交易期限及该投标企业的技术水平、财务状况等因素进行综合比较，确定其中最佳的投标人为中标人，并与之签订合同的过程。狭义的招标采购是指招标人根据自己的需要提出一定的标准或条件，向指定投标商发出投标邀请的行为。

根据招标范围可分为公开招标采购、选择性招标采购和限制性招标采购。

① 公开招标采购。公开招标采购是指通过公开程序，邀请所有有兴趣的供应商参加投标的采购方法，它是通过公告、宣传等形式进行竞争邀请，实施一次性投标，并按事先规定的选择标准将合同授予最佳供应商。

② 选择性招标采购。选择性招标采购是指通过公开程序，邀请供应商提供资格文件，只有通过资格审查的供应商才能参加后续招标；或者通过公开程序，确定特定采购项目在一定期限内的候选供应商，作为后续采购活动的邀请对象。选择性招标方式在确定有资格的供应商时，应平等对待所有的供应商，并尽可能邀请更多的供应商参加投标。

③ 限制性招标采购。限制性招标采购是指不通过预定先刊登公告程序，直接邀请一家或两家以上的供应商参加投标。实行限制性招标采购方式，应符合以下条件：公开招标或限制性招标后没有供应商参加投标；无合格标，供应商只有一家，无其他替代选择等。

（1）招标采购的优点和缺点

招标采购的优点是：

① 招标采购的投标商资格审查标准、最佳投标商评选标准事先公布，公开发布投标邀请，公开开标，公开示标，整个采购程序都是在公开情况下进行的，能有效防止应"黑箱操作"带来的中饱私囊、坑害企业利益的腐败事件的发生；

② 采购单位通过招标程序，可以最大程序地吸引和扩大投标人的竞争，从而使招标方有可能以更低的价格采购到所需物资，充分获得市场利益；

③ 招标采购任何感兴趣的供应商都可以进行投标，不允许对任何投标商歧视，投标是一

次性的，并且不准同投标商进行谈判，可以吸引优秀的供应商参加竞标；

④ 签约后对供应商产生约束力，能确保物资按时、足量到位，确保配套供应；

⑤ 对于可能出现的品质等问题纠纷易于解决。

招标采购的缺点是：

① 招标采购花时较长，难以解决企业一时的生产急需；

② 因为供应数量已经确定，对于意外耗损不易及时补充欠缺，造成物资短缺，影响生产；

③ 有可能因参与投标的供应商之间围标而损害企业利益。

（2）招标采购的工作程序

招标的工作程序如图 7-5 所示。

8. 在线采购

在线采购是指以网络为基础，以电子商务为平台所进行的一种采购活动。

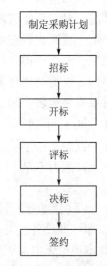

图 7-5 招标的工作程序

（1）在线采购的优点和缺点

在线采购的优点有 4 个方面。

① 加强了信息交流，提高了通信速度。网上信息具有内容丰富全面、更新快等特点，任何企业都可以将其信息上网络供客户查询，客户可以根据自己的需要了解掌握最新信息，从而克服电话查询信息不直观、不灵活的缺点，克服了传统商务信件传递慢的缺点。

② 有效降低采购成本。利用以互联网为基础的电子商务平台进行采购，采购触角可以延伸至五湖四海，不需要采购人员"满天飞"，减少了大量采购人员开支和管理费用；同时互联网低廉的费用，可以大大地降低通信费用。

③ 易于找到最佳供应商。利用互联网覆盖面广的特点，可以在全球范围内查询供应商，从而最有可能选择到最佳供应商。

④ 沟通方便及时。提供全年 365 天，每天 24 小时全天候服务，方便之极。

在线采购的缺点是：

① 对于供应商的信誉和物资质量不能确保，有可能出现意外，影响物资的正常供应；

② 可能存在网络安全问题，影响企业正常的物资采购。

（2）在线采购的工作程序

在线采购的工作程序如图 7-6 所示。

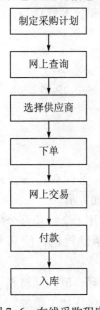

图 7-6 在线采购程序

以上阐述的各种物资采购方式各有优缺点，在实际操作中，应根据采购物资的类别，物资的供应情况可选择一种或多种方式综合使用。

7.2.3 市场采购工作应注意事项

第一，企业的物资采购工作应根据企业的物资管理体制而定。实行集中采购的企业，由企业一级物资部门统一采购，凡实行统一计划、分级采购或分工管理、分头采购的企业，原则上应当就近就地采购；凡当地不能解决的应由企业一级物资部门统一组织采购。

第二，加强市场调查，及时掌握物资商情。企业物资管理部门及其采购人员，应当了解市场情况，对本企业所需物资中最主要的或供应比较紧张的，要组织调查，要合理储备。对供需平衡、货源比较充足的、采购方便的物资，以需定购，不留或少留库存。

第三，要严格遵守物资、市场管理法律法规条例。

第四，提货时要仔细地检查，防止数量差错、质量残次、规格型号不符等情况发生；在运输时要妥善包装，防止途中损坏。

7.2.4　加工订制

加工订制是指工业企业委托外厂进行加工订货或改制的工作，是为弥补市场采购不到的或企业生产能力不足一项措施，是产需衔接的一种方式。加工订制分带料加工和不带料加工两种。

1. 加工订制的原因和范围

① 非标准设备、工具、配件和其他物资；

② 本单位无力加工的某些零配件毛坯或半成品；

③ 市场不销售的部分包装容器；

④ 市场采购不能满足需要的部分物资，需外协加工改制；

⑤ 某些零部件扩散给小企业协作加工，比自己加工费用低；

⑥ 弥补企业生产能力不足，加快进入市场的进度。

2. 加工订制工作的方法和步骤

① 准确编制加工订制物资进货计划。

② 做好委托加工的准备工作：选好加工订制的生产厂；准备好图纸和技术资料等；落实带料加工的原材料。

③ 签订加工订制合同或协议。

④ 按时交付带料加工的原材料。

⑤ 做好技术交底工作，并及时了解加工的进度和质量。

⑥ 做好产品的质量检验工作，合格后方能提货、发运。

⑦ 清理原材料消耗及结存量，办理财务结算手续。

3. 加工订制中应注意的问题

① 自制与外协的决策。企业应根据技术、设备、人员、生产能力等条件和经济合理原则，决定是自制还是外协。应避免为了自制少数产品添置大量设备和增加人员。

② 与协作厂的关系。随着社会化大生产的发展，一个大企业可能有几十个、几百个协作单位，对协作厂家应采取扶植和支持的方针，从技术、设备、管理上帮助他们，使其专业化、协作固定化，并不断提高产品质量，降低产品成本。

③ 带料加工的原材料应尽量组织直达供货，并严格按照消耗定额核算，节约原材料。

④ 在选定加工厂时，要对其设备、工艺、技术条件等进行调查，以保证加工质量。一般应先试制产品，经过技术鉴定合格后，方能正式投入批量生产。

⑤ 加工订制的价格，双方应进行协商，合理定价。

7.3　物资采购合同的管理与执行

物资采购合同是供需双方进行购销活动，为达到一定的经济目的，明确相互权利、义务，经双方磋商后签订的书面协议。企业签订采购合同必须使合同具备有效条件，以保证合同具有法律效应。这些条件是：交易当事人必须具有法人资格；合同的标的物不得违禁违法；双方必须平等互利，等价交换。采购人员独立签订的合同需经企业经理、法律顾问、合同员审查后盖章方能有效。审查内容有：采购物资是否与采购计划相一致，质量要求是否明确，价格是否合理，到货时间与数量是否合适，结算方式是否公平。合同必须采取书面形式，内容完整、具体详实、文字严谨、准确，权利和义务必须明确，责任要分明。

1. 采购合同应分类整理、装订成册、专人管理

首先将合同复制若干份，分送计划、仓库和财务部门，以便于安排生产、规划货位、安排运货和承付货款等。如有驻外催款人员，应抄写成册交给有关催交人员，并注明重点催交项目。

2. 建立合同台账

合同台账是记载合同交货情况的原始记录，一种用卡片式，一种用清册式。卡片式适用于数量大，交货批次多的物资，一份合同一张卡片。清册式适用于数量少，交货批次少的物资。无论采取何种形式，都应对供方发货日期、数量、车票号，托收日期、数量、金额，入库日期、数量及存在问题逐项登录清楚。

3. 定期总结交货情况

合同管理人员除做好正常交货情况登记外，应在每月、季、年末和编制物资计划前做出合同执行情况表，以便提供领导和计划人员掌握情况、编制计划和调度调剂用。

4. 合同的执行与变更

合同一经签订应严格执行，不得任意变更或中断，若需方发生以下情况，要与供方协商，办理转让、注销合同等变更手续，并承担合同的规定责任，赔偿供方所受的经济损失：生产建设任务或设计方案变更；采用新材料，不需要原订货合同材料；采取了节约措施，降低了消耗水平，原采购数量太多等。

需方若变更到货地点或接货人应在合同规定的交货日期前若干天通知对方；若变更开户银行及银行账号时，应于交货日期前若干天通知对方。

供方不按照合同规定的数量、规格、型号、质量和时间交货，需方应按合同规定的要求向供方提出索赔经济损失。

本章小结

物资采购是指企业从外部购买所需物资的业务活动。物资采购要求做到"适用、及时、齐备、经济"。物资采购需要经过准备阶段、决策阶段、供需衔接阶段、进货作业阶段 4 个阶段。物资采购有一家采购、多家采购、现货采购、期货采购 4 种形式。物资采购工作流程可分为计划阶段、实施阶段、监控总结三大阶段。做好物资采购工作除了应遵守以上采购程序外，为规避采购风险，还应从集中采购、分散采购、现货采购、直接采购、招标采购、在线采购等主要采购方式中选择一种或多种采购方式结合使用。为弥补市场采购不到或企业生产能力不足，可采用加工订制这种方式。做好物资采购各种，还应加强物资采购合同的管理与执行。

本章的重点是物资采购。

本章的难点是物资采购。

学习资料

采购作业标准程序

第一章　请　购

第一条　请购部门的划分

1. 常备材料：生产管理部门

2. 预备材料：物料管理部门

3. 非常备材料：

（1）订货生产用料——生产管理部门；

（2）其他用料——使用部门或物料管理部门。

第二条　请购应按照存量管制基准、用料预算，并参考库存情形开立请购单，逐项注明材料名称、规格、数量、需求日期及注意事项，经本单位主管审核后按规定逐级审核并编号，最后送采购部门。

第三条　来源与需用日期相同的物品材料，可以以一单多品方式提出请购。

第四条　特殊情况需按紧急请购办理时，可在请购单"备注"栏注明原因，以急件递送。

第五条　庶务用品由物管部门按月实际耗用状况，并考虑库存条件，填具请购单办理请购。

第六条　以下总务性物品可免开清单，而以"总务用品申请单"委托总务部门办理，例如：招待用品、书报、名片、文具、报表等，以及小量采购的材料。

第七条　请购权限

1. 内购

（1）原料：请购金额预估在1万元以下者，由科长审核决定；1万元至5万元者由经理审核决定；5万元以上者，由总经理审核决定。

（2）财产支出请购金额预估在2 000元以下者，由主管审核决定；2 000元至2万元者，由经理审核决定；2万元以上者，由总经理审核决定。

（3）总务性用品：请购金额预估在1 000元以下者，由主管审核决定；1 000至1万元者，由经理审核决定；1万元以上者，由总经理审核决定。

2. 外购

请购金额预估在10万元（含）以下者，由经理审核决定；10万元以上者，由总经理审核决定。

第八条　请购案件的撤销

1. 请购案件的撤销应立即由原请购部门通知采购部门停止采购，同时于"请购单（内购）"或"请购单（外购）"第一、二联加盖红色"撤销"的戳记及注明撤销原因。

2. 采购部门办妥撤销后，依下列规定办理：

（1）采购部门于原请购单加盖"撤销"章后，送回原请购部门；

（2）原请购单已送物料管理部门待办收料时，采购部门应通知撤销，并由物料管理部门据以将原请购单退回原请购部门；

（3）原请购单未能撤销时，采购部门应通知原请购部门。

第二章　采购确定

第九条　采购部门的划分

1. 内购：由国内采购部门负责。

2. 外购：由国外采购部门负责，其进口庶务由业务部门办理。

3. 总经理或经理对于重要材料的采购，可直接与供应商或代理商议价。专案用料，必要时由经理或总经理指派专人或指定部门协助办理采购作业。

第十条　采购部门应按照材料使用及采购特性，选择最有利的方式进行采购。

1. 集中计划采购。对具有共同性的材料，应集中计划办理采购。经核定材料项目，通知各请购部门提出请购计划，报采购部门定期集中办理。

2. 长期报价采购。凡经常使用且使用量较大的材料，采购部门应事先选定厂商，议定长期供应价格，报批后通知各请购部门按需提出请购。

3. 采购部门应按采购地区、材料特性及市场供需状况，分类划定材料采购作业期限，并通知各有关部门。

第十一条　采购作业处理期限

采购部门应依采购地区、材料特性及市场供需，分类制定材料采购作业处理期限，通知各有关部门以便参考，遇有变更时应立即修正。

第三章　国内采购

第十二条　价格

1. 采购人员接"请购单（内购）"后应按请购事项的缓急，同时依据市价、以前采购情况或卖方资料进行价格对比。

2. 如果报价规格与请购单位的要求略有不同或属代用品，采购人员应检附有关的资料，并于"请购单"上予以注明，报经主管核发，并转使用部门或请购部门签注意见。

3. 属于惯例超交者（比如最低采购量超过请购量），采购人员应在议价后，在请购单"询价记录栏"中注明，报主管核签。

4. 对于厂商报价资料，经办人员应深入整理分析，并以电话等方式向厂方议价。

5. 采购部门接到请购部门采购要求，经办人员应先做询价、议价，待接到请购单后，按一般采购程序优先办理。

第十三条　呈批手续

1. 采购经办人员询价完成后，在请购单上详细填写询价或议价结果及拟订"订购厂商""交货期限"与"报价有效期限"，经主管审核，并依请购审核决策权限逐级审核。

2. 采购审核决策权限：

采购类别	审核决策限额	采购审核决策权限
属于统购项目的原料、物料（包括燃料）	不受金额限制	经理→总经理
属于非统购项目的原料、物料（包括燃料）	不受金额限制	经理→总经理
财产支出的非生产器材	5 000 元以下 5 000 至 100 000 元 100 000 元以上	采购主管 经理直接核决 经理→总经理

采购类别	审核决策限额	采购审核决策权限
财产支出的生产器材	5 000 元以下	采购主管
	5 000 至 50 000 元	经理直接核决
	50 000 元以上	经理→总经理
庶务用品	5 000 元以下	采购主管
	5 000 至 100 000 元	经理直接核决
	100 000 元以上	经理→总经理

责任签名：

第十四条 订购程序

1. 采购经办人员接到已经审批的请购单后应向厂方寄发订购单，并以电话确定交货日期，要求供应方在送货单上注明"请购单编号"及"包装方式"。

2. 分批交货时，采购人员应在"请购单"上加盖"分批交货"章，以利识别。

3. 采购人员使用暂借款采购时，应在请购单上加盖"暂借款采购"章，以利识别。

第十五条 进度控制

1. 国内采购部门可分询价、订购、交货三个阶段，依靠"采购进度控制表"控制采购作业进度。

2. 采购人员如果未能按既定进度完成采购，应填制"采购交货延迟情况表"，并注明"异常原因"及"预定完成日期"，经主管批示后转送请购部门，与请购部门共同拟订处理对策。

第十六条 采购单据整理及付款

1. 来货收到以后，物管部门应将请购单和材料检验报告表（其免填"材料检验报告表"部门，应于收料单加盖"免填材料检验报告表"章）送采购部门与发票核对。确认无误后，送会计部门。会计部门应于结账前，办妥付款手续。如为分批收料，"请购单（内购）"中的会计联，须于第一批收料后送会计部门。

2. 内购材料须待试车检验者，其订有合约部分，按合约规定办理付款；未订合约部分，按采购部门报批的付款条件整理付款。

3. 短交待补足者，请购部门应依照实收数量，进行整理付款。

4. 超交应经主管批示方可按照实际验收数量进行整理付款，否则仍按原订货数付款。

第四章　国外采购

第十七条 价格

1. 外购部门按照"请购单（外购）"需求急缓加以整理，依据供应商报价，并参考市场行情及过去询价记录，以电话（传真）方式向三家以上供应商询价。除特殊情况外，应于"请购单（外购）"注明。在此基础上进行比价、分析、议价。

2. 请购材料规范较复杂时，外购部门应附上供应商所报的主要规范材料并签注意见，再转请购部门确认。

第十八条 呈批手续

1. 比价、议价完成后，由外购部门填具请购单，拟订订购厂家、预定装运日期等，连同厂方报价，送请购部门按采购审批程序报批。

2. 审核决策权限

采购金额在 10 000 元以下者由经理审核决策。

超过 10 000 元者由总经理审核决策。

3. 采购项目经审批后又发生采购数量、金额等变更，请购部门须按新情况所要求的程序重新报批。但若更改后的审批权限低于原审批权限时仍按原程序报批。

第十九条 订购程序

1. 请购单经报批转回外购部门后，即向供应商订购并办理各项手续。

2. 如需与供应商签订长期合约，外购部门应将签呈和代拟的长期合约书，按采购审批程序报批后办理。

第二十条 进度控制

1. 外购部门依照"请购单（外购）"及"采购控制表"控制外购作业进度。

2. 如果作业进度延迟，外购部门应主动开具"进度异常反应单"记明异常原因及处理对策，凭以修订进度并通知请购部门。

3. 如果一旦发现外购"装船日期"有延误，外购部门应主动与供应商联系催交，并开立"进度异常反应单"记明异常原因及处理对策，通知请购部门，并按请购部门意见办理。

第二十一条 进口签证前（"请购单（外购）"核准后）的专案申请

1. 专案进口机器设备的申请

外购部门专案进口机器设备时，应准备全部文件申请核发"输入许可证"，申请函中并应请求国贸局在"输入许可证"加盖"国内尚无产制"的戳记及核准章，以便进口单位凭以向海关申请专案进口及分期缴税。

2. 外购部门进口度量衡器具及管理物品时，应准备"报价单"及其他有关资料送进口单位向政府机关申请核准进口，再申请"输入许可证"。

第二十二条 进口签证

外购材料订购后，外购部门应即检具"请购单（外购）"及有关申请文件，以"申请外汇处理单"送进口单位办理签证。进口单位应依预定日期向国贸局办理签证，并于"输入许可证"核准时通知外购部门。

第二十三条 进口保险

1. FOB、FAS、C&F 条件的进口案件，进口单位应依"请购单（外购）"外购部门指示的保险范围办理进口保险。

2. 为方便货品进口公证进口单位应将承保公司指定的公证行在"请购单（外购）"上标示，进口单位凭以联络该指定的公证行办理公证。

第二十四条 进口船务

1. FOB、FAS 的进口案件，进口单位（船务经办人员）于接获"请购单（外购）"时，应视其"装运口岸"及"装船期限"并参照航运资料，原则上选定三家以上船运公司或承揽商，以便进口货品可机动选定船只装运。

2. 进口单位（船务经办人员）应于"信用状开发申请书"列明所选定的船公司或承揽商品名称，提供进口结汇经办人员，作为信用状条款，向发货人指示装船。

3. 如因输出口岸偏僻或因使用部门急需，为避免到货延误，外购部门应于"请购单（外购）"上注明，避免在信用状指定船公司而委由发货人代为安排装船。

第二十五条 进口结汇

进口单位应依"请购单（外购）"标示的"签发信用状日期"办理结汇，并于信用状

（L/C）开出后以"开发L/C快报"通知外购部门联络供应厂商。

第二十六条 税务

1. 免货物税及"工业用证明"的申请。

进口的货品可申请免货物税者，外购部门应于"输入许可证"核准后，检具必需文件向税捐处申请，在取得核准函后向海关申请免货物税。

2. 专案进口税则预估及分期缴税的申请及办理外购部门应于进口前，检查有关文件，凭以向海关申请税则预估，等核准后并办理分期缴税及保证手续。

第二十七条 输入许可证、信用状的修改

供应商的成本公司要求修改"输入许可证"或"信用状"时，外购部门应开立"信用状、输入许可证修改申请书"经审核后，检具修改申请文件送进口事务科办理。

第二十八条 装船通知及提货文件的提供

1. 外购部门接到供应商的有关船名及装船日期时，应立即填制"装船通知单"分别通知请购部门、物料管理部门及有关部门。

2. 外购部门收到供应商的装船及提货文件时，应出具"输入许可证"及有关文件，以"装运文件外购单"先送进口单位办理提货背书。

3. 提货背书办妥后，外购部门应检具"输入许可证"及提货等有关文件，以"装运文件处理单"办理报关提货。

4. 管理进口物品放行证的申请：

进口管理物品时，外购部门应于收到装运文件后，检查必需文件送政府主管机关申请"进口放行证"或"进口护照"，以便据此报关提货。

第二十九条 进口报关

1. 关务部门收到"请购单（外购）"及报关文件时，应视买卖、保险及税率等条件填制"进口报关处理单"连同报关文件，委托报关行办理报关手续，同时开立"外购到货通知单"（含外购收料单），送到材料库办理收料。

2. 不结汇进口物品，进口单位（邮寄包裹则为总务部门）应于接获到货通知时，查明品名、数量等资料，并会外购部门确认需要提货者再行办理报关提货。如系无价进口的材料、补运赔偿及退货换料等，报关时关务部门应开立"外购到货通知单（含外购收料单）"通知收货部门办理收料，而其他材料及物品则由收件部门于联络单签收后，送到处理部门处理。

3. 关税缴纳前，进口单位应确实核对税则、税率后申请暂借款缴纳。

4. 海关估税的税率如与进口单位估列不符合时，进口单位应立即通知外购部门提供有关资料，于海关核税后14天内以书面向海关提出异议，申请复查，并申请暂借款办理押款提货。押款提货的案件，进口单位应于"进口报关追踪表"记录，以便督促销案。

5. 税捐记账的进口案件，进口单位应依"请购单（外购）"，于报关时检具必需文件办理具结记账，并将记账情况记入"税捐记账额度记录表"及"税捐记账额度控制表"。

6. 船边提货的进口材料，进口单位应于货物抵港前办妥缴税或记账手续，以便船只抵港时，即时办理提货。

第三十条 报关进度控制

关务部门应分报关、验关、估税、缴税、放行五阶段，以"进口报关追踪表"控制通关进度。

第三十一条 公证

1. 各公司事务部应依据材料进口索赔记录及材料特性等因素，研究判断材料项目，通知进口单位在材料进港时，会同公证行前往公证。

2. 外购材料于验关或到厂后发现短缺、残损而合于索赔条件者，进口单位应于接获报关行或材料库通知后，联络公证行办理公证。

3、进口货品办理公证时，进口单位应于公证后配合索赔经办时效，索取公证报告分送有关部门。

第三十二条　退汇

外购部门依据进口材料的装运情况，判断信用状剩余金额已无装船的可能时，应于提供报关文件时提示进口单位，并于进口材料放行及"输入许可证"收回后，开立"信用状退汇通知单"连同"输入许可证"送进口事务科办理退汇。

第三十三条　索赔

1. 外购部门接到收货异常报告，应立即填制"索赔记录单"连同索赔资料交索赔经办部门办理。

2. 以船运公司或保险公司为索赔对象者，由进口单位办理索赔；以供应厂商为索赔对象时，由外购部门办理索赔。

3. 索赔事件办妥后，"索赔记录单"应依原采购审核决策权限呈核后归档。

第三十四条　退货

1. 外购材料必须退货或退换时，外购部门应适时通知进口单位依照政府规定期限向海关申请。

2. 复运出口、进口的有关事务，外购部门应负责办理，其出口和进口签证、船务、保险报关等事务则委托出口单位及进口单位配合办理。

第五章　价格品质复核

第三十五条　价格复核

（1）采购部门应经常调查主要材料市场行情，建立供应商档案，作为采购及价格审核的参考。

（2）采购部门应对企业内各公司事业部所列重要材料提供市场行情资料，作为材料存量管制及审核决定价格的参考。

第三十六条　品质复核

采购单位应对企业内所使用的材料品质予以复核，并形成完整资料以备查。

第三十七条　异常处理

审查作业中若发现异常情形，采购单位审查部门应即填写"采购事务意见反应处理表"（或附书面报告），通知有关部门处理。

委托制造、外加工管理准则

总则

第一条　目的　为使本公司外制开发及半成品、成品外协处理有所遵循，特订本细则。

第二条　范围　本细则系指配合本公司销售、生产上需要，需通过协作厂商完成新产品零配件的试作、量试及认可后的大量外协制造等作业均属此范围。

第三条　外协类别　外协依其加工性质的不同区分为：

（一）成品外协　系指由本公司提供材料或半成品供协作厂商制成成品，其外协加工后即可缴交物资部门当作成品销售或可直接由协作厂商交运者。

（二）半成品外协 系指由本公司提供材料、模具或半成品供协作厂商制造，其外协加工后尚需送回本公司再经过加工始能完成成品者。

（三）材料外协 产品制造所需经过的某段加工过程必需的材料，由于本公司无此种设备（或设备不足）需要外协加工使其于公司内能使用均属之。

第四条 经办部门 外协加工事务由下列部门办理：生产计划科、仓库、质量检验科。

试作与量试外协

第六条 厂商调查

（一）为了解外协厂商的动态及产品质量，采购外制人员应随时调查，凡欲与本公司建立外协关系而能符合条件者应填具"协作厂商调查表"以建立征信资料，作为日后选择协作厂商的参考。"协作厂商调查表"一式一份呈主管核准后，自存。

（二）采购外制人员应依据"协作厂商调查表"每半年复查一次以了解厂商的动态，同时依变动情况，更正原有资料内容。

（三）于每批号结束后，将协作厂商试作、外协的实绩转记于"协作厂商调查表"以供日后选择厂商的参考。

第七条 申请

（一）试作

采购外制人员依据产品设计人员所填制的"开发通报书"、"开发进度表"、"新开发零件部门进度追踪报告"、"零件表"及图详细审核归划外制的零配件等资料是否齐全、清晰，并即按进度要求分别开立"外协加工申请单"一式四联，呈总经理核准后，第一联送会计部门，第二联自存，第三、四联物量，待试制品合格收料后，第三联附发票、收料单送会计部门整理付款。

（二）量试

1. 采购外制人员于第一批小量试作品完成并送交工程设计人员经确认正常后（如需修改，则再通知外协厂商重新送样，以迄正常为止，即进行第二阶段的试量，其中申请手续同第七条第一项作业。

2. 如于量试与试作过程中，产品设计人员为求产品增加美观与功能必需增减或修改某些零配件时，应统一由产品设计人员重新绘制零配件成品图，循第七条第一项作业，唯若必需重新开发模具者，应洽协作厂商提供损失的费用。

第八条 询价

（一）采购外制人员提出"外协加工申请单"前，应依需要日期及协作厂商资料进行询价，询价对象以两家以上为原则（最好三家）并需提供估价单，其内容有模具与零件的材料、人工、税金、利润等资料，每家填写壹张"外包零件模具估价表"及"估价分析表"。

（二）经办人员审核估价明细表后循议价、比价方式（以确保质量交货期为前提），将询价记录填写于"外协加工申请单"内呈主管核准后，外制人员需将承制厂商、外协工资及约定交货期转记于"外协加工控制表"凭以控制外协品的交货期。

（三）为配合工程设计部门的要求或制造部门的紧急需求，采购外制人员须参考以往类似品的外协价格，免经过议价、比价手续，径行指定信用可靠的厂商先行加工作业，但也应事后补办"外协申请单"及签订合同的手续。

第九条 外协内容与厂商变更

（一）外协询价经核准后，如需变更外协内容或承制厂商时，承办部门应开立"外协内容变更申请表"一式四联，注明变更的原因及更改的厂商呈主管核准，第一联送会计部门，第二联送物料管理，第三联办理付款时与发票一并附出，第四联自存。

（二）变更内容应转记于"外协加工控制表"内凭以管理进度。

第十条　签订合同

（一）询价完成后，采购外制人员应于外协零配件交运前与协作厂商签订"外制品制作进度追踪表"一式二联，一联自存，一联送协作厂商据此依进度作业，同时订立"模具开发及制品委托制作契约书"。

（二）"模具开发及制品委托制作契约书"一式三份，由协作厂商用印后，送呈科长、总经理核准用印后，一份送协作厂商，一份送会计部门，一份自存。

（三）协作厂商履行合同情况如有异常致使本公司遭受损失时，采购外制人员应立即设法改善依约追偿，并即以签呈，呈报主签，转呈总经理核示处理，扣损失金额超过××元以上时，应转呈总经理核示。

第十一条　质量检查

（一）检查依据　协作厂商依据采购外制人员所提供的正式工程图或样品，先行以"检查记录表"检查通过后，连同零配件（零配件名称、数量、厂商，以塑胶透明袋装妥，并于袋上标明）一并送交物料管理单位及外制人员登记，并转交产品设计人员检验。

（二）试样检查　工程产品设计人员于接到采购外制人员所转来的样品后，应依原工程图的要求检查其规格与物性，其处理方式如下。

1. 检验合格者：经检验合格者即填写"检查记录表"连同试样送交采购外制人员转记于"外协加工控制表"结案，并将零配件连同"检查记录表"送物料管理单位办理入库收料，待通知试装。

2. 检验不合格者：其检验不合格的零配件，应由产品设计人员于"检查记录表"内注明不合格的原因，送回采购外制人员转记于"外协进度表"内，继续追踪协作厂商如期（或延期）完成。

3. 如于检验过程中发生设计变更等事项，仍应通过采购外制人员向协作厂联系要求变更事宜。

第十二条　付款

（一）试作与量试之外协加工零配件经检验合格由物料管理单位办理入库后，采购外制人员应将"外协申请单"第三联，"收料单"第一联及发票一并核对无误，并呈核后转会计部门审查凭以付款。

（二）若需由本公司支付模具费用者，除前述的付款凭证外，另由协作厂商提示模具、机具的照片各壹祯粘贴于"模具履历表"内连同发票一并送交本公司整理，并建卡列入资产管理。

（三）采购外制人员每半年整理壹次各协作厂商到期应付未付的试作、量试、模具费用于"外制零配件逾期支付费用明细表"内一式二联，提出原因对策后呈主管核示，一份自存，凭以追踪，一份送会计部门备查。

第十三条　模具管理

（一）建档

按照固定资产管理办法，几经本公司支付模具费的任何模具均应按其编号别（按固定资产电脑编号说明书原则编定）列账管理，每一模具以一张"固定资产登记卡"列管。

（二）异动

1. 配合外协零配件质量与交货期等因素的变动，必须将模具由原协作厂异动到其他（或新开发）的协作厂或使用结案需移回本厂保管时，应按出入厂管理办法填写"物品出入厂凭单"一式三联，于出（入）厂内注明异动原因后呈主管核准，第一联自存，第二、三联送交原协作厂商签名后，第二联连同物品送回本厂（或新协作厂商），第三联存原协作厂商。

2. 凡异动后的资料均应详细记载于"固定资产登记卡"内，若因产品停止生产、制程变更、设备更新等原因而闲置时，采购外制人员应以"闲置固定资产处理表"一式三联，提报模具闲置原因及研拟处理对策后，会业务部门呈总经理核准，第一联送会计部门，第二联送物料管理单位，第三联自存。

第十四条 协作厂商绩效评核

（一）为使协作厂商适时交运优良质量的零配件给予本公司生产总使用，采购外制人员应每月整理"外作品新开发评分表"，区分为 A、B、C 品种等级，呈主管核准后，参酌质量交货 A 级者，其货款以现金方式支付以示奖励；B 级者货款以一个月票期支付；C 级者以两个月票期支付（含新开发的协作商厂）；D 级者以三个月票期支付，而列入 D 级的协作厂商连续超过三次者，应予淘汰重新寻觅新协作厂商代替。

（二）采购外制人员为便于外协加工申请作业应于每月底将各协作厂所交的项目规格、材质、加工条件、价格等记录于"外制零配件交运动态表"，依机种别分类归档，以利查询。

量试外协

第十五条 生产资料通知

经量试的样品，经工程设计人员认可后，由采购外制人员主动联系生产部人员领取相关资料（产品零件表、零件图、组合图、标准规格及用料清单、零件部品的流程图及说明书、制程能力分析、产能设定资料、样品及各项操作、质量的基准等，若因业务需要，可由采购外制人员继续量产的采购）应立即由采购外制人员主动召集此项检查会，提出量试期间发生的各项修正与变化，详细列入会议记录。

第十六条 量产订购、询价、收料、付款作业

（一）采购外制人员于接获产销部门通知生产后，即（按交货期间）适当安排各项外制零配件的交货进度，其手续同前第八条的询价作业，如价格与对象不变，不必再填"外协申请单"，而直接以订购单填写、单价栏注明系外协单价按正常采购方式作业。

（二）由本公司提供原物料者，由生产部门提出申请核准后，由填写"外协出厂单"连同原料、半成品随车交运，"外协出厂单"一式四联，第一联自存，第二联存会计，第三、四联送厂商，第四联由厂商签回，待加工完成并检验合格后，由物料管理单位填写"外协收料单"一式四联，第二联送会计，第一、三联自存，待收到发票后，连第一联整理付款，第四联送厂商。

附则

第十七条 本办法呈总经理核准后实施，增设修改时亦同。

外协管理办法

第一条 适用范围

（一）由于本公司人员、设备不足，生产能力负荷已达饱和时；

（二）特殊零件无法购得现货，也无法自制时；

（三）协作厂商有专门性的技术，利用外协质量较佳且价格较廉。

第二条 选定方法及基准

（一）审查方式：书面审查及实地调查。

1. 外协加工及外协制造的申请，是否符合规定，数量方面是否适宜。

2. 申请核准后，由外协管理人员判定是否有协作厂商承制，若没有则选择三家以上厂商的资料，填具厂商资料调查表。

3. 实地调查时，由质量管理委员会指定质量管理、生产管理、技术、外协管理等单位派员组成调查小组，但每次不一定所有人员都要参加，要视加工或零件制造的重要性而定，将调查结果填入厂商资料调查表中。

4. 实地调查后可选定其中一家厂商试用。

（二）审查基准

1. 质量

2. 供应能力

3. 价格

4. 管理

选择其中评分最高者作为适用的协作厂商。

（三）审查流程（见有关文件）

第三条 试用

当选择最佳厂商之后，必须经过试用，待试用考核达到标准以上时，才能正式成为本公司的协作厂商。

（一）试用合同：规定试用期为三个月，每月要考核一次，并将结果通知试用厂商，试用合同格式如附表 10.6.2 所示。

（二）试用考核：试用期间要对试用厂商进行考核。

（三）试用开始时，试用厂商要将样品送来检查，经判定合格才能继续大量地加工或制造。

第四条 正式设立

（一）正式设立判定基准：试用考核期间的成绩达 70 分以上者则正式判定为本公司的协作厂商。

（二）正式合同内容：与试用合同格式相同，格式如附表 10.6.2 所示。

第五条 外协

（一）负责单位：由外协管理员负责外协加工或外协制造的事务。

（二）外协资料：外协加工或外协制造时要给试用厂商或协作厂商的资料。

1. 蓝图

2. 工程程序图

3. 操作标准

4. 检查标准

5. 检验标准

6. 材料的规格、数量

（三）外协指导管理

1. 使其确实按照本公司的规定来加工或制造。

2. 协助其提高质量。

3. 经常联系协调，了解外协的进度、质量。

4. 指导教育与考核。

（四）外协核价

当由本公司供料时，总价＝单价×(1-报废率)

1. 数量必须要经负责的生产管理员签证，有时可由过磅员重新核算。

2. 报废率（抽样测量）或报废数的资料由质量管理部门提供。

（五）外协督促，确保外协加工或外协制造的货品如期交来。

第六条　质量管理

（一）入厂检验：

1. 按双方协定的验收标准及抽样计划来验收；

2. 进料管理流程（见有关文件）。

（二）外协质量管理和定期考核，确保试用厂商或协作厂商供应的产品符合要求，对其必须检查。每月巡回检查各协作厂商，对每个协作厂商，三个月中至少要做 1～2 次以上的检查，对试用的厂商，三个月内要做两次检查。

第七条　不良抱怨

（一）抱怨程序

1. 验收的抱怨：

（1）验收人员将检验报告通知外协管理人员，并将资料存档，作为下次验收的依据；

（2）外协管理人员将验收情况通知协作厂商或试用厂商，使其针对缺陷进行改进，资料存档，作为考核依据。

2. 生产时的抱怨：

（1）生产中发现不良的主要原因是由于外协而发生时，制造各科组通知生产管理单位；

（2）生产管理单位通知质量管理员再重检外协厂商交来的半成品或零件，并通知外协管理人员资料存档，作为验收依据；

（3）外协管理员通知协作厂商资料存档，并作为考核的依据。

3. 尚有质量管理日常检查抱怨及国内外客户诉怨等。

（二）责任分担

不良抱怨发生时，除要通知协作厂商或试用厂商，针对缺陷进行改进外，自身更要做好质量检查考核管理工作，若有生产时的抱怨发生，还要依照合同内的规定罚款。

第八条　指导教育与考核

（一）负责单位：有关外协的质量管理、生产管理、设计，外协管理的单位均有负责指导教育考核的责任。

（二）进行方式：首先必须健全本厂的质量管理组织。

1. 指导教育方面

（1）协作厂商高阶层人员观念训练：鼓励其接受新观念或参加本厂召开的产品开发座谈会、质量管理座谈会。

（2）协作厂商质量管理人员训练：鼓励其参加专业训练或质量管理训练或安排其参加本厂所举办的专业质量管理班，使其了解：

① 本厂的质量管理政策及组织；

② 本厂的进料验收、制程及成品的质量管理及最后检验等；

③ 本厂验收使用何种验收规格、仪器、量规、抽验表及如何判定合格。

2. 其他协助方面

管理制度、质量管理制度的建立实施，原料管理、工作方法改善等。

3. 考核方面

详见协作厂商考核及等级评定办法。

第九条　本规定如有其他未尽事宜，需经研讨后修定。

附表 10.6.2

外协加工合同书＿＿＿＿＿＿＿＿＿＿＿

股份有限公司（以下简称甲方）＿＿＿＿＿＿＿＿＿＿＿（以下简称乙方）

第一条：乙方加工事项，以甲方所交付的外包加工单为凭。

第二条：乙方须按照外包加工单所列的各项规定，如加工说明、数量、交货日期等确实履行，准时交货。

第三条：乙方所交的加工品应保证为合格品，并不得有短缺或不合规格及瑕疵等情况，且经甲方验收后，始认为合格。

第四条：材料由＿＿＿＿＿＿＿＿＿＿＿方负责。

第五条：若材料由甲方负责供应时，废料率为＿＿＿＿＿＿＿＿＿＿＿。

第六条：验收时的检验方法是采用 MIL_STD_105D，正常检验，二级检验水准。一次抽样计划，ALQ 为＿＿＿＿＿＿＿，或 MIL_STD_414D 正常检验，四级检验水准。一边规格界限，形式＿＿＿＿＿＿，ALQ 为＿＿＿＿＿＿。

第七条：乙方必须确实遵守外包加工单所规定的交货期，或甲方外协管理员电话或书面通知调整的交货期，若有延误的情况及因规格不合、质量不良，致验收不合格而遭退货时，乙方应依下列办法计算违约金付予甲方，但因天灾或人力不可抗拒的事故，经甲方认为属实者，则不在此限。

（一）过期 5 日内，每逾 1 天，按未交部分总价，处＿＿＿＿＿＿＿违约金。

（二）继续逾期 5 天以上至 10 天以内者，每逾一天按未交部分总价，处＿＿＿＿＿＿＿违约金。

（三）继续逾期 10 天以上至 20 天以内者，每逾一天按未交部分总价处＿＿＿＿＿＿＿违约金。

（四）继续逾期 20 天以上，依违约论，不论未交部分数量，违约金以价款的一倍计算。

第八条：通过验收的货品在甲方再加工时，若发现有不良品时（明显为甲方再加工后的磨损品除外），则甲方可向乙方要求赔偿或退回乙方重新加工。

第九条：乙方送交加工品，因不良导致甲方生产线停工，其工时损失要由乙方负责，如果甲方发生非常严重不良后果，则甲方有权取消外包加工单。

第十条：按期交足定货而合格率为 100%，给予总价＿＿＿＿＿＿＿奖励金。按期交足定货而合格率为 95%，给予总价＿＿＿＿＿＿＿奖励金。

第十一条：试用厂商的试用期间为三个月，每月接受甲方外包质量管理检查一次，试用期满，视其考核评分到达 70 分以上者，才能正式成为甲方的加工厂商。

第十二条：加工厂商每月接受甲方外包质量管理检查一次，每月考核：质量、交货期、价格这三项，每年总考核一次，划分等级。

第十三条：付款条件：乙方交来的货品经甲方验收合格后，甲方＿＿＿＿＿＿＿

第十四条：乙方应找（乙方资本额二倍）殷实铺保连带保证乙方履行本约。

甲方：＿＿＿＿＿＿＿＿＿＿（签章）

地址：＿＿＿＿＿＿＿＿＿＿

电话：＿＿＿＿＿＿＿＿＿＿

乙方：＿＿＿＿＿＿＿＿＿＿（签章）

乙方连带保证人：＿＿＿＿＿＿＿＿＿＿

思 考 题

1. 什么是物资采购？物资采购要承担哪些风险？

2. 物资采购有哪些形式？

3. 物资采购需要经过哪几个阶段？物资采购工作可分哪几个阶段？

4. 物资采购有哪几种主要方式？

5. 什么是集中采购方式？集中采购有什么优缺点？其适用范围是什么？需要经过哪些步骤？

6. 什么是分散采购？分散采购有什么优缺点？其适用范围是什么？

7. 什么是现货采购？现货采购有什么优缺点？其适用范围是什么？需要经过哪些步骤？

8. 什么是远期合同采购？远期合同采购有什么优缺点？其适用范围是什么？

9. 什么是直接采购？直接采购有什么优缺点？其适用范围是什么？

10. 什么是间接采购？间接采购有什么优缺点？其适用范围是什么？需要经过哪些步骤？

11. 什么是招标采购？招标采购有什么优缺点？需要经过哪些步骤？

12. 什么是在线采购？在线采购有什么优缺点？需要经过哪些步骤？

13. 市场采购应注意哪些事项？

14. 加工订制这一采购方式的适用范围是什么？

15. 加工订制需要加工哪些步骤？

16. 订货合同包括哪些主要内容？

第 **8** 章

企业物资运输管理

学习目标

1. 了解物资运输管理的内容
2. 了解合理组织物资运输的途径
3. 掌握合理组织物资运输的定量方法

物资运输是企业生产经营管理职能的重要组成部分。在我国企业产品成本中，运输费用的影响在日益增大，据不完全统计，我国重要生产资料的实物运输费用在产品价格中的比重平均在30%～40%。据国外有关资料，如美国企业产品价格中，运输费用平均约占20%。在社会最终成本中，运输费用支出最低占10%，有的高达30%以上，因而现代企业越来越重视降低运输费用，把加强运输管理减少物资运输费用作为企业的第三利润源泉。

8.1 物资运输的作用与内容

8.1.1 物资运输的含义

物资运输是指物资借助于运力实现在空间上转移的过程。由于物资供给与需求在空间上有一定的距离，物资只有通过运输，才能从产地转移到需求地，满足企业的生产需要。

8.1.2 物资运输的作用

组织好企业物资运输，对加强企业的生产经营管理和提高经济效益，有着重要的作用。

（1）搞好物资运输是保证企业正常生产和组织物资供应的必要条件

任何一个生产企业，要使企业的生产经营得以正常进行，都必须有原材料源源不断的输入和成品的不断输出，才能使企业的产供销顺利进行。因此，任何一个企业的原材料的投入、在制品流转和成品的输出都离不开物资运输。

（2）搞好物资运输是实现社会再生产的重要手段

社会产品的价值和使用价值，只有在进入交换和消费领域之后，才能最终实现。物资没有从一个单位到另一个单位，从产地到销地的转移，物资就不能实现消费，而物资运输就是实现社会物资消费这一转移的重要手段。如果这种手段发生故障，社会再生产就要中断，生产就会停滞。因此，搞好企业运输工作，对企业和社会生产的发展有着重要作用。

（3）搞好物资运输是提高企业和社会经济效益的重要途径之一

企业的经济效益，同企业产品中包含的原材料成本的高低、物资储备资金占用的多少、物资周转时间的长短有很大关系。搞好物资运输管理，就可以减少物资运输费用，减少物资运输在途时间，就能减少在途物资数量，减少物资储备，加速物资周转，从而可以减少资金占用，加速资金周转，为提高企业和社会效益提供了可能。

8.1.3 物资运输管理的内容

物资运输管理的基本内容有：组织物资合理运输；正确编制物资运输计划；搞好物资运输业务管理；建立健全运输规章制度；实行经济考核、提高经济效益；加强自有车辆管理。其中，以组织物资合理运输为主要内容。

8.2 物资合理运输

8.2.1 物资合理运输的含义

物资合理运输不只是"合理流向"的问题，还应包括物资的生产、消费和物资购销对物资运输的要求，以及各种运输方式的合理分工和运输业务的组织管理。因此，物资合理运输可以表述为：在充分利用各种运输方式的条件下，选择最经济合理的运输路线和运输工具，从而以最短的里程、最少的环节、最快的速度和最省的劳动消耗，安全优质地完成物资运输活动。

8.2.2 物资合理运输的标准

开展物资合理运输，首先要遵守"及时、准确、安全、经济"物资运输原则。"及时"，就是要求以尽可能短的时间，把物资运往目的地，及时满足企业生产经营所需；"准确"，就是在运输过程中，要防止短缺等各类事故的发生，准确无误地把物资运到目的地；"安全"，就是在运输过程中，不发生霉烂、残损、丢失、爆炸和燃烧等事故，确保人身、物资设备安全地到达目的地；"经济"，就是用经济合理的办法运输物资，节约人力、物力和财力，降低运输费用，提高经济效益。

根据这项原则考核，指导物资运输活动，通常运用以下具体标准。

① 较低的运费。在有两种以上运输方式可供选择时，劳动消耗最少的那一种运输方式显然是经济合理的。

② 较快的物资送达速度。送达速度不是越快越好，而是运得及时。

③ 较好的物资运输质量。这里包括物资运输的损耗情况、事故情况、运输计划管理的准确程度，以及各项运输技术经济指标的完成情况等。

8.2.3 物资不合理运输的表现

物资不合理运输，是指不符合客观经济规律的要求，浪费运力、运费和运输时间，损害运输经济效果的运输现象。常见的物资不合理运输，主要有以下几种。

（1）迂回运输

迂回运输是指在正常情况下，物资运输本可以走直线或经最短的运输路线，但却采取绕道而行，增加了运费支出的不合理运输现象。

（2）过远运输

过远运输是指舍近求远的不合理运输现象。指物资需求厂家本可以从邻近的产地购进需要的物资，却从较远的产地购进，或多个生产地生产同一种物资，不是就近供应邻近的需求厂家，而是供应给距离较远的需求厂家，从而浪费了运力，增加了运输费用和延长了商品在途时间的不合理运输现象。

（3）运输工具选择不合理

在几种运输工具中未能选择经济效益较高的工具。如不采用费用较便宜的水运却采用陆上运输，增加了运输费用。

（4）亏吨运输

亏吨运输是指物资的装载量没有达到运输工具的装载标准重量、没有装满车船造成亏吨损失的不合理运输现象。装载亏吨，使运输工具的装载能力没有充分发挥，而形成部分无效运输，造成运力的浪费和运输费用不必要的支出。

（5）零担运输多

零担运输多在大批量物资运输中，未能更多地采用整车或组装整车运输，却以零担发运，使运杂费增加。

（6）重复运输

重复运输是指一种物资运输本来可以直运目的地，却在中途停、卸，又重复装运的不合理运输现象。重复运输不增加运输距离，但却增加了装卸工作量和装卸费用，降低了运输工具的使用效率，延长了物资在途时间。

8.2.4 组织物资合理运输的途径

1. 选择合理的物资运输路线

这是组织物资合理运输的首要途径。它的基本要求是减少物资流转环节，缩短运输里程和在途时间。具体措施就是根据物资的产销分布情况和交通运输条件，在产销平衡的基础上，按照产地就近销售的原则、规划物资的基本流向和流通范围，划分物资的调运区域，制定物资合理流向图，并以此选择合理的运输路线和运输方式。

2. 选择合理的物资运输组织方式

（1）直线运输

是指按物资合理流向，走最捷的路程，消除迂回、过远等不合理运输，使物资运输直线化。

（2）"四就直拨"运输

是减少运输中间环节和物资的装卸次数，降低物资流通费用、开展物资合理运输的一项行之有效的组织形式。"四就直拨"运输包括以下4项内容。

① 就工厂直拨。从供货方采购的物资经验收后，直接运到车站，或者码头运到单位。

② 就车站、码头直拨。对于运到车站、码头的物资，经交接验收后，就在车站、码头将物资直接分拨给有关要货单位。

③ 就仓库直拨。企业对于在仓库储存保管的物资，发货时，越过不必要的中间环节，直接从仓库拨给要货部门现场。

④ 就车（船）过载换装，企业对于外地用车（船）运到的物资经交接验收后，不入库保管，就车（船）直接转换其他运输工具，如从火车直装汽车，把物资转运给各要货单位（分厂、车间）。

3. 选择经济合理的运输工具

随着我国交通运输事业的发展，运输线路的增加，运输组织管理水平的提高，先进的运输工具和运输设备的产生和出现，使物资由产地到需求地的运输途中，往往同时有几种运输方式（铁路、水路、公路、航空等）可供选择，有多种运输工具（火车、汽车、船舶、飞机等）可供采用。在多种因素和条件同时并存可供选择的情况下，就要通过对比、分析、计算以选取最经济合理的运输方式与运输工具。

各种运输方式和运输工具都有各自的特点，具体如下所述。

① 铁路运输，是完成物资运输的主要力量。铁路运输运量大、速度快、运费较低，不受气候、季节影响，在运输上有高度的连续性和准确性，主要适合于大宗物资的远程运输。

② 水路运输，可分为内河运输和海上运输。水路运输是最经济的一种运输，运费最低，运量大。

③ 公里运输，主要是指汽车运输。汽车运输速度快，装卸方便，灵活机动。与铁路、水路运输相比，运量较小，运费较高，一般适合于短距离运送货物。

④ 航空运输，优点是速度最快，但运费最高、运量最小。用于远距离运送急需贵重物资和时间性较强的物资。

选择运输方式和运输工具的主要依据是运输方式本身的特点和可以提供运输服务的范围。除此之外，在选择运输方式时，还要考虑以下因素。

① 运输物资的情况。包括运输物资的数量、体积、规格、形状及理化、生物性能和对运输条件的具体要求。

② 交通运输情况。即在起止点间有哪几条运输路线可供选择，每条运输路线的长度及通过能力如何，各条路线适用的运输工具和相应的作业环节的多少等。

③ 物资运输费用。包括各种运输工具的运费水平和运杂费，以及委托集中运输的服务费。此外，还要考虑运输费与物资价格之间的比例。

④ 物资交货日期。根据各种运输工具的运行速度，算出运输途中所需的时间，再加上两端作业（装卸、搬运、验收、分检）和中继作业（交接、换装等）时间，考虑运输能力的影响因素，大致推算出物资在途期间，根据企业生产对物资的需求情况，分析确定合适的运输工具。

⑤ 银行利息。根据物资在途期间，计算物资的在途时间银行利息的高低。

⑥ 物资损耗。根据运输物资的性质，在途时间的长短和作业环节的多少，推算物资损耗的大小。

根据运输方式本身的特点，综合以上几方面的因素，从综合经济效果上进行衡量，选择最适宜的运输方式。为了对各种因素进行分析对比，可以在掌握上述资料的基础上，绘制"综合比算表"求出对比数字，作为选择运输方式的依据。"综合比算法"是在商品运输实践中产生的一种优选方法，也是选择运输方式时所应遵循的基本方法。

4. 提高运输工具的使用效率

就是在保证物资运输安全前提下，最大限度地利用车船载重吨位和载重容积。主要措施有以下几个方面。

（1）提高整车发运比率

零担和整车是铁路物资运输的两种基本发运方式。提高整车发运比率，可以提高车辆标重、容积利用率，可节省大量运输费用，提高企业的经济效益。

（2）提高车船技术装载量

物资在车船上配装、积载、堆码的方法和技巧，称为物资装载技术。运用物资的装载技术，在各种运输工具上所装物资的数量或重量，称为技术装载量。提高车船技术装载量，一方面可以最大限度地利用车船载重吨位，另一方面可以充分使用车船装载容积。常用的提高技术装载量的方法有以下 3 种。

① 实行轻重配载。企业可把采购的轻泡和实重的物资进行轻重配装，就可以收到既装满

容积又达到或接近载重标准的双重效果，提高了运输效率。在组织轻重配载时，应注意装载方法，防止以重压轻、以大压小，造成物资损失。

② 改进码堆方法。如对一般物资采取多层装载，压缝装载、紧密装载、大小套装、粗细套装等，使物资间的空隙缩小到最低限度。

③ 开展轻泡物资"三化"工作。实行轻泡物资"三化"（打包机械化、包装规格化、装载定量化）是提高技术装载量的一项行之有效的措施。通过使用机械打包，在不影响物资质量与运输安全的前提下，尽量压缩包装体积；与铁路交通运输部门配合，采用科学计算方法，制定物资装载定额，提高运输工具的装载量。

（3）集装箱运输

集装箱是一种用来集装物资并具有一定规格要求的货箱（或货柜），是一种先进的运输设备。集装箱运输具有简化交接手续，提高装卸作业效率，节省包装材料，减少货损货差，保证运输质量，有利于实现"门对门"运输的优点，是改变物资运输落后状况的一项根本性措施。但一定要根据集装箱运输的特点和我国机械化作业水平、物资的特点有条件地开展。

8.3 物资合理运输的定量分析方法

在物资运输过程中，经常要将物资从生产厂家或储存仓库，运到需求厂家或分配性仓库去。如何规划物资运输方案以取得较好的经济效益，根据多年实践，可采用的数学方法有图上作业法、表上作业、派车方法等，并越来越多地利用计算机进行运算。

8.3.1 运输问题的数学模型

某运输公司，要将某种物资从 m 个供应地，即 $A_1, A_2, A_3, \cdots, A_m$，运往 n 个需求地，即 $B_1, B_2, B_3, \cdots, B_n$。

供应地 $A_i(i=1,2,\cdots,m)$ 的发运量为 $a_i(i=1,2,\cdots,m)$；

需求地 $B_j(j=1,2,\cdots,n)$ 的需要量为 $b_j(j=1,2,\cdots,n)$；

并且已知从供应地 A_i 运到需求地 B_j 的单位运价为 $C_{ij}(i=1,2,\cdots,m;j=1,2,\cdots,n)$，运输里程 $L_{ij}(i=1,2,\cdots,m;j=1,2,\cdots,n)$，则从供应地 A 到需求地 B 的物资运量应满足：

$$\sum_{i=1}^{m} a_i = \sum_{j=1}^{n} b_j \qquad （发运量等于需要量）$$

如 X_{ij} 表示由 A_i 到 B_j 的物资运量，则 X_{ij} 又满足下列约束条件

$$\sum_{j=1}^{n} X_{ij} = a_i \qquad (i = 1, 2, \cdots, m) \qquad (8.1)$$

$$\sum_{i=1}^{m} X_{ij} = b_j \qquad (j = 1, 2, \cdots, n) \qquad (8.2)$$

$$X_{ij} \geq 0 \qquad (i=1,2,\cdots,m; j=1,2,\cdots,n) \qquad (8.3)$$

式（8.1）表示从每个供应地运往各需求地的物资数量等于此供应地总产量；式（8.2）表示对于每一个需求地来说，各供应地运去的某种物资的总量等于其需要量；式（8.3）表示物资运量最小为零，不能为负数。

上述条件如表 8-1 和表 8-2 所示。

表 8-1　供需产需平衡表

需求地\运量\供应地	B_1	B_2	$\cdots$	B_n	产　量
A_1	X_{11}	X_{12}	$\cdots$	X_{1n}	a_1
A_2	X_{21}	X_{22}	$\cdots$	X_{2n}	a_2
$\vdots$	$\vdots$	$\vdots$		$\vdots$	$\vdots$
A_m	X_{m1}	X_{m2}	$\cdots$	X_{mn}	a_m
需　要　量	b_1	b_2	$\cdots$	b_n	$\sum\limits_{j=1}^{n} b_j = \sum\limits_{i=1}^{m} a_i$

表 8-2　单位物资运价表

单位运价\需求地\供应地	B_1	B_2	$\cdots$	B_n
A_1	C_{11}	C_{12}	$\cdots$	C_{1n}
A_2	C_{21}	C_{22}	$\cdots$	C_{2n}
$\vdots$	$\vdots$	$\vdots$		$\vdots$
A_m	C_{m1}	C_{m2}	$\cdots$	C_{mn}

现在确定一个最合理的产销调拨方案，使 X_{ij} 各数值满足上述各方案的约束条件，同时使总的运费（或运输吨千米）最小。

$$\min f = C_{11}X_{11} + \cdots + C_{1n}X_{1n} + C_{21}X_{21} + \cdots + C_{2n}X_{2n} + \cdots + C_{m1}X_{m1} + \cdots + C_{mn}X_{mn}$$

$$= \sum_{i=1}^{m} \sum_{j=1}^{n} C_{ij}X_{ij}$$

或
$$\min f = \sum_{i=1}^{m} \sum_{j=1}^{n} L_{ij}X_{ij} \tag{8.4}$$

8.3.2　图上作业法

图上作业法是我国独具一格、规划合理的物资运输方案的方法。它是在一定的运输线路上使用同一种运输工具进行物资运输时，采用图解的形式。画出物资的运输方向和里程，寻求物资合理运输的方案。

在交通图上，用"○"表示供应地（或发点），"○"中的数字表示该地的产量；用"□"表示需求地（或收点），"□"中的数字为该地的需要量。从某一供应地到某一需求地物资的运输方向用"→"表示，表示流向，它标在前进方向的右侧，该流向的运输量称为流量，记在"→"的右边。标明了供应地的产量、需求地的需要量及流向、流量的交通图称为流向图。图上作业法就是找出物资运输的最优流向图，从而得到物资运输的最优方案。既无对流又无迁回的流向图就是最优流向图。

所谓对流，就是在一段运输路线上有同一种物资的往返运输。迁回，就是在成圈的交通图中物资的运输走了大半圈。对流的判断方法比较简单，而迁回现象在较复杂的交通图中不宜判断，需采用以下方法：若 d 表示一个图线路的总长，$d_{内}$、$d_{外}$ 分别表示"→"标在这个圈内、图外的路线总长，当 $d_{内} > 0.5d$ 或 $d_{外} > 0.5d$ 时，就会产生迁回现象。以下介绍图上作业法的迭代步骤。

第一步，求第一流向图。这种流向图，有两种情况。对于没有圈的情况，此时不可能有迁回现象，只要避免对流就可以得到最优运输方案。在寻求最优方案时，根据口诀"抓各端，各端供需归邻点"画出流向图，就可以得到最优运输方案。

对于交通图有圈的情况，根据口诀"甩一段，破一圈；有几圈，甩几段"将有圈的交通图化为不成圈的交通图；再按以上口诀作出第一流向图。在实际作图时，通常先甩掉里程最长的一段。

第二步，检查有无迁回。一个既没有对流又没有迁回的流向图，就给出了一个最优运输方案。

检查的方法：计算这个流向图的每一个圈的总长 d、内圈长 $d_内$、外圈长 $d_外$，如果 $d_内 \leqslant 0.5d$ 且 $d_外 \leqslant 0.5d$ 时，则这个流向图就是最优的。只要有一个圈不合格，就不是最优的，转入第三步。

可以证明，检查没有对流的流向图有无迁回，不必对所有的圈进行检查，仅仅对只有一边没有流向的圈检查有无迁回就可以了。如果各圈内、外圈长都小于圈长的一半，就得到最优方案。如果有的圈有迁回，就要进行调整，求新的流向图。

第三步，调整。具体方法是：若发现某个圈 A 不合格时，圈 A 以外的边上流向不变，只改变圈 A 的边上流向。如果内（外）圈之长大于整个圈长的一半，则内（外）圈各流量都减去内（外）圈中最小的流量，所有外（内）圈和空圈都按外（内）圈方向加上这最小流量，得到一个新的流向图。

重复第二步、第三步，直至得到最优方案。

综上所述，在用图上作业法规划最优运输方案时按照如下口诀进行："物资流向画右旁，发生对流不应当；内圈外圈分别算，都不超过半圈长。"

1. 线状线路的图上作业法

具体步骤是：

第一步，根据实际地理位置、交通情况和发运量、需要量绘制线路图；

第二步，由各端开始就近调拨；

第三步，安排第一次调拨后，再从新的端点开始第二次就近调拨；

第四步，将最后的结果汇总，使运输路线完整化。

例 8-1　某钢铁公司有 3 个采矿点 A1、A2、A3 和 4 个选矿工厂 B1、B2、B3、B4，采矿日产量分别是 500、200、300 吨，选矿日处理量为 200、300、100、400 吨。其交通路线图如图 8-1 所示，求最好运输方案。

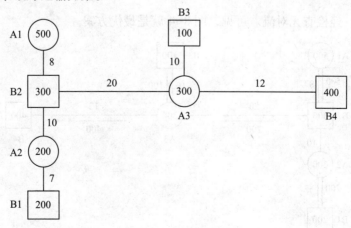

图 8-1　交通路线图 1

具体解题步骤如下所述。

① 先从 A2 端点就近调拨 200 给 B1，如图 8-2 所示。

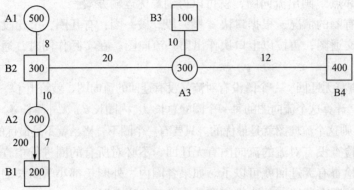

图 8-2　交通路线图 2

② 安排第一次调拨后，再从新的端点 A1 开始第二次就近调拨 500 给 B2，B2 接受 300 后，把剩余的 200 调拨给 A3。如图 8-3 所示。

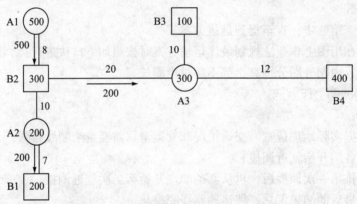

图 8-3　交通路线图 3

③ 再从新的端点 A3 就近调拨 100 给 B3，从新的端点 A3 就近调拨 400 给 B4。如图 8-4 所示。

调拨完毕后，经检查无对流。可见，图 8-4 就是最优方案。

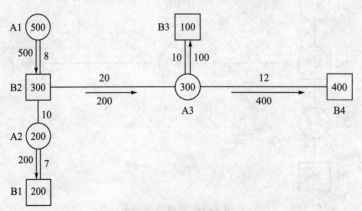

图 8-4　交通路线图 4

④ 列出运输方案。运输方案见表 8-3。

表 8-3　调拨平衡表 1

需要地 产　地	B1	B2	B3	B4	日产量
A1		300		200	500
A2	200				200
A3			100	200	300
日处理量	200	300	100	400	1000

2. 环状线路的图上作业法

具体步骤如下所述。

① 按各收、发点的地理位置、交通情况画出环状线路图，并将各点相应的收发数量和运输距离标上。

② 甩掉里程最长的一段，使环状线路变成线状线路。

③ 按线状线路图上作业法规划运输方案。

④ 检验是否合理。运输方案是否合理的标准是：若内、外圈之长均小于整个圈长的一半，则找到了合理的运输调拨方案；若内圈（或外圈）之长大于整个圈长的一半，则方案不是最优的，应进行调整。

⑤ 进行调整。调整的方法是，若内圈（或外圈）长大于整个圈长的一半，则甩掉现有内圈（或外圈）中运量最小的一段，补上原先甩掉的那段，再按线状线路重新安排调拨形成新的方案。

⑥ 重复④、⑤，直至内、外圈长都小于整个圈长的一半。

例 8-2　某公司有一批物资从 A1，A2，A3 地运往 B1，B2，B3，B4 地，其交通线路图见图 8-5，试求最佳运输方案。

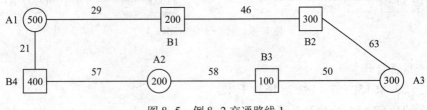

图 8-5　例 8-2 交通路线 1

① 甩掉里程最长的一段，使环状线路变成线状线路。本例中 B2—A3 段为 63 千米，运距最长，先予甩去。如图 8-6 所示。

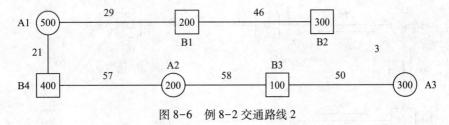

图 8-6　例 8-2 交通路线 2

② 按线状线路的办法安排调拨，如图 8-7 所示（注意物资流向一律画右旁）。

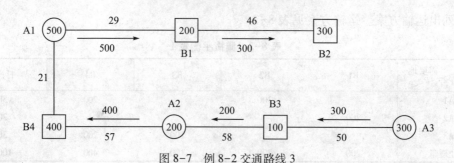

图8-7 例8-2 交通路线3

③ 检查是否合理。运输方案合理的标准是内圈、外圈均不得超过整个圈长的一半。本例中：

半圈长=(21+29+46+63+50+58+57)/2=162(千米)

内圈长=29+46+50+58+57=240＞162(千米)

外圈长=0＜162

检查结果，本方案不是最优，应进行调整。

④ 进行调整。调整的方法是，内圈不合理，对内圈进行调整，把内圈中流量最小的一段甩掉，补上原先甩掉的那段，再按线状线路重新安排调整。本例中，A2—B3 段流量为最小，予以甩去。将 B2—A3 段补上，再按线状线路从各端点就近调拨。重新作图，如图8-8 所示。

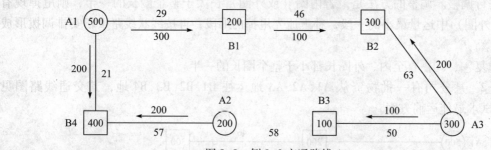

图8-8 例8-2 交通路线4

⑤ 检查是否合理。

内圈长=29+46+50+57=182＞162(千米)

外圈长=21+63=84＜162(千米)

检查结果，本方案不是最优，应进行调整。

⑥ 进行调整。内圈不合理，内圈中 A3—B3 段流量为最小，予以甩去。将 B3—A2 段补上，再按线状线路从各端点就近调拨。重新作图，如图8-9 所示。

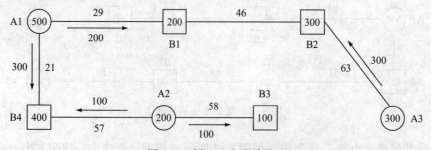

图8-9 例8-2 交通路线5

⑦ 检查是否合理。

内圈长 = 29+57 = 86 ＜ 162（千米）

外圈长 = 21+63+58 = 142 ＜ 162（千米）

检查结果，内圈、外圈都小于半圈，说明本方案为最优方案。

⑧ 列出运输方案，如表 8-4 所示。

表 8-4　调拨平衡表 2

需要地 产地	B1	B2	B3	B4	日产量
A1	200			300	500
A2			100	100	200
A3		300			300
日处理量	200	300	100	400	1000

8.3.3　表上作业法

表上作业法是以最小运费作为目标函数，利用单位运价表、产销平衡表等表格进行规划，寻求最优运输方案。其步骤如下所述。

第一步，在给定的产销平衡表和单位运价表上，用最小元素法拟订初始运输方案。

最小元素法，就是在单位运价表上按运费最小的优先调运的方法。当某一个产地或者需求地的产量或需要量得到满足后，在单位运价表上就将对应行或列的运价划去，再从余下的运价中找出最小的运价，将对应产地的物资运到相应的需求地，依次就可以得到一个初始运输方案。

在一般情况下，平衡表中所填写的运量数字的格字数目为

产地数(m)+需用地数(n)-1

如果求初始运输方案时，遇到不需要或不能供应的情况，使得平衡表中填有运量的格子数目小于 $m+n-1$ 时，这时应在平衡表中相应位置上填上 "0"，使得填有运量的格子数为 $m+n-1$。具体的填写方法如下所述。

① 当运输方案已给出，运价表中尚有一个元素未划去，这时要在对应于未划去元素的产销平衡表的空格处填上一个 "0"，这个填 "0" 的空格同其他有数字的格一样看待。

② 当选定最小元素后，发现该元素所在行产地的产量等于所在列需求地的需要量，这时在产销平衡表中填一个运量，在运价表中就要同时划去一行和一列，为使产销平衡表中有数字的格仍为 $m+n-1$，这时需要在划去的该行或列的任一空格位置上填上 "0"。

第二步，检验。若所有的检验数都是非负值时，即得到最优解；若还存在一个或若干个检验数为负值，说明这个运输方案不是最优方案。

检验数的计算方法有三种：闭回路法、位势值法、矩阵法，在此只介绍闭回路法。

以初始运输方案表上的某空格作为起点，沿着水平或垂直方向前进，遇到有数字格转 90°（顺时针或逆时针都可以），继续下去必能回到原来的空格，得到一个闭回路，对于每一个空格来说，闭回路存在且唯一。在单位运价表中的相应位置画出这条闭合回路，以这个空格相应的闭回路顶点编号为零数起（无论从哪方向），依次可将这条闭回路的每个顶点编号。将偶数号顶点运价之和减去奇数号顶点运价之和的差，便是这个空格的检验数。如果所有的

检验数是正数或零,则这个运输方案为最优方案。若出现检验数有负值,则需对原方案进行调整,转入第三步。

第三步,调整方案。如果检验数中出现负数,则选择绝对值最大的负检验数所在空格进行调整,得到新的运输方案,再进行检验、调整,直至得到最优方案为止。具体步骤如下:

① 在检验表中找出绝对值最大的负检验数所在空格,在初始运输方案中画出此空格的闭回路;

② 在此空格的闭回路上,从各奇数号顶点所相应的运量中选出最小的运量作为调整量;

③ 在此空格的闭回路上,将各奇数号顶点的运量都减去调整量,各偶数号顶点的运量都加上调整量,便得到一个新的运输方案。

须注意的是:有时闭回路的运量调整时,有两个以上的奇数号顶点的运量同为最小,如果减去调整量,将有两个以上的顶点运量变为零,为了保证调整后新的运输方案的有数字格仍为 $m+n-1$(即每调整一次方案,只有一个空格变为有数字格,一个有数字格变为空格),应该只留下运输方案表中最上边、最左边的一个作为空格,其余的填上"0"作为有数字格看待。

例 8-3 某机床公司甲、乙、丙三个仓库分别存有货物 7,4,9 吨。现要把这些货物分送给 A,B,C,D 4 个车间,它们的需要量分别为 3,6,5,6 吨,各个仓库到各车间的货运费用见表 8-5。试确定从哪一个仓库运多少货到哪一个车间,既保证各车间得到需要的物资,各仓库又能清出所有的货物,并使总的货运费用最低?

表 8-5 供需平衡单位运价表

运价 \ 车间 \ 仓库	A	B	C	D	发量/吨
甲	5	12	3	11	7
乙	1	9	2	7	4
丙	7	4	10	5	9
收量/吨	3	6	5	6	

(1)从最低运价开始,由低到高,依次安排运量,得到初始方案

表 8-5 中乙 A 的运价最小,首先安排由乙仓库送货给 A 车间 3 吨,在乙 A 处标上。此时 A 地已满足,将 A 这一列的运价及需要量划去。如表 8-6 所示。

表 8-6 供需调拨平衡表 1

运价 \ 车间 \ 仓库	A	B	C	D	发量/吨
甲	5	12	3	11	7
乙	1 ③	9	2	7	4
丙	7	4	10	5	9
收量/吨	3	6	5	6	

第二步，按同样道理，在剩下的运价表中找出最低运价——乙 C，此时可将乙仓库剩下的 1 吨全部调拨给 C 车间。由于乙仓库的 4 吨全部调出，将乙仓库这一行的运价及供应量（发量）划去。再以此类推，作出初始方案，如表 8-7 所示。

表 8-7　供需调拨平衡表 2

运价　车间　仓库	A	B	C	D	发量/吨
甲	5	12	3　④	11　③	7
乙	1　③	9	2　①	7	4
丙	7	4　⑥	10	5　③	9
收量/吨	3	6	5	6	

单独的仓库与车间之间的供需调拨平衡表和单位运价表见表 8-8 和表 8-9。

表 8-8　供需调拨平衡表 3

车间　仓库	A	B	C	D	发量/吨
甲			4	3	7
乙	3			1	4
丙		6		3	9
收量/吨	3	6	5	6	

表 8-9　单位运价表　元

A	B	C	D
5	12	3	11
1	9	2	7
7	4	10	5

（2）对初始运输方案进行检验判断

用闭合回路法计算调拨平衡表中空格的检验数 λ_{ij}（i 表示行，j 表示列）。

$\lambda_{11} = (5+2)-(3+1) = 3$　　　　$\lambda_{12} = (12+5)-(11+4) = 2$

$\lambda_{22} = (9+3+5)-(2+11+4) = 0$　　$\lambda_{24} = (7+3)-(11+2) = -3$

$\lambda_{31} = (7+2+11)-(1+3+5) = 11$　$\lambda_{33} = (10+11)-(3+5) = 13$

由于 λ_{24} 为负检验数，说明该初始运输方案不是最优方案，需进行调整。

（3）进行调整

用闭回路法对初始运输方案进行调整，得到新的运输方案，如表 8-10 所示。

表 8-10　调拨平衡表

车间　仓库	A	B	C	D	发量/吨
甲			5	2	7
乙	3			1	4
丙		6		3	9
收量/吨	3	6	5	6	

（4）对运输方案进行检验判断

$\lambda_{11} = (5+7)-(11+1) = 0$　　　　　　$\lambda_{12} = (12+5)-(11+4) = 2$

$\lambda_{22} = (9+5)-(7+4) = 3$　　　　　　$\lambda_{23} = (2+11)-(7+3) = 3$

$\lambda_{31} = (7+7)-(1+5) = 8$　　　　　　$\lambda_{33} = (10+11)-(3+5) = 13$

所有检验数都大于零，说明此运输方案为最优方案。

$$总运费\ f = 5×3+2×11+3×1+1×7+6×4+3×5 = 86（元）$$

8.3.4　物资供求不均衡运输模型

在使用运输表求运输模型解的基本条件之一是必须供需平衡，即

$$\sum_{i=1}^{m} S(i) = \sum_{j=1}^{n} D(j)$$

而在实际工作中，并非都能满足这个条件，通常出现的情况或是供过于求，或是供不应求。因此，必须对模型做出适当修正，以便能使用运输表求出运输方案。

1. 供过于求的情况

例 8-4　现有 3 个生产地甲、乙、丙供应某种物资；有 4 个需求地 A，B，C，D，各自供应量和需求量如表 8-11 所示。试确定最优运输方案。

表 8-11　供需及单位运价

运价　　车间 仓库	A	B	C	D	供应量/吨
甲	15	18	19	13	50
乙	20	14	15	17	55
丙	25	12	17	22	70
需求量/吨	30	60	20	40	

从表 8-11 中可见，供过于求 25 吨。为了建立运输表，设一个虚车间 E，表示接收超过的供应量，并规定从任何一个仓库到车间 E 的单位运费为零。如表 8-12 所示。

表 8-12　设有车间 E 的供需及单位运价

运价　　车间 仓库	A	B	C	D	E	供应量/吨
甲	15	18	19	13	0	50
乙	20	14	15	17	0	55
丙	25	12	17	22	0	70
需求量/吨	30	60	20	40	25	

然后利用 8.3.3 节所阐述的表上作业法求解运输优化方案。

第一步，利用最小元素法求得初始运输方案，如表 8-13 所示。

表 8-13　供过于求的初始方案

仓库＼车间	A	B	C	D	E	供应量/吨
甲				25	25	50
乙	20		20	15		55
丙	10	60				70
需求量/吨	30	60	20	40	25	

第二步，计算检验数。

$\lambda_{11}=(15+17)-(20+13)=-1$　　$\lambda_{12}=(18+25+17)-(12+20+13)=15$

$\lambda_{13}=(19+17)-(15+13)=8$　　$\lambda_{22}=(14+25)-(20+12)=7$

$\lambda_{25}=(13+0)-(17+0)=-4$　　$\lambda_{33}=(17+20)-(15+25)=-3$

$\lambda_{34}=(20+22)-(25+17)=0$　　$\lambda_{35}=(0+13+20)-(0+17+25)=-9$

由于有些检验数为负值，说明本方案不是最优方案，需进行调整。

第三步，进行调整。以 λ_{35} 所在空格用闭回路法对初始方案调整，得到新的改进方案 1，如表 8-14 所示。

表 8-14　供过于求的改进方案 1

仓库＼车间	A	B	C	D	E	供应量/吨
甲				35	15	50
乙	30		20	5		55
丙		60			10	70
需求量/吨	30	60	20	40	25	

第四步，计算检验数。

$\lambda_{11}=(15+17)-(20+13)=-1$　　$\lambda_{12}=(18+0)-(12+0)=6$

$\lambda_{13}=(19+17)-(15+13)=8$　　$\lambda_{22}=(14+13+0)-(17+0+12)=-2$

$\lambda_{25}=(13+0)-(17+0)=-4$　　$\lambda_{31}=(25+17+0)-(20+13+0)=9$

$\lambda_{33}=(17+17+0)-(15+13+0)=6$　　$\lambda_{34}=(22+0)-(13+0)=9$

由于有些检验数为负值，说明本方案不是最优方案，需进行调整。

第五步，进行调整。以 λ_{25} 所在空格用闭回路法对改进方案 1 调整，得到新的运输方案 2，如表 8-15 所示。

表 8-15　供过于求的改进方案 2

仓库＼车间	A	B	C	D	E	供应量/吨
甲				40	10	50
乙	30		20		5	55
丙		60			10	70
需求量/吨	30	60	20	40	25	

第六步，计算检验数。

$\lambda_{11} = (15+0) - (20+0) = -5$ $\lambda_{12} = (18+0) - (12+0) = 6$

$\lambda_{13} = (19+0) - (15+0) = 4$ $\lambda_{22} = (14+0) - (0+12) = 2$

$\lambda_{24} = (17+0) - (13+0) = 4$ $\lambda_{31} = (25+0) - (20+0) = 5$

$\lambda_{33} = (17+0) - (15+0) = 2$ $\lambda_{34} = (22+0) - (13+0) = 9$

由于 λ_{11} 检验数为负值，说明本方案不是最优方案，需进行调整。

第七步，进行调整。以 λ_{11} 所在空格用闭回路法对改进方案 2 调整，得到新的运输方案 3，如表 8-16 所示。

表 8-16　供过于求的改讲方案 3

车间＼仓库	A	B	C	D	E	供应量/吨
甲	10			40		50
乙	20		20		15	55
丙		60			10	70
需求量/吨	30	60	20	40	25	

第八步，计算检验数。

$\lambda_{12} = (18+0+20) - (12+0+15) = 11$ $\lambda_{13} = (19+20) - (15+15) = 9$

$\lambda_{13} = (0+20) - (15+0) = 5$ $\lambda_{22} = (14+0) - (0+12) = 2$

$\lambda_{24} = (17+15) - (13+20) = -1$ $\lambda_{31} = (25+0) - (20+0) = 5$

$\lambda_{33} = (17+0) - (15+0) = 2$ $\lambda_{34} = (22+15+0) - (13+20+0) = 4$

由于 λ_{24} 检验数为负值，说明本方案不是最优方案，需进行调整。

第九步，进行调整。以 λ_{24} 所在空格用闭回路法对改进方案 3 调整，得到新的运输方案 4，如表 8-17 所示。

表 8-17　供过于求的改进方案 4

车间＼仓库	A	B	C	D	E	供应量/吨
甲	30			20		50
乙			20	20	15	55
丙		60			10	70
需求量/吨	30	60	20	40	25	

第十步，计算检验数。

$\lambda_{12} = (18+17+0) - (12+0+13) = 10$ $\lambda_{13} = (19+17) - (15+13) = 8$

$\lambda_{13} = (0+17) - (13+0) = 4$ $\lambda_{21} = (20+13) - (15+17) = 1$

$\lambda_{22} = (14+0) - (12+0) = 2$ $\lambda_{31} = (25+13+0) - (15+17+0) = 6$

$\lambda_{33} = (17+0) - (15+0) = 2$ $\lambda_{34} = (22+0) - (17+0) = 5$

由于所有检验数为非负值，说明本方案是最优方案。

在这个优化方案中，因为车间 E 是虚设的，并不存在真正的运输。所以，实际方案是仓库乙有 15 吨的物资保留在原地，仓库丙也有 10 吨物资保留在原地。最终的运输优化方案如

表 8-18 所示。

表 8-18 供过于求的优化方案

仓库 \ 车间	A	B	C	D	供应量/吨
甲	30			20	50
乙			20	20	55
丙		60			70
需求量/吨	30	60	20	40	

最小运费 $f = 30 \times 15 + 20 \times 13 + 20 \times 15 + 20 \times 17 + 60 \times 12 = 2\,170$（元）

2. 供不应求情况

将例 8-4 中的需求量作适当修正，可以转化为一个供不应求问题。假定供应量不变，需求量修正如表 8-19 所示。

表 8-19 车间物资需求量

车间	需求量/吨
A	30
B	60
C	45
D	40

从表 8-19 可见，供小于求 25 吨。为了建立运输表，设一个虚仓库丁，表示需求超过的供应量，并规定从仓库丁运往任何车间的单位运费为零，如表 8-20 所示。然后利用 8.3.3 节所阐述的表上作业法求解运输优化方案。

表 8-20 设有仓库丁的供需及单位运价

运价 \ 车间 \ 仓库	A	B	C	D	供应量/吨
甲	15	18	19	13	50
乙	20	14	15	17	30
丙	25	12	17	22	70
丁	0	0	0	0	25
需求量/吨	30	60	45	40	

第一步，利用最小元素法求得初始运输方案，如表 8-21 所示。

表 8-21 供不应求的初始方案

仓库 \ 车间	A	B	C	D	供应量/吨
甲	30		5	15	50
乙			30		30

仓库＼车间	A	B	C	D	供应量/吨
丙		60	10		70
丁				25	25
需求量/吨	30	60	45	40	

第二步，计算检验数。

$\lambda_{12}=(18+17)-(12+13)=10$　　$\lambda_{21}=(20+19)-(15+15)=9$

$\lambda_{22}=(14+17)-(15+12)=4$　　$\lambda_{24}=(17+19)-(15+13)=8$

$\lambda_{31}=(25+19)-(17+15)=12$　　$\lambda_{34}=(22+19)-(17+13)=11$

$\lambda_{41}=(0+13)-(0+15)=-2$　　$\lambda_{42}=(0+17+13)-(12+19+0)=-1$

$\lambda_{43}=(0+13)-(0+19)=-6$

由于有些检验数为负值，说明本方案不是最优方案，需进行调整。

第三步，进行调整。以λ_{43}所在空格用闭回路法对初始方案调整，得到新的改进方案1，如表8-22所示。

表8-22　供不应求的改进方案1

仓库＼车间	A	B	C	D	供应量/吨
甲	30			20	50
乙			30		30
丙		60	10		70
丁			5	20	25
需求量/吨	30	60	45	40	

第四步，计算检验数。

$\lambda_{12}=(18+17+0)-(12+0+13)=10$　　$\lambda_{13}=(19+0)-(13+0)=6$

$\lambda_{21}=(20+13+0)-(15+0+15)=3$　　$\lambda_{22}=(14+17)-(15+12)=4$

$\lambda_{24}=(17+0)-(15+0)=2$　　$\lambda_{31}=(25+13+0)-(15+0+17)=6$

$\lambda_{34}=(22+0)-(0+17)=5$　　$\lambda_{41}=(0+13)-(0+15)=-2$

$\lambda_{42}=(0+17)-(0+12)=5$

由于λ_{41}检验数为负值，说明本方案不是最优方案，需进行调整。

第五步，进行调整。以λ_{41}所在空格用闭回路法对改进方案1调整，得到新的改进方案2，如表8-23所示。

表8-23　供不应求的改进方案2

仓库＼车间	A	B	C	D	供应量/吨
甲	10			40	50
乙			30		30

仓库＼车间	A	B	C	D	供应量/吨
丙		60	10		70
丁	20		5		25
需求量/吨	30	60	45	40	

第六步，计算检验数。

$\lambda_{12} = (18+17+0) - (12+0+15) = 8$　　$\lambda_{13} = (19+0) - (15+0) = 4$

$\lambda_{21} = (20+0) - (15+0) = 5$　　$\lambda_{22} = (14+17) - (15+12) = 4$

$\lambda_{24} = (17+15+0) - (13+0+15) = 4$　　$\lambda_{31} = (25+0) - (0+17) = 8$

$\lambda_{34} = (22+0+15) - (13+0+17) = 7$　　$\lambda_{42} = (0+17) - (0+12) = 5$

$\lambda_{44} = (0+15) - (0+13) = 2$

由于所有检验数为非负值，说明本方案是最优方案。

在这个优化方案中，丁 A 和丁 C 分别安排运量 20 吨和 5 吨，因为仓库丁是虚设的，所以，实际上这 25 吨运量是不存在的，车间 A 只接收 10 吨，另外 20 吨无法满足；车间 C 由乙供应 30 吨、由丙供应 10 吨，另外 5 吨无法满足。最终的运输优化方案如表 8-24 所示。

表 8-24　供不应求的优化方案

仓库＼车间	A	B	C	D	供应量/吨
甲	10			40	50
乙			30		30
丙		60	10		70
需求量/吨	30	60	45	40	

最小运费 $f = 10\times15 + 40\times13 + 30\times15 + 60\times12 + 10\times17 = 2\,010$（元）

8.3.5　派车方案优化方法

运输组织中的车辆调配，可采用最简单的定额比法，以如下一个实例说明此法的运用：

例 8-5　恒星公司某日到货水泥 520 吨，薄钢板 460 吨，生铁 1 000 吨，均需从车站、码头到地运回仓库。天气预报明日有雨，必须在一天之内把水泥、薄钢板和生铁抢运完。该库有大型运输车 20 辆，中辆运输车 25 辆，小辆运输车 30 辆。每种运输车每日运输上述三种物资的定额如表 8-25 所示。

表 8-25　运输定额表　　　　　　吨/（日·台）

车辆种类	运水泥	运薄钢板	运生铁
大型运输车	20	18	16
中型运输车	18	16	14
小型运输车	16	14	10

注：每台车每日只能运一种物资。

定额比法解题如下所述。

第一步，先计算出各种车辆运输三种物资的定额比例，见表 8-26。

表 8-26　定额比例表

车辆种类	定额比例		
	运水泥 ／ 运薄钢板	运薄钢板 ／ 运生铁	运水泥 ／ 运生铁
大型运输车	20/18 = 1.11	18/16 = 1.125	1.25
中型运输车	1.125	1.143	18/14 = 1.285
小型运输车	16/14 = 1.143	14/10 = 1.4	16/10 = 1.6

第二步，派车。

① 因为要先运水泥和运薄钢板，所以先看运水泥和运薄钢板的定额比值，其中小型运输车的定额比 1.143 最大，因此派小车运水泥，即所有 30 辆小车运水泥 480 吨，剩下 40 吨，应派 3 辆中型车去运，但第 3 辆车出现亏吨运输。若换大车正好用 2 辆来完成 40 吨水泥的运量。

② 在运薄钢板与运生铁比中，中型车定额比 1.143 最大，可以用中型车运薄钢板。但若将所有中型车运薄钢板，剩下 92 吨必须用 6 辆大型车运，且第 6 辆只装了 2 吨，亏吨运输严重。因此，改用 22 辆中型车运薄钢板，剩余 108 吨薄钢板，恰好用 6 辆大车运完。

优化派车方案见表 8-27。

表 8-27　优化派车方案表

车辆种类	运水泥车辆数	运薄钢板车辆数	运生铁车辆数	车辆总数
大型运输车	2	6	12	20
中型运输车		22	1	23
小型运输车	30			30
完成任务量/吨	520	460	206	

可见，只要采用科学管理方法调配运力，就可以在不增加设备、人力情况下，增加运输量。

本章小结

物资运输是指物资借助于运力实现在空间上转移的过程。组织好企业物资运输，对保证企业正常生产、提高企业和社会经济效益有着重要作用。物资运输管理以组织物资合理运输为主要内容。物资合理运输就是在充分利用各种运输方式的条件下，选择最经济合理的运输路线和运输工具，从而以最短的里程、最少的环节、最快的速度和最省的劳动消耗，安全优质地完成物资运输活动。开展物资合理运输，要遵守"及时、准确、安全、经济"原则，考核标准有较低的运费、较快的物资送达速度、较好的物资运输质量三方面要求。组织物资合理运输有选择合理的物资运输路线、合理的物资运输组织方式、经济合理的运输工具和提高运输工具的使用效率等多条途径，有图上作业法、表上作业法等定量分析方法。

本章的重点是物资运输不合理表现形式，组织物资合理运输的途径，物资合理运输定量分析方法。

本章的难点是物资合理运输定量分析方法。

学习资料

供应运输部门负责人工作责任制度

职务

1. 在分管副厂长领导下，认真贯彻执行国家有关物资管理方面的方针、政策，负责编制物资（含包装材料）供应计划和采购计划，并按计划做好物资供应工作。

2. 核定和掌握所属仓库资金的定额和各种物资的储备定额，加强资金管理，实行储备资金指标下库，组织处理超储积压物资，保证储备资金的合理使用。

3. 负责制定材料（含包装材料）、燃料供应定额，严格按定额（或限额）发料，主要生产用料送到车间。

4. 根据设备动力科提报的计划，负责组织全厂设备电器备件的采购和保管供应工作。

5. 加强仓库管理，定期组织盘点，对盘盈、盘亏、丢失、损坏等情况要查明原因，分清责任，提出处理意见。

6. 掌握各类物资的收发动态、库存和主要原材料、燃料、油料、贴花纸、包装材料的消耗情况，按时编报物资供应统计报表及分析报告。

7. 按照国家的能源政策和法令，负责制定工厂节能工作的长远规划和年度计划，加强能源管理，监督能源的合理使用，不断提高能源利用率，按时填报能源统计报表。

8. 加强废旧物资的管理，做好废旧物资的回收、保管、修复、改制、再生利用和对外处理等工作。

9. 做好本科所属运输车辆的管理和维修保养工作，完成工厂物资运输任务，保证行车安全。

10. 加强安全防火的教育和管理。

11. 根据厂长方针目标展开要求，负责本科方针目标的展开、检查、诊断和落实工作。

12. 负责完成厂部临时布置的各项任务。

职权

1. 在计划范围内，有权代表工厂签订材料、工具、备件等物资订货合同。

2. 有权检查各部门生产物资使用情况和储备情况。对各部门不合理使用物资或盲目储备，有权制止。

3. 有权监督、检查各部门能源管理和能源消耗情况。对浪费能源的行为，有权制止和提出处理建议。

4. 有权处理多余积压物资和废旧物资。对各单位擅自处理废旧物资，有权予以制止。

5. 在不影响生产的前提下，有权对外进行物资调剂。

6. 有权要求各部门按期提供有关的计划、各类物资消耗统计报表、工艺消耗定额和其他有关资料。

7. 有权调配运输车辆。

8. 对本科下属人员的调动、奖惩、晋级有建议权。

职责

1. 对物资供应计划编制不周或物资供应不及时，影响工厂计划任务的完成负责。

2. 对供应物资的品种、规格、质量不符合要求，影响生产、工作负责。

3. 对由于执行制度不严，盲目采购，造成物资超储积压浪费，影响资金正常周转负责。

4. 对能源管理不善，使用监督不严，造成浪费，完不成上级下达的能源节约计划指标负责。

5. 对由于管理不善，工作失职造成物资（含包装材料）损失或毒品外溢、丢失负责。

6. 对由于教育不够，本科人员发生违反政府法令或财经纪律，不遵守市场规定或徇私处理物资，给工厂造成不良影响或经济损失负责。

7. 对由于忽视安全教育、措施不力，造成人身、设备、交通安全和火灾事故负责。

8. 对采购进厂的已淘汰或即将淘汰的物资负责。

9. 对本科方针、目标未及时展开、检查、诊断、落实负责。

10. 副科长协助科长工作，并对科长布置的工作负责。

思 考 题

1. 什么是物资运输？搞好物资运输有何作用？

2. 物资运输管理有哪些内容？

3. 物资合理运输的涵义是什么？

4. 开展物资合理运输应遵守的原则是什么？

5. 衡量物资运输有何具体标准？

6. 物资不合理运输有哪些具体表现？

7. 组织物资合理运输有哪些途径？

8. "四就直拨"运输指的是什么？

9. 物资运输有哪些方式可供选择？各种运输方式和运输工具各自有何特点？

10. 选择经济合理的运输工具需考虑哪些因素？

11. 什么叫物资装载技术？什么叫物资技术装载量？

12. 常用的提高技术装载量方法有哪些？

13. 什么是集装箱运输？集装箱运输有何优点？

14. 什么是图上作业法？图上作业法规划运输方案的口诀是什么？

15. 线状线路的图上作业法解题步骤是什么？圈状线路的图上作业法解题步骤是什么？

16. 供需平衡的表上作业法规划运输方案的步骤是什么？供需不平衡的表上作业法规划运输方案的步骤是什么？

17. 定额比法优化派车方案的步骤是什么？

自测题

1. 冠球实业公司有某种物资从甲、乙、丙、丁地运往 A，B，C，D，E，F 6 处，其供需量如表 8-28 所示，运输路线见图 8-10，试确定其合理运输方案。

表 8-28　冠球实业公司物资供需量

发运地＼接收地	A	B	C	D	E	F	供应量/吨
甲							40
乙							60
丙							20
丁							80
需求量/吨	50	30	10	60	30	20	

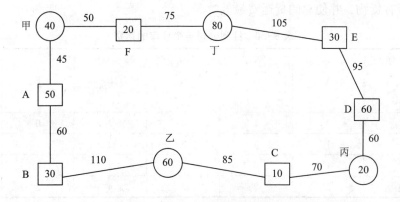

图 8-10　自测题 1 交通路线图

2. 宏大实业公司有某种物资从甲、乙、丙、丁等地运往 A，B，C，D，E 5 处，其供需量如表 8-29 所示，运输路线见图 8-11，试确定其合理运输方案。

表 8-29　宏大实业公司物资供需量

发运地＼接收地	A	B	C	D	E	供应量/吨
甲						70
乙						40
丙						90
丁						50
需求量/吨	30	70	50	60	40	

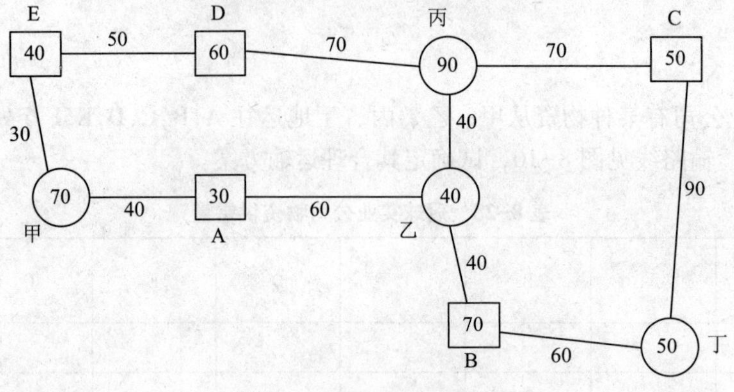

图 8-11　自测题 2 交通路线图

3. 红利公司有甲、乙、丙 3 个仓库，分别存有货物 5,7,6 吨，现要把这些货物分别送给 A,B,C,D,E 5 个车间，它们的需要量分别为 2,2,5,4,5 吨。各个仓库到车间的运费如表 8-30 所示，试确定从哪一个仓库运多少货到哪一个车间，既保证各车间得到需要的物资，各仓库又能出清所有货物，并使总的货运费最低？

表 8-30　红利公司各个仓库的运费

运　价　　　　　车间　　仓　库	A	B	C	D	E	供应量/吨
甲	2	1	4	3	0	5
乙	1	3	5	2	1	7
丙	1	4	3	2	1	6
需求量/吨	2	2	5	4	5	

第9章

供料管理

学习目标

1. 了解供料管理的内容
2. 掌握供料的方法
3. 掌握物资保管工作的方法
4. 了解物资节约的途径方法

企业通过采购、运输等环节把外购物资从供应商转移到企业，通过检验确认合格后按照事先安排进入仓库供料管理环节。企业的仓库既是物资的存储保管场所，又是企业组织物资领用发放的场所，是企业组织物资吞吐的基地，是物资管理的重要环节。做好仓库供料管理工作，对于确保生产、合理使用物资、防止浪费、降低成本，提高企业经济效益有重要作用。

9.1 供料管理的主要内容

供料管理是指企业物资管理部门对车间等用料单位供应物资的计划和组织工作。供料是企业物资管理部门组织日常供应工作的一个重要环节。供料管理的主要内容包括：编制供料计划，限额供料，集中下料，物资代用，超限额供料，供料分析等。

9.1.1 供料计划的编制

供料计划是在短期物资供需平衡的基础上，按生产进度向企业内各用料单位具体供应物资的作业计划。它是组织供料的依据，也是车间、班组用料核算和成本控制的依据。

供料计划的主要内容有以下 3 个方面。

第一，确定供料对象，即用料单位，如车间，班组等。

第二，确定供应量。供应量，指供应给用料单位的具体品种、规格型号的物资数量。一般由企业的物资供应部门根据企业的月、旬、日的生产作业计划确定，其计算公式为

$$\begin{matrix} \text{计划期某品种规格} \\ \text{物资供料总量} \end{matrix} = \left(\begin{matrix} \text{计划期产品} \\ \text{交货产量} \end{matrix} + \begin{matrix} \text{期末} \\ \text{在制品数量} \end{matrix} - \begin{matrix} \text{期初} \\ \text{在制品数量} \end{matrix} \right) \times \begin{matrix} \text{物资消耗} \\ \text{工艺定额} \end{matrix} \tag{9.1}$$

主要原料的供应量，一般由企业物资供应部门直接计算确定；辅助材料或维修用料等的供应量，一般由各用料单位提出用料数量，经物资供应部门审核确定。

第三，确定供料进度和批量，即向车间、班组供料的时间和批量安排，可用供料次数（即在计划期内供几次）和供料周期（即前后两次供料的间隔时间表）和供料批量。供料进

度与生产计划的投料进度相一致，供料的节奏要与生产的节奏相吻合。

9.1.2 限额供料与超限额供料

限额供料是指企业物资管理部门根据生产计划和消耗定额，确定企业内部各用料单位的用料数量，并按额定数量供应物资的方法。凡有消耗定额的物资，均按工艺定额供料；对没有消耗定额的物资，按计划期的任务数量并参照历史资料所确定的限额供料。实行限额供料有利于加强计划管理，及时、准确地备料；有利于执行物资消耗定额，监督物资供应和使用；有利于节约物资，防止浪费。

超限额供料，是指企业物资管理部门在限额以外的供料。用料单位由于工废、料废或超计划任务等原因所补发的物资，都属于超限额供料的范围。超限额供料应经一定的审批手续，严格把关，以促进技术的改进和废品的减少，同时应研究废品产生的原因，采取措施，加以防止。超计划任务用料是由于增加生产任务而需要的物资，需经过生产计划部门下达追加任务计划，经领导批准后补发。

9.1.3 物资代用

物资代用是指企业缺少某种物资而用其他物资来代用，以保证生产之急需。物资代用包括规格大小的代用，由工艺部门审核同意；材质的代用，除工艺部门审核同意外，还要经设计部门同意；物资代用如果影响产品结构，尚需经总工程师或有关主管人员的批准。

9.1.4 集中下料

集中下料就是指由专门人员和设备，对整料进行集中的合理套裁，按大小和几何形状搭配，提高物资利用率，减少更换工具的辅助时间，提高设备的利用率和工人的劳动生产率，促使用料单位注意专料专用。

集中下料的组织形式有两种。

一是企业的下料工作，全部集中在一个部门进行，如规模较大的企业设置准备车间；二是企业的下料工作分区集中进行，如厂址分散的大型企业，在有关车间内设置下料工段（组），下料工段（组）是车间的一个生产单位。

9.1.5 供料分析

供料分析是企业物资管理部门对用料单位实际用料情况进行监督的一种方法，也是物资管理的重要内容之一。供料分析主要从两方面入手：一是把一定时期（月、季、年）的物资实际消耗总量与物资供应计划中的总供料数量相比较，可以了解供料计划的执行情况和物资计划质量的高低；二是把单位产品或单位工作量的物资平均消耗量与物资工艺定额相比较，可以检查物资消耗定额的执行情况，了解物资使用的合理程度和消耗定额的准确性，有利于总结节约物资经验，查明浪费物资的原因。

9.2 供料方式

材料的发放是供料管理的重要组成部分。它对保证生产正常顺利进行和物资的节约使用都有着重要的意义。因此，每一个企业都要建立健全的供料制度。

9.2.1 物资的发放

物资发放是物资工作为生产服务的直接环节，也是加强物资管理的重要环节。它体现了物资供应计划的具体落实。物资发放工作的好坏，将直接影响到企业生产的速度和质量。因此，在发放物资时必须遵循内部结算，依据完整，数量准确、质量完好，供料迅速，登账及时等要求。

（1）严格执行限额供料制

限额供料是企业必须执行的材料供应制度。限额供料一般有按实物限额和资金限额两种。实行经济责任制的单位，还结合内部资金核算，规定任何部门或个人向仓库领取任何材料都必须实行按价收回资金本票，实行内部结算，以加强经济核算，促使用料部门精打细算，降低消耗。

（2）供料依据完整

仓库物资的发放，应根据企业规定的有关凭证供料。仓库人员收到领料凭证后，要逐一核对内容，如发现领料凭证的内容不全、涂改、伪造时应拒绝供料并向有关部门反映。物资的发放应做到用途不明不供料，手续不全不供料、空白领条不供料、超额领料不供料，超计划或补领料时，经领导审批后才能供料。

（3）供料数量准确

材料的发放，是保证生产正常进行的重要一环，如果错发、漏发或少发就会影响生产的进行，同时还会造成仓库账目的混乱，账物不符，因此仓库供料要坚持四核对，即核对单据是否齐全；核对名称、规格、计量单位是否准确；核对库存数量是否与账卡相符；当面核对点清交领料人。

（4）发出的材料质量要完好

由于库存物资较多，物资进库日期有先有后，为了确保发出的材料质量完好，必须按先进先出的程序供料，这样做不仅可以保证物资的质量，又可以减少由于保管时间过长而带来的耗损。

（5）供料迅速

仓库供料一般要求做到及时发放，不让工人因领料而耽误生产工时，这就要求管理人员熟悉业务，基本功过硬，做到计价快，取料快，点交快。

（6）登账及时

物资发出后，要及时在物资收、发、存的明细台账及物资料卡上登记清楚，做到日账日清。

9.2.2 领料制和送料制

领料制和送料制是企业物资管理部门组织供料的两种方式。领料制是用料单位到仓库领取所需的物资；送料制是由仓库将生产所需的物资送到用料单位。两者相比，送料制可节省生产工人的领料时间，使生产工人能集中精力搞好生产，有利于提高生产效率。通过送料，仓库可以主动安排人力、物力和时间，集中精力做好备料和物资维护保养工作，有利于更好地为生产服务。因此，送料制是目前企业广泛采用的主要供料方式。领料制适用于一些临时需用的物资。

送料的方法一般采用"五定"、"五送"、"五保证"、"三回收"等办法。

"五定"：指送料工作要定人、定车、定任务、定路线、定时间。

"五送"：指工程材料配套送，大宗材料直达送，正常用料定期送，急用材料随时送，周转材料巡回送。"工程材料配套送"，是指工程用料应按建设进度和施工设计配套送料到现场，做到齐备供应，及时准点送达，以免现场管理的困难；"大宗材料直达送"，是指大宗材料应直接运到施工现场和生产作业线，避免二次倒运而浪费人力和运力；"正常用料定期送"，这是因为正常用料的规律性比较强，可按实际情况规定送料的时间和数量，并相对地固定下来，使生产工作和送料人员心中都有数；"急用材料随时送"，是指对于生产建设急用的材料应随时运送，以保证需用。"周转材料巡回送"，是指车间、工地仓库定额存储的维修材料，由企业物资管理部门定期补充，定期核销，巡回送料到现场。

"五保证"：指送料工作要保证数量、质量、时间、节约和安全。

"三回收"：指在送料的同时要回收现场不需用的多余物资、废旧物资和包装容器。

近几十年来，许多国家都在研究供料管理，力求在供应物资能保证生产需要的条件下，减少供料环节，降低物流费用。例如，由有关企业（协作厂、配送中心、流通加工中心等）定时、定量地送到本企业指定的用料地点，使用料单位每班每天的生产过程结束时，物资正好用完，成品送走，用料单位没有多余的物资存在，称为"无库存轮动式生产"或 JIT 管理。它要求企业具有周密的供料计划，企业生产所需物资的数量、质量、时间等要与有关供货企业密切协调，做到准确无误。

9.2.3 材料发出的手续和凭证

1. 企业内部领用材料的手续和凭证

企业内部领用的材料有限额供料和非限额供料两种。实行限额供料就是由企业计划部门根据生产计划和材料消耗定额，事先为各车间的产品规定领用材料的数额，仓库在规定的数额内对用料单位供料，超过数额时除另行批准就不再供料。凡是用料品种较多而又需多次领用的材料，都实行限额供料。

实行限额供料必须做好以下工作。

① 确定供料限额。由计划部门会同物资供应部门确定。

② 填发限额供料单。由计划部门会同物资供应部门根据供料限额填发。限额供料单（见表9-1或表9-2）至少填发一式两联，一联交领料部门作为领料凭证，一联交仓库据以供料并记账，月终加以汇总后送交财务部门。

③ 严格执行供料限额。需在限额外领料时，必须经批准才允许供料。

④ 尽可能做到送料上门。

表 9-1　限额供料单（一料一单）

领料部门：　　　　　　　　　供料仓库：　　　　　　　　　编号：

小　　组：　　　　　　　　　计划产量：

产品名称：　　　　　　　　　单位消耗定额：

材料编号：　　　　　　　　　单　　价：

材料名称：　　　　　　　　　领用限额：

日期	请领数量	实发数量	实发金额	限额结余	领用人	供料人
累计实发						

计划部门签章　　　　　供应部门签章　　　　　材料仓库签章　　　　　记账员签章

表9-2 限额供料单（一单多料）

领料部门：　　　　　　　　　　　产品名称：　　　　　　　　　　　编号：
小　　组：　　　　　　　　　　　计划产量：

材料编号	材料名称	计量单位	领用限额	领发记录								
				日期	请领数量	实发数量	实发金额	限额结余	领用人	供料人	累计实发数	
											数量	金额

计划部门签章　　　　　供应部门签章　　　　　材料仓库签章　　　　　记账员签章

非限额供料主要适用无法确定限额的材料。供料时由领料部门填具领料单一式三联，一联供料后退回领料部门，一联留仓库记账，另一联送财会部门做核算依据。其表式可参考表9-3。

表9-3 领料单

领用单位：　　　　　　　　　　　供料日期：　　　年　　　月　　　日
制造号码：　　　　　　　　　　　领料单号：　　　　　　

物资编号	物资名称	规格	单位	领料数量	实发数量	备注

领料单位主管：　　　　　领料人：　　　　　保管员：　　　　　记账员：　　　　　

2. 材料销售的手续和凭证

企业的材料销售，无论是出于何因，都应由供应部门会同销售部门填制销售材料供料单，至少一式三联，通知供料仓库。仓库供料后，一联退回供应部门，一联留库记账，另一联送交财会部门作为核算依据。其表式如表9-4所示。

表9-4 销售材料供料单
年　月　日

销售原因：　　　　　　　　　　　　　　　　　　　　　　　　　　编号：
购买单位：　　　　　　　　　　　　　　　　　　　　　　　　　　供料仓库：

材料编号	材料名称	计量单位	实发数量	单价	金额	销售价格	
						单位售价	金额

供应部门签章　　　　　销售部门签章　　　　　供料仓库签章　　　　　记账员签章

3. 仓库之间材料转移的手续和凭证

仓库之间的材料转移，应由供应部门填制材料内部转移单，至少一式三联，通知收料仓库到供料仓库领料，收料仓库领料后，材料内部转移单由收料仓库和供料仓库各收取一联记账，另一联交财会部门作为核算依据。其表式见表9-5。

表9-5 材料内部转移单

年　月　日

收料仓库：

供料仓库：

编号：

材料编号	材料名称	计量单位	实发数量	单　价	金　额

供应部门签章　　　　收料仓库签章　　　　供料仓库签章　　　　记账员签章

9.2.4 物资的退库

及时组织生产和工程项目的账外物资的退库，是贯彻经济核算、加强企业物资管理、厉行节约的重要措施。领料单位已领去的物资，可因下列原因而发生退库：

① 生产任务完成后剩余的完好物资；

② 产品、工程项目计划的改变造成物资多余或不再需要已领的某些物资；

③ 采用新技术、新工艺带来的物资节约；

④ 在发出的物资中，有规格、质量不符合错发的物资；

⑤ 生产过程中产生的残、余料或尚有利用价值的废料。

退回不需用或多余的物资，可以使物资得到充分利用，有利于加强经济核算，正确计算产品消耗和降低成本。因此，企业领导要经常教育职工在使用中节约物资，克服某些图方便、留一手的思想和做法。仓库则要积极组织对退回物资的验收，及时办理退库手续。办理退库手续，一般可用红字将退回物资数量填写在供料凭证内，冲减领用数量；也可以用红字另填制一份供料凭证，或填制专用退料单（可参照表9-6）。如剩余物资使用单位下次仍需使用，可不必将实物退回仓库，由使用单位同时填写本次退料单和下次供料单，办理"假退料"手续。对尚有利用价值的残、余、废料，应按质办理退库手续；同时，应相应地登记有关账、卡。

表9-6 退料单

退料部门：＿＿＿＿＿＿

原领料批号：＿＿＿＿＿

编号：＿＿＿＿＿＿

日期：＿＿＿＿年＿＿＿＿月＿＿＿＿日

退料名称	料号	退料量	实收量	退　料　原　因					
				溢领	省料	不适用	品质差	订单取消	其他

备注

登账：＿＿＿＿＿　　　点收：＿＿＿＿＿　　　主管：＿＿＿＿＿　　　退料人：＿＿＿＿＿

填写退料单时要注明退料原因，退来的实物须经检查部门检验，确定其完好程度，分别入账处理。退料单一式四联，经仓库签收后，一份交退料单位留存，一份给检查部门，一份仓库留存入账，还有一份交财务部门作核算凭证。

9.3 仓库管理

9.3.1 仓库管理的基本任务

仓库是企业各种物资的周转储备环节，同时又担负着多项业务职能，是企业物资管理的一个重要环节。加强仓库管理不仅关系到企业财产不受损失，保质保量、及时供应生产所需的物资，而且对物资的合理使用和节约，降低产品成本，加速资金周转，提高企业经济效益，都具有十分重要的作用。仓库管理的基本任务是：

① 认真做好物资的进厂验收工作，保证入库物资数量确实、质量合格；

② 加强库存物资的保管和养护工作，防止物资的短缺和变质；

③ 做好物资的发放工作，及时满足生产需要；

④ 及时准确地记录物资收、发、存的变动情况，各种账、单据、报表等资料齐全、完整，做好账清、物全、账物相符；

⑤ 定期清仓盘点，大力开展修旧利废和物资的综合利用工作；

⑥ 不断健全仓库管理制度，并配合计划、采购部门掌握储备资金定额的执行情况，监督生产消耗，厉行节约，防止浪费；

⑦ 做好环境保护、劳动保护和货场保险安全工作。

9.3.2 物资的验收入库

1. 物资的接运

物资到达仓库以前，大部分都要经过有关交通运输部门转运，经过交通运输部门转运的物资必须经过接运工作（有厂内专用线的，整车物资可以直达）方可验收入库。物资接运工作的任务是及时、准确、安全地向交通运输部门提取物资，做到手续清楚，责任分明。凡物资入库前可能察觉的问题，都要迅速追查，以分清责任。要认真做好接货记录，即商务记录或普通货运记录，并取得有关资料，为以后物资验收入库创造有利条件。

1）提运人员须知

接货工作要经常和交通运输部门发生联系，办理交接。因此，要做好接运工作，必须学习和熟悉交通运输部门的规章制度，始能正确有效地进行工作。以下几项内容是作为一个合格的提货人员所必须知道的：

① 交通运输部门在运送货物上应负的经济责任；

② 发货单位与交通运输部门的交接关系和责任的划分；

③ 收货单位未能及时到交通运输部门提货所应负的经济责任；

④ 交通运输部门编制普通货运记录和商务记录的范围；

⑤ 向交通运输部门索赔的手续和必需的证件。

2）接运的方式和方法

（1）到供货单位提运

提货人员根据采购员寄回的提货单或供应商寄来的提货通知单，直接派车到供应商仓库提货。提货时应携带供货依据（合同、协议书、提货单等），在供应商仓库当场检查物资的性能、规格，质量，点清数量，做好验收记录。过磅物资应有磅码单和捆扎件数记录，以便返回后交仓库进行复磅查验，有差错时按件数和磅码单向供方交涉。

（2）库内收货

有时供应商直接送货上门，或是委托运输部门送货上门。这时，由仓库保管员或验收人员直接与送货人办理收货。接货和验收工作要力求结合在一起，应该当送货人的面在现场开箱、清点、验收，并做验收记录；不能完成全部验收项目时，也应进行初验，将外观情况和件数查清。如有短少，损坏、受潮、变形，变质情况，请送货人当面看过后认真填写记录，由送货人签章证明，再发函与供应商联系处理办法。

（3）到车站、码头或航空站提货

① 提货人员对所提取的物资应了解其特性和一般保管知识及搬运常识，并在提货前通知有关人员，预先做好运输工具、人力、验收和货位等准备工作。

② 提货时应根据运单和有关资料详细核对品名、规格和数量，进行外观检查，注意包装及封印是否完好，有无玷污，受潮、损坏、散包、进水及其他异常现象。如发生疑点或所接货物与有关物资不符，应当场要求运输部门进行检查，对短缺和损坏情况做出详细的普通货运或商务记录，注意记录内容与实际情况相符后方得提运入库。

③ 提运物资要注意安全，不搞乱、搞混、碰坏或丢失。精密仪器设备、贵重物资、防潮物资不得在露天卸货，危险品要按照危险品搬运规定办理。

④ 要与验收人员、保管人员取得密切联系，尽量做到运输入库和验收保管衔接成一条线作业。

（4）到铁路专用线接运

① 接到专用线到货通知后，应立即确定卸车货位。力图缩短场内搬运距离，组织好搬运，以便按时完成卸车任务。

② 车皮到达后引导对位，进行检查。检查内容有：车皮封闭情况是否良好，检查车卡、车窗、铅封和苫布有无异状；根据铁路运单和有关资料，核对到货品名、规格、标志和点清件数；检查包装是否有损坏或捆扎散乱；检查有否进水、受潮或其他损坏现象。

在检查中发现疑点或不符运单的情况，应请铁路部门派员复查，分清责任：凡属铁路方面责任者，应做商务记录；属于其他方面责任需要铁路证明者应做普通货运记录，要注意记录内容与实际情况相符，以利于今后向铁路部门交涉。

③ 卸车时要注意为物资入库验收和保管创造便利条件。

④ 卸车时应同验收人员和保管人员取得联系，尽可能做到随卸随运随入库验收的一条线作业。

⑤ 编制卸车记录，证明卸车单位，连同有关证件和资料，最迟不超过 24 小时必须向验收人员交代清楚，办好内部交接手续。

2. 物资的验收入库

物资的验收，是指进厂入库前的物资按照规定的程序和手续严格地进行检查和验收工作，查明物资名称、规格、型号、数量和质量状况，判别是否符合订货合同的规定和生产建设的需要。这项工作是做好仓库管理工作的基础和先决条件，要求仓库管理人员一定要严格把好数量关、质量关和单据关。

1）物资验收的意义

搞好验收入库，是对物资进行合理保管、使用的前提。物资验收，是供需双方权益的分界线，也是采购工作和仓库工作的责任分界线。搞好验收，才能保证入库物资的质量、数量符合合同规定,才能对库存物资进行合理的保管和使用。对不合规定的物资,做好验收记录又是进行权益交涉的依据。实践证明,验收工作上的疏忽,往往对企业的经济核算、产品产量和物资管理造成难以挽回的损失。

2)验收工作的要求

(1)及时迅速

物资验收必须做到及时迅速。一批物资进厂后必须全部验收完毕登记账卡入库后才能供料,不能边验边发,更不能未验先发。如果不将物资及时验收到库,就会延长验收入库时间,以致不能及时供应生产需要。另外,由于货款的托收承付和索赔货款是有一定期限的,验收中如发现数量不足,规格不符或质量不合要求等情况,就必须在规定期限内提出拒付货款或向供方提出索赔要求;否则,时间拖长了,责任就不易分清,问题就难似处理。因此,验收工作非抓紧不可,危险品和贵重物资更应随到随验,不得拖延。

(2)全面准确

验收工作是做好物资保管保养工作的前提。只有在物资入库时,将物资的实际情况全面彻底搞清楚,辨明物资的品种、规格和质量是否符合供货合同规定的物资入库有关标准和技术条件,数量是否与合同规定的数量和供方供货的凭证相符,才能针对物资的状况,采取有效的保管保养措施,为企业提供数量准确、质量合格的物资,确保生产不间断地进行。因此,物资验收必须做到全面准确。

(3)认真负责

物资验收人员对物资的验收工作负全部责任,验收工作决不能马虎了事,否则会给企业造成不应有的损失。因此,每个验收人员,都要有高度的责任心,工作踏实,认真负责,一丝不苟,严格遵守验收制度和手续,严格按照验收的操作规程办事,该计量的就计量,该化验的就化验。只有经过严格验收,在划清了物资入库前各个环节(包括供方、运输和装卸等各方面)的责任后,才能将合格物资入库。

3)物资验收的方法

(1)准备工作

① 核对验收凭证资料,包括:承运部门的运单及附件,接运人员的到货通知单及有关的商务或普通记录;合同管理人员填制的入库通知单和提供的订货合同;供应商的装箱单(发货明细表)、磅码单、质量证明书、说明书、图书等有关资料;凡遇到货物先到、托收单后到时,应主动与合同管理人员核对合同或协议书。

② 实物验收准备,包括:根据到货物资的性能特点和数量,确定物资的存放仓库、区域、垛形和保管维护方法;准备好验收物资的场地及需用的货位,计算并准备好需用的堆码、垫苫物资和搬运、装卸工具、设备及劳动力;准备需用的检验计量工具,如仪表、量具和磅秤等,检验工具要事先做好检查,以保证检验的准确;收集和熟悉验收凭证和有关的资料;对于危险品的检验还必须准备好防护设备和应急措施。

(2)实物检验

实物检验包括数量验收和质量检验两方面。

物资数量的检验方法,应根据物资的特点、来源、包装情况等决定。数量检验一般是由企业物资供应部门负责进行的,它是保证物资数量准确不可缺少的措施。

计重物资的数量检验包括以下内容。

① 计重物资一律按净重计算。

②　国产金属材料采用的计重方法，有理论换算和检斤计算两种。供应商在发货时采用哪种计算方法，应在合同中、发货明细表中或质量证明书上说明，需用企业应按供应商发货时的计算方法进行验收；但对乱尺混包的产品一律实行检斤计重。

③　定尺和按件标明重量的物资，可以抽查。抽查的比例大小应根据到货的出厂、运输情况和外表检验而决定，一般可抽查10%～20%。如过去对该厂出品检查无问题，运输途中良好，包装完整和有统一包装规格者，也可少抽验，反之则应多验或全验。物资一批到达，数量多时，其抽查的绝对数就大，因此抽验比例就可适当减少。抽查无问题，其余包装严密和捆扎完好者，就不再按件过磅，抽查不符规定要求或有问题时，应扩大抽查范围或全部重行过磅。

④　不能换算或抽查的物资，一律全部过磅计算。

⑤　凡计重物资验收时，要注意按层分隔，注明重量，力求入库一次过磅，方便复查和发放，减少重复劳动。

计件物资的数量验收包括以下两方面。

①　计件物资应全部清点件数。

②　定量包装的小件物资，如内包装完整，可抽验内包装5%～15%，无差错或其他问题时，可不再拆检验内包装。

用其他方法计量的物资，按规定的计量方法计算。如木材按体积计算，玻璃按面积计算，电线电缆按长度计算。

物资的质量检验方法，应视物资的性质而定。质量检验一般由企业的技术检查部门负责，有的物资也可以由仓库管理人员负责。物资的质量检查方法及责任到底如何规定，应根据各企业的具体情况来定。

物资质量检查方法，一般有以下几种。

①　外形检验。凡是检验看实物外形便可决定质量是否合格的物资，如砖、瓦，园钉、芦席、毛竹等，一般可由仓库自检，检验中要随时做好记录。自检物资的范围，应由企业的技术检验部门和物资供应部门事先共同商定。

②　技术检验。凡需要进行规格衡量和技术检验的物资，如电动机、工业轴承等，则应由企业的技术检验部门负责检验，并在物资验收单上签署检验意见和签章，以示负责。

③　理化试验。凡是需要进行化学成分化验和物理性能试验的物资，如优质钢材，金属炉料等，应由企业技术检验部门取样化验，做出结论后，详细填写"材质化验单"和"物理性能试验单"，并签章负责。

④　试用。对于某些试制材料，或某些有特殊要求的机件、特种工具、电器元件等，可以按照供需方的试制协议或有关技术文件进行试用，并做出试用、检验记录。

（3）物资验收中发生问题的处理

①　在验收中发现物资的质量、规格、包装等不符合要求或数量错发，应先将合格部分验收入库，不合格或错发部分做好详细记录，并开具"外购物资检查不合格件处理单"，向供应商或运输部门进行交涉核对，以联系处理办法。

②　不合格或错发的物资，在交涉期间要另行堆放，封存保管。如供应商同意对不合格的物资做降级处理，企业又需用的话，则应另行按降级后的实际规格、质量入库；错发的物资是属于供应商的责任，则发还供应商；如是运输单位的责任事故，则退交运输单位去处理。受损的物资如是运输单位责任，则由运输单位承担责任；如是制造厂的问题，则退交制造厂另行补发。

③ 对于数量不符而其损溢在规定磅差范围内，企业可按实际验收数量验收入库，损溢超过规定磅差的，应核实后做出记录，交有关部门处理。在未做出处理结果前，该批物资连同包装物都要妥善保管，暂时不能动用。

④"外购物资检查不合格件处理单"填写说明，"检查情况栏"填写要详细，要有具体处理意见。技术检验部门要签章，以示负责。

此单填写后验收部门留存一份，交供应部门两份：一份留存，另一份作供应部门向供应商要求退换的凭证。

"外购物资检查不合格件处理单"的表式如表9-7所示。

表9-7 外购物资检查不合格件处理单

编号：01188

验收入库单号码	27704#	支票单号码	05—263	供货单位		×××轴承厂	
产品名称	工业轴承	详细规格	1 1 1	发票数量	400	实收数量	301
检查情况	1. 有80套轴承表面有锈斑，轴承内，外包装良好， 2. 有19套保持架与内套相碰，转动不灵活， 3. 根据合同"05—223"规定，供方负责"三包"，为此要降99套 质量有问题的111轴承退交供方调换合格产品。						
检查后责任者	供货单位	运输单位	本厂	检查单位	×××	检查员	
处理意见	退货	本厂修制	报废	备注		检查日期	
						××年×月×日	

主管：_____   填表：_____

（4）物资的入库

对质量检验和数量检验合格的物资，要及时办理入库登账手续，填制物资验收入库单，把物资存放入库。验收入库单的一般格式如表9-8所示。

表9-8 验收单

编号：
日期：

订购单编号：

编号	名称	订购数量	规格符合		单 位	实收数量	单价	总价
			是	否				
是否分批交货 □是 □否	科目会计		供应厂商				合计	
检查	抽样	%不良	验收结果		检查主管		检查员	
	全数	个不良						
总经理	成本会计		仓库		采购			
主管		核算	主管		收料		主管	制单

验收入库单的式样、联数、填制与传递程序，应根据企业具体情况而定。一般是一式五联：一联留仓库，登记物资收发结存明细账和物资料卡；二、三联交供应部门，供留存及作财务报销凭据；四联由检查员留存备查；五联送交财务部门，通知物资已验收入库，作为物资收入核算的依据。

3. 物资的保管

1）物资保管的原则

物资经过正式验收入库后，立即投入生产的较少，一般都有一个保管储存过程。各种物资由于物理、化学性质不同，其保管方法也千差万别。因此，物资保管必须遵守保管的各个原则才能决定保管作业的实际运作模式。为提高物资保管的效率，一般应遵循以下原则。

① 靠近仓库出口原则。即将刚刚到达的或经常要用的物资存放到离出入口最近的闲置的储位上。

② 以周转率为基础原则。即依据物资在仓库的周转率（需用量除以存货量）分配储位。首先依周转率由大到小排序列，再将此序列分为若干段，通常分为 3～5 段。同属于一段中的物资列为同一级，依照定位或分类储存法的原则，指定储存区域给每一级的物资。周转率愈高的货物应存储在离出入口愈近的地方。另外，当仓库物资进口与出口不相邻时，可依据进、出仓次数来做存料空间的调整。

③ 相关性原则。物资相关性大者在订购时经常被同时订购，所以应尽可能存放在相邻位置。因为物资相关性存储可以缩短提取路程，减少工作人员工作量，简化清点工作。

④ 同一性原则。同一性原则是指把同一种物资存储放于同一保管位置的原则。对同一种物资的存取花费最少搬运时间是提高物流中心作业生产力的基本原则之一。因而同一性法则是任何仓储中心皆应必须遵守的重点原则。

⑤ 互补性原则。互补性高的物资也应存放于邻近位置，以便缺料时可迅速以另一物资替代。

⑥ 兼容性原则。兼容性低的物资绝不可放置在一起，以免损害品质。

⑦ 先进先出原则。所谓先进先出原则是指先进仓库的物资先供料。此原则一般适用于寿命周期短的物资，例如感光纸、胶卷、电子元件等。作为物资保管，先进先出是必须的。但是若在物资形式变更少，物资寿命周期长，保管损耗等不易产生等情况时，则需要考虑先进先出的管理费用及采用先进后出所得到的利益，将两者之间的优劣点比较后，再来决定是否要采用先进先出法则。

⑧ 叠高原则。叠高原则，即像堆积木那样将物资叠高。利用合适的货架或积层架等保管设备，将物资堆高的容积效率要比平面放置方式高，同时也不影响出货效率。

⑨ 面对通道的原则。所谓面对通道原则是指在保管作业时把物资有可识别的标号、名称面对通路来保管，让作业员更加容易、更为简单地辨识。为了使物资的存储、挑选能够容易且有效地进行，物资就必须要面对通道来保管，这也是使物资收支作业能流畅进行及活性化的基本原则。

⑩ 尺寸原则。即在布置仓库时，同时考虑物资单位大小及相同的一批物资所造成的整批形状，以便能提供适当的空间来满足某一特定的需要。所以在划分存储区域时，必须要有不同大小位置的变化，用以容纳一切不同大小的物资。若没有考虑储存物资单位大小和整批形状，将可能造成存储空间太大而浪费空间，或存储空间太小而无法存放。

⑪ 重量特性原则。所谓重量特性原则，是指按照物资重量的不同决定存储物资在保管场

所的高低位置。一般而言，重物应保管于地面上或货架的下层位置，而重量轻的物资则置于货架的上层位置。此原则对于采用货架的安全性及人工搬运的可作业性有很大的意义。

⑫ 特性原则。物资特性不仅涉及物资本身的危险及容易腐坏的程度，同时也可能影响其他物资，因此在保管时必须要加以考虑。另外，彼此易互相影响的物资应分开存放。危险的化学药剂、清洁剂也应独立分隔放置，等等。

⑬ 储位明示的原则。储位明示的原则是指把物资的存放位置给予明确标示。此原则主要目的是将存取单元化，并能减少其间的错误。

⑭ 明了性原则。所谓明了性原则是指利用目视管理的方法，使仓库及物资能够容易识别的原则。例如颜色看板、标志符号等方式，让作业人员一目了然。

2）物资保管的内容

仓库分区与货位编号、物资的合理存放、日常计数和科学养护是物资保管工作的主要内容。

（1）分区与货位编号

分区分类是对仓储物资进行科学管理的重要方法。分区就是根据仓库的建筑、设备等条件，将仓库的库房、货棚、货场等划分为若干个保管区域，以适应物资存储的需要。

货位编号，就是在分区的基础上，将仓库及库房的存储空间，按照一定顺序编排号码，并做出明显标志。实行货位编号，有利于提高物物资收、发效率，减少串号或错发，便于保管员之间的合作互助；有利于物资的检查监督和盘存统计，账页、编号相结合，可以见物知账页，见账知货位，为实现账、卡、物、资金的"四对口"创造条件。

货位编号有很多方法，可供选择。可按仓库的不同条件和实际需要，灵活应用平面、垂直或立体的纵横向方向的序列，以各种简明符号与数码，来编制货区、货位的区别。但在同一仓库内，货位编号要按照统一的规则和方法进行。首先，要确定编号先后顺序的准则，规定沿着什么方向和顺序进行编号，以便于查找。其次，要采用统一的方法进行编号，每一货位的号码必须使用统一的形式、统一的层次和统一的含义来编制。常采用的是"四号定位"方法。

"四号定位"是指存放物资的库内物资区号、架号、层号、位号（在露天仓库则是库号、区号、排号、位号）四者统一编码，并和仓库账页上的编号统一对口。供料时管理人员只要看准物资的名称、规格、就可以知道这一物资放在几号货区、几号货架的哪一层、哪一个位置上。"四号定位"中，第一位，表示库序号；第二位，表示货架号；第三位，表示货架层号；第四位，表示货位号。如某企业仓库某种连杆货位号为2431，则该连杆存放在第二仓库、第四货架、第三层和第一位。

（2）物资的合理存放

物资入库要根据物资的性能、形状，特点和用途，充分利用仓库的条件，在确保安全的前提下，合理地进行布局和规划，实行分库划类、分排划架，做到分类科学，存放合理。

① 按照物资的性能特点分类分别存放。企业需用的物资品种规格很多，由于各种物资的性能、特点及用途的不同，其存放条件和保管方法有所不同，因此根据各种物资的种类、性能及养护和消防的需要，把物资划分为若干类，以便于分类集中保管。一般通常是根据物资性能、养护措施和消防要求，结合仓库建筑、保管条件进行分区分类。对化工危险品一般是按危险性质分区分类。例如，怕潮湿、怕虫害物资应存放于封闭式仓库；怕热物资应放在通风、阴凉的地方；怕冻物资应放于保暖的库房；有毒易爆等危险品一定要根据国家保管条例

的规定，单独存放于危险品仓库，并应备有安全防护设施等，确定安全。对于性能不同、互有影响或互相抵触的物资，以及温湿度要求不同、灭火方法不同的物资，均不能存放在一起。同时应注意不同性能、特点的物资，其摆置方法也应因物制宜。例如，玻璃板平放受压易碎，应直立存放，油毡受压容易层层粘连，需立式摆放；橡胶制品、传送带等受压易变形，宜吊挂存放；半封闭仓库存放钢材，应预先垫垛，防止钢材受潮生锈；露天仓库存放怕雨雪和日光曝晒的物资，应加以苫盖等。

物资存放和保管还应综合考虑物资使用要求的异同，即必须符合便于快收、快发和先收、先发，便于检验计数检尺，便于装卸运输，便于开展保养维护，便于清仓查库等要求，并使仓库面积和容积得以充分利用，提高仓库面积利用系数。例如，经常发放的体大笨重物资应放在库门附近或装卸运输较方便的地方，不经常使用的小件物资可放在货架顶层，成套发放的物资还可采用集装办法保管发放。

② 物资的堆码。物资入库后，为了确保物资在储存期间的安全和提高仓库利用率，要在分区分类的基础上，根据物资的性能和包装条件堆码存放。

堆码，是指在已划定的仓库区域内，将物资合理地堆积在一起。物资堆码存放应满足以下基本要求。

一是合理。对不同品种、规格、型号，牌号、等级、批次和不同供方的物资，应分开堆码，不相混杂；选择垛形，必须适合于物资性能特点，达到合理保管。库房内的物资堆码要做到货堆之间，货垛之间与墙柱之间保持一定距离，留有"五距"和适宜的通道，以便物资的搬运、检查和养护。五距是指仓库的顶、灯、墙、柱、堆的距离。顶距是指货堆的顶部与仓库屋顶平面之间的距离，顶距主要是为了通风，平顶楼房，顶距应在 50 厘米以上为宜；灯距是指仓库里照明灯与物资之间的距离，灯距主要是防止火灾，物资与灯的距离一般不应少于 50 厘米；墙距是指货垛与墙的距离，墙距主要是为了防止渗水，便于通风散潮；柱距是指货垛与屋柱之间的距离，柱距是为防止物资受潮和保护柱脚，一般留 10～20 厘米；堆距是指货垛与货垛之间的距离，堆距是为了通风检查物资，一般留 10 厘米即可。库房外码垛要距离建筑物 150 厘米以外，避开排水沟和屋檐水。码垛时要分清先后次序，便于贯彻"先进先出"的原则。

二是牢固。码垛要不偏不斜，不歪不倒，不压坏底层物资和地坪，要与屋脊、梁柱、墙壁保持一定距离，确保物资堆垛牢固安全。

三是定量。每行每层的物资数量力求成整数，五十成行，五十成方，五十成串，五十成包，五十成堆，过目知数。过磅物资不能成整数时，每层应明显分隔，标明重量，以便于清点，便于发货。

四是整齐。排列要整齐有序，垛形有一定规格，无论横看竖看，均成行成列。包装外有标志者，一律朝外，要彻底清除玷污虫迹，给人以整齐、清洁、美观的感觉。

五是节省。要节省仓位，提高仓库面积利用系数，节省劳动力。

物资堆码应采用适当的方式方法。物资堆码有散堆法、垛堆法、货架堆码法和托盘堆码法、重叠法、垂直交错法、仰伏相间法、压缝法、宝塔法、牵制法、鱼鳞法、通风法等多种方式方法。

• 重叠法。按入库物资数量，视地坪承荷能力，确定堆高层数，确定底层的垛脚件数，然后逐层重叠加高。上一层每件物资应直接安放在下一层每件物资的上面，并对齐整。硬质整齐的物资包装、正方形的包装和占用面积较大的钢板等可用此法。

● 压缝法。长方形物资包装或长度与宽度成一定比例的包装，均便于每层压缝堆码。即上一层物资跨压住下一层两件以上的物资，下纵上横或下横上纵，货垛四边对齐，逐层堆高。用此法，每层物资成"二顶一"平排，两件直放顶一件横放，或"三顶二"、"四顶三"、"五顶二"等。用此法，每层物资互相压缝，堆垛稳固，每层等量，易于核点数量。

● 牵制法。物资的包装不够平整，堆码时高低不一，并且不稳固的物资堆码，可用这种方法。即在上、下层物资之间，加上垫、夹放木板条等，使堆放物资层层保持平直，并有牵制，防止倒垛。这种方法可以与重叠法、压缝法配合使用。

● 间距法（通风法）。有的物资堆码不能紧靠，要前后左右都留有空隙，宜用此法。此法有的是压缝法的变种，如每层从"二顶一"靠顶，变成"二横不靠紧、顶一留空隙"。这种堆法可摆单层，也可堆高。桶装、筒装的液体物资排列成前后两行，行与行、桶与桶之间都留空隙；堆高时，上一件跨压在下两件的"肩部"，以便保管中检查有无渗漏。

● 垂直交错法。有的物料包装坚实，允许卧放的，为充分利用仓容，可以直立与平放层层交错，如一、三，五直立堆放；二、四、六层平放。

● 托盘堆码法。托盘堆码法是仓库利用叉车和托盘进行搬运、装卸和堆码作业的方法。它以托盘为堆货单元，直叠成若干纵列，组成堆垛。托盘有不同的规格和附加装置，用以承载各种包装和体积大小不同的物资。此法可利于机械化和半机械化的装卸、搬运、堆码连续作业。托盘上的物资组合形式，以密集、稳固、多装为原则，同类物资组合单元应高低一致。

● 货架堆码法。直接使用通用和专用货架进行物资的堆码。此法适用于存放不宜堆高，需特殊保管的小件包装的物资。如小百货、小五金、绸缎、医药品等。

对于无包装的散装物料，如矿砂、煤炭、石灰等，可不采取垛堆方式，直接散堆堆放。这种堆码方法简便、迅速，可加快装卸速度；但此法应用范围比较窄。

选择何种方法需根据物资的性能、包装状况、库存条件、养护需要等因素来决定。例如："五五化摆放"，即按物资的不同形状、体积，以"五"为计量基数，成组存放，做到五五成行、五五成方、五五成串、五五成包等。具体做法是把物资按"五"为基数组成小组，如平行五（平放五件）、直立五（重叠五件），三二五（二件顶三件或三件顶二件）、一四五（一件顶四件）、梅花五（五件环形排列）等形式，根据物资不同形状，用小组并成大组，组成"五五化"堆垛。"五五化"堆垛的式样可以千变万化，如平方五、立方五、行列五，分层重叠五、分层压缝五、分层纵横五等形式。

对于小件物资，可按五件或五的倍数成捆、成扎、成串、成包或成箱，再按上述方法码成"五五化"垛形；对于计重物资，可按五的倍数如五十千克、一百千克等数打包，捆扎或装箱、装桶，再摆"五五化"堆垛。

"五五化摆放"应根据不同物资的形状和大小，采用不同摆放方法，不强求一致，对难以按"五五化摆放"的物资，如煤炭、炉料等，应在划定的区域内，按到货批次分堆存放，并做好码垛整齐。

③ 物资的架子化。架子化是充分利用库房空间，提高仓库面积利用率，便于维护保养，使仓库整齐美观的一种好方法。凡是小件、规格品种复杂的机电产品、钢材、铝材、劳动防护用品，以及其他能上架的物资，都应存放在架子上。实行架子化时，要根据库房地面和场地的负荷能力，尽量向高空发展，以充分利用仓库的容积。仓库应根据库房的具体情况、物资种类、取材方便等条件，设计出适合于本仓库使用的既经济牢固又能充分利用仓库空间的

货架。

货架的式样很多，有柜式货架、格子式货架、支柱式货架、悬臂式货架、U 字形货架、板材货架、轮胎货架等，仓库应按存储物资的性能和特点设计制作实用的货架。

④ 物资的垫垛和苫盖。垫垛和苫盖是防止物资受潮的必要措施。物资在确定堆码垛形后，应按垛形大小和负重，先行垫垛，其目的是使物资避免地面潮气自垛底侵入并使垛底通风。露天存放的物资，垫垛后再要加以苫盖，以防物资受雨水、露水潮气侵蚀和阳光曝晒。

垫垛时要注意做到：下垫必须保证不受水浸、潮湿，还要确保垛底通风良好；露天货场的地面一定要平整夯实，避免堆垛后地基下沉，造成货垛倾斜倒塌；下垫材料要铺放平整，计算每条和每块的负重，不得超过下垫材料和地坪的负重限额，垛重时应垫得密一些，但仍需要使垛底下通风，并须使下垫材料负重平均，避免垛形变形；合理使用垫垛材料，注意节约使用。

需要苫盖的物资堆放要便于苫盖，一般以屋脊形的堆垛较好。苫盖所用材料要经济耐用，并符合防火的要求；对于油布等价值较高的苫盖，在使用时要特别爱护，用后要洗净、晾干放好。使用芦席、油毛毡作苫盖材料时，要注意周围条件，防止发生火灾，加上苫盖的物资垛形斜面必须平整，以免雨水渗透垛内；苫好后，必须把苫盖物拴牢扎紧，以防被大风掀起。

为确保物资苫盖得当，也应注意采取适当的苫盖方法。主要的苫盖方法有如下几种。

一是垛苫盖法。就是把苫盖物直接盖在垛上面。此方法操作简便，适用于层脊形货垛或大件物资的苫盖。可用油布、帆布或塑料作苫盖物。

二是鱼鳞式苫盖法。把苫盖物由货垛的下部向上逐次围盖，从外形看似鱼鳞状。为保持货垛顶部或周围的通风性，可在货垛与苫盖物间加隔离板，或将苫盖物下部略反卷。

三是隔离苫盖法。此方法与简易苫盖法的区别在于苫盖物不直接摆放在货垛上，而是采用隔离物使苫盖物与货垛间留有一定空隙。隔离物可用竹竿、木条、钢筋、隔离板等。此法优点是，有利排水通风。

四是固定棚架苫盖法。是用预制的苫盖骨架与苫叶合装而成的简易棚架，但不需基础工程，可随时拆卸和人力移动。

五是活动棚架苫盖法。与固定棚架不同的是，棚架四周及顶部铺围玻璃钢瓦、铁皮等，在棚柱底部装上滚轮，整个棚架可沿固定轨道移动。

（3）日常计数（库存物资的数量管理）

库存物资品种繁多，为了随时掌握物资的准确数量，要根据物资的不同特点，用不同的日常计数方法，以求过目知数，正确无误。

① 按件标量累计法。这种方法适用于每件不定量的物资，将每件料重标记在实物上，然后将料架上的每层重量加以累计，并标注在每层一侧的实物上，随时可以看出某类物资的结存量。

② 建立物资保管账卡。物资保管账是记载库存物资进出存动态的正式合法记录，它反映在库物资的真实情况，也是仓库对库存物资进行清查盘点的主要依据。仓库必须根据业务的需求，按照统一格式设立物资保管账，物资保管账要根据入库通知单、领料通知单等正式的合法凭证，按照账面上的栏目和规定程序正确及时地记账，做到日清月清。

物资保管卡，是记载物资进出存动态的卡片。对于一般定量、计件的物资，可设置材料卡片，悬挂在存放材料的货垛或货架上。当发生物资进库、供料、并垛、分垛、移位等情况时，保管员及时、准确地将数量记录在卡片上，这样可以使保管员对所保管的每一个货垛或货架上的物资进出动态心中有数，也便于物资存取和查找。物资保管卡必须随货保管，方法有两种：一是集中管理，将一个库房内的卡片，按照物资类别或货位编号顺序集中起来，装订成册，或分别存放在卡片箱内，货垛上另挂标记卡，在发生出入库业务时，随时抽取卡片进行核对、记载；另一种是分散管理，在发生进库业务时，随时在保管卡上进行登记，记载后将卡片仍挂在货垛上。物资保管卡的格式如表 9-9 所示。

表 9-9　物资保管卡

物资名称：_____　　　　　物资编号：_____

型号规格：_____　　　　　计量单位：_____

年	月	单据号码	收　入	支　出	结　存	备　注

（4）库存盘点（动态盘点）

库存盘点就是对每天在数量上发生变动的物资，随时在保管账卡上进行登记，月末结算，进行保管账、保管卡和库存物资实际数量的核对工作，清点实存数，查对账面数。库存盘点要采取以货对账的方法，不允许以账对货，以防止盘点对账走形式和出差错。

物资盘点的主要内容有：查明物资数量与账、卡是否相符，有无超储积压物资和账外物资；物资的质量是否完好，保管条件是否良好，保养措施是否失效；仓库的各种安全措施和消防设施是否符合安全要求；计量工具和磅秤等是否准确可靠，它们的使用和保养是否合理等。盘点中发现问题，应立即查明原因，明确责任，提出改进措施。同时，通过盘点，要推广关于保管物资、节约物资、保养物资的先进经验，以进一步提高仓库管理水平。

在清仓盘点工作开始前，除了要对有关人员进行必要的思想发动工作以外，还应做好下述业务准备工作：印制必要的表格；准备好盘点中需用的计量工具；将分散保管的各种物资集中起来；把尚未验收的物资，加紧验收入库；将代保管的物资，从库存中分出来；将已发物资全部运清；用料部门剩余的物资，要及时办理退库手续。

为提高库存盘点的准确性，物资盘点宜采用适当的方法。物资盘点的方法可分为两大类，一为定期盘点法，一为循环盘点法。

定期盘点法就是定期地检查所有物资的在库余额，以核对和保持准确的物资在库记录的方法。定期盘点法要求在一个短暂的时期内对各种物资进行全面盘点。对大多数企业而言，一年或半年核查一次便足够了。假若一年只作一次物资盘点，则它通常安排在每年生产和库存水准处于最低点时进行。

进行一年一度的物资盘点的准备工作所花的时间在很大程度上能从最终结局中得到补偿。还应准备好书面的标准程序，它可作培训材料之用。物资盘点的准备工作应包括以下几个方面。

① 整理。把物资整放置在它固有的位置，以便易于盘存。

② 核对。按物资的编号和名称核对所有物资。

③ 订出细则。有关人员在盘点之前都要重新学习盘点的方式和方法。

④ 培训。对相关人员进行培训，使之正确使用秤、计数器和计量方法。

⑤ 建立班组。建立两人或两人以上的盘点班组，并规定有关盘点、核对和记录物资数量的职责。

在盘点日，应停止仓库区的作业。应指定一个存储场所来存放盘点期间内到达的所有物资，因为它们不在盘点之列。在这整个非常时期内，除非紧急情况，所有内部的移动和搬运均应暂停。如果物资盘点将需要停产数日，应把停产的日期通知用户。

物资盘点的次数通常是根据物资价值的大小和物资在公开市场上订购的难易程度来确定的。贵重或值钱的物资比一般物资的盘点次数要多些。

定期盘点必须关闭工厂仓库作全面性物资的清点，因此对物资、在制品的核对十分方便和准确，可减少盘点中不少错误。缺点是工厂停产造成损失，并且动员大批员工从事盘点工作。定期盘点因采用盘点工具不同，又可分为以下三种。

① 盘点单盘点法。盘点单盘点法是指以物资盘点单记录盘点结果的盘点方法。这种盘点方法记录，在整理列表上十分方便，但在盘点过程中，容易出现漏盘、重盘、错盘的情况。

② 盘点签盘点法。盘点签盘点法是指盘点中采用一种特别设计的盘点签，盘点后贴在实物上，经复核者复核后撕下。这种方法对于物资的盘点与复盘核对相当方便又准确，对于急用料仍可照发，临时进料也可以照收，核账与做报表均非常方便。

③ 料架签盘点法。料架签盘点法是指以原有的料架签作为盘点的工具，不必特意设计盘点标签。当盘点计数人员盘点完毕即将盘点数量填入料架签上，待复核人员复核后如无错误即揭开原有料架签而换上不同颜色的料架签，之后清查部分料架签尚未换下的原因，而后再依料账顺序排列，进行核账与做报表。

循环盘点法，又叫连续盘点法或永续盘点法，它是有顺序地而不是定期地进行的一种物资盘点方法，是控制物资及将其保持在高水准的一种基本方法。通过有效的循环盘点，能缩减生产停工，改善对客户的服务，减少陈旧，取消一年一次的物资盘存和减少物资损耗，故可达到增进主要收益的目的。同中断生产的定期盘点法相比，循环盘点法所需费用较少。

循环盘点法就是在全年内对物资顺次地加以盘点。对有限的少数物资则每天或按某一其他间隔期进行核查。可以根据人员是专职或兼职来分派循环盘点。要核查的物资可随机地或根据预定的计划来选。循环盘点法并不需要像定期盘点法那样终止作业。

循环盘点法为许多企业所广泛地运用。它可以由专业人员或固定指派的仓库管理人员来进行物资盘点。当由固定指派的仓库管理人员来进行时，他们可根据各自的职责在工作间隙时间内完成循环盘点；当由专业人员来进行时，由于他们都是专职人员，物资的盘点更是顺次地完成的，由于专业人员熟悉物资、存放次序、保管制度和可能发生的各种特殊事项，所以大多数企业都乐于采用。

循环盘点能检查物资的状况和得出记录准确程度的高低。记录准确程度可由有误差物资的百分率和误差的相对值来度量，误差的显著性与物资的相对价值有关。单位贵重物资的误差是显著的，而对廉价物资而言，上下2%误差也是可接受的。

循环盘点法也可分为三种方法。一是分区轮盘法，即由盘点专业人员将仓库分为若干区，依序清点物资存量，过一定日期后周而复始。二是分批分堆盘点法，即准备一张某批收料记录签放置于透明塑胶袋内，拴在该批收料的包装件上。若供料，即在记录签上记录并将领料单副本存于该透明塑胶袋内。盘点时对尚未运用的包装件可承认其存量毫无误差，只将动用的存量实际盘点，若不相符马上查核记录签与领料单就一清二楚。三是最低存量盘点法，即指当库存物资达到最低存量或订购点时，即通知盘点专业人员清点仓库。盘点后开出对账单，以便查核误差之存在。这种盘点方法对于经常收发的物资相当有用，但对于呆料来说，则不适合。

每个企业对物资的分类和盘点的次数都应仔细地加以规定。需考虑的一般原则是：对任一受控的物料清单中，分类后的小部分物资要占存货价值的大部分；流动（交易）越频繁的物资，记录误差的可能性越大；物资控制所耗费的人力、时间和资金，应根据物资的重要性，按比例在它们之间分配。

循环盘点可以把重点放在年耗用金额高的库存物资上（ABC 原则）。"A"类物资（年耗用金额最高的物资）应经常盘点，而"C"类物资则相反。"A"类物资可每一个月或两个月盘点一次，"B"类物资每三个月或四个月盘点一次，"C"类物资每年盘点一次。由于"C"类物资占存货清单中的大部分，但所占投资比较少，故不值得把力量花费在它们上面。每个企业都必须根据自身的特点来安排循环盘点。

已开发出多种程序来变化循环盘点的频率，其中最为流行的系统如下所述。

① ABC 系统：物资按 ABC 原则划分层次，其中"A"类物料的频率最高，"C"类物资则最低。

② 再订购系统：在再订购时盘点物资。

③ 收货系统：在收到补充订货时盘点物资。

④ 无余额系统：在库存余额为零或为负值（延期付货）时盘点物资。

⑤ 交易系统：在完成某一确定的交易数量后盘点物资。

当然，也可运用上述系统的不同组合。

使用循环盘点时，在一定时间内整个物资中只有一小部分被审查，这就大大缩减了问题的数量，每日的盘点可立即得到协调。循环盘点可以是为了使所有物资在一年至少盘点一次，或按某种统计抽样来建立。使用统计方法时，是盘点给定类别中随机抽取的那些物资，并要将其结果推广到全体物资。

循环盘点法是一种很好的盘点方法。其较突出的优点有：在循环盘点时不必停止工作，并可取消一年一次的实物盘点；能及时揭示误差，随时修正库存记录和排除产生误差的原因；能增进记录的准确程度，得出更正确的资产报表，存货盘点不是在急促的情况下进行的，故能得出更为准确的计量结果，可省去年末存货的消账，并且随时均可得到正确的资产报表；专业人员在取得可靠的计数、调节误差和寻求解决系统误差的方法等方面可充分发挥作用；可把力量集中在有问题的区域。

由于物资的自然损耗、计量上引起的误差积累、用料单位的退库物资没有及时验收入库、物资保管不善或被盗窃等原因，物资必然会发生盘盈、盘亏。在盘点过程中，发现与账、物不符的物资，应切实查明盈亏的数量和原因，并在此基础上编制物资盘盈盘亏表，如表 9-10 所示。凡属于自然损耗和计量公差者，在规定的标准内由物资供应部门负责人批准处理；超过规定标准时，应填报盘盈、盘亏明细表，由物资供应部门会同财务部门报请企业领导批准处理；属于保管不善或被盗窃者，应找出原因，查明责任，提出处理意见，报请领导批准后，严肃处理；对由于天灾人祸及人力不可抗拒的原因所造成的物资损失，应于事件发生后，当即清查受损失的数量，写出专题报告，报请上级审批处理。

表9-10 物资盘盈盘亏表

仓库名称：＿＿＿＿＿＿＿　　物资类别：＿＿＿＿＿＿　　日期：＿＿＿＿年＿＿＿＿月＿＿＿＿日

物资编号	物资名称及型号规格	计量单位	单位价格/元	数量		盘盈	盘亏、毁损	盈亏原因说明
				账存	实存			

（5）物资的科学保养

物资的科学保养，是为了保证物资质量的完好无损。对于不同的物资，应根据它们的性质、成分及包装条件，采取不同的保养方法，使材料在一定时期内不变质、不损坏。

① 根据物资的物理性能和化学性质，采取相应的保养方法，力求做到"十防"无损，即防锈、防腐、防毒、防蛀、防潮、防冻、防震、防火、防爆、防热。

② 选择和保持适当的自然环境。要注意仓库的湿度、温度、宽度、通风情况。

③ 严格掌握物资的存储时间。一般说，物资存储时间的长短，对其质量有不同影响。有的物资往往由于存储时间过长而失去使用价值，因此，必须严格掌握物资的存放期，采取定期翻桩，先进先出，及时处理呆滞物资等办法，避免由于存放期过长而造成的损失。

9.4 物资的节约和综合利用

节约是企业增加生产、降低成本、增加利润的重要途径，每一个企业都应该贯彻"生产与节约并重"的方针。物资的节约要求最合理地利用资源，以一定量的物资生产出更多更好的产品，或者说生产一定量的产品消耗更少的物资。

9.4.1 物资节约的途径

（1）改进产品设计

企业产品的结构、零件数量、式样，大小、长短及选用材料的规格、材质等，首先是由设计决定的。产品设计上的浪费，是一种先天的、长期的浪费，因此，在产品设计中采用价值工程方法，在保证产品必要功能的条件下改进产品结构，取消不必要的零附件，降低过大的安全系数，简化零件形状，设计出重量轻、体积小、成本低、效率高的产品，是节约物资的重要措施。

（2）采用新工艺、新技术，减少物资消耗

工艺性损耗是物资消耗的重要部分，因此减少工艺性消耗，提高加工质量，降低废品率，是节约原材料和能源消耗的重要方面。在机械加工行业中，推广少、无切削加工工艺，如精锻、精铸、冷轧、冷挤、冷墩、爆炸成型等加工方法代替金属切削加工，都可以大大提高材料利用率。

采用耗料少、效能高的设备，会减少原材料损耗，提高能源转化效率，充分发挥物资的效益。如陈旧落后的工业锅炉，热效率平均只有50%，如果推广新型节能锅炉，使热效率提高10%，便可以节约大量能源。

（3）选用新材料和代用材料

在保证产品质量的前提下，千方百计地选用经济合理的新材料和代用材料，是企业减少物资消耗，降低成本的重要措施。因此，企业的物资管理部门要同设计部门紧密配合，尽量地选用资源丰富的材料代替紧张稀缺的材料；价格低廉的材料代替贵重的材料；国产材料代替进口材料；工业原料代替农业原料。另外，实行科学下料办法；修旧利废；改进物资运输和保管工作等，也是物资节约的重要途径。

9.4.2　废旧物资的回收和利用

生产建设企业每年要消耗大量的物资，同时也产生大量的废旧料，这些废旧料虽然不能直接按其原来的用途使用，但还残存着不同程度的使用价值，及时地进行回收利用，则可以变废为宝，这对于节约国家资源，具有重大的意义。因此，企业要经常对广大职工进行勤俭节约的教育，使人人树立勤俭办企业，人人精打细算的良好习惯。同时要采取有效措施，从组织上、制度上加以落实。企业要建立健全废旧物资回收、管理、修复和利用的组织制度，配备必要的人员、设备和工具，并同经济责任制结合起来。

1. 废旧物资的"回收"

废旧物资的"回收"，即把分散的废旧物资集中起来。为了搞好回收工作，企业物资管理部门必须做好一系列组织工作，包括：明确回收范围，如回收边角余料的尺寸标准；制定废旧物资回收的指标，明确责任；规定包装物的回收利用办法；对某些劳保用品、工具等规定以旧换新的办法；建立废旧物资回收奖励制度；等等。

2. 废旧物资的"利用"

收集的废旧物资，必须有专人进行分类挑选，确定哪些是无法利用的，只能当废料处理；哪些是可以修复利用的；哪些是可以让给其他企业使用的。有计划地利用废旧物资是回收的目的，收而不用，就失去了回收的意义。废旧物资的利用，一般有以下几种方法。

① 仍旧当作原来的材料利用。就是把废品、废料，根据一定比例，再用于生产。

② 加工改制。将各种不能再用的材料，在经济合理的条件下，改制成另一种材料加以利用。

③ 修复利用。废旧材料经过加工修理，恢复原来的使用价值，可以继续利用。

④ 出售给其他企业。凡本企业不符合使用，而外单位可以使用的材料，可以出售给外单位。本企业不能利用，外单位也无人需要的废旧料，则可按规定出售给有关废旧物资收购公司。

9.4.3　物资的综合利用

物资的综合利用是反映国家科学技术发展水平的重要标志，是现代工业向深度和广度发展的必然趋势，它对于充分利用和节约物资具有特别重要的作用。

随着现代工业的发展，综合利用越来越具有广阔的天地。综合利用可以变无用为有用，变一用为多用，大大提高物资的利用程度，最大限度地实现物资的使用价值，降低产品成本中材料的消耗费用。例如，制糖厂用甘蔗制糖后，蔗渣可以用来造纸，炼铁厂的矿渣可以用来制造水泥等建筑材料。

综合利用还可以改善职工的劳动条件和城镇居民的环境卫生。每一个企业都必须把综合利用和治理"三废"结合起来；否则，工业越发展，"三废"任其排出，不仅资源浪费越大，而且还会严重污染空气，毒化江河，影响环境卫生，危害人民生活和健康。因此，搞好物资的综合利用，已成为我们党和国家一项重大的技术经济政策。在社会主义制度下，为开展物资的综合利用开辟了广阔的发展前景。每个企业都要根据自己的生产特点，分析研究技术上的可能性和经济上的合理性，通过技术革新、改革工艺、改造设备、加强管理等有效措施，积极地开展物资的综合利用，真正做到化废为宝，化害为利，扩大资源，发展生产，为人民造福。

9.4.4　多余积压物资的处理

企业多余积压的物资应积极处理，一般原则是采用 ABC 分类法，对占金额高的 A 类物资进行重点处理，这对加速资金周转，减少资金占用，是很重要的。具体的处理办法有：

① 参加各种物资调剂会议，签订合同或协议；

② 印发处理清册，寄有关单位选购；

③ 委托商业部门代销；

④ 设立门市部自销；

⑤ 到重点部门、企业登门推销。

本章小结

供料管理是指企业物资管理部门对车间等用料单位供应物资的计划和组织工作。供料管理的主要内容包括：编制供料计划、限额供料、集中下料、物资代用、超限额供料、供料分析等。物资发放是物资工作为生产服务的直接环节，在发放物资时必须遵循内部结算、依据完整、数量准确、质量完好、供料迅速、登账及时等要求。物资发放有领料制和送料制两种方式。物资一定要凭证发放。仓库管理有物资的接运、验收入库、仓库分区与货位编号、物资的合理存放、日常计数、库存盘点（动态盘点）等内容。企业要降低成本、增加利润，必须节约和综合利用物资，回收和利用废旧物资。

本章的重点是供料计划的编制，物资发放的各种凭证、仓库管理等。

学习资料

物资收发管理准则

第一章 总 则

第一条 目的

为使本公司物资的接收、保管、发放及退还管理等事务流程有所遵循，特制定本准则。

第二条 范围

有关物资收发管理作业，包括库位规划、物资接收与发放及退还等事务，依本准则的规定办理。

第二章 库位规划

第三条 库位规划与配置

（1）物资管理部门应依物资收发情况、包装、方式等规划所需仓库库位数及其面积，以使库位空间有效利用。

（2）库位配置原则应依下列规定：

① 配合仓库内设备（例如油压车、手推车、消防设施、通风设备、电源等）及所使用的储运工具规划运输通道；

② 依部门别、物资别分区存放，同类物资中计划物资与订制物资应分区存放，以利管理；

③ 收发频繁的物资应配置于进出便利的库位；

④ 将各项物资依品名、规格、批号划定库位，标明于"库位配置图"上，并随时显示库存动态。

第四条 物资堆放

物资管理部门应会同质量管理及物流管理部门人员，依物资包装形态及质量要求设定物资堆放方式及堆积层数，以避免物资受挤压而影响质量。

第五条　库位标示

(1) 库位编号依下列原则办理，并于适当位置作明显标示：

① 层次别，依 A、B、C 顺序由下而上逐层编订，没有时填"○"；

② 库位流水编号；

③ 通道别，依 A、B、C 顺序编订；

④ 仓库别，依 A、B、C 顺序编订。

(2) 计划物资应于每一库位设置标示牌，标示其品名、规格及单位包装量。

(3) 物料控制部门依库位配置情况绘制"库位标示图"悬挂于仓库明显处。

第六条　库位管理

(1) 物资管理部门收发物资经办人员应掌握各库位、各物资规格的进出存动态，并依先进先出原则进行物资收发作业。

(2) 计划物资每种规格原则上应配置两个以上的小库位，以备轮流交替使用，以达先进先出的要求。

第三章　收料管理

第七条　仓库接收方式

(1) 仓库开立"进仓明细表"一式二联，连同物资送至仓库管理人员签收并存放于指定库位后，第一联送回仓库管理部门存查，第二联由收货人员持回凭以核对"物资接收单"。

(2) 仓库按当日的"进仓明细表"汇总开立"物资缴库单"，送物控部门核对签认后，第一联送会计部门，第二联送物控部门据以转记"物资库存日（月）表"，第三联送回仓库。

第八条　收料注意事项

物控部门应就接收内容与物资接收单的内容确实核对，如发现接收原因代号、品名、规格、接收数量、包装或唛头等不符时，应即时通知仓库更正。

第四章　供料管理

第九条　交运期限控制

(1) 凡遇下列情况之一者，物控部门应于一日前办妥"物资交运单"并于一日内交运：

① 计划物资接近需用单位的"用料通知"时的交货日期；

② 各种紧急物资，依生产需要日期；

(2) 发往国外用户单位的物资，应配合结关日期交运。

第十条　供料注意事项

(1) 物控部门接到"订货通知单"时，经办人应依物资规格及领料通知单编号顺序列档，内容不明确应及时联系需用部门加以确认。

(2) 因使用单位需要，收货人非订购客户或收货地点非其营业所在地者，依下列规定办理：

① 经销商的订货、交货地点非其营业所在地者，其"订货通知单"应经业务部主管核签方可办理交运；

② 收货人非订购客户者应有订购客户出具的收货指定通知始可办理交运。

(3) 物资管理部门接获"订制（货）通知单"得以发货，但有指定交运日期的，依其指定日期交运。

(4) 订制品（计划品）在客户需用日期前缴库或"订货通知单"注明"不得提前交运"的，物资管理部门若因库位问题需提前交运时，应先联络业务人员转知客户同意，且收到业务部门的出货通知后，才能提前交运，若是紧急出货时，应由业务主管通知物控主管先予交运再补办出货通知手续。

（5）未经办理缴库手续的成品不得交运，若需紧急交运时得于交运同时办理缴库手续。

（6）订制品交运前，物资管理部门如接到业务部门的暂缓出货通知时，应立即暂缓交运，等收到业务部门的出货通知后再办理交运。紧急时可由业务主管先以电话通知物资管理部门主管，但事后仍应立即补办手续。

（7）"成品交运单"填写后，须于"订货通知单"上填注日期、"成品交运单"编号及数量，以供了解交运情况；已交毕结案则依流水号整理归档。

第十一条 承运车辆的调派与控制

（1）物资管理部门应指定人员负责承运车辆及发货人员的调派。

（2）物资管理部门应于每日下午四时前备好第二天应交运的"成品交运单"，并通知承运公司调派车辆。

（3）如承运车辆可能于营业时间外抵达客户交货地址，成品交运前，物资管理科应将预定抵达时间通知业务部门转告客户准备收货。

第十二条 内销及直接外销的成品交运

（1）成品交运时，物资管理部门应依"订制（货）通知单"开立"成品交运单"，由业务部门开立发票，客户联发票核对无误后交客户，存根联与未用的发票于下个月二日前送会计部门。

（2）"订货通知单"上注明有预收款的，在开列"成品交运单"时，应在"预收款"栏内注明预收款金额及发票号码，分批交运的，其收款以最后一批交货时为原则，但"订货（制）通知单"内有特殊规定者例外。

（3）承运车辆入厂装载成品后，发货人及承运人应于"成品交运单"上签章，第一、二联经送业务部核对后第一联业务都存，第二联由会计核对后入账，第三、四、五联交由承运商于出货前核点无误后始得放行。经客户签收后第三联运交运客户，第四、五联交由承运商送回物资管理部门，把第四联送回业务依实际需要寄交指运客户，第五联承运商持有，据以申请运费，第六联物资管理部门自存。

第十三条 客户自运

（1）客户要求自动时，物资管理部门应先联络业务部门确认。

（2）成品装载后，承运人于"成品交运单"上签认，依另行规定办理。

第十四条 直接外销的成品交运

（1）在结关之前，物资管理部门应将成品运抵指定的码头或货柜场，以减少额外费用（如特验费、监视费等）。

（2）成品交运时，由物资管理部门依"外销订货通知单"开列"成品交运单"一式六联，第四、五联，交由承运商送码头成货柜场的报关行签收后，第四联免送客户，仍存于物资管理部门，第五联经报关签收后，由承运人持有，据此申请费用。

（3）外销发票正联送业务部门收存，存根联与未用的发票则于下个月二日前汇总送会计部门。

（4）成品需在厂内装柜时应依下列规定办理：

① 物资管理部门接到业务部门领柜通知后，即联络货柜入厂装运；

② 装柜时，应依客户要求的装柜方式作业，装毕后货柜应以封条加封。

第十五条 成品交运单的更正

"成品交运单"因交运内容更改而造成填单错误需要更正时，依下列规定办理。

（1）"内销交运单"的更正。

① 尚未交运：开单人员在原单错误处更正，并加盖更正章，如果难以更正，则将原单各

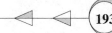

联加盖"本单作废"字样,重开"成品交运单"办理交运。作废的"成品交运单"第一联留仓运科,其余各联依序装订成册送会计核对存档,另开错的发票则加盖"作废"章,存于原发票本。

② 已交运:开单人员应立即开立"交运更正单(内销)",第一、二、三联送业务部核对后,第一联,业务部存;第二联,送会计;第三联,依实际需要转送交运客户;第四联,送客户;第五、六联,存于仓运部门。

③ 如发票已送客户,因错误而需重开时,应将新开发票连同"交运更正单"第四联送业务部门转交客户,并需督促客户取回原开发票。

(2)外销"成品交运单"的更正。

① 未交运:比照本条第一款第一条的规定办理。

② 已交运:经办人员应立即至交运的码头或货柜场办理"装箱单"等报关文件的更正,并立即开立"交运更正单",其流程与发票的更正比照第一款的规定办理。

③"交运更正单"不得作为出厂凭证。

第十六条 "成品交运单"签收回联的审核及责任追究

(1)审核:物资管理部门收到"成品交运单"签收回联有下列情况者,应即附有关单据送业务部门转客户补签:

① 未盖"收货章"者;

②"收货章"模糊不清难以辨认,或非公司名称全称;

③ 其他用途章(如公文专用章)充当"收货章"。

(2)责任追究:物资管理部门于每月十日前就上月份交运的签收回联尚未收回的,应立即追究责任,并依合同规定罚扣运费。同时应于月度前收集齐全,依序装订成册送会计科核对存查。

第十七条 运费审核

(1)物资管理部门每月接获承运公司送回的"成品交运单"签收回联、"运费明细表"及发票存根,应于五日内审核完毕,送回会计科整理付款。

(2)物资管理部门审核运费时,应检视开单出厂及客户签收等日期,是否有逾期送达或违反合同规定,均依合同规定罚扣运费。

(3)若"成品交运单"签收回联有相关条文的签收异常者,除依规定办理外,其运费也应暂缓支付。

第十八条 成品领用与发票逾月处理

(1)物资管理科收到领用部门开立的"成品领用单"经审核无误后,依其请领数量发货。

(2)业务部门每月初时把上月已出货未开立发票的客户,订货(制)单、品名规格、数量、交运地点及原因与对策填立于"发票逾月未开列汇总表"一式二份,一份送业务部门保存,一份送财务部门以便核对。

第五章 退货管理规定

第十九条 运输

物资管理部门接到业务部门送达的"成品退货单"应先审查有无注明依据及处理说明,若没有应将"成品退货单"退回业务部门补充,若有则依"成品退货单"上的客户名称及承运地址联络承运商运回。

第二十条 退货的验收

(1)退货运回工厂后,仓储部门应会同有关人员确认退回的成品异常原因是否正确,若属实，将退货实数量填入"成品退货单"上，并经点收人员、质量管理人员签章后，第一联，会计存；第二联，送收货部门存；第三联，承运人依此申请费用；第四联，送业务部向客户取回原发票或销货证明书。

（2）物资管理部门收到尚无"成品退货单"的退货实物时，应立即联络业务部门主管确认无误后先暂予保管，等收到"成品退货单"后再依前款规定办理。

第二十一条　退货的处理

退货品的处理方式确需重处理者，物资管理部门应督促处理部门领回处理。

第二十二条　退货的更正

（1）若退回成品与"退货单"记载的退货品不符时，物料管理部门暂予保管（不入库），同时于"成品退货单"填入实收情况后，第三联，运输公司依此申请运费，第二联送回业务部门处理，第一联，暂存仓库，依此督促查实更正。

（2）业务部门查验退货实物确属无误时，更正"退货单"送物料管理部门办理销案。

（3）若退货品属于误退货时，业务部门必须在原"退货单"第四联注明"退货品不符"后，送回物料管理部门据以按有关的规定办理退回客户，并在"成品交运单"注明"退换货不入账"，本项退回的运费应由客户负担。

思 考 题

1. 供料管理有哪些主要内容？
2. 供料计划有哪些主要内容？
3. 供料方式有哪几种类型？
4. 什么是限额供料与超限额供料？
5. 什么是集中下料？
6. 在物资发放时要遵循哪些要求？
7. 送料制的"五定"、"五送"、"五保证"、"三回收"各指什么？
8. 仓库管理各种需要承担哪些任务？
9. 物资验收有什么要求？
10. 物资质量检查有哪些方法可供选择？
11. 物资保管需要遵守什么原则？
12. 什么是分区？什么是货位编号？
13. 四号定位的含义是什么？
14. 物资堆码要满足哪些要求？物资堆码有哪些方法？
15. "五五化摆放"的含义是什么？
16. 物资苫盖有哪些方法？
17. 物资盘点有哪些主要内容？
18. 物资盘点有哪几类方法？
19. 什么是定期盘点法？什么是循环盘点法？
20. 定期盘点又可分为哪几种方法？
21. 循环盘点法又可分为哪几种方法？
22. 物资的养护要做到哪"十防"？
23. 节约物资有哪些途径？

第10章

库存管理

学习目标

1. 了解库存的类型、库存管理的含义和库存管理的基本问题
2. 掌握确定性需求下的库存控制方法
3. 掌握时变需求下库存控制的方法
4. 掌握随机需求下的库存控制方法
5. 了解进消差库存控制的方法

库存居高不下，一直困扰着企业的生存发展，让企业管理者深感头痛。一方面，大量的库存挤占了企业有限的资金，使得资金流速减缓，现金流发生困难，甚至导致资金紧张，影响企业的正常运作；另一方面，大量的库存加大了保管与仓储的压力，占用了相当人力和物力，增加了库存成本，影响企业经济效益的实现。因此，切实有效地加强库存管理，控制库存水平，是摆在众多企业面前的当务之急，也是企业减负增效的重要手段。

10.1 库存管理概述

库存是指处于储存状态的物资。库存与保管的概念是有区别的：库存是从物流管理的角度强调合理性和经济性；保管是从物流作业的角度强调效率化。库存具有整合供给与需求、维持各项活动顺畅进行的功能。

1. 库存（或称存货）的分类

库存可以从库存物资的经济用途、存放地点、来源、所处状态或从生产角度和经营角度等方面来分类。

（1）按经济用途分类

库存按其经济用途通常可以分为商品库存、制造业库存和其他库存三类。

① 商品库存。是指企业购进后转售的货物。其特征是在转售之前保持其原有实物形态。

② 制造业库存。是指购进后直接用于生产制造的货物。其特点是在出售前需要经过生产加工过程，改变其原有的实物形态或使用功能。具体还可以分为原辅材料、在制品、半成品和产成品等。

③ 其他库存。是指除了以上库存外，供企业一般耗用的用品和为生产经营服务的辅助性物品。其主要特点是满足企业的各种消耗性需要，而不是将其直接转售或加工制成产品后再出售。为生产经营服务的辅助性物品，是指企业进行生产经营必不可少、服务于企业生产经营的物品，如包装物和低值易耗品。

（2）按存放地点分类

库存按其存放地点可分为库存存货、在途库存、委托加工库存和委托代销库存四类。

① 库存存货。是指已经运到企业，并已验收入库的各种材料和商品，以及已验收入库的半成品和产成品。

② 在途库存。包括运入在途库存和运出在途库存。运入在途库存是指货款已经支付或虽未付货款但已取得所有权、正在运输途中的各种外购库存。运出在途库存是指按照合同规定已经发出或送出，但尚未转化所有权，也未确认销售收入的库存。

③ 委托加工库存。是指企业已经委托外单位加工，但尚未加工完成的各种库存。

④ 委托代销库存。是指企业已经委托外单位代销，但按合同规定尚未办理代销货款结算的库存。

（3）按库存来源分类

库存按其来源可分为外购库存和自制库存两类。外购库存是企业从外部购入的库存；自制库存是由企业内部制造的库存，如自制材料、在制品和产成品等。

（4）从经营过程角度分类

① 周转库存。是指企业在正常的经营环境下为满足日常的需要而建立的库存，是因批量生产或订货而周期性地形成的（经常存货）。

② 安全库存。为了处于应付需求和供应不确定性、防止缺货造成的损失而设置的一定数量的存货。如果生产者能够预先知道未来的需求变化，或者可以确定供应的交货日期和数量，则没有必要设立安全库存。安全库存的数量除受需求和供应的不确定性影响外，还与企业希望达到的服务水平有关。这些是制定安全库存决策时主要考虑的因素。

③ 运输库存。是指处于运输状态或为了运输目的而暂时处于储存状态的库存。

④ 季节性库存。是指由于需求的季节性或采购的季节性而设置的存货。季节性库存的设立除了季节性原因外，还出于使生产保持均衡的考虑。

2. 库存管理的含义

库存管理就是在库存论的指导下，在一定的生产技术组织和要求条件下，为满足企业生产经营正常需要而建立经济合理库存数量的界限，简单地说，库存管理主要是企业经营者解决何时补充订货，订货多少，以及库存系统的安全库存量、周转率、缺货率等问题所采取的方法。

3. 库存管理的目标

库存管理基于两点考虑。一是用户服务水平，即在正确的地点，正确的时间有恰当数量的合适物资。二是库存成本。所以，库存管理的总目标是：在库存成本的合理范围内达到满意的用户服务水平。为达到目标，库存管理者必须做出两项基本决策：订货时间和订货数量，即何时订货和一次订多少货。

库存管理的目的是在满足用户服务要求的前提下通过对企业的库存水平进行控制，尽可能降低库存水平，提高物流系统的效率，以强化企业的竞争力。

4. 库存管理的作用

在企业生产经营过程的各个环节之间存在库存，也就是说，在采购、生产、销售不断循环的过程中，库存使各个环节相对独立的经济活动成为可能；同时库存可以调节各个环节之间由于供求品种及数量的不一致而发生的变化，把采购、生产和销售等企业经营的各个环节连接起来起润滑剂的作用。

在实行供应链管理条件下，企业之间关系从过去建立在买卖交易基础上的对立型关系向基于共同利益的协作伙伴型关系的转变，供应链上各个企业之间的信息交流与分享成为可能，就能有效地协调共同进行库存管理，这样不仅可以降低库存水平，从而减少资金占用和库存成本，而且可以提高顾客服务水平。

5. 库存管理的基本问题

企业物资需求有独立性需求和从属性需求（或称相关需求）两种类型。这两种不同类型的需求，要求不同的库存控制策略和库存控制系统。它们的主要区别有以下几个方面。

第一，掌握需求数量和时间的方式不同。独立性需求是随机性的，只能靠预测来掌握。从属性需求是确定性的，随时间变化的特征是已知的，所以不需要预测，只需根据生产作业计划来确定。

第二，满足两种需求的存货在性质上不同。满足独立性需求的存货称为分配存货或营销存货，由于独立性需求的随机性质，为防止缺货损失，需要设立安全存货。满足从属性需求的存货称为生产存货，由于从属性需求是确定性的，理论上不需要设立安全存货。

第三，两种需求下的库存控制策略不同。库存控制的基本问题是：什么时候再订货？一次订货的数量是多少？

对于第一个问题，在独立性需求情况下，有两种基本策略。一是连续检查订货策略。即每次取货后都对库存水平进行检查，看其是否低于事先设定的订货点，一旦低于订货点就发出订货单。二是定期检查订货策略。即每隔一段固定的时间对库存水平检查一次，然后发出订单将存货补充到预先设定的目标库存水平。在从属性需求情况下，什么时候订货完全根据生产作业计划的规定。

对于第二个问题，在独立性需求情况下，是根据经济订货批量来决定每次订货的数量；在从属性需求情况下可采用动态规划法、启发式方法、批量对批量等。

适用于独立性需求的库存控制系统，称为库存补充系统，它是以经常地维持一定的库存水平并不断补充为特征的，连续检查和定期检查就是这种系统的两种基本控制策略。适用于从属性需求的库存控制系统有 MRP 和 JIT 系统。

10.2 确定性需求下的库存管理

10.2.1 4 种主要的库存成本

有效的库存管理要求尽可能准确地估算以下 4 种主要的库存成本。

1. 订货成本 E

订货成本是指为订购物资所发生的各种费用，是处理一笔订货业务的平均成本，包括采购时的费用（人员的工资、差旅费、手续费），簿记、通讯、谈判、必要的产品技术资料费用，订购的追踪、收货、验收、进库等费用。它属于一次性费用，其特点是与订货的数量关系不大，与订货次数成正比，其计算公式为

$$E = \frac{D}{Q} \cdot K \tag{10.1}$$

式中：E 为订货成本；D 为年物资需用量；Q 为订货批量；K 为每次订货费用。

2. 购货成本 R

购货成本是指为了在预定地点获得物资的所有权而发生的费用。它与物资的单价、数

量、供应地点、运输方式、路线等有关。当订货批量超过某一规定数量时，可以享受一定的折扣。因此，年购货费用为

$$R = D \cdot P \cdot (1-r) \qquad (10.2)$$

式中：R 为年购货费用；D 为年物资需用量；P 为物资单价；r 为折扣率。

3. 保存成本 H

保存成本是指为了保存物资所发生的费用，即物资从入库到出库的整个期间内所发生的费用。它有以下几个主要的发生来源。

① 所占用资金的机会成本。通常确定存货占用资金的机会成本是根据投资报酬率，在简化的情况下，可以用银行相应期限的利率代之。

② 仓库设施的折旧费、保险费等。

③ 库存物资保险费、仓库保管费。

④ 存货的失效、损坏和丢失费用等。这部分费用因存货的性质不同而可能有很大的差别，例如电子产品的失效（过时）费用就较高，而食品的损坏费用可能很高。

由于资金的机会成本，以及损坏、失效成本往往占保存货的大部分比率，故习惯上将保存成本表示为与存货单位的购买价格成正比的形式，或表示成百分比的形式。其计算公式为

$$H = \frac{Q}{2} PI \qquad (10.3)$$

式中：H 为保存成本；P 为单位物资价格；I 为年保存费用率；Q 为订货批量。

4. 缺货成本 U

缺货成本是指由于出现缺货，使生产经营上的需要不能满足而造成的各种经济损失。如在生产过程中，因原材料供应不足而造成的停工待料损失费、调整工作计划损失费，组织加班加点补充欠缺产量的损失费，或者因减产造成产品脱销的利润损失、交货误期的罚金等，都属于缺货损失。年缺货损失的计算公式为

$$U = uQ_u \qquad (10.4)$$

式中：U 为年缺货成本；Q_u 为年平均缺货量；u 为单位物资年缺货损失费

缺货损失会增加购存总费用，但为了减少缺货损失而增加物资储备量又会引起保存费用增加，因此，对于比较容易采购的物资，也允许在一定范围内发生缺货。

综合以上各项费用，物资的购存总费用（或称库存总成本）S 为

$$S = E + H + R + U$$

$$= \frac{D}{Q} \cdot K + D \cdot P \cdot (1-r) + \frac{Q}{2} PI + uQ_u \qquad (10.5)$$

库存控制主要是在上述 4 种成本中作出抉择。例如，一方面，如果增加定货量 Q，则周转库存量就会上升，由此导致库存成本上升；但另一方面，由于每次的订货量增加，使得每年订货次数减少，从而使订货成本下降。类似地，如果安全存货和订货点水平订得比较高，缺货成本就会减少，但保存成本就会上升。所以，库存控制就是要在这些互相矛盾的因素中作出最佳的折中。

10.2.2 经济订购批量的基本最优化模型

从库存中出现的各种费用中可分析出：订货次数多，可减少订货批量因而减少保存费用；订货次数少，订货批量大，可减少订货费用；增加库存量才能减少缺货损失。因此，库存管理目标就是如何进行综合分析，采取措施让购存总费用减少到最低程度。购存费用最少

时的订货批量就是经济批量，此时的库存量是最合理的。以下讨论经济批量的基本最优化模式。

独立性需求下库存控制的一种基本方法就是经济订购批量法（Economic Order Quantity，EOQ），于 1915 年由美国学者哈利斯（F. W. Harris）首次提出 EOQ 公式以来，由于它简单的形式、最优的性质和数学上的强壮性，使之被广泛地应用于库存控制中。

在产品项目只是单一品种、不允许出现缺货、没有数量价格折扣、需求率是恒定的和确定的、物资以批量的方式订购或生产且全部一次到货入库、订货成本固定不变且与订货量无关、保存成本与平均库存水平成比例等条件下，影响库存总成本的因素有两个：一是订货成本，另一是保存成本。所以，年库存总成本（总费用）S 为

$$S = \frac{D}{Q} \cdot K + \frac{Q}{2} PI \tag{10.6}$$

总费用最小时的订购批量为经济订购批量 EOQ，根据求极值原理，令 $\frac{\partial S}{\partial Q} = 0$，则有

$$EOQ = \sqrt{\frac{2DK}{PI}} \tag{10.7}$$

例 10-1　某机床厂每年需要某类电机 400 台，每台单价 750 元。若每次订货费为 1 000 元，每台电机的库存保管费是 20 元/年，试求 EOQ 和最优订货次数。

解　$EOQ = \sqrt{\dfrac{2DK}{PI}} = \sqrt{\dfrac{2 \times 400 \times 1\ 000}{20}} = 200$（台）

最优订货次数 $= \dfrac{D}{EOQ} = \dfrac{400}{200} = 2$（次）

10.2.3　有数量价格折扣，不允许缺货的 EOQ 模式

供应单位为了吸引购买单位多订货往往采取数量折扣优惠这种价格优待政策，但对购买者来讲，数量折扣优惠有利也有弊，订货时可使订货费用及物资总价降低，但将使保存费用增加。因此，有一个最佳决策的问题。

价格折扣优惠是供应单位对不同订货量采取区间价格。

例 10-2　某企业批量价格折扣如表 10-1 所示。

表 10-1　批量价格折扣表

订货批量 Q/件	单价 P/（元/千克）
$Q < 500$	2.00
$500 \leqslant Q < 1\ 000$	1.60
$Q \geqslant 1\ 000$	1.40

由于物资的单价已有变化，故在不允许缺货时，库存总费用为

$$S = \frac{D}{Q} \cdot K + DP + \frac{Q}{2} PI \tag{10.8}$$

利用求极限值原理可得

$$EOQ = \sqrt{\frac{2DK}{PI}} \tag{10.9}$$

处理具有价格折扣优惠的经济批量的程序如下所述。

① 按式（10.9）计算在不同区间价格幅度内的经济批量。

② 对不同区间价格内的 Q 进行比较取舍。例如已知一个区间的单价为 P，$a \leqslant$ 订货量 $< b$，此时，$\mathrm{EOQ} = \sqrt{\dfrac{2DK}{PI}}$，则：

若 $Q < a$，则该区间的 $\mathrm{EOQ} = a$；

若 $a < Q < b$，则该区间的 $\mathrm{EOQ} = \sqrt{\dfrac{2DK}{PI}}$；

若 $Q \geqslant b$，则在该区间内没有经济批量。

③ 利用式（10.8）计算各区内对应于经济批量的总费用并进行比较，作出最佳订货决策：总费用最少的经济批量为 EOQ。

例 10-3 某企业每年使用某原材料 50 000 千克，每批订货费用为 100 元，保存费用率为 20%，供应单位的区间价格见表 10-2，试求经济批量 EOQ。

表 10-2　订货批量价格表

订货区间	订货批量 Q/千克	单价/（元/千克）
I	$Q \leqslant 5\ 000$	0.30
II	$5\ 000 < Q \leqslant 10\ 000$	0.28
III	$10\ 000 < Q \leqslant 15\ 000$	0.25
IV	$Q > 15\ 000$	0.23

解　按式（10.9）计算各区间价格下的经济批量如表 10-3 所示。

表 10-3　区间经济批量计算表

订货区间	订货批量 Q/千克	单价/（元/千克）	经济批量 Q_i
I	$Q \leqslant 5\ 000$	0.30	$Q_1 = 12\ 910$
II	$5\ 000 \leqslant Q < 10\ 000$	0.28	$Q_2 = 13\ 363$
III	$10\ 000 \leqslant Q < 15\ 000$	0.25	$Q_3 = 14\ 142$
IV	$Q \geqslant 15\ 000$	0.23	$Q_4 = 14\ 744$

由于 $Q_1 > 5\ 000$，$Q_2 > 10\ 000$ 故 Q_1、Q_2 不是区间经济批量；$10\ 000 < Q_3 < 15\ 000$，故 Q_3 是 EOQ；而 $Q_4 < 15\ 000$，故 15 000 是区间经济批量，把 Q_3 及 15 000 代入式（10.8），其库存总费用计算如表 10-4 所示。

表 10-4　库存总费用计算表

经济批量/件	14 142	15 000
库存总费用 S/元	13 207	12 178.33

由上述知，订货批量为 15 000 件，有最低费用 12 178.33 元，故应选此作为经济批量。

10.2.4　考虑非同时补充库存的订货批量模式

如果每批订货不是一次送达，而是以一定的速度逐渐补充库存，在供应间隔期内陆续均匀使用，不允许缺货。这样就产生边送货边使用的现象。

设 Q 为订货批量，x 为每日送达数量，y 为每日耗用数量，因不允许缺货，故令 $x > y$。

P 为物资单价，D 为全年物资耗用量，K 为一次订货费用，I 为保存费用率，则每批物资全部送达所需的天数为 $\dfrac{Q}{X}$ 天；每批物资在送货期间内全部耗用量为 $\dfrac{Q}{X} \cdot Y$。因此，每批订货的积累最高存货水平为 $Q - \dfrac{Q}{X} y$，在到达存货最高水平以前，存货水平逐日上升的，当该批订货全部送到时即达到最高存货水平，然后随着每日继续耗用而使存货水平逐日下降，至下一批送货开始才恢复上升。故平均库存量为 $\dfrac{Q}{2}\left(1 - \dfrac{y}{x}\right)$，年保存费为 $\dfrac{Q}{2}\left(1 - \dfrac{y}{x}\right) \cdot PI$，不考虑数量价格折扣，全年库存总费用 S 为

$$S = \frac{D}{Q} \cdot K + DP + \frac{Q}{2}\left(1 - \frac{y}{x}\right) PI \tag{10.10}$$

总费用最小的订购批量为经济订购批量 EOQ，根据求极值原理，令 $\dfrac{\partial S}{\partial Q} = 0$，则

$$-\frac{DK}{Q^2} + \frac{1}{2}\left(1 - \frac{y}{x}\right) PI = 0$$

整理后求得

$$EOQ = \sqrt{\frac{2DK}{PI}} \cdot \sqrt{\frac{x}{x-y}} \tag{10.11}$$

例 10-4 某厂 20××年需用钢材 2 400 吨，钢材每月储存费为 0.2 元/吨，每次订购费为 45 元，钢材每日送达数量为 100 吨，每日耗用 75 吨，试计算经济订购批量 EOQ。

解

$$EOQ = \sqrt{\frac{2DK}{PI}} \cdot \sqrt{\frac{x}{x-y}}$$

$$= \sqrt{\frac{2 \times 2\ 400 \times 45}{12 \times 0.2}} \times \sqrt{\frac{100}{100-75}}$$

$$= 600 (吨)$$

10.2.5 考虑无价格折扣，允许缺货的 EOQ 模式

在实际工作中，物资耗用量和订货提前期都由于某种不能完全预见的情况而产生上下波动。例如由于社会需求急增而必须增加生产，库存物资量使用而造成缺货；又由于交通运输等原因供方不能按时交货，延时交货而造成的缺货；又如上述两种情况都存在的过量使用又延时交货所造成的缺货，总之，由于内部或外部因素使得库存不能满足需要，就会发生缺货情况，从而导致利润的显著减少和其他损失。为了在这种意料不到的情况下防止可能的库存缺货，一般要建立额外的库存量，即安全库存量。但是，较大的安全库存量一方面提高了保存费用，另一方面又将降低总的缺货损失，因此必须讨论最佳的安全库存量，让总购存费用最低。由于缺货只发生订货提前期内，因此只在订货提前期内讨论安全库存问题。

1. 过量使用按时到货缺货情况

例 10-5 某企业需用某原料，每天平均使用 100 千克，年保管费 1.00 元/千克，单价 5 元/千克，订货费用每批 730 元，订货提前期为 15 天，即企业可以等到原材料的库存量降到 1 500 千克时再重新订货，缺货成本每千克 10 元，在这 15 天中使用量如表 10-5 所示，试求经济安全库存量及订货点。

表 10-5　物资使用量统计表

订货提前期内的使用量/千克	观察次数	概　率
1 200	7	0.07
1 300	10	0.10
1 400	25	0.25
1 500	50	0.5
1 600	6	0.06
1 700	2	0.02
合计	100	1.00

解　利用式（10.9）得

$$EOQ = \sqrt{\frac{2DK}{PI}} = \sqrt{\frac{2 \times 365 \times 100 \times 730}{1.00}}$$

$$= 7\ 300（千克）$$

$$订货次数 = \frac{100 \times 365}{7\ 300} = 5（次）$$

若企业不储存安全库存量，仅留 1 500 千克供 15 天订货提前期使用，则发生缺货的数量及概率如表 10-6 所示。

表 10-6　缺货数量与概率表

缺货数量/千克	概　率
100	0.06
200	0.02

若安全库存量为 100 千克，即储存 1 600 千克供 15 天使用，则缺货 100 千克的概率为 0.02；若储存 1 700 千克，安全库存量为 200 千克，则无缺货。因此，订货提前期的缺货成本 B 如表 10-7 所示。

表 10-7　缺货成本计算表

安全库存量（C）	缺货概率（1）	缺货量（2）	订货提前期预计缺货成本(3)=(1)×(2)	期间缺货成本（B）/元
0	0.06	100	0.06×100×10＝60	100
	0.02	200	0.02×200×10＝40	
100	0.02	100	0.02×100×10＝20	20
200	0	0	0	0

因为缺货成本是每次订货后才可能发生，故缺货成本 B 与每批订货费用 K 相似，是按订货次数而发生的费用，安全库存量的保存费用为 CPI，故库存（购存）总费用 S 为

$$S = \frac{DK}{Q} + DP + \frac{Q}{2}PI + \frac{D}{Q}B + CPI \tag{10.12}$$

根据求极值原理，对式（10.12）求 $\dfrac{\partial S}{\partial Q}$ 并令其为 0，可得

$$EOQ = \sqrt{\frac{2D \cdot (K+B)}{PI}} \tag{10.13}$$

（1）当 $C=0$ 时，$B=100$ 元，此时

$$EOQ = \sqrt{\frac{2\times100\times365\times(730+100)}{1.00}}$$
$$= 7\,784(千克)$$

$$S = \frac{100\times365\times730}{7\,784}+100\times365\times5+\frac{7\,784}{2}\times1+\frac{100\times365\times730}{7\,784}+0\times1$$
$$= 190\,283.96(元)$$

（2）当 $C=100$ 时，$B=20$ 元，此时

$$EOQ = \sqrt{\frac{2\times100\times365\times(730+20)}{1}} = 7\,400(千克)$$

$$S = \frac{100\times365\times730}{7\,400}+100\times365\times5+\frac{7\,400}{2}\times1+\frac{100\times365\times730}{7\,400}+100\times1$$
$$= 189\,999.32(元)$$

（3）当 $C=200$ 时，$B=0$ 元，此时

$$EOQ = \sqrt{\frac{2\times100\times365\times730}{1}} = 7\,300(千克)$$

$$S = \frac{100\times365\times730}{7\,300}+100\times365\times5+\frac{7\,300}{2}\times1+\frac{100\times365\times0}{7\,300}+200\times1$$
$$= 190\,000(元)$$

因此经济安全库存量为 100 千克，其最低总费用为 189 999.32 元。

$$订货点=每日平均使用量\times订货提前期+安全库存量$$
$$=100\times15+100$$
$$=1\,600(千克)$$

2. 等量使用延期交货的缺货情况

交货期间长短不定时则需贮备一定的安全库存量以应付可能发生的缺货，可以通过交货期率将等量使用延期交货的缺货情况转化为过量使用按期交货的缺货情况来处理。

假设实际交货时准时或提前交货的概率为 α_1，延期交货的概率为 α_2；交货期率 Y（$Y=$ 实际交货期/规定交货期），每日物资需要量为 A，则有表 10-8。

表 10-8　交货期率与概率

交货期率 Y	概　率
$\leqslant 1.00$	α_1
Y	α_2

通过表的转换，则可将交货期时间不定的情况转化成每日需要量变化的情况，此时，提前期就视为固定的，如表 10-9 所示。

表 10-9　交货期率、每日需要量与概率

交货期率	日需要量	概　率
$\leqslant 1.00$	$\leqslant A \times 1 = A$	α_1
Y	AY	α_2

于是，可应用上述第 1 种缺货情况来决定其经济安全库存量及订货点。

3. 过量使用延期交货的缺货情况

假设企业年耗用某物资的耗用量为 D，已知每批订货费用为 K，物资单价为 P，单位物资年保管费用率为 I，单位缺货成本为 u，订货提前期为 t 天，平均每日耗用量为 d。从企业历年的统计资料知，在订货提前期内过量使用与延期交货的情况如表 10-10 和表 10-11 所示（从上述条件可求得经济批量 $Q_0 = \sqrt{\dfrac{2DK}{PI}}$，订货次数为 $\dfrac{D}{Q_0}$）。

表 10-10　过量使用

t 天内耗用量	概　率
Td	α_1
$(t+1) \cdot d$	α_2
$(t+2) \cdot d$	α_3
$(t+3) \cdot d$	α_4
注：$\alpha_1+\alpha_2+\alpha_3+\alpha_4=1.00$	

表 10-11　延期使用

实际交货时间/天	概　率
$\leqslant t$	β_1
$t+1$	β_2
$t+2$	β_3
注：$\beta_1+\beta_2+\beta_3=1.00$	

将表 10-10 和表 10-11 组合进来，利用概率的乘法公式得表 10-12。

表 10-12　实际交货时间与耗用量

实际交货时间 ＼ t 天内耗用量	Td	$(t+1) \cdot d$	$(t+2) \cdot d$	$(t+3) \cdot d$
$\leqslant t$	$o \cdot (\alpha_1\beta_1)$	$d \cdot (\alpha_2\beta_1)$	$2d \cdot (\alpha_3\beta_1)$	$3d \cdot (\alpha_4\beta_1)$
$t+1$	$d \cdot (\alpha_1\beta_2)$	$2d \cdot (\alpha_2\beta_2)$	$3d \cdot (\alpha_3\beta_2)$	$4d \cdot (\alpha_4\beta_2)$
$t+2$	$2d \cdot (\alpha_1\beta_3)$	$3d \cdot (\alpha_2\beta_3)$	$4d \cdot (\alpha_3\beta_3)$	$5d \cdot (\alpha_4\beta_3)$

表 10-12 中括号前的数字表示缺货量，括号内的数字表示同时发生的概率。

利用表 10-12 可计算全年缺货成本及安全库存总费用，如表 10-13 和表 10-14 中对应于最低总费用的安全库存量就是经济安全库存量，把它加上 td 就是订货点库存量。

表 10-13　缺货成本

安全库存量/千克	缺货量①	缺货概率②	预期年成本 b_i $b_i = ① \times ② \times \dfrac{uD}{Q_0}$	年总库存缺货成本 B_i/元
0	D	$\alpha_1\beta_2+\alpha_2\beta_1$	$b_1 = (\alpha_1\beta_2+\alpha_2\beta_1)\dfrac{d \cdot u \cdot D}{Q_0}$	$B_1 = \sum\limits_{i=1}^{5} b_i$
	$2d$	$\alpha_1\beta_3+\alpha_2\beta_2+\alpha_3\beta_1$	$b_2 = 2(\alpha_1\beta_3+\alpha_2\beta_2+\alpha_3\beta_1)\dfrac{d \cdot u \cdot D}{Q_0}$	
	$3d$	$\alpha_2\beta_3+\alpha_3\beta_2+\alpha_4\beta_1$	$b_3 = 3(\alpha_2\beta_3+\alpha_3\beta_2+\alpha_4\beta_1)\dfrac{d \cdot u \cdot D}{Q_0}$	
	$4d$	$\alpha_3\beta_3+\alpha_4\beta_2$	$b_4 = 4(\alpha_3\beta_3+\alpha_4\beta_2)\dfrac{d \cdot u \cdot D}{Q_0}$	
	$5d$	$\alpha_4\beta_3$	$b_5 = 5(\alpha_4\beta_3)\dfrac{d \cdot u \cdot D}{Q_0}$	

续表

安全库存量/千克	缺货量①	缺货概率②	预期年成本 b_i $b_i = ① \times ② \times \dfrac{uD}{Q_0}$	年总库存缺货成本 B_i/元
d	d	$\alpha_1\beta_3+\alpha_2\beta_2+\alpha_3\beta_1$	$B_1=(\alpha_1\beta_3+\alpha_2\beta_2+\alpha_3\beta_1)\dfrac{d\cdot u\cdot D}{Q_0}$	$B_2=\displaystyle\sum_{i=1}^{4}b_i$
	$2d$	$\alpha_2\beta_3+\alpha_3\beta_2+\alpha_4\beta_1$	$B_2=2(\alpha_2\beta_3+\alpha_3\beta_2+\alpha_4\beta_1)\dfrac{d\cdot u\cdot D}{Q_0}$	
	$3d$	$\alpha_3\beta_3+\alpha_4\beta_2$	$B_3=3(\alpha_3\beta_3+\alpha_4\beta_2)\dfrac{d\cdot u\cdot D}{Q_0}$	
	$4d$	$\alpha_4\beta_3$	$B_4=4(\alpha_4\beta_3)\dfrac{d\cdot u\cdot D}{Q_0}$	
$2d$	d	$\alpha_2\beta_3+\alpha_3\beta_2+\alpha_4\beta_1$	$B_1=(\alpha_2\beta_3+\alpha_3\beta_2+\alpha_4\beta_1)\dfrac{d\cdot u\cdot D}{Q_0}$	$B_3=\displaystyle\sum_{i=1}^{3}b_i$
	$2d$	$\alpha_3\beta_3+\alpha_4\beta_2$	$B_2=2(\alpha_3\beta_3+\alpha_4\beta_2)\dfrac{d\cdot u\cdot D}{Q_0}$	
	$3d$	$\alpha_4\beta_3$	$B_3=3(\alpha_4\beta_3)\dfrac{d\cdot u\cdot D}{Q_0}$	
$3d$	d	$\alpha_3\beta_3+\alpha_4\beta_2$	$B_1=(\alpha_3\beta_3+\alpha_4\beta_2)\dfrac{d\cdot u\cdot D}{Q_0}$	$B_4=\displaystyle\sum_{i=1}^{2}b_i$
	$2d$	$\alpha_4\beta_3$	$B_2=2(\alpha_4\beta_3)\dfrac{d\cdot u\cdot D}{Q_0}$	
$4d$	d	$\alpha_4\beta_3$	$B_1=\alpha_4\beta_3\dfrac{d\cdot u\cdot D}{Q_0}$	$B_5=b_1$
$5d$	0	0	0	0

表 10-14　安全库存总费用

安全库存量 C_i	缺货成本 B_i	安全库存量的保存费 C_iPI	安全库存费用 B_i+C_iPI
0	B_1	0	B_1
d	B_2	dPI	B_2+1dPI
$2d$	B_3	$2dPI$	B_3+2dPI
$3d$	B_4	$3dPI$	B_4+3dPI
$4d$	B_5	$4dPI$	B_5+4dPI
$5d$	0	$5dPI$	$5dPI$

例 10-6　例 10-5 中，若实际交货时准时或提前交货的占 96%，交货延期 1 天的占 1%，延期 2 天的占 3%，试确定经济安全库存量和订货点。

解　由题意按表 10-12 计算得表 10-15。

表 10-15　例 10-6 实际交货时间与耗用量

实际交货时间/天 ＼ 15 天内耗用量/千克	1 500	1 600	1 700
≤15	$0\times(0.883\,2)$	$100\times(0.057\,6)$	$200\times(0.019\,2)$

续表

实际交货时间 /天	15天内耗用量 /千克	1 500	1 600	1 700
16		100×(0.009 2)	200×(0.000 6)	300×(0.000 2)
17		200×(0.027 6)	300×(0.001 8)	100×(0.000 6)

由表 10-15 数据及已知条件按表 10-14 和表 10-15 分别计算缺货成本和安全库存总费用，如表 10-16 和表 10-17 所示，其中

$$Q_0 = \sqrt{\frac{2DK}{PI}} = \sqrt{\frac{2\times365\times100\times730}{1}}$$
$$= 7\,300(千克)$$

$$\frac{D}{Q_0} = \frac{365\times100}{7\,300} = 5(次)$$

表 10-16 缺货成本

安全库存量/千克	缺货量/千克 ①	缺货概率 ②	预期年成本 b_i/元 $b_i = ①×②×\dfrac{uD}{Q_0}$	年总库存缺货成本 B_i/元
0	100	0.066 8	100×0.066 8×10×5 = 334	850
	200	0.047 4	200×0.047 4×10×5 = 474	
	300	0.002	300×0.002×10×5 = 30	
	400	0.000 6	400×0.000 6×10×5 = 12	
100	100	0.047 4	100×0.047 4×10×5 = 237	266
	200	0.002	200×0.002×10×5 = 20	
	300	0.000 6	300×0.000 6×10×5 = 9	
200	100	0.002	100×0.002×10×5 = 10	16
	200	0.000 6	200×0.000 6×10×5 = 6	
300	100	0.000 6	100×0.000 6×10×5 = 3	3
400	0	0	0	0

表 10-17 安全库存总费用

安全库存量 C_i/千克	缺货成本 B_i/元 ①	安全库存量的 保管费用/元 ② = $C_i PI$	安全库存费用/元 $B_i + C_i PI$
0	850	0	850
100	200	100×1 = 100	366
200	16	200×1 = 200	216
300	3	300×1 = 300	303
400	0	400×1 = 400	400

从表 10-17 可知最低安全库存费用为 216 元，故经济安全库存量为 200 千克，订货点量为 1 700 千克。

10.3　时变需求下的库存控制

时变需求，是指在一个期间内，需求保持恒定；而在一个期间转到另一个期间时，需求发生变化。时变需求属于从属性需求这种需求模式，在实际中有广泛的应用背景，例如以下 5 种情况。

① 在多级制造系统中，生产作业计划将最终产品按零件表展开成各级制造要求，对每一级制造阶段来说，上一级制造阶段的要求，就是一种确定性的、随时间变化的需求。在这个意义上，将物料需求计划方法，也可以看作是一种处理从属性的时变需求的库存控制方法。

② 与顾客签订了全年的供货合同，按规定时间供货，但每次供货的数量可能不一样。

③ 对某种产品或存货单元的需求具有已知的季节性变化特征。

④ 对某种产品或存货单元的需求具有已知的增长趋势。

⑤ 设备预防维修的备件供应，一旦维修作业计划制定出来，备件的需求时间和数量（还包括品种规格）就确定下来了。

前已论及，确定从属性时变需求的订货批量的方法，不同于确定性恒定需求的订货批量方法，前者要比后者复杂。瓦格纳（H. M. Wagner）和惠廷（T. M. Wagner）于 1958 年提出了一种基于动态规划方法的求解时变需求下的订货批量最优化方法，称为瓦格纳-惠廷方法。由于方法比较复杂，实际中很少应用。此后，一些生产与作业管理研究者提出了一些启发式的解法，由于这些方法比较简单，得出的结果在许多情况下接近最优解，故得到普遍的应用。下面我们介绍其中最有代表性的也是应用较广的两种方法，它们是西尔弗-米尔启发式方法和部分期间费用平衡法。

为了便于说明方法的效果，先从下面的一个实例入手，给出应用 EOQ 的结果，然后再应用启发式方法寻求更好的解答。

10.3.1　典型的随时间变化的需求模式

例 10-7　恒大公司对产品 B 的需求如表 10-18 和图 10-1 所示。

表 10-18　产品 B 的需求量表

月份	1	2	3	4	5	6	7	8	9	10	11	12
每月需求 $D(i)$	10	62	12	130	154	129	88	52	124	160	238	41
累积需求	10	72	84	214	368	497	585	637	761	921	1 159	1 200

已知订货成本 $K=54$ 元/次；保存成本 $PI=0.4$ 元 /（单位·月）。试用 EOQ 法确定全年的订货计划，使库存总成本 S 尽可能小。

解　先计算月平均需求量 D，得

$$\overline{D} = \frac{\sum_{I=1}^{12} D(i)}{12} = 100（单位／月）$$

从而

$$EOQ = \sqrt{\frac{2DK}{PI}} = \sqrt{\frac{2\times100\times54}{0.4}} = 164（单位）$$

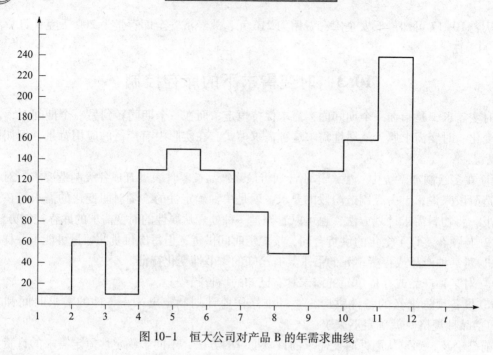

图 10-1 恒大公司对产品 B 的年需求曲线

根据 EOQ 计算出的全年采购计划和库存总成本如表 10-19 所示。

表 10-19 采购计划和库存总成本计算表

月　份	1	2	3	4	5	6	7	8	9	10	11	12	合计
需求量	10	62	12	130	154	129	88	52	124	160	238	41	1 200
期初存货	0	204	142	130	0	0	0	52	0	0	0	0	
订货量	214	—	—	—	154	129	140	—	124	160	238	41	1 200
期末存货	204	142	130	0	0	0	52	0	0	0	0	0	528
总订货成本/元													432.0
总保存成本/元													211.2
总库存成本/元													643.2

这里假定忽略交货提前期。求解的方法是，处在第 1 个月开始时，通过计算累积的每月需求看到，EOQ = 164，介于 84～214 之间（见表 10-19），由于更靠近 214，故利用 EOQ 的强壮性，将第 1 次的订货量取为 214 单位。在第 5 个月开始时，由于 EOQ 在 154 与 154+129 = 283 之间，且更接近 154，故第二次订货量取为 154 单位。确定第 6 个月的订货量的方法与第 5 个月的方法类似。在第 7 个月开始时，由于 164 在 88，88+52 = 140 和 88+52+124 = 264 之间，且更接近 140，故 7 月初的订货量取为 140，其余类推。最后得到

总订货成本 = 8×54 = 432.0(元)

总保存成本 = 528×0.4 = 211.2(元)

库存总成本 = 432.0+211.2 = 643.2(元)

10.3.2 西尔弗-米尔启发式方法

如果采用动态规划方法求解例 10-7，最后得到的总库存成本为 501.2 元，远低于 EOQ 法，可见 EOQ 法对处理需求随时间变化的库存控制问题，结果通常不能令人满意。但从实

用的角度来看，动态规划方法虽然能够求出最优解，却因其算法和理论过于复杂而很难为实际管理人员所掌握。为此，一些学者提出多种实用方法，最有代表性的是加拿大作业管理学家西尔弗（E. A. Silver）和米尔（H. C. Meal）提出的启发式方法，简称 S-M 法。下面就用此法来重新求解例 10-7。

S-M 法采用期间平均总库存成本作为判别函数，它是期间数 T 的函数，记作 $\bar{S}(T)$，其定义为

$$\bar{S}(T) = \frac{\text{订货成本} + T \text{个期间的全部保存成本}}{\text{期间数} \, T}$$

$$= \frac{K + \sum_{i=1}^{T} C_I \cdot (i-1) \cdot D(i)}{T} \tag{10.14}$$

式中：$D(i)$ 为第 i 个区间的需求量，$I = 1, 2, \cdots, T$；C_I 为保存一个单位存货单元一个期间的成本。

所要求解的订货批量，应使期间平均总库存成本最小化。

S-M 法的求解步骤如下所述。

① 当 $T = 1$ 时，例 10-7 中，在第一个月开始时，如果忽略该区间上的保存成本，则

$$\bar{S}(1) = \frac{K}{1} = K$$

② 当 $T = 2$ 时，保存成本为 $C_I D(2)$，因此有

$$\bar{S}(2) = \frac{K + C_I D(2)}{2}$$

③ 当 $T = 3$ 时，有

$$\bar{S}(3) = \frac{K + C_I D(2) + 2C_I D(3)}{3}$$

依此类推，直到首次满足下述判别准则时为止，则

$$\bar{S}(T+1) > \bar{S}(T)$$

然后令订货量 $Q = \sum_{I=1}^{T} D(i)$。从 $T+1$ 期间开始，重新令 $T=1$，重复上述过程，直到计划期末。

例 10-8 仍采用例 10-7 给出的成本数据和需求数据，仍假定总保存成本根据期末存货计算，忽略第 1 期保存成本，应用 S-M 法重新计算全年的订货计划，使库存总成本 S 尽可能小。

解 取例 10-7 的数据代入，得到

$$T = 1, \quad \bar{S}(1) = \frac{K}{1} = K = 54$$

$$T = 2, \quad \bar{S}(2) = \frac{K + C_I D(2)}{2} = \frac{54 + 0.4 \times 62}{2}$$

$$= 39.40$$

$$T=3, \quad \bar{S}(3) = \frac{K+C_{I}D(2)+2C_{I}D(3)}{3}$$

$$= \frac{54+0.4 \times 62+2 \times 0.4 \times 12}{3}$$

$$= 29.47$$

$$T=4, \quad \bar{S}(4) = \frac{K+C_{I}D(2)+2C_{I}D(3)+3C_{I}D(4)}{4}$$

$$= \frac{54+0.4 \times 62+2 \times 0.4 \times 12+3 \times 0.4 \times 130}{4}$$

$$= 61.10$$

由于 $\bar{S}(4) > \bar{S}(3)$，故使订货量

$$Q_1 = \sum_{i=1}^{3} D(i) = 10 + 62 + 12 = 84(\text{单位})$$

然后，对于第 4 个月，重新令 $T=1$，重复上述过程。全部计算结果，见表 10-20。

表 10-20　S-M 计算结果表

月 份	1	2	3	4	5	6	7	8	9	10	11	12	总计
需求量	10	62	12	130	154	129	88	52	124	160	238	41	1 200
期初存货	0	74	12	0	0	129	0	52	0	0	0	41	
订货量	84	—	—	130	283	—	140	—	124	160	279	—	1 200
期末存货	74	12	0	0	129	0	52	0	0	0	41	0	308
总订货成本/元													378
总保存成本/元													123.20
总库存成本/元													501.20

对于此例，S-M 法与动态规划方法的计算结果一致。

大量实践表明，多数情况下，S-M 法的计算结果与最优化方法的计算结果非常接近，而 S-M 法更简单实用，很受实际作业计划人员的欢迎，无论手算还是计算机计算，工作量都不大，故得到广泛应用。特别是在多级制造系统中，常被用来确定零件的加工批量。

10.3.3　部分期间平衡法

部分期间平衡法（Part-Period Balancing，简称 PPB 法），是选取订货批量，使之覆盖这样的期间：在此期间上，全部保存成本低于全部订货成本，一旦前者超过后者，就转到下一期间上重新确定新的订货批量。依此类推，直到计划期的终点。一般来说，采用部分期间平衡法得出的订货批量方案，其全部库存成本要高于采用 S-M 法得出的结果。尽管如此，由于部分期间平衡法提出的较早；且较简便，故其应用更为广泛。

用例 10-7 为例来说明如何应用部分期间平衡法。

例 10-9　采用例 10-7 给出的成本数据、需求数据和成本计算假定，试采用 PPB 法确定订货批量。

解　根据表 10-18 给出的需求数据，可以分别计算出如表 10-21 所示的结果。

表 10-21　例 10-9 计算结果表 1

T	保存成本
1	0
2	$C_I D(2) = 24.80 < 54$
3	$24.80 + 2C_I D(3) = 34.40 < 54$
4	$34.40 + 3C_I D(4) = 190.40 > 54$

由于第 3 期的保存成本 34.40 元比第 4 期的保存成本 190.40 元更接近订货成本 54 元，因此，选取 $T=3$ 作为第 1 次补充订货的覆盖期间，订货批量为 10+62+12 = 84（单位）。从第 4 期开始，再次令 $T=1$，计算过程如表 10-22 所示。

表 10-22　例 10-9 计算结果表 2

T	保存成本
1	0
2	$C_I D(5) = 61.60 > 54$

虽然第 5 期的保存成本 61.60 元超过了订货成本，但由于它很接近订货成本，所以选取 $T=2$ 作为第 2 次补充订货的覆盖期间。依此类推，可分别计算出各次的订货批量和各种成本数据，计算结果列于表 10-23 中。从表 10-23 中可以看出，采用 PPB 法得出的订货方案，其总库存成本为 521.20 元，略高于采用 S-M 法得出的订货方案总库存成本。

变需求下的订货批量问题处理时，还有最小单位库存成本法、批量对批量法等多种方法，但因效果均不如上述的两种启发式方法，故无推广价值。

表 10-23　PPB 法计算结果表

月　份	1	2	3	4	5	6	7	8	9	10	11	12	总计
期初存货	0	74	12	0	154	0	88	0	124	0	0	41	
订货量	84	—		284	—	217	—	176	—	160	279		1 200
需求量	10	62	12	130	154	129	88	52	124	160	238	41	1 200
期末存货	74	12	0	154	0	88	0	124	0	0	41	0	493
总订货成本/元													324.00
总保存成本/元													197.20
总库存成本/元													521.20

10.4　随机需求下的库存控制

如前所述，由于独立性需求是由市场决定的，是随机的，故独立性需求的库存控制，实质上是随机需求下的库存控制问题。

随机需求下的库存控制有两种基本的库存控制策略，即连续检查库存控制系统（或简称为连续检查系统），以及定期检查库存控制系统（或简称为定期检查系统）。下面分别对这两种系统进行讨论。

10.4.1　连续检查系统

连续检查系统，是在每次取货后，均要核对库存水平，并与预先设置的订货点水平进行比较，如果库存水平降到订货点以下，就发出订货单，订货数量是固定的。由于订货数量是固定的，所以订货间隔期是变化的，取决于需求的随机性质。按照惯例，令 Q 表示订货量，R 表示订货点，则可将连续检查系统简记作 QR 系统。

连续检查系统的库存水平变化情况如图 10-2 所示。

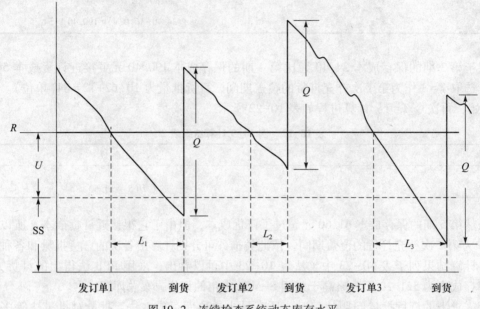

图 10-2　连续检查系统动态库存水平

连续检查系统的订货量是固定的，可以按 EOQ 公式确定最佳订货批量。但是需求的不确定性和订货提前期的不确定性有可能导致在补充订货到达之前，发生库存清空的情况。因此，必须合理地确定订货点和安全存货。订货提前期的不确定性可能由多种原因造成。例如，仓库管理人员未及时核查库存水平是否已下降到订货点以下，以致未能及时发出补充订货的订货单；供货厂家由于种种原因未及时发货；运输过程中可能发生的延迟；货物到达后未及时登记上架等。而需求的波动，尤其对于市场需求来说，是需求本身的一种固有性质。

考虑到这两种不确定性的影响，实际的订货点库存水平应当包括两部分：按平均订货提前期和平均需求率确定的平均提前期需求量，记作 $\overline{U}$；根据订货提前期的不确定性、需求率的波动性，以及期望的顾客服务水平而设立的安全存货，记作 SS，即

订货点＝平均订货提前期需求量＋安全存货

或表示为

$$R = \overline{U} + SS \tag{10.15}$$

理论上，安全存货可以依据缺货损失成本来确定，但由于缺货成本难于估计，故实际中多根据期望的顾客服务水平来确定 R。所谓顾客服务水平，就是在发出订单到货物入库这段订货提前期内，顾客需求可由存货满足的概率，一般取 95%～99%，顾客服务水平确定得越高，订货点库存水平就需设置得越高，企业需要在由此增加的成本和缺货成本之间进行适当权衡。

为了给出安全存货的计算公式，令 $\overline{d}$ 表示每天的平均需求量，$\mathrm{Var}(d)$ 为每天需求量的方差；$\overline{L}$ 表示订货提前期的平均值，$\mathrm{Var}(L)$ 是订货提前期的方差。则平均订货提前期需求量 $\overline{U}$

可以表示成 $\bar{d}$ 与 $\bar{L}$ 的乘积，即

$$\bar{U} = \bar{d}\,\bar{L} \tag{10.16}$$

U 的方差表达式为

$$\mathrm{Var}(U) = \mathrm{Var}(d) \cdot \bar{L} + \mathrm{Var}(L) \cdot \bar{d}^2 \tag{10.17}$$

U 的方差 $\mathrm{Var}(U)$ 表示 U 的变异性程度，故安全存货应当是 U 的变异性的函数，也就是安全存货正比于订货提前期需求量的标准差 σ_u，即

$$\mathrm{SS} = Z\sigma_u \tag{10.18}$$

其中

$$\sigma_u = \sqrt{\mathrm{Var}(U)} \tag{10.19}$$

从而订货点 R 又可表示为

$$R = \bar{U} + Z\sigma_u \tag{10.20}$$

式中，Z 比例系数，取决于期望的服务水平。又由于服务水平＝1－缺货概率，而缺货概率取决于订货提前期 L 和需求量 d 的分布，实践中一般假定两者均服从正态分布，所以 Z 可按期望的服务水平从标准正态分布表中查得。

总之，确定安全存货涉及三个方面：

① 订货提前期 L 的平均值 $\bar{L}$ 和方差 $\mathrm{Var}(L)$；

② 每日需求量是 d 的平均值 $\bar{d}$ 和方差 $\mathrm{Var}(d)$；

③ 期望的顾客服务水平及相应的 Z。

下面通过一个实例来说明如何计算安全存货和订货点。

例 10-10　恒大公司某存货单元的控制策略为连续检查的 QR 策略，有关订货提前期的历史资料如表 10-24 所示。另据上半年的逐日统计，日平均需求量 $\bar{d} = 40$ 单位/日，方差为 $\mathrm{Var}(d) = 40$（单位/日）^{2}。

表 10-24　订货提前期统计

订单发出日期/(月/日)	1/7	2/3	3/16	4/6	5/2	6/2
订货收到日期/(月/日)	1/16	2/17	4/15	4/25	5/19	6/20
提前期（扣除假日）	7	12	25	16	14	15

求当期的服务水平分别为 95% 和 99.5% 时的订货点和安全存货水平。

解

$$\bar{L} = \frac{7+12+25+16+14+15}{6} = 14.83$$

$$\mathrm{Var}(L) = \frac{(7-14.83)^2 + (12-14.83)^2 + \cdots + (15-14.83)^2}{6-1}$$

$$= 34.97$$

$$\bar{U} = \bar{d} \cdot \bar{L} = 40 \times 14.38 = 593.3$$

$$\mathrm{Var}(U) = \mathrm{Var}(d) \cdot \bar{L} + \mathrm{Var}(L) \cdot \bar{d}^2$$

$$= 40 \times 14.83 + 34.97 \times 40^2 = 56\,545.2$$

$$\sigma_u = \sqrt{\mathrm{Var}(U)} = \sqrt{56\,545.2} = 237.8$$

查标准正态分布表可知，当服务水平为 95% 时，$Z = 1.65$，因此

$$\mathrm{SS} = Z\sigma_u = 1.65 \times 237.8 = 392.4$$

相应地

$$R = \overline{U} + Z\sigma_u = 593.3 + 392.4 = 985.7（单位）$$

当服务水平为 99.5% 时，查表可知 $Z = 2.58$，则

$$SS = Z\sigma_u = 2.58 \times 237.8 = 613.5$$

相应地

$$R = \overline{U} + Z\sigma_u = 593.3 + 613.5 = 1\ 206.8（单位）$$

由本例也可看出，需求和订货提前期的变异性越大，期望的用户服务水平越高，订货点和安全存货水平就越高。

10.4.2　定期检查系统

定期检查系统是每隔一段固定的时间，对库存水平检查一次，并根据预先设定的目标库存水平与实际库存水平之差，发出订单，补充库存。目标库存水平的设定必须能够覆盖一个周期加上订货提前期内的需求。由于需求和订货提前存在的不确定性，为了防止缺货损失，也就是为了达到一定的顾客服务水平，必须设立安全存货。令 T 表示周期，MS 表示目标库存水平，则定期检查库存控制策略可简记作 TS 系统。定期检查系统的库存水平的动态变化如图 10-3 所示。

定期检查系统的性质与连续检查系统存在明显区别，这些区别主要是：一是 TS 系统一般不设立订货点而是设立目标存货水平；二是 TS 系统不按 EOQ 确定订货批量，因为每次需补充的存货数量不同；三是在 TS 系统中订货间隔期是固定的，而在 QR 系统中，订货间隔期间是变动的。

定期检查系统的库存控制关键是确定目标存货水平 MS，可按下式估计 S 值

$$MS = \frac{\text{检查周期内}}{\text{的平均需求}} + \frac{\text{订货提前期内}}{\text{的平均需求}} + \frac{\text{安全}}{\text{存货}}$$

或

$$MS = T \cdot \overline{d} + \overline{U} + z \cdot \sqrt{T \cdot Var(d) + Var(U)} \tag{10.21}$$

式中，安全存货为

$$SS = z \cdot \sqrt{T \cdot Var(d) + Var(U)}$$

与 QR 系统的安全存货计算式（10.17）比较，可以看出（TS）系统要求更高的安全存货水平。

10.4.3　连续检查系统和定期检查系统的实际应用

对于随机性的库存控制问题，连续检查系统和定期检查系统都有着广泛的应用，但两者在适用的存货类型和库存成本等方面，存在一些明显的差异，各有利弊，这是选择库存控制策略时特别注意的问题。

1. QR 系统的特点

QR 系统的优点是：由于采用的是连续检查方式，一旦库存水平低于订货点就发出订单，故能够保证稳定的顾客服务水平，维持较低的安全存货水平，加上按 EOQ 确定订货批量，因此，总库存水平较低。QR 系统主要适用于控制 B 类存货。其缺点是：保持存货记录和频繁检查库存水平要花费较多的工作量。

2. TS 系统的特点

TS 系统的优点是：由于是周期性地检查库存水平，故管理工作量小。其缺点是：由于

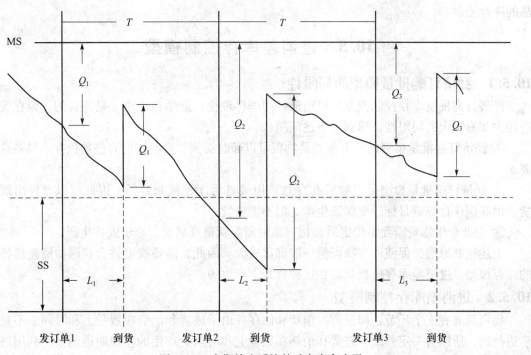

图 10-3　定期检查系统的动态库存水平

在一个周期内不检查库存水平，故不能及时补充库存，容易造成缺货损失。为防止这一点，往往又要求设置较高的安全存货水平，这会导致保存成本的上升。

总之，从顾客服务水平和总库存成本两方面来看，TS 系统的性能不如 QR 系统，故在实际中，TS 系统多适于控制 C 类存货。

对于 A 类存货，由于单位价值高，占用资金量大，故适于采用连续检查库存控制策略，但不适于按 EOQ 方法确定订货批量，因为订货成本在总库存成本中的比重很小。实际中一般要求合理地确定订货点和目标库存水平，并要求在一旦发生缺货时，要能采取紧急补充订货措施。这种库存控制方法又称为订货点–目标库存水平库存控制策略，简称 RS 系统。

3. 单箱系统和两箱系统

实践中，还有一些简便实用的库存控制系统，主要有单箱控制系统和两箱控制系统。

（1）单箱控制系统（Single-Bin System）

指每种存货单元采用单一容器或货架空间盛放，定期检查补充，每次补充到容器或货架空间所能盛放的最大容量，如超级市场的货架、加油站的油箱等。这种系统实际上属于定期检查的 TS 系统，箱子的容积相当于目标库存水平，存货补充方式是定期补充，而且无须保持存货单元库存水平的记录，只是每隔一段时期对存货进行一次盘点，总的核对一次。认识到单箱系统属于 TS 系统，有助于管理人员运用前面讲述的理论，合理地确定诸如每种存货单元货架空间的大小，或者加油站储油罐的体积等。

（2）两箱系统（Two-Bin System）

也称两箱法，是另一种常见的库存控制方式。它是采用两个相同的容器盛放同一种存货单元，一箱供发放领用，一箱备用。待用完一箱后，另一箱投入使用，同时发出订单补充一箱存货。这里，箱子的容积既扮演着订货点的角色，又扮演着订货批量的角色，故在理论上属于 QR 系统，只是省去了连续检查的管理工作。两箱系统广泛用于标准件和某些低值易耗品的库存控制。

10.5 进消差库存控制模型

10.5.1 经济订购批量模型的局限性

经济订购批量库存控制模型是目前流行的库存理论，虽然在理论上是完备的，但在实际应用中却有很大的局限性，遇到了下述问题：

① 经济订购批量模型的一个前提是物资可以随时买到，而我国的有些物资并不具备这个要求；

② 经济订购批量模型是以物资购存总费用最省为库存控制目标，因此可以允许出现缺货。但我国库存控制目标还要保证生产，即不能缺货；

③ 企业全年物资需要量确定后，用户临时需要就很难满足，难于安排生产。

上述这些原因，促使库存物资量一般都比较大。因此，需要找出适合我国物资流通特点的库存模型。进消差库存模型就是在这种背景下产生的。

10.5.2 进消差库存控制模型

物资流通有三个环节，即进货、消费和储存。由于进货和消费在数量上和时间上不是同步进行的，所以有一定差距。进货和消耗在数量上和时间上产生的差额叫进消差。利用进消差来确定库存控制模型称进消差库存控制模型，目标是保证生产的随时需要。

由于物资消费企业投料批量少、次数多，而进货又是次数少、批量大，进货时间又是被动的，所以必须储备一定的周转库存量，以确保投料的急需。影响周转库存量大小的因素是进货量、进货间隔期、投料量、投料间隔期等4个因素。

1. 进消差库存控制模型的分类

进消差库存控制模型可分为无进货误期和有进货误期两大类型。

无进货误期进消差库存控制模型，按照投料时间，可分为当天进货当天不能投料和当天投料二类。而每一类又可按进货、投料的均衡性区分为三种情况。

① 均衡进货均衡投料。即每次进货（或投料）的批量相等和任何相邻两次进货（或投料）的间隔也相等。

② 非均衡进货均衡投料。每次进货批量不相等或进货间隔期不相等，或进货批量和进货间隔期均不相等，称非均衡进货。

③ 非均衡进货非均衡投料。这种情况，又可细分为投料批量不均衡、投料间隔是均衡的，以及投料批量不均衡、投料间隔也不均衡两种。

实际上，均衡进货均衡投料和非均衡进货均衡投料仅仅是非均衡进货非均衡投料的特殊情况，因此掌握进消差库存控制模型，在掌握了非均衡进货非均衡投料的库存控制模型后，其他两种情况也就可类似处理了。它们的周转库存量 Q 计算公式，都可以表示为

$$Q = \max_{\substack{1 \le k \le m \\ T \le nk-1}} \left\{ \sum_{j=1}^{nk-1} C_j - \sum_{i=1}^{k-1} G_i \right\} \tag{10.22}$$

式中：$\sum_{j=1}^{nk-1} C_j$ 是第 k 次进货前投料 n_{k-1} 次累计投料量；$\sum_{i=1}^{k-1} G_i$ 是第 k 次进货时间 t_k 之前 $k-1$ 次累计进货量。

有进货误期的进消差库存控制模型的分类也基本一样，不再赘述。

2. 利用库存和补充库存的处理

在实际工作中，进货总量 G 和投料总量 C、需要量 R 往往是不相等的，基本上有两种情况。

一是当进货总量 G 大于投料总量 C，则发生补充库存现象，补充量为 $G-C$。这个补充量可以当作一次投料看待，作为第 $n+1$ 次投料处理，则周转库存量 Q 仍然为

$$Q = \max\{\overline{C_j} - \overline{G_i}\} \tag{10.23}$$

式中，C_j，G_i 分别是第 i 次进货时间 t_i 之前的累计投料量和累计进货量。

二是当进货总量 G 小于投料总量 C，则发生利用库存现象，利用库存量为 $C-G$。这个利用库存量可以当作一次进货处理，放在第 1 次进货和第 1 次投料时间前面，通常放在 1 月 1 日，则周转库存量为 Q 为

$$Q = \max_{1 \leq k \leq m}\{\overline{C}_{k-1} - (C-G) - \overline{G}_{k-1}\} \tag{10.24}$$

式中，$\overline{C}_{k-1}$，$\overline{G}_{k-1}$ 是第 k 次进货时间 t_k 之前的累计投料量和累计进货量。

3. 周转库存量的表上计算法

周转库存量的公式计算是复杂的，但表上计算法就比较容易了。下面，以非均衡进货非均衡投料的情况作为例子来说明周转库存量表上计算法的基本方法。

例 10-11 某厂全年需某原料 $R=94$ 吨，根据本厂产品生产周期分 10 次投料，投料日期和批量见表 10-25。根据订货情况全年订到这个规格的原料 $G=100$ 吨，进货时间和批量见表 10-25。$G > C$，发生补充库存。

周转库存量的计算分两种情况。

（1）当天进货当天不能投料使用

计算过程分三个步骤。

第一步，列周转库存量计算表（见表 10-25），分为 5 列，填上按订货合同和产品生产计划确定的日期、进货批量、投料批量。

表 10-25　周转库存量计算表

日期 时间顺序	日期 月	日期 日	进货批量	投料批量	进消差额	库存变化
5	1	5	15			32
6	1	6		10	−5	22
34	2	4	10			32
40	2	10		7		25
69	3	9		10	2	15
	3	9	20			35
110	4	20		11	−7	24
120	4	30	10			34
150	5	30		10	−7	24
170	6	20	19			43
185	7	5		14		29
230	8	20		7		22
245	9	5		12		10
290	10	20		10	17	0
	10	20	20			20
335	12	5		3	0	17
360	12	30	6			23

第一列是"日期"。分"时间顺序"和"月"、"日"三行。"时间顺序"是从年初第一次有进货（或投料）起到年底最后一次进货（或投料）止的一个时间顺序。应当注意的是，若是利用库存，进货量放在 1 月 1 日；若是补充库存，进货量放在年底，如 12 月 30 日。"月"、"日"是相对应于"时间顺序"折合成的具体日期。如果同一天具有进货又有投料的情况应分成两个日期，如表 10-25 中第 69 天既有进货又有投料。

第二列是"进货批量"。根据订货情况，将要进货的批量填在相应的日期下面。

第三列是"投料批量"。这是根据本厂产品生产周期确定的投料日期，计划投料批量填在相应的时间下面。填此行数字要注意，若当天进货当天不能投料使用，则投料批量放在前一个日期下面，进货批量放在后一个日期下面，若当天进货当天能投料使用，则投料批量放在后一个日期下面。

第四列是"进消差额"。这是确定周转库存量的关键数据。本行的数据就是在每次进货时间前的最后一次投料及以前各次投料的累计投料量减去这个时间之前的累计进货量的差额。如第 69 天以前的累计进货量是 25 吨，累计投料量是 27 吨，故进消差额是 2 吨。

第五列是"库存变化"，反映了周转库存在物资活动中的变化情况。进货日期的库存量是前一格的库存量加进货量，投料日期下面的库存量是前一格的库存量减投料量得到的。

第二步，计算每次进货时间之前的累计投料量和累计进货量的差额，即表 10-25 中的进消差额。

第三步，计算周转库存量。从第二步的消差额的数据中（见表 10-25）找一个最大的数据，这就是周转库存量 Q。

$$Q = \max\{-5, 2, -7, -7, 17, 0\} = 17 \text{（吨）}$$

由于全年进货总量是 100 吨，投料总量是 94 吨，差额 6 吨补充库存，故年末的库存量 Q_0 为

$$Q_0 = Q + (G - C) = 17 + (100 - 94) = 23 \text{（吨）}$$

（2）当天进货当天可以投料使用

① 列周转库存量计算表 10-26。

② 计算每次进货时间之前的累计投料量和累计进货量的进消差额，即表 10-26 中的进消差额。

③ 计算周转库存量 Q：从表 10-26 中得

$$Q = \max\{-5, -8, -7, -7, 7, 0\} = 7 \text{（吨）}$$

由于全年进货总量多于投料总量 6 吨，故年底库存量 $Q_0 = 7 + 6 = 13 \text{（吨）}$。

表 10-26　周转库存量计算表

日　期			进货批量	投料批量	进消差额	库存变化
时间顺序	月	日				
5	1	5	15			22
6	1	6		10	−5	12
34	2	4	10			22
40	2	10		7	−8	15
69	3	9	20			35
	3	9		10		25
110	4	20		11	−7	14

续表

日　期			进货批量	投料批量	进消差额	库存变化
时间顺序	月	日				
120	4	30	10			24
150	5	30		10	−7	14
170	6	20	19			33
185	7	5		14		19
230	8	20		7		12
245	9	5		12	7	0
290	10	20	20			20
	10	20		10		10
335	12	5		3	0	7
360	12	30	6			13

10.5.3　合理库存控制模型

物资消费企业向生产厂订货以后就确定了物资的进货日期，他们根据这个进货日期和本企业投料计划可以计算出必要的周转库存量。但是，在预定的日期能不能到货呢？如果能如期到货和提前到货，周转库存量就可以保证投料需要。如果进货误期，只有周转库存量就不能保证投料需要。因此，为了解决进货误期也能保证投料需要的问题，就要设立保险（安全）库存。周转库存量 Q 和安全库存量 Q' 之和，称为合理库存量 $Q_合$。即

$$Q_合 = Q + Q' \tag{10.25}$$

1. 进货时间的确定

物资进货批量，在供需双方签订的订货合同的技术要求中已有明确规定，但交货时间一般在合同中是按月（或季）规定，没有具体的交货日期，这就给进消差库存控制模型的重要参数的确定带来了困难。因此，可以把进货时间分成进货时间和进货误期时间两部分。

1）进货时间

根据订货合同签订的交货时间确定进货时间，一般有两种做法。一是以订货合同规定的最后时间作为进货时间，如订货合同规定某月交货，则进货时间确定为月末最后一天；若生产厂是月末交货，就顺延到下一个月。二是以订货合同规定的交货时间的中间日期作为交货时间，以交货时间加在途时间作为进货时间。

以上确定方法是人为的，可以把它作为基本进货时间，再对到货误期进行统计，找出较科学的进货时间。

2）进货误期

进货误期是一个随机变量，受发货时间和运输过程各个环节的影响。这些影响因素都是难以预料的，要找出准确的进货误期时间是有困难的，只能借助统计资料来确定进货误期。一般的做法是统计历年进货误期实际资料，从中选择一个最长误期时间作为进货误期时间，也可用加权平均误期时间作为进货误期时间。

（1）最长进货误期时间 E

若某企业一年内进货 m 次，第 i 次进货时间预计为 t_i，实际到货时间为 $t_i + \bar{t_i}$，误期时间为 $\bar{t_i}$，则

$$\bar{t} = \max_{1 < i < m} \{\bar{t_i}\} \qquad (10.26)$$

（2）加权平均进货误期$\bar{t_i}$

若某企业全年进货总量为 G，进货次数为 m 次，第 i 次进货批量为 G_i，进货误期时间为 $\bar{t_i}$，则

$$E = \frac{\sum_{i=1}^{m} \bar{t_i} G_i}{G} \qquad (10.27)$$

2. 合理库存控制模型

合理库存控制模型的几种类型，同周转库存量模型相似，也有三种情况，即均衡进货均衡投料条件下的合理库存控制模型、非均衡进货均衡投料条件下的合理库存控制模型、非均衡进货非均衡投料条件下的合理库存控制模型。其计算方法完全可套用周转库存量计算方法，下面举例说明。

例 10-12 某企业所需的某种原料，$G = C$，按如表 10-27 所示的预定日期进货和投料。根据历年统计资料确定的进货误期为 30 天，试确定合理库存量和保险库存量。

首先，列按预定日期进货的周转库存量计算表（见表 10-27），从进消差额中找出最大值为周转库存量，即

$$Q = \max\{30,45,60,35,25,20\} = 60（吨）$$

其次，根据进货误期时间 30 天（若进货误期时间未知，可根据式（10.26）或式（10.27）确定，把表 10-27 每次进货时间推迟 30 天，得表 10-28。

表 10-27　按预定日期进货的周转库存量计算表

时间顺序	日 期		进货批量	投料批量	进消差额	库存变化
	月	日				
年初	1	1				60
5	1	5		30	30	30
20	1	20	50			80
40	2	10		20		60
80	3	20		15		45
100	4	10		30	45	15
120	4	30	45			60
125	5	5		20		40
160	6	10		25		15
195	7	15		15	60	0
215	8	5	50			50
240	8	30		25	35	25
241	9	1	30			55
260	9	20		20	25	35
290	10	20	15			50
300	10	30		10	20	40
305	11	5	50			90
330	11	30		30		60

表 10-28 有进货误期的合理库存量计算表

日 期			进货批量	投料批量	进消差额	库存变化
时间顺序	月	日				
年初	1	1				85
5	1	5		30		55
40	2	10		20	50	35
50	2	20	50			85
80	3	20		15		70
100	4	10		30		40
125	5	5		20	65	20
150	5	30	45			65
160	6	10		25		40
195	7	15		15		25
240	8	30		25	85	0
245	9	5	50			50
260	9	20		20	55	30
271	10	1	30			60
300	10	30		10	35	50
320	11	20	15			65
330	11	30		30	50	35
335	12	5	50			85

最后，由表 10-28 知进消差额的最大值为 85，得合理库存量 $Q_合$ 为

$$Q_合 = \max\{50,65,85,55,35,50\} = 85(吨)$$

在按预定日期进货的情况下，周转库存量为 60 吨，在进货误期 30 天的情况下合理库存量为 85 吨，由此得保险库存量 Q' 为

$$Q' = Q_合 - Q = 85 - 60 = 25(吨)$$

10.5.4 进消差库存控制模型的应用

进消差库存控制模型在应用中把合理库存量分成正常周转储备量和保险储备量两部分，并分别计算，这是具有普遍意义的。

1. 正常周转储备量的计算

正常周转储备量是指在进货和投料都是均衡的条件下，在两批进货间隔期内，为了保证生产不间断地进行所需要的储备量。在实际工作中，进货和投料都是非均衡的，故采用平均进货和平均投料来表示均衡进货和均衡投料。

假定在计划期 T 内的总投料量 C 是非均衡投料，则平均单位时间内投料量 $\overline{C}$ 为

$$\overline{C} = \frac{C}{T} \tag{10.28}$$

同样，假设计划期 T 内进货 m 次，第 i 次进货量为 G_i，第 i 次进货时间到第 $i+1$ 次进货时间之间的间隔天数为 t_i，t_m 为第 m 次进货时间到下一个计划期的第一次进货时间的间隔天数，则平均进货间隔期 $\overline{t}$ 为

$$\overline{t} = \frac{\sum\limits_{i=1}^{m} G_i t_i}{\sum\limits_{I=1}^{M} G_i} \tag{10.29}$$

平均进货批量为

$$\overline{G} = \frac{\sum\limits_{i=1}^{M} G_i}{m} \tag{10.30}$$

则正常周转储备量 $Q_{正}$ 为

$$Q_{正} = \overline{C} \cdot \overline{t} \tag{10.31}$$

式（10.28）和式（10.31）将非均衡进货和非均衡投料条件简化为均衡进货和均衡投料条件以后，就可计算出正常周转储备量。

2. 保险储备量的计算

在我国目前的物资管理水平和交通运输条件，实际上做不到均衡进货和均衡投料消费。因此，在非均衡条件下保证生产需要的周转库存量与正常周转储备之间有一个差额，这个差额定义为保险储备量。

假设保险储备量为 $Q_{保}$，正常周转储备量为 $Q_{正}$，合理储备量为 $Q_{合}$，则有

$$Q_{合} = Q_{正} + Q_{保} \tag{10.32}$$

若第 k 次进货时间之前的累计进货量为 $\overline{G}_{k-1}$，累计投料量为 $\overline{C}_{k-1}$，则合理库存量 $Q_{合}$ 为

$$Q_{合} = \max_{1<k<m} \{\overline{C}_{k-1} - \overline{G}_{k-1}\} \tag{10.33}$$

由式（10.32）和式（10.33）可得

$$Q_{保} = \max_{1<k<m} \{\overline{C}_{k-1} - \overline{G}_{k-1}\} - Q_{正} \tag{10.34}$$

例 10-13 某企业在一个月内某原料的进货批量、进货间隔期、投料批量、投料间隔期如表 10-29 所示，试计算正常周转储备量和保险储备量。

表 10-29　储备量计算资料　　　　　　　　　　　　　　　　　吨

日期		进货			投料批量	进消差
月	日	批量 G_i	间隔期 t_i	权数 $G_i t_1$	C_3	$\overline{C}_k - \overline{G}_k$
	2				40	40
	5	50	3	150		−10
	8	20	5	100		
	11				20	−10
	13	60	11	660		
	16				30	
	20				30	−10
	24	10	3	30		−20
	27	20	3	60	20	
	28				30	10
	30	20	4	80	10	0
下月	4	(30)				
	合计	180		1 080	180	

（1）求正常周转储备量 $Q_正$

第一步，据式（10.28）计算 $\bar{C}$

$$\bar{C} = \frac{C}{T} = \frac{180}{30} = 6\,(吨/天)$$

第二步，据式（10.29）计算 $\bar{t}$

$$\bar{t} = \frac{\sum_{i=1}^{m} G_i t_i}{\sum_{i=1}^{m} G_i} = \frac{1\,080}{180} = 6\,(天)$$

第三步，据式（10.31）计算 $Q_正$

$$Q_正 = \bar{C} \cdot \bar{t} = 6 \times 6 = 36\,(吨)$$

（2）求保险储备量 $Q_保$

第一步，计算正常储备量 $Q_正$，$Q_正 = 36\,(吨)$

第二步，计算合理储备量 $Q_合$，从表 10-29 查出最大进消差额，即

$$Q_合 = \max\{40, -10, -10, -10, -20, 10, 0\} = 40\,(吨)$$

第三步，由式（10.34）计算保险储备量 $Q_保$ 为

$$Q_保 = 40 - 36 = 4\,(吨)$$

如果计算出来的保险储备量为负数，当作不需要保险储备量处理。

库存控制由于对企业的资金周转、费用支出、均衡生产和满足顾客需求十分关键，加之又非常琐碎烦杂，故是生产与作业管理中最早、也是最成功地应用计算机进行管理的领域之一。近 40 年来，又发展出了计算机控制的自动化存取立体仓库系统，使得库存控制这个古老的作业领域正在成为企业建立竞争优势的关键领域。存货之多已不再是财富的象征；相反，存货之少却成为世界级企业的标志。

本章小结

库存是指处于储存状态的物资。库存管理就是在一定的生产技术组织和要求条件下，为满足企业生产经营正常需要而建立经济合理库存数量的界限。库存控制的基本问题是什么时候再订货和一次订货数量多少。独立性需求与从属性需求采取的方法和策略是有区别的。

对于第一个问题，在独立性需求情况下，有连续检查订货策略和定期检查订货策略。在从属性需求情况下，什么时候订货完全根据生产作业计划的规定。对于第二个问题，在独立性需求情况下，是根据经济订货批量来决定每次订货的数量。在从属性需求情况下可采用动态规划法、启发式方法、批量对批量等。对于供小于求的物资，利用进消差库存控制模型来保证生产的随时需要。

本章的重点是有价格折扣的经济订购批量模型，西尔弗-米尔启发式方法，部分期间平衡法，连续检查库存控制系统和定期检查库存控制系统，进消差库存控制系统。

本章的难点是无价格折扣允许缺货的经济订购批量模式，西尔弗-米尔启发式方法，连续检查库存控制系统和定期检查库存控制系统，进消差库存控制模型。

案例分析

神州商店的库存控制

一、概况

神州摩托车自行车专营商店，是一家批发和零售各种型号摩托车、自行车及其零配件的商店，每年销售各种类型摩托车约7 000辆，自行车30 000辆，年销售额近5 000万元。过去几年产品畅销，商店效益好，但是管理比较粗放，主要靠经验管理。由于商店所在地离生产厂家距离较远，前几年铁路运输比较紧张，为避免缺货，神州商店经常保持较高的库存量。近两年来，经营同类业务的商店增加，市场竞争十分激烈。

神州商店摩托车经销部新聘任徐先生担任主管，徐先生具有大学本科管理专业学历，又有几年在百货商店实际工作的经验。他上任以后，就着手了解情况，寻求提高经济效益的途径。

摩托车自行车采购的具体方式是，参加生产厂家每年一次的订货会议，签订下年度的订货合同，然后按期到生产厂办理提货手续，组织进货。

徐先生认为摩托车经营部应当按照库存控制理论，在保证市场供应的前提下，尽量降低库存，是提高经济效益的主要途径。

二、经济订购批量的计算

神州商店销售不同型号的摩托车，徐先生首先选择XH公司生产的产品为例，计算其经济订购批量。

（一）已知条件

徐先生计算XH公司供应的摩托车的经济批量，他收集了如下数据。

1. 每年对XH公司生产的摩托车需用量为3 000辆，平均每辆价格为4 000元。

2. 采购成本。主要包括采购人员处理一笔采购业务的旅费、住勤费、通讯等费用。以往采购人员到XH公司出差，乘飞机、住宾馆、坐出租车，一次采购平均用16～24天，采购员各项支出每人平均为6 700元，每次订货去两名采购员，采购成本为6 700×2＝13 400（元/次）。

3. 每辆摩托车的年保存费用。

（1）所占用资金的机会成本。每辆摩托车平均价格为4 000元，银行贷款利率年息为6%。所占用资金的机会成本＝4 000×6%＝240（元/（辆·年））

（2）房屋成本（仓库房租及折旧、库房维修、库房房屋保险费用等平均每辆摩托车分担的成本）。商店租用一仓库，年租金为52 000元。仓库最高库存量为700辆，最低时不足100辆，平均约为400辆，因此，每辆车年房屋成本可取为130元/（辆·年）。

（3）仓库设施折旧费和操作费。吊车、卡车折旧和操作费平均10元/（辆·年）。

（4）存货的损坏、丢失、保险费用平均为20元/（辆·年）。

以上各项合计年保存费用为

$$240+130+10+20=400[元/（辆·年）]$$

（二）经济订购批量的计算

徐先生将以上数据代入经济订购批量计算公式，计算出经济订购批量，以及订购间隔期、订购点库存、年库存成本等。

1. 经济订购批量 $=\sqrt{\dfrac{2\times3\,000\times13\,400}{400}}\approx448(辆)$

2. 每年订购次数 $=\dfrac{3\,000}{448}\approx7(次)$

3. 订购间隔期。神州商店每周营业 7 天，除春节放假 5 天外，其他节假日都不停业。年营业日为 360 日，订购间隔可用下面公式算出。

$$订购间隔期 = \dfrac{360}{7} = 52(天)$$

若采用定期订购方式，订购间隔期为 52 天，即每隔 52 天订购一次。

4. 订购点库存量。若采用定量订购方式，则要计算出订购点库存量。

徐先生为计算订购点库存量，需要订货提前期的有关数据，他了解到订货提前期由表 10-30 所示的几个部分组成。

表 10-30 订购提前期的组成

采购准备时间	与供应商谈判时间	供应商提前期	到货验收
4	4	15	2

其中采购准备工作时间，包括了解采购需求、采购员旅途时间。供应商提前期指与供应商谈判结束到摩托车到商店仓库所需的时间。由表 10-30 可算出，订购提前期为 25 天。

若安全库存为 40 辆，可用下式算出订购点库存量。

$$订购点库存量 = 25\times\dfrac{3\,000}{360}+40\approx250(辆)$$

5. 年库存成本。年库存成本等于年订购成本与年保存费用之和，即

$$年库存成本 = 7\times13\,400+\left(\dfrac{448}{2}+40\right)\times400$$
$$= 93\,800+105\,600$$
$$= 199\,400(元/年)$$

经过上面的数据收集、分析与计算，徐先生对库存各种费用的大体情况，以及在哪些方面可以采取措施，降低费用，有了一个初步的认识。

三、时变需求下的库存控制

徐先生在仔细调查厂商店 XH 摩托车的销售数据后发现，摩托车的销售量在一年之中并不是均衡的，它与季节有一定的关系。根据前两年销售数据，各月销售量如表 10-31 所示。

表 10-31 摩托车销售月分布情况

月份	1	2	3	4	5	6	7	8	9	10	11	12
月需求量	650	120	200	220	240	360	180	180	250	200	200	200
累计需求量	650	770	970	1 190	1 430	1 790	1 970	2 150	2 400	2 600	2 800	3 000

由表 10-31 可见，摩托车一月份销售量较大，一月份即新年到春节之间，许多单位发年终奖或双工资，在春节前形成购买高峰，在高峰过后，销量骤减。其余各月销售最有波动，但不是很大。

徐先生根据西尔弗-米尔启发式方法，根据销售量的分布，重新安排了订购时间及订购量。新安排的全年订购计划及库存成本如表10-32所示。

表10-32　订购计划及库存成本

月　份	1	2	3	4	5	6	7	8	9	10	11	12	合计
期初存货/辆	0	0	420	220	0	360	0	180	0	200	0	200	
订购量/辆	650	540	0	0	600	0	360	0	450	0	400	0	3 000
需求量/辆	650	120	200	220	240	360	180	180	250	200	200	200	3 000
期末存货/辆	0	420	220	0	360	0	180	0	200	0	200	0	1 580
总订购成本/元													80 400
总保存成本/元													52 164
总库存成本/元													133 014

由于厂全年订购次数为6次，每次订购成本为13 400元，全年总订购成本为

$$13\ 400 \times 6 = 80\ 400（元）$$

每辆摩托车年保存成本为400元，每月的保存成本应为400/12，即33.3元，期末库存总计为1 580辆，总保存成本应为

$$1\ 580 \times 33.3 = 52\ 614（元）$$

总库存成本为

$$80\ 400 + 52\ 614 = 133\ 014（元）$$

这种算法忽略了订购提前期及安全库存。徐先生认为可按订购提前期为一个月考虑安排订购，即按表10-32中"订购量"一栏提前一个月安排订购。订购提前期为25天，现增至一个月，增加的5天可视为安全库存。

四、降低库存成本的建议

为进一步降低库存费用，徐先生提出以下改进措施。

（一）降低订购费用

实行订购费用承包，每次出差去XH公司，承包开支为：

旅费　　　　　　　1 200元

住勤费　　　　　　$120 \times 20 = 2\ 400（元）$

电话费　　　　　　$10 \times 20 = 200（元）$

合计　　　　　　　$3\ 800 \times 2 = 7\ 600（元）$

并考虑是否可将每次由两名采购员去订购，改为每次一人。

（二）降低保存费用

保存费用中资金的机会成本由摩托车价格和银行利息所决定，没有降低的余地。仓库设施的折旧费和操作费，存货的损坏、丢失、保险费用等在保存费用中所占比例很少，压缩这些费用可节省的开支十分有限。徐先生将降低保存费用主要目标集中在降低仓库租金方面。

现在商店租用的仓库，最多可存放700辆摩托车，若按表10-32可看到，全年只有一个月摩托车的销售量达到650辆，其余月份最高销售量为360辆。若按表10-32订购，徐先生提出两种设想。

（1）上半年租用原有仓库面积，下半年按 450 辆摩托车需用面积租用仓库，大约可约省 1 万元。

（2）将 5 月份订购 600 辆，改为 5 月订购 240 辆，6 月订购 360 辆。这样，除一、二月份要租用较大仓库外，其余 10 个月可按 450 辆存放面积租仓库。这样仓库租用费大约可节省 1.6 万元。

徐先生作了初步估算，如果上述两项建议能实现，在表 10-32 优化订购的基础上，每年大约可再节约 6.8 万元库存费用。

[思考题]

1. 表 10-32 中计算出的保存费用，明显低于用经济订购批量模型计算出的保存费，为什么？

2. 徐先生的计算有什么不符合实际的地方，他建议的改进措施是否可行，为什么？

[分析提示]

案例分析了一个批发零售商店一种类型商品（XH 公司供应的摩托车）的库存控制问题。在分析中，需指出以下几点。

1. 经济批量公式应用的前提。经济订购批量公式是基于下述假设：

（1）需求率是恒定和确定的；

（2）订购提前期是已知的和确定的；

（3）以批量订购，每批一次到货入库；

（4）订购成本固定不变，与订购量无关。

只有在上述前提下，才可用经济订购批量公式计算一种商品的订购批量。

案例中徐先生对 XH 摩托车库存控制计算，应用了经济批量公式，但他没有考虑到 XH 摩托车需求量的不均衡性，不符合需求率恒定这一基本假设。

2. 保存成本的计算。一般来说，保存成本与库存量成正比，保存费按下式计算：

$$保存费 = \left(\frac{1}{2}订货批量 - 安全库存 \right) \times 单位物资保存费$$

案例中单位摩托车保存费用主要有库存占用资金的利息和仓库租金组成。其中，库存占用资金的利息与摩托车库存数量成正比，但仓库的租金并不直接与摩托车保存数量成正比。因租用仓库每年直接已确定为 52 000 元/年，摩托车保存数量变化时分摊在每辆摩托车上的年租金也会变化。案例中，徐先生按平均库存 400 辆摩托车算出每辆摩托车的年仓库租金，是一种简化算法。

3. 时变需求下的库存模型。时变需求下库存模型有一些简化假设，如忽略交货提前期，未考虑安全库存等。

▶ 学习资料 ◀

仓库管理制度

第一章　总　则

第一条　仓库的主要任务是：保管好库存物资，做到数量准确，质量完好，确保安全，收发迅速，面向生产，降低费用，加速资金周转。

第二条 仓库设置要根据工厂生产需要和厂房设备条件统筹规划，合理布局；内部要加强经济责任制，进行科学分工，形成物资归口管理的保证体系；业务上要实行工作质量标准化，应用现代管理技术和 ABC 分类法，不断提高仓库管理水平。

第二章　物资验收入库

第三条 物资入库，与交货人办理交接手续时，保管员应在场，核对清点物资名称、数量是否一致，按物资交接本上的要求签字。

第四条 物资入库，应先入待验区，未经检验合格不准进入货位。

第五条 材料验收合格，保管员凭发票所开列的名称、规格型号、数量、计量验收到位，入库单各栏应填写清楚，并随同托收单交财务科记账。

第六条 不合格品，应隔离堆放。

第七条 验收中发现的问题，要及时通知主管和经办人处理。托收单到而货未到，或货已到而无发票，均应向经办人反映查询，直至消除悬念挂账。

第三章　物资的储存保管

第八条 物资的储存保管原则是：以物资的属性、特点和用途规划设置仓库，并根据仓库的条件考虑划区分工。

第九条 物资堆放的原则是：在堆放合理、安全可靠的前提下，根据货物特点，必须做到查点方便，成行成列，排列整齐。

第十条 仓库保管员对库存、代保管和待验物料及设备、容器和工具等负有经济责任和法律责任。仓库物资如有损失、贬值、报废、盘盈、盘亏等，保管员应及时报告科长，分析原因，查明责任，按规定办理报批手续。

第十一条 保管物资要根据其自然属性，考虑储存的场所和保管常识处理，加强保管措施，达到"十不"要求，使企业财产不发生保管责任损失。同类物资堆放，要考虑先进先出，发货方便，留有回旋余地。

第十二条 保管物资，未经主管同意，一律不准擅自借出。总成物资，一律不准拆件零发，特殊情况应经主管批准。

第十三条 仓库要严格保卫制度，禁止非本库人员擅自入库。仓库严禁烟火，明火作业需经保卫科批准。保管员要懂得使用消防器材和必要的防火知识。

第四章　物资发放

第十四条 按"规定供应，节约用料"的原则发料。发料坚持一盘底，二核对，三发料，四减数的原则。

第十五条 领料单应填明物料名称、规格、型号、领料数量、图号、零件名称或物料用途，核算员和领料人签字。属计划内的材料应有物料计划；属限额供料的物料应符合限额供料制度；属于规定审批的物料应有审批人签字。同时，超费用领料人未办手续，不得发料。

第十六条 调拨物料，发货前保管员要审查单价、货款总金额并盖有财务科收款章等情况。发现价格不符或货款少收等，应立即通知开票人更正后发货。

第十七条 对于专项申请用料，除计划采购员留作备用的数量外，均应由申请单位领用。常备用料，凡属可以分割拆零的，本着节约的原则，都应拆零供应，不准一次性发料。

第十八条 发料必须与领料人和接料车间办理交接，当面点交清楚，防止差错出门。

第十九条 所有发料凭证，保管员应妥善保管，不可丢失。

第五章 其他事项

第二十条 记账要字迹清楚，日清月结，托收、月报及时。

第二十一条 允许范围内的磅差，合理的自然损耗所引起的盘盈、盘亏，每月都要上报，以便做到账、卡、物、资金四一致。

第二十二条 保管员调动工作，移交前要及时办理交接手续，移交中的未了事宜及有关凭证，要列出清单三份，写明情况，双方签字，双方各执一份，报科存档一份，事后发生纠葛，仍由原移交人负责赔偿。对失职造成的亏损，除照价赔偿外，还要给纪律处分。

第二十三条 库存盈亏反映出保管员的工作质量，力求做到不出现差错。

进料验收管理办法

第一条 收料

1. 内购收料

（1）材料进厂后，收料人员必须依"采购单"的内容，并核对供应商送来的物料名称、规格、数量和送货单及发票并清点数量无误后，将到货日期及实收数量填记于"请购单"，办理收料。

（2）如材料与"采购单"上所核准的内容不符，应即时通知主管，原则上，非"采购单"所核准的材料不予接受，如采购部门要求收下该等材料时，收料人员应告知主管，并于单据上注明实际收料状况，并会签采购部门。

2. 外购收料

（1）材料进厂后，物料管理收料人员即会同检验单位依"装箱单"及"采购单"开箱核对材料名称、规格并清点数量，并将到货日期及实收数量填写于"采购单"。

（2）开箱后，如发觉所装载的材料与"装箱单"或"采购单"所记载的内容不同时，通知办理进口人员及采购部门处理。

（3）如发觉所装载的物料有破损、变质、受潮等异常时，经初步计算损失将超过5 000元以上者，收料人员即时通知采购人员联络公证处前来公证或通知代理商前来处理；如未超过5 000元者，则依据实际的数量办理收料，并于"采购单"上注明损失数量及情况。

（4）对于由公证或代理商确认后，物料管理收料人员开立"索赔处理单"报主管审核后，送会计部门及采购部门督促办理。

第二条 材料待验

进厂待验的材料，必须于物品的外包装上贴上材料标签并详细注明料号、品名规格、数量及入厂日期，且与已检验者分开储存，并规划"待验区"以为区分，收料后，收料人员应将每日所收料品汇总填入"进货日报表"作为入账消单的依据。

第三条 超交处理

交货数量超过"订购量"部分，应予退回，但属于买卖惯例，以重量或长度计算的材料，其超交量在3%以下，由物料管理部门在收料时，在备注栏注明超交数量，经请购部门主管同意后，始得收料，并通知采购人员。

第四条 短交处理

交货数量未达订购数量时，以补足为原则，但经请购部门主管同意，可免补交，短交如果需要补足时，物料管理部门应通知采购部门联络供应商处理。

第五条 急用品收料

紧急材料于厂商交货时，若物料管理部门尚未收到"请购单"时，收料人员应先咨询采购部门，确认无误后，始得依收料作业办理。

第六条 材料验收规范

为利于材料检验收料的作业，质量管理部门应根据材料重要性及特性等，适时召集使用部门及其他有关部门，依所需的材料质量研究制定"材料验收规范"，呈总经理审核批准后公布实施，作为采购及验收的依据。

第七条 材料检验结果的处理

1. 检验合格的材料，检验人员在外包装上贴合格标签，以示区别，物料管理人员再将合格品入库定位。

2. 不合验收标准的材料，检验人员在物品包装上贴不合格的标签，并于"材料检验报告表"上注明不良原因，经主管审核批示处理对策并转采购部门处理及请购单位，再送回物料管理部门凭此办理退货，如特殊采购时办理收料。

第八条 退货作业

对于检验不合格的材料退货时，应开立"材料交运单"，并检附有关的"材料检验报告表"报主管签字确认后，凭以异常材料出厂。

废料处理办法

第一条 废料的认定。凡不能再加工处理或不能提高使用价值，创造利润称为废料。

第二条 废料保管。设置废料存放区，按类别分开存放，勿随地丢弃。

第三条 废料整理：

1. 各工作场所应置放废料桶、废料箱，便于工作人员随时存放一处并便于一次搬运；

2. 各工作场所当日产生之废料，应于当日搬往规定之废料存放区。

第四条 如有不遵规定存放或将用料混同废料存放者经查实后统归管理部处理。

第五条 出售废料必须会同管理部处理，其实施原则如下：

1. 由管理组负责处理，管理部总务组协办；

2. 各种废料由管理组负责觅商访价，会同管理部定价；

3. 装车时管理组必须派人随车监视，以免承购商夹带有用物料或偷窃其他物品；

4. 过磅时通知管理部总务组会同办理，同时注意防止承购商作弊，并于废料处理单上共同签证；

5. 经办人除应于每次过磅前先将磅秤校正外，并由管理部公用组按月办理重新校正；

6. 依据废料处理单开具销货单及发票，由各管理组主管签字盖章后，交管理部总务组审核呈管理部经理审核批准；

7. 废料出售一律规定现款交易，收款后以当日结缴财务部收账为原则；

8. 能供其他部门使用的可以协调方式作价处理；

9. 以每月标售处理为原则，如堆积过多而无特殊理由，经管理部同意延期处理外，一律归管理部处理，其收入亦归管理都。

第六条　凡本公司员工均可向废料经办单位介绍承购。

第七条　工地之废料如钢筋料头、水泥纸袋、旧木板、木柱、木屑等均属之，其处理方式，比照本（废料处理）办法行之。

第八条　本办法经经理级会议通过，并呈总经理审核批准后施行，其修改时亦同。

思　考　题

1. 什么是库存？如何对库存进行分类？

2. 库存管理的含义是什么？库存管理的目的是什么？

3. 库存管理有何重要性？库存管理的基本问题是什么？

4. 有效的库存管理要求尽可能估算哪 4 种库存成本？

5. 什么是订货成本？什么是保存成本？什么是购货成本？什么是缺货成本？

6. 经济订货批量最优化模型的出发点是什么？

7. 如何理解不允许缺货的经济含义？

8. 如何确定有价格折扣的经济订货批量？

9. 非同时补充库存条件下最高存货水平是如何确定的？

10. 西尔弗-米尔启发式方法的判别准则是什么？用西尔弗-米尔启发式方法确定订货批量需经过哪些步骤？

11. 部分期间平衡法的判别准则是什么？用部分期间平衡法确定订货批量需经过哪些步骤？

12. 连续检查策略的含义是什么？连续检查策略有什么优缺点？连续检查策略的订货点是如何确定的？

13. 定期检查策略的含义是什么？定期检查策略的目标库存水平是如何确定的？定期检查策略有什么优缺点？

14. 定期检查策略与连续检查策略的主要区别是什么？

15. 对 A、B、C 三类存货宜采取什么样的订货策略？

16. 单箱控制系统与两箱控制系统的含义是什么？

17. 进消差库存控制模型的目标是什么？有哪几种类型？进消差库存控制模型是如何确定周转库存量的？

18. 正常周转储备量是如何确定的？

自测题

1. 某厂需用钢材 2 400 吨/年，每吨钢材储存一个月的储存费为 0.2 元，每批货物订购费为 45 元，试求 EOQ 和最优订货次数。

2. 设某企业全年耗用某种物资 292 000 件，物资单价每件 1 元，每次订货费 50 元，每日送达数量 1 000 件，每日耗用 800 件，库存保管费用为 10.4%，试求经济批量。

3. 康明公司全年耗用某种物资 360 000 千克，每次订货费 200 元，该种物资年库存保管费用为 10.4%，现供应商的供货条件见表 10-33，试确定该如何采购？

表 10-33 供应商的供货条件

订货批量/千克	单位价格/（元/千克）
$Q < 10\ 000$	10
$10\ 000 \leqslant Q < 20\ 000$	9
$20\ 000 \leqslant Q < 30\ 000$	8
$Q \geqslant 30\ 000$	7

4. 某企业全年需要某物资 600 吨，分 6 次均衡进货，第 1 次的进货时间是 1 月 30 日；分 15 次均衡投料，第 1 次的进货时间是 1 月 30 日；分 15 次均衡投料，第 1 次投料时间是 1 月 10 日，计算周转库存量。

5. 康师傅饮料公司对甲种物资的需求如表 10-34 所示。已知该种物资平均一次的订货成本为 60 元，保存成本为 0.4 元/（箱·月），试分别用西尔弗-米尔启发式方法和部分期间平衡法确定订货批量，并对两种方法的库存总成本进行比较说明。

表 10-34 康师傅饮料公司对甲种物资的需求

月份	1	2	3	4	5	6	7	8	9	10	11	12	合计
需求量/箱	50	282	150	60	220	138	350	400	280	360	74	136	2 500

6. 某种物资的需要量为 400 吨，分 4 次非均衡进货，进货的时间和批量如表 10-35 所示；分 8 次均衡投料，第一次投料为第 17 天，计算周转库存量。

表 10-35 某种物资的进货时间

进货批次	进货时间	进货批量
1	62	150
2	93	60
3	210	100
4	305	90

第11章

物资供应统计

学习目标

1. 掌握物资收支与结存统计分析
2. 掌握物资综合平衡统计

工业企业物资供应统计的主要任务是及时、正确地统计物资收支与结存的数量及变动情况，分析研究物资收支与结存之间的平衡关系，以发挥其在组织生产、制定和检查物资供应计划、完成和超额完成企业经营计划任务等方面的作用。

物资供应统计主要采用实物量核算，有时也采用货币量核算。其统计数字的主要来源是仓库的材料明细账。一般地，是以收账单为依据进行物资收入统计，以领料单为依据进行物资支出（消耗）统计，以库存盘点单为依据进行物资库存统计，然后编制收、支、存报表。

11.1　物资的收支与结存统计

11.1.1　物资的收入统计及分析

1. 物资的收入量统计

物资收入量，也称进货量，是指企业在报告期内实际收到的物资数量，即到达本企业并验收入库的物资总量。它反映企业所掌握到的物资资源，表明企业可以随时动用的物资数量。通过收入量的统计核算，可以检查采购的物资到货的情况，考核到货的及时性、齐备性及分析物资对生产需要的保证程度。

收入量包括合同到货，上级机关调入、加工来料、调剂收入、借入、自行采购、串换，以及本企业自产自用等各种渠道收入的全部物资。收入量应以在报告期内经验收合格并已办理入库手续的数量为准。有时为了急用，未经验收就动用的，则动用部分应统计到收入量和消费量中去，并从待验收入库中扣除。在验收时，若发现有亏损或短缺，实收数量与发货单据数量不符，则以实收数量计入收入量。仓库收到车间退回同一报告期内发出的原材料，不应再计收入量，而在发料数量中扣除。若退回前期发出的物资，应统计在本期的收入量内。收回借出的同一报告期的物资，应冲减借出量，不作收入量处理；若不在同一报告期，收回时可统计在本期收入量中。

物资收入量统计的原始凭证是收料单。

2. 物资收入量统计分析

物资收入量统计分析包括到货来源统计分析、供货合同执行情况分析、到货量对生产保

证程度分析、到货量均衡性分析 4 项。

（1）到货来源统计分析

这是为了了解各种来源的到货在物资收入总量中所占的比重，与上期和去年同期比较所发生的变化，以及存在什么问题等，通过对统计分析所揭露的问题进行深入调查研究，找出原因，及时纠正，保证产品生产的正常进行。到货来源分析表式如表 11-1 所示。

表 11-1　到货来源分析表

材料名称			
来源		收入量合计 其中：××× ××××	收入量合计 其中：××× ××××
计量单位			
本月	收入量		
	占收入量合计的百分数		
上月	收入量		
	占收入量合计的百分数		
去年同月	收入量		
	占收入量合计的百分数		
收入量增（＋）减（－）	本月比上月		
	本月比去年同月		

（2）供货合同执行情况分析

这是检查供货单位是否履约交货，及时发现问题，提出解决问题的办法，推动供货单位按时、按质、按量交货，满足企业生产需要的必要措施之一。一般可按到货数量、到货时间、到货质量、供货单位几方面来进行。

① 按到货数量进行分析，是把报告期的合同订货量与到货量对比，一般分析表式见表 11-2。分析时应注意，到货情况不好，不一定完全是供货单位的责任。因此，不仅从验收入库数量分析，还要搜集其他有关资料，予以分析研究，才能得出正确结论。

表 11-2　到货数量分析表

材料名称	计量单位	订货量		到货量		到货量为订货量的百分数	
		本年累计	本月	本年累计	本月	本年累计	本月
（甲）	（乙）	①	②	③	④	$⑤=\dfrac{③}{①}×100\%$	$⑥=\dfrac{④}{②}×100\%$
××合计 其中：××× ⋮							

② 按到货时间分析，可按月、季、年进行。

③ 按到货质量进行分析，是借以了解到货总量中有多少是符合企业生产的合格品及其在订货量中所占的比重。对于合格比重显著降低，以及物资配套有问题的，应及时查明原因，否则会影响生产顺利进行。按到货质量进行分析的表式见表 11-3。

表 11-3　到货质量分析表

材料名称	计量单位	订货量	到货量			质量合格的到货量为订货量为的百分数
			合计	其中：质量合格的		
				数量	为合格的百分数	
（甲）	（乙）	①	②	③	$④=\frac{③}{②}×100\%$	$⑤=\frac{③}{①}×100\%$
×××						
×××						

④ 按供货单位交货情况分析，是为了了解哪些供货单位欠交哪些物资而影响了企业的生产，一般分析表式见表 11-4。

表 11-4　供货单位交货情况分析表

供货单位	材料名称	计量单位	订货量		到货量		到货量为订货量的百分数	
			本年累计	本月	本年累计	本月	本年累计	本月
（甲）	（乙）	（丙）	①	②	③	④	$⑤=\frac{③}{①}×100\%$	$⑥=\frac{④}{②}×100\%$
×××厂	×××材料							
	×××材料							
	×××材料							

（3）到货量对生产保证程度分析

应结合期初库存量及到货时间进行，才能提出具体意见，采取催交措施，避免停工待料的现象出现。具体表式见表 11-5。

表 11-5　到货量对生产保证程度分析表

材料名称	计量单位	本月计划需用量		月初库存量	本月到货量	对生产的保证日数		
		全月	平均每日			库存	到货	合计
（甲）	（乙）	①	$②=\frac{①}{30}$	③	④	$⑤=\frac{③}{②}$	$⑥=\frac{④}{②}$	⑦=⑤+⑥
×××								
其中：××								
××								

(4) 到货量均衡性分析

可借以检查比较重要的物资各批到货是否及时及对生产的影响程度。其表式见表11-6。

表 11-6　到货量均衡性分析表

材料名称 到货批次	计量单位	本月计划需要量		月初库存量	到货日期	到货数量	对本月生产的保证日数
		全月	平均每日				
（甲）	（乙）	①	②＝$\frac{①}{30}$	③	（丙）	④	⑤＝③或$\frac{④}{②}$
×××	吨	78	2.6	22			8
第一批	吨				13 日	16	6
第二批	吨				23 日	53	7 *
第三批	吨				28 日	55	0 *
合计	吨	78	2.6	22		124	21

＊23 日到货只供 24—30 日 7 天生产的需要，余料和 28 日的到货都作月末库存，供下期消耗。

11.1.2　物资的消耗统计和分析

1. 物资消耗量统计

物资消耗是指企业为了生产产品本身所耗用的原材料、燃料、动力。物资消耗的主要目的是检查物资消耗定额的执行情况，分析物资使用动向，总结物资开源节流的成果，以促进增产节约运动的进一步开展；同时，也为有计划安排物资供应提供必要的依据。

物资消耗量统计包含单位产品物资消耗量统计、各种（批）产品物资消耗量统计及全企业物资消耗量统计。

单位产品消耗某种物资的数量称"单耗"。它是按产品种类或批别分别反映每单位产品或每单位工作量上物资的平均消耗量，其公式为

$$单耗 = \frac{某种物资消耗量}{产品产量（或工作量）} \tag{11.1}$$

式中，产品产量是指报告期内生产的、经检验合格并办理入库手续的各种（批）产品的实际产量，不包括废品，但制造产品所消耗物资数量应包括废品的耗料量。

单耗是企业的主要技术经济指标之一，是用于检查物资消耗定额的执行情况，促使经济合理地使用物资，为制定物资供应计划提供必要参考。

各种（批）产品物资消耗量应包括开始投料到制成产品进入成品库的整个过程中所实际消耗的该种物资的总数量。即本企业自行加工消耗的和外协加工拨出使用的物资，以及由于产生废品而损失的和生产中不可避免地发生的边角余料、料头、料尾和残料。

全企业物资消耗量是指报告期内实际消耗的全部物资数量。除了直接用于产品本身的消耗外，还包括经营维修、劳动保护、科学试验、生活福利等方面所消耗的全部物资的数量。

物资消耗量统计必须遵循按实际消耗的原则统计，其原始凭证是领料单和落料单，以登记在材料明细账上的数字为准。对于自产自用物资，都要统计到物资收入量和消耗量中。为了使外在形式上的数量与内在成分含量统一和结合，以便更确切地反映生产中各种物资的消耗和节约情况，必须对某些原料、燃料按规定办法折合成标准量计算。如硫酸、烧碱折成浓

度 100%，重油、煤炭、天然气折成标准煤计算。

2. 物资消耗量统计分析

物资消耗量统计分析，一般有物资使用方向分析、物资消耗定额执行情况分析和物资利用情况分析 3 种。

企业物资使用方向的表式见表 11-7。

表 11-7　物资使用方向分析表

材料名称和使用方向	计量单位	本月计划需要量		本月实际		本月实际消耗量为计划需用量的百分数
		数量	各使用项目	数量	各使用项目占合计的百分数	
（甲）	（乙）	①	②	③	④	$⑤=\dfrac{③}{①}\times100\%$
×××合计 用于××× 用于××× ⋮						

物资消耗定额执行情况分析，就是把单耗与消耗定额对比，以检查物资消耗定额的完成情况。物资消耗定额完成指标的计算公式为

$$物资消耗定额完成指标=\frac{单耗}{定额}\times100\%\tag{11.2}$$

物资消耗定额完成指标越小，说明物资使用越节约，其节约量的计算公式为（计算结果为负数则表示浪费）

$$节约物资数量=（定额-单耗）\times报告期实际产量\tag{11.3}$$

在分析物资消耗定额的执行情况时，还应对单耗的构成进行分析，以便进一步了解物资消耗和损失在总消耗量中所占的比重，计算由于降低物耗和减少废品损失而节约的物资数量。

物资利用情况分析，一般都利用原材料利用率。其计算公式为

$$原材料利用率=\frac{产品中所包含的原材料数量}{生产该产品的原材料总消耗量}\times100\%\tag{11.4}$$

利用率指标越大，说明原材料利用得越好。

把报告期的实际利用率与计划利用率对比，就可以得出原材料计划利用率完成指标，即

$$原材料计划利用率完成指标=\frac{报告期实际利用率}{计划利用率}\times100\%\tag{11.5}$$

原材料计划利用率完成指标越大，说明原材料利用得越好；反之，就越差。

实际利用率不仅可与计划利用率相比，还可以与本企业历史上最好的水平相比，与国内同行业先进水平相比，与国外同类指标先进水平相比。通过比较，发现差距，查出原因，挖掘潜力，堵塞漏洞，进一步寻找降低物资消耗的途径。

11.1.3　物资库存统计和分析

1. 物资库存量统计

物资库存量是指企业在报告期初或报告期末实际库存的物资数量。库存量指标反映一定

时点上物资的结存情况。企业可以用来研究库存量对生产需要的保证程度，挖掘物资潜力，进行余缺调剂。

一般统计报告期初或报告期末的全部库存量，包括：在库物资；车间已领未用、期末由车间办理"假退料"手续的物资；外来未消费加工来料；向外借用已入库但未消费的物资；委托外单位保管的物资；已决定外调或外卖但未办出库手续的物资；由外单位委托本单位订货的、到货验收尚未分拨给有关企业的物资；超储备物资；期末库存量列出的"特准储备"的物资；以及清点出的账外物资。

2. 物资库存量统计分析

物资库存量统计分析包括物资库存量超储和不足分析、保证生产天数分析、周转速度分析和合用程度分析。

把物资期末库存量和计划库存量相比，增加过多，则库存超储；减少过多，则库存不足。其一般分析表如表 11-8 所示。

表 11-8　库存量超储或不足分析表

材料名称	计量单位	库存量			增（+）减（−）%		较计划增加料	
		期末	计划	去年同期	比计划	比去年同期	增加	减少
（甲）	（乙）	①	②	③	④=$\frac{①}{②}×100\%$	⑤=$\frac{①}{③}×100\%$	⑥=①−②	⑦=②−①

物资库存量对生产需要保证天数的分析，实际上，就是要从天数上来分析库存物资的超储或不足情况。分析时，先计算期末库存量可供下期生产消耗的天数，其计算公式为

$$\text{期末库存量可供下期生产消耗的天数} = \frac{\text{期末库存量×下期天数}}{\text{下期计划生产消耗量}} \tag{11.6}$$

把期末库存量可供下期生产消耗的天数与计划储备天数进行比较，就可反映期末库存量对下期生产消耗的保证程度的好坏。

物资库存量周转速度分析，要计算物资库存量周转次数和周转天数，其计算公式为

$$\text{物资库存周转次数} = \frac{\text{报告期实际消耗物资量}}{\text{平均物资库存量}} \tag{11.7}$$

$$\text{月平均物资库存量} = \frac{\text{月初库存量+月末库存量}}{2}$$

$$\text{年（季）平均物资库存量} = \frac{\text{年（季）内各月平均物资库存量之和}}{12（3）}$$

$$\text{物资库存量周转天数} = \frac{\text{报告期天数×平均物资库存量}}{\text{报告期实际消费物资量}} \tag{11.8}$$

物资库存量周转次数越多越好，周转一次所需的天数越少越好。

物资库存量合用程度分析的一般表式见表 11-9。

表 11-9 物资库存量合用程度分析

材料名称	计量单位	库存量合计	合用				不合用						
			数量	为库存量合计的百分数		保证下期生产需要的天数	小　计		因规格不合		因质量不好		
							数量	为库存量合计的百分数	数量	为库存量合计的百分数	数量	为库存量合计的百分数	
(甲)	(乙)	①	②	$③=\dfrac{②}{①}\times100\%$		$④=\dfrac{②}{每天计划生产需要量}$	⑤	$⑥=\dfrac{⑤}{①}\times100\%$	⑦	$⑧=\dfrac{⑦}{①}\times100\%$	⑨	$⑩=\dfrac{⑨}{①}\times100\%$	

对于超储物资和由于规格不合生产需要的物资,统计部门应作出明确的文字说明,以便及时组织调度调剂,发挥物资的经济潜力。

11.2 物资综合平衡统计

11.2.1 物资综合平衡

为了分析企业物资的收支与结存间的平衡关系,研究其动态和发展变化的规律性,对物资统计的指标应有统一的核算口径和计算方法。编制企业物资收、支、存综合平衡公式为

$$\begin{aligned}
&期初物资库存量+物资直达到货量+上级调入量+加工收入+加工来料+调度调剂收入+\\
&借入量+自行采购量=物资消费量+拨出加工改制+\\
&拨出加工调剂拨出+调度借出+盘盈-盘亏+期末库存量
\end{aligned}$$

式中,物资直达到货量是指根据国家和省、市、自治区物资分配计划签订合同,从生产厂、产品管理处、小额站、储运公司等直达运到的物资,以及从外贸机构直接调入的进口物资,原则上由谁签合同谁统计,但如由一个企业出面统一与供货单位签订合同后,供货单位直接把物资运交给各个企业的,仍由各个企业自行统计。至于签订合同的企业把合同外借,供货单位直接把物资运交给借用单位的,也由借用单位统计。

表 11-10 中,"上级调入量"是指各上级供应机构、地方物资部门供应机构供应的所有物资;"加工收入"是指企业把某些材料进行简单加工改制后重新入库的物资;"加工来料"是指外单位委托企业加工产品或配件而拨来的物资;"调度调剂收入"是指上级机关组织企业之间相互调剂余缺,调换某些物资,或某企业调度给本单位的物资。

在核算好上述的统计指标后,对每种重要物资就可编制收、支、存综合平衡表,见表 11-10,以反映物资收入、支出和库存的规模、构成、平衡关系,以及增减变动等。

表 11-10 物资收、支、存综合平衡表

材料名称　　　　　　年第　　　　　季度　　　　　计量单位

收入项目	本期		去年同期数量	本期较去年同期		支出项目	本期		去年同期数量	本期较去年同期	
	数量	占合计的百分数		增(+)减(−)	增(+)减(−)%		数量	占合计的百分数		增(+)减(−)	增(+)减(−)%
期初库存量						消费量合计					
收入量合计						其中:					
						产品制造					
其中:						经营维修					
直达到货量						技术措施					
自行采购量						拨出量合计					
上级调入量						其中:					
						拨出加工					
加工收入						改制					
加工来料						调度调剂拨出					
调度调剂收入											
						借出					
借入						盘盈(+)或盘亏(−)					
						期末库存量					
						其中:					
						代外单位					
						保管					
收入合计	100					支出合计		100			

11.2.2　物资综合平衡表分析

对物资综合平衡表着重分析 3 个问题。

（1）把直达到货量和自行采购量同物资消费量进行比较，了解供需关系

了解供需关系，这是供需平衡统计的一个重要环节。看其是顺差还是逆差：供大于需为顺差，供小于需是逆差。在不超过储备定额的情况下应争取报告期内供大于需，这不仅能保证产品生产的顺利进行，而且可以适当增加物资储备，不断促进生产发展。如果出现逆差，就要千方百计清仓查库，革新挖潜，节约代用，开源节流，力争供需平衡。

（2）进行计划期内全部供应量和全部需要量对比

期内全部供应量是期初库存量和期内收入量之和，期内全部需要量是期内消费量和拨出量之和。这两者的对比，说明一定时期内全部供应量和全部需要量的平衡关系，一般地，全部供应经常大于全部需要量，这对保证和发展生产是十分必要的。

（3）分析物资供应工作是否符合企业生产消费的要求

这可从物资收入和支出的构成，及其与历史资料对比的动态分析中作出判断。例如期内收入量较去年同期增加，期初库存量较去年同期有些减少，说明期内生产上所需的物资，大部分依靠期内到货，物资供应工作做得较好。若进一步联系消费量、拨出量和期末库存量的变动作综合分析，就可全面反映物资供应工作做得怎样。

对于国家统计局物资统计报表制度中所规定的主要物资，还要编制总的物资收、支、存平衡表（见表 11-11）。

表 11-11 物资收、支、存平衡表

____年第一季度到第____季度

材料名称	计量单位	期初库存	收入量累计					消费量累计					拨出量累计					盘盈（+）或盘亏（-）	期末库存量		此外：期末待验收入库量
			合计	其中				合计	其中				合计	其中					合计	其中代外单位保管	
				直达到货	上级调入	加工来料	调度调剂收入		产品制造	经营维修	技术措施			拨出加工改制	拨出加工	调度调剂拨出					

经常编制总的物资收、支、存综合平衡表，反映各种主要物资供需间不平衡情况，及时总结经验，解决矛盾，就有利于促使供需间得到新的积极的平衡。如发现某种物资既没有期末库存量，又没有待验收入库物资，就要把实际消费量与计划需要量对比，分析物资短缺影响生产的严重程度，从而追究原因，改进供应工作，以保证生产顺利进行。如发现某些物资期末库存量和待验收入库量不少，但消费量比计划量却减少得较多时，就要进一步调查研究，是否由于到货不及时、不均衡、不合用而影响生产。此外，还应综合检查各种物资的供应是否配套和齐全。物资供应不配套、不齐全，也会影响产品生产。所以，经常从平衡表中揭示矛盾，提出改进措施，不断改进物资供应管理工作，对发展生产，完成和超额完成规定的生产任务，具有重要的意义。

本章小结

本章阐述物资的收、支、存量的统计与分析方法，以及物资综合平衡方法及物资平衡表分析方法。

本章的重点是物资收、支、存量的统计。

本章的难点是物资的综合平衡分析表的分析。

学习资料

用料预算方法

一、用料预算

（一）常备材料：由生产管理单位根据生产及保养计划、定期编制"材料预算及存量基准明细表"拟订用料预算。

（二）预备材料：由生产管理单位根据生产及保养计划的材料耗用基准，按科别（产品表）定期编制"材料预算及存量基准明细表"拟订用料预算，其事务用品直接根据过去实际领用数量，并考虑库存情况，拟订次月用料预算。

（三）非常备材料：订货生产的用料，由生产管理单位根据生产用料基准，逐批拟订产品用料预算，其他材料直接由使用单位定期拟订用料预算。

二、存量管理

（一）常备材料：物料管理单位根据材料预算用量，交货所需时间、需用资金、仓储容量、变质速率及危险性等因素，选用适当管理方法以"材料预算及存量基准明细表"列示各项材料的管理点，连同设定资料呈主管核准后，作为存量管理的基准，并拟制"材料控制表"进行存量管理作业，但材料存量基准设定因素变动足以影响管理点时，物料管理单位应立即修正存量管理基准。

（二）预备材料：物料管理单位应考虑材料预算用量，在精简采购、仓储成本的原则下，酌情以"材料预算及存量基准明细表"设定存量管理基准加以管理，但材料存量基准设定因素变动时，物料管理单位必须修正其存量管理基准。

（三）非常备材料：由物料管理单位依据预算用量及库存情况实施管理（管理方法由各公司自订）。

三、用料差异分析

材料预算用量与实际用量差异超过管理基准时，依下列规定办理。

（一）常备材料：物料管理单位应于每月10日前就上月实际用量与预算用量比较（内购材料用）或前三个月累计实际用量与累计预算用量比较（外购材料用），其差异率在管理基准（各公司自订）以上者，需填制"材料使用量差异分析月报表"送生产管理单位分析原因，并提出改善对策。

（二）预备材料：物料管理单位以每月或每三个月一期，于次月10日前就最近一个月或三个月累计实际用量与累计预算用量比较，其差异率在管理基准（各公司自订）以上者按科别填制"材料使用量差异分析月报表"，送生产管理单位分析原因，并提出改善对策。

（三）非常备材料：订货生产的用料，由生产管理单位于每批产品制造完成后，分析用料异常。

思 考 题

1. 什么是物资收入量？如何进行物资收入量的统计分析？

2. 什么是物资消耗量？如何进行物资消耗量的统计分析？

3. 什么是物资单耗？如何计算单耗？

4. 什么是物资库存量？如何进行物资库存量的统计分析？

5. 如何进行物资综合平衡分析？

第12章

物资供应核算

学习目标

1. 掌握材料计价方法
2. 掌握材料收发核算的方法
3. 掌握库存材料的核算方法

12.1 材料收发的核算

12.1.1 材料的计价

为了如实反映和监督物资占用资金的增减变动情况，计算产品中的材料费用，必须对每一种材料进行货币计价。合理地确定材料计价的基础和方法，是正确组织材料核算的必要条件。

1. 材料价格的构成

（1）外购材料的采购成本

外购材料的采购成本包括买价和运杂费、损耗等部分。买价就是供货单位的发票中开列的价格，运杂费是指到达采购单位所在地以前所发生的包装、运输、装卸、仓储、整理等费用。

采购过程中发生的市内运杂费，采购人员的差旅费及临时设置驻外采购部门的各种经费，虽然是材料采购支出的一部分，但因数额比较零星，一般直接列入企业管理费，不计入材料的采购成本。当然，当数额较大时，也可列入有关材料成本，不宜直接列为企业管理费用。

损耗是指向外地采购的材料，在运输途中发生的合理损耗，整理、挑选而发生的正常损耗，这些损耗应计入采购成本。

（2）委托加工材料的全部成本

外委加工材料全部成本包括加工中耗用材料的实际成本、委托加工费用及材料的往返运杂费用等支出。

（3）自制材料的成本

企业的自制材料成本，包括在制造过程中所耗用的材料、工资和其他有关费用。

2. 材料的计价方法

计入产品成本的那一部分材料成本，应该是以实际成本来计算。为了简化计算工作，也可以按计划成本来计价。

（1）按实际成本计价

按实际成本计价，是指每一种材料的收、发、结存量都是按上述外购材料、委托加工材料或自制材料过程中所发生的实际成本计价。

这种计价方法一般适用于材料品种较少，采购次数不多的工业企业。这种计价方法，虽然可以较准确地核算产品成本中的材料费用和材料资金的实际占用额，但是由于实际成本经常变动，使材料的日常收发和核算工作十分繁重，影响核算的工作效率和质量。

（2）按计划成本计价

按计划成本计价是指每一种材料都按预先确定的计划单位成本来填制有关凭证和登记明细账，至于计划成本和实际成本之间的差异则另行组织核算。利用材料成本差异加上材料计划成本，就可求得材料收、发、结存的实际成本。

材料的计划成本的确定，如果有统一调拨价格，按调拨价加上一定比例的运杂费，作为材料的计划单位成本；没有调拨价的，用上年实际采购成本（平均成本）作为材料的计划单位成本。计划单位成本制定后，在年度内一般不作变动，以便于编制材料供应计划和考核车间和班组的经济核算工作。

按计划成本计价一般适用于材料实际成本变动不大，而材料品种较多、收发频繁的工业企业。

企业可根据实际情况确定采用哪种材料的计价方法。也可把两种方法结合使用，即对采购成本经常有较大变动的少数主要材料，按实际成本计价；而对其余数量较多，实际成本变动又不大的材料，则按计划成本计价。

12.1.2　材料收入核算

材料核算是材料物资管理的一个重要方面。企业的材料核算，既要进行总分类核算，又要进行明细分类核算。

1. 按实际成本计价的材料收入核算

（1）购入材料的核算

为了反映和监督各种材料的收入、发出和结存情况，必须在总分类账中设置"原材料"、"燃料"、"包装物"、"低值易耗品"等账户。"原材料"账户用来核算库存的各种原料及主要材料、辅助材料、外购半成品和修理用备件；"燃料"账户用来核算库存的核算库存的各种燃料；"包装物"账户用来核算库存、出租、出借的各种包装物；"低值易耗品"账户用来核算库存、在用的低值易耗品。各个材料账户的借方登记收入材料的实际成本；贷方登记发出材料的实际成本，各个材料账户的余额表示结存材料的实际成本。

企业购入材料时，一方面收到材料，另一方面支付货款。但由于支付货款和材料入库的时间并不一致，因而总分类核算也有差别。其核算分录方法如表 12-1 所示。

表 12-1　企业购入材料的核算

类　别	分录方法		备　注
	借　方	贷　方	
材料已入库，发票账单到达，货款已支付	材料账户	银行存款	例 12-1

续表

类 别		分录方法		备 注
		借 方	贷 方	
材料已入库，发票账单未到达，货款未支付	按合同价格入账	材料账户	应付账款（暂估应付账款）	收到发票时，金额与原估价不符，用红字冲销原记金额，再按发票重新入账 例12-2
	收到发票付款	材料账户	银行存款	
货款已支付材料未到达	付款时	在途材料（或应付账款）	银行存款	例12-3
	材料到达时	材料账户	在途材料（或应付账款）	
运输途中发生的短缺、毁损属供货、运输单位责任的		材料账户（实收数）其他应收款（短缺部分）	在途材料（或应付账款）	例12-4

例12-1 某厂9月5日以银行存款购入甲原料5 000千克，每千克2元，材料已验收入库，应作如下分录：

借：原材料　　　　　　　　　　　　　　　　　　　　　　　　　　　10 000
　　贷：银行存款　　　　　　　　　　　　　　　　　　　　　　　　　　10 000

例12-2 某厂向外地采购原材料8 000千克，每千克3元，材料已验收入库，发票尚未到达，货款未付。暂按合同价入账，应作如下分录：

借：原材料　　　　　　　　　　　　　　　　　　　　　　　　　　　24 000
　　贷：应付账款（暂估应付账款）　　　　　　　　　　　　　　　　　　24 000

在收到发票时，价估为每千克3.10元，应用红字冲销原记金额：

借：原材料　　　　　　　　　　　　　　　　　　　　　　　　　　　24 000
　　贷：应付账款（暂估应付账款）　　　　　　　　　　　　　　　　　　24 000

按发票金额付款时重新入账：

借：原材料　　　　　　　　　　　　　　　　　　　　　　　　　　　24 800
　　贷：银行存款　　　　　　　　　　　　　　　　　　　　　　　　　24 800

为了简化核算，对于材料入库在先，付款在后的采购业务，在月内可暂不入账，等发票到达时再入账。如到月终，发票账单仍未到达，才暂估入账，下月初用红字作同样的记录，予以冲回。以便在发票收到后按正常程序处理。

例12-3 某厂向外地采购原材料2 000千克，每千克4元。货款先付，材料两个月后才到达，应作如下分录：

付款时：

借：在途材料　　　　　　　　　　　　　　　　　　　　　　　　　　 8 000
　　贷：银行存款　　　　　　　　　　　　　　　　　　　　　　　　　 8 000

材料到达后：

借：原材料　　　　　　　　　　　　　　　　　　　　　　　　　　　 8 000

　　　　　　　　贷：材料采购　　　　　　　　　　　　　　　　　　　　　　　8 000

　　若不设"在途材料"账户，可把它改为应付账款。

　　例 12-4　例 12-3 中，在材料到达时发现短缺 200 千克，经查明是供货方责任。当即提出要求赔偿，应作如下分录：

　　　　借：原材料（实收数）　　　　　　　　　　　　　　　　　　　　　7 200
　　　　借：其他应收款（短缺部分）　　　　　　　　　　　　　　　　　　　800
　　　　　　贷：在途材料　　　　　　　　　　　　　　　　　　　　　　　8 000

　　（2）自制材料和回收材料核算

　　企业自制材料，生产过程回收的材料、固定资产报废清理的残余料，在交回库时，应填制"材料交库单"办理入库手续。交库单一式三联，由仓库填制，一联由仓库签收后退回交料部门，一联留仓库以登记材料明细账，另一联交财务部门作为核算依据。

　　自制材料的交库单上所列计划成本，由收料仓库填写，实际成本由财会部门根据成本资料填列。

　　生产过程回收的材料，以及固定资产报废清理的残余料，因无法计算实际成本，按估价或相似材料的计划成本计算。

　　企业内部交库材料，根据材料交库单，在总分类核算中按表 12-2 所列作分录。

表 12-2　总分类核算

类　别	分录方法		备　注
	贷　方	借　方	
自制材料	原材料等	生产成本等	结转其实际成本
生产过程中回收的材料	原材料等	生产成本等	按估计成本或计划成本从生产费用中扣除
固定资产报废清理时回收材料	原材料等	固定资产清理	冲减固定资产清理支出

　　（3）材料收入的汇总及其账务处理

　　为了简化核算手续，对上述各项材料收入业务，在一般企业，通常都是在月终根据收料单编制收入材料汇总表，然后据以总分类核算。对外购材料，只作支付料款的总分类核算。在付款时一律借："应付账款"，贷："银行存款"分录。月终，再根据收料单加以汇总，计算全部已入库的外购材料总数，借记有关材料账户，贷记"应付账款"账户。

　　采用上述办法来汇总记账的企业，因一般不设"材料采购"账户，故月终需要采取适当的方法掌握在途材料的数额，以便编制会计报表。一般地，可采用下列三种方法之一来达到这个要求。

　　① 按供货单位分别设"应付账款明细账"。月终，各明细账如果出现借方余额，就表示已经付款而材料尚未到达，将明细账中的借方余额加以汇总，即为月终时的在途材料总数。

　　② 设"购入材料登记簿"（见表 12-3）。月终，将登记簿已付款尚未收料的记录加以汇总，即为月终时的在途材料总数。

　　③ 用"抽单法"控制货款结算情况。即将收料凭证和有关付款凭证互相核对，凡两种单据都收到并核对相符的即予抽出，另行存放。月终时余下的单据，凡只有收料凭证而没有

付款凭证的表示材料已入库而货款未支付，应据以编制"应付账款明细表"（见表12-4）；凡是只有付款凭证而没有收料凭证的，即是在途材料，应据以编制"在途材料明细表"（见表12-5）。

表12-3 购入材料登记簿

年   月

收料		供应单位	结算方式	材料类别	材料名称	金额	付款	
日期	收料单号数						日期	凭证号数

表12-4 应付账款明细表 20××年10月

收料日期	收料单号数	供应单位	摘要	金额/元
10.15	12011	上海钢厂	购入黑铁皮	12 000
10.26	13121	鞍山钢铁公司	购入黑铁皮	35 000
			合计	47 000

表12-5 在途材料明细表 20××年10月

付款日期	付款凭证号数	材料名称	供应单位	金额/元
12.5	0135	黑铁皮	上海钢厂	55 000
12.30	0239	黑铁皮	鞍山钢铁公司	21 000
			合计	76 000

采用此办法的企业，为了便于进行材料总分类核算，一般应在月终时根据各种收料凭证按材料类别及应记的对方账户分类汇总，编制"收入材料汇总表"据以进行总分类核算。例如，假定某厂20××年10月份收入的材料，根据收料凭证汇总，编制收入材料汇总表12-6。

表12-6 收入材料汇总表 20××年10月

应贷账户 ╲ 材料类别	原材料				燃料	包装物	低值易耗品	合计
	原料及主要材料	辅助材料	修理用备件	小计				
应付账款	121 000	15 000	2 000	138 000	11 800	32 000	1 540	183 340
辅助生产		5 200		5 200				5 200
专用基金		560		560				560
更新改造资金								
合计	121 000	20 760	2 000	143 760	11 800	32 000	1 540	189 100

根据表12-6，应作如下分录。

① 借：原材料　　　　　　　　　　　　　　　　　　　138 000

　 借：燃料　　　　　　　　　　　　　　　　　　　　11 800

　 借：包装物　　　　　　　　　　　　　　　　　　　32 000

　 借：低值易耗品　　　　　　　　　　　　　　　　　1 540

　　　　　　贷：应付账款　　　　　　　　　　　　　　　　　　　　　183 340
　②借：原材料　　　　　　　　　　　　　　　　　5 200
　　　　　　贷：辅助生产　　　　　　　　　　　　　　　　　　　　5 200
　③借：原材料　　　　　　　　　　　　　　　　　560
　　　　　　贷：专用基金——更新改造资金　　　　　　　　　　　560

以上汇总方法，在月终时，对已验收入库而发票尚未到达，暂按合同价格或计划成本入账的材料，由于在汇总时已将有关收料凭证汇总填入上述收入汇总表并据以总分类核算，因此不必另作账务处理。在下月份收到发票账单时，填制红蓝字两份收料单，红字收料单按原入账的暂估价填制，蓝字收料单按发票金额填制，两份料单在下月份同时汇入收料汇总表，以调整上月入账的暂估价与实际成本之间的差额。

　　2. 按计划成本计价的材料收入核算

按计划成本计价，材料的总分类核算，在总分类账上，各个材料账户一律按计划成本计价，同时增设"材料采购"和"材料成本差异"两个总分类账户。"材料采购"账户是一个计价对比账户，借记材料采购的实际成本，贷记入库材料的计划成本，通过实际成本和计划成本的比较，反映材料采购成本的节约和超支。月终应将差异数转入"材料成本差异"账户。结转差异以后，"材料采购"账户的借方余额即为在途材料。"材料成本差异"账户是各个材料账户的调整账户，借记实际成本大于计划成本的超支数，贷记实际成本小于计划成本的节约数。

现根据例12-1～例12-3，改按计划成本计价，列示其会计分录如下：
　①购入材料的核算如表12-7；
　②自制材料和回收材料核算。

表12-7　会计分录表

例　题	类　别	凭证或账户	借　方		贷　方	
			科　目	金　额	科　目	金　额
例12-1 成本2.05元/千克	材料已入库，货款已支付	付款凭证	材料采购	10 000	银行存款	10 000
		收料单	原材料	10 250	材料采购	10 250
		材料成本差异	材料采购	250	材料成本差异	250
例12-2 计划成本3.05元/千克	材料已入库，发票未到达	合同成本入账	原材料	24 000	应付账款（暂估应付账款）	24 000
		付款时　冲销估价	原材料	24 000	应付账款（暂估应付账款）	24 000
		付款时　重新入账	材料采购	24 800	银行存款	24 800
		收料单	原材料	24 400	材料采购	24 400
		材料成本差异	材料成本差异	400	材料采购	400
例12-3 计划成本4.10/千克	货款已付，材料未到达	付款单	材料采购	8 000	银行存款	8 000
		收料单	原材料	8 200	材料采购	8 200
		材料成本差异	材料采购	200	材料成本差异	200

材料入库时根据材料交库单，按计划成本直接借记有关材料账户，贷记"材料采购"账

户。月终时，根据自制材料实际成本，计算实际成本与计划成本的差异，并将其转入"材料成本差异"账户，如是节约，借记辅助生产，贷记材料成本差异；如是超支，借记材料成本差异，贷记辅助生产。

生产过程中回收材料按计划成本借记原材料，贷记基本生产等；固定资产报废清理时回收的残料，按计划成本直接借记原材料等，贷记专用基金。回收材料无法计算实际成本，不再计算和结转成本差异。

3. 材料收入的汇总及其账务处理

收入材料的汇总要同时按照实际成本、计划成本分别汇总，然后据以计算成本差异，进行账务处理。

12.1.3　材料发出核算

1. 按实际成本核算

财会部门收到的各种发料凭证中，标准的是实际成本，在进行必要的核对检查后，汇总编制发出材料汇总表，并据以分别编制如下会计分录：

生产领用

借：生产成本——基本生产、生产成本——辅助生产、制造费用、管理费用

　　贷：有关"材料"账户

专用基金工程领用

借：在建工程

　　贷：有关"材料"账户

出售材料

借：银行存款

　　贷：有关"材料"账户

2. 按计划成本核算

按计划成本核算；各种发料凭证中标注的是材料的计划成本，在汇总后还要将它调整为实际成本，才能据以进行发出材料的总分类核算。

调整发出材料成本差异，首先要计算材料成本差异率，再根据差异率计算发出材料应分配的差异额，最后将计划成本加上超支的差异额减去节约的差异额，即为发出材料的实际成本。

在实际工作中，对于数量少而品种多的材料可以按类别计算差异率。对于品种少的主要材料可以按品种计算差异率。对于品种很广的小型企业也可只计算全部材料的差异率。为了及时计算发外加工材料和产品的实际成本，发出材料应负担的成本差异，也可以按上月的差异率计算。计算公式为

$$\text{本月材料成本差异率} = \frac{\dfrac{\text{月初结存材料}}{\text{成本差异额}} + \dfrac{\text{本月收入材料}}{\text{成本差异额}}}{\dfrac{\text{月初结存材料}}{\text{计划成本}} + \dfrac{\text{本月收入材料}}{\text{计划成本}}} \times 100\% \qquad (12.1)$$

$$\text{上月材料成本差异率} = \frac{\text{月初结存材料的成本差异额}}{\text{月初结存材料的计划成本}} \times 100\% \qquad (12.2)$$

计算出发出材料的计划成本和实际成本后，先根据发出材料计划成本作如下分录：

借："生产成本"等有关账户

　　贷：有关"材料"账户

并根据应分配的差异额（计划成本×成本差异率）作如下分录：

借："生产成本"等有关账户

贷：材料成本差异（超支用蓝字，节约用红字）

12.2　库存材料的核算

12.2.1　材料盘点盈亏的核算

企业的材料品种复杂，在材料清查盘点以后，常常会出现盘盈盘亏。对于盘盈盘亏的材料，应当查明原因，报经领导批准后按照不同的情况加以处理，并进行必要的账面处理。

对于材料的盘盈盘亏，应先根据清查的结果，编制"材料盘盈盘亏报告表"，如表12-8所示，至少一式两份，经有关领导批准后，一份由仓库据以登记材料明细账，一份由财会部门据以进行总分类核算。

为了及时反映材料的盘盈盘亏情况，在发现盘盈盘亏后，据材料盘盈盘亏报告表记入"待处理财产损溢"账户，待确定处理意见后再从这两个账户转入其他有关账户。"待处理财产损溢"账户，贷方登记已经发现而尚未最后处理的各种财产物资的盘盈数，借方登记已经最后处理的财产物资盘盈数。"待处理财产损溢"账户，借方记已经发现而尚未最后处理的财产物资盘亏和损失数，贷方记经最后处理的财产物资盘亏和损失数。

表12-8　材料盘盈盘亏报告表

仓库：　　　　　　　　　　　　　　年　　月　　日

材料编号	材料名称	计量单位	账面结存	实际盘存	盘　盈		盘亏、损失		原因	备注
					数量	金额	数量	金额		

仓库负责人：　　　　　　　　盘点人：　　　　　　　　记账员：

发现盘盈，根据材料盘盈报告表按计划成本作如下分录：

借：原材料等

　　贷：待处理财产损溢——待处理流动资产盘盈

经批准转账时应冲销生产费用。作如下分录：

借：待处理财产损溢——待处理流动资金盘盈

　　贷：企业管理费

对于盘亏和毁损的材料，应据盘亏报告表按计划成本作如下分录：

借：待处理财产损溢——待处理流动资产损失

　　贷：原材料等

同时调整材料成本差异，作如下分录：

借：待处理财产损溢——待处理流动资产损失

　　贷：材料成本差异（节约用红字、超额用蓝字）

经批准转账时，凡属于应计入生产费用的损耗和短缺，应按实际成本作如下分录：

借：企业管理费

　　贷：待处理财产损溢——待处理流动资产损失

凡属于应列作营业外支出的意外损失，应按实际成本作如下分录：

借：利润——营业外支出

贷：待处理财产损溢——待处理流动资产损失

凡属于应由过失人赔偿的，应按实际成本作如下分录：

借：其他应收款

贷：待处理财产损溢——待处理流动资产损失

12.2.2 仓库中的材料明细账

仓库中的材料明细核算，包括材料卡（实物计数卡）和材料明细账两部分。材料卡应按材料的品种规格设置，根据收、发料凭证由材料保管员负责登记，只登记数量，不核算金额。材料明细账也是按材料品种规格设置的。企业的各个仓库都应根据材料目录分别开设明细账户，不仅核算数量，而且核算金额。材料明细账中的收、发数量应根据收、发料凭证逐笔登记，逐日结出结存数量，收、发、结存金额，按计价方法不同，逐笔登记或月终汇总登记。

在仓库中组织材料的明细分类核算，有利于具体、及时反映各种材料的增减变动情况，加强对储备资金的管理，保护材料物资的安全与完美，考核储备资金定额的执行情况。

1. 按实际成本核算

由于各批材料的实际成本不可能完全相同，而材料的收、发都要按实际成本登记，因此，发出材料时就要按如下的方法之一来计算实际成本。

（1）加权平均法

就是在材料发出时，在材料明细账内根据领料凭证登记数量，待月末用加权平均法计算出单价后，再据以计算和登记发出材料和结存材料的实际成本。其计算公式为

$$\text{加权平均单价} = \frac{\text{期初材料结存实际成本} + \text{本期收入材料实际成本}}{\text{期初结存材料数量} + \text{本期收入材料数量}} \quad (12.3)$$

$$\text{本期发出材料成本} = \text{本期发出材料数量} \times \text{加权平均量价} \quad (12.4)$$

这种计算办法的材料明细账表式见表 12-9。

表 12-9 材料明细分类账
（加权平均法计算）

材料类别：原材料及主要材料　　　　　　　　　　　　　　计量单位：千克

材料编号：10315　　　　　　　　　　　　　　　　　　　最高存量：40 000

材料名称和规格：黑铁皮（0.5mm）　　　　　　　　　　　最低存量：10 000

20××年		凭证号数	摘要	收入			发出			结存		
月	日			数量	单价	金额	数量	单价	金额	数量	单价	金额
	1		月初结存							12 000	1.30	15 600
8	3	收1003	购入	10 000	1.12	11 200				22 000		
	10	收1014	购入	18 000	1.20	21 600				40 000		
	10	领1201	领用				11 000			29 000		
	15	领1207	领用				10 000			19 000		

续表

20××年 月	日	凭证号数	摘要	收入 数量	收入 单价	收入 金额	发出 数量	发出 单价	发出 金额	结存 数量	结存 单价	结存 金额
	20	领1251	领用				9 000			10 000		
	31		本月发生额									
			及本月余额	28 000		32 800	30 000	1.21	36 300	10 000	1.21*	12 100

* 加权平均单价 = 15 600+11 200+21 600/12 000+10 000+18 000 = 48 400/40 000 = 1.21(元)

　（2）先进先出法。即假设先入库的材料先发出，若各批的材料单价不一，发料时按收入材料顺序的单价计算，其明细账表式和登记方法见表 12-10。

表 12-10　材料明细分类账

（先进先出法计算）

材料类别：原材料及主要材料　　　　　　计量单位：千克
材料编号：10315　　　　　　　　　　　最高存量：40 000
材料名称和规格：黑铁皮（0.5mm）　　　最低存量：10 000

20××年 月	日	凭证号数	摘要	收入 数量	收入 单位	收入 金额	发出 数量	发出 单位	发出 金额	结存 数量	结存 单位	结存 金额
		收	月初结存							12 000	1.15	13 800
8	1	1003	购入							22 000		25 000
				10 000	1.12	11 200		1.15		40 000		46 600
	3	收	购入	18 000	1.20	21 600	1 000		12 650	29 000		33 950
	10	1014	领用				11 000	1.15	11 230	19 000		22 720
	10	领	领用	28 000			9 000	1.12		10 000		12 000
	15	1201	领用				1 000	1.12	10 720			
	20	领	本月发生额				9 000	1.12				
		1207					8 000	1.20				
		领	及本月余额			32 800	30 000	1.21	34 600	10 000	1.20	12 000
	31	1251										

2. 按计划成本核算

　按计划成本核算的材料明细账，收、发料凭证的计价都是按计划成本进行，明细账只记收发数量，不记金额，月末结存时，将数量乘以计划单价即为期末结存金额。其表式见表 12-11。

　在材料品种较多的企业和仓库，还可以在每本材料明细账的前面设置"汇总账页"（见表 12-12），以便汇计全部材料的收、发、结存总数。汇总账页是定期根据有关收、发凭证汇总登记，一般不记数量，只记各类材料的收、发、结存金额。平时各汇总账页上的结存额，应与各该本材料明细账的结存额的总和核对相符。

12.2.3　仓库部门材料明细核算的汇总和核对

　为了保证材料核算的正确性，必须在适当时候把明细核算的资料加以汇总并进行核对。一般情况下，材料仓库核算员必须在月终在明细账中结算出全月的收、发、结存的数量和金额，先与汇总账页核对，如有不符应即查找原因加以订正。核对相符即据以编制"库存材料月报表"（见表 12-13），送财会部门与材料总分类核算进行核对。

表 12-11 材料明细分类账

材料类别：原料及主要材料　　　　　　　　　　　计量单位：千克
材料编号：10315　　　　　　　　　　　　　　　计划单价：1.10 元
材料名称和规格：黑铁皮（0.5m）　　　　　　　　最高存量：40 000
　　　　　　　　　　　　　　　　　　　　　　　最低存量：10 000

20××年		凭证号数	摘　要	收入数量	发出数量	结　存	
月	日					数量	金额
8	1		月初结存			12 000	132 000
	3	收 1003	购入	10 000		22 000	
	10	收 1014	购入	18 000		40 000	
	10	领 1201	领用		11 000	29 000	
	15	领 1207	领用		10 000	19 000	
	20	领 1251	领用 本月发生额及 及月末余额		9 000	10 000	
	31			28 000	30 000	10 000	11 000

表 12-12 汇总账页

材料类别：

20××年		摘　要	收　入		发　出		结存
月	日		凭证张数	金　额	凭证张数	金　额	

表 12-13 库存材料月报表

年　　　月

仓库：　　　　　　　　　　　　　编号：

材料类别	期初余额	本期收入	本期发出	期末余额
原料及主要材料				
×××				
×××				
合　　计				

本章小结

本章阐述物资材料的计价、收入核算、发出核算及库存材料盘点盈亏核算，以及仓库中的材料明细核算的汇总和核对方法。

本章的重点是仓库材料明细核算方法。

学习资料

存量管理作业细则

第一章 存量基准设定

第一条 预估月用量设（修）定

1. 用量稳定的材料由主管人员依据去年的平均月用量，并参考今年营业的销售目标与生产计划设定，若产销计划有重大变化（如开发或取消某一产品的生产，扩建增产计划等），应修定月用量。

2. 季节性与特殊性材料由生产管理人员每年核对 4 次，依前 3 个月及去年同期各月份的耗用数量，并参考市场状况，拟订次季各月份的预计销售量，再乘以各产品的单位用量，设定预估月用量。

第二条 请购点设定

1. 请购点——采购作业期间的需求量加上安全存量。

2. 采购作业期间的需求量——采购作业期限乘以预估月用量。

3. 安全存量——采购作业期间的需求量乘以 25%（差异管理率）加上装船延误日数用量。

第三条 采购作业期限

由采购人员依采购作业的各阶段所需日数设定，其作业流程及作业日数（公司自定）经主管核准，送相关部门作为请购需求日及采购数量的参考。

第四条 设定请购量

1. 考虑要项：采购作业期间的长短，最小包装置及最小交通量及仓储容量。

2. 设定数量：外购材料在欧美地区每次请购三个月用量，亚洲地区为两个月，内购材料则每次请购 30 天用量。

第五条 存量基准呈准建立

生产管理人员将以上存量管理基准分别填入"存量基准设定表"呈总经理核准，送物料管理建档。

第二章 请购作业

第六条 请购单提出时由物料管理单位，利用计算机（人工作业）查询在途量、库存量及安全存量填入请购单送交审核，审核无误后送采购单位办理采购。

第三章 用料差异管理作业

第七条 用料差异管理基准

1. 上旬（1—10 日）实际用量超出该旬设定量 3%以上者（由公司自定）；

2. 中旬（1—20 日）实际用量超出该旬设定量 3%以上者（由公司自定）；

3. 下旬（即全月）实际用量超出全月设定量 3%以上者（由公司自定）。

第八条 用料差异反应及处理

生产管理人员于每月 5 日前针对前月开立"用料差异反应表"，查明差异原因及拟订处理措施，判断是否修正"预估月量"，如需修订，应于反应表"拟修定月用量"栏内修订，并经总经理核准后，送物料管理单位以便修改存量基准。

第四章 库存查询及采取措施

第九条 库存查询

物料管理人员接获核准修订月用量的"用料差异反应表"后应立即查询"库存管理表"，查询该批材料的在途量及进度，研究是否需要修改交货期。

第十条 采取措施

物控人员研判需修改交货期时，应填具"交货期变更联络单"送请采购单位采取措施，采购单位应将处理结果于"采购单位答复"栏内填妥，送回物控人员列入管理。

第五章 存量管理作业部门及其职责

第十一条 物控人员

材料存量管理作业中心，负责月使用量基准设（修）定，用量差异分析及采取措施。

第十二条 采购单位

负责各项材料内、外购别的设（修）定，采购作业期限设（修）订及采购进度管理与异常处理。

思 考 题

1. 如何进行材料计价？
2. 如何进行材料收入核算？
3. 如何进行材料发出核算？
4. 如何进行库存盘盈盘亏核算？
5. 叙述仓库材料明细核算方法。

第13章

供应链管理环境下采购和 库存管理策略

学习目标

1. 了解供应链管理环境下采购管理的特点
2. 理解准时采购的基本思想、特点和方法
3. 了解供应商管理的目标和内容
4. 理解供应链管理环境下的库存问题
5. 了解供应链环境下可管理的策略
6. 理解战略库存管理的涵义

20 世纪 90 年代以后，随着科技的进步和经济的发展，消费者的需求特征发生了前所未有的变化，整个世界的经济活动也出现了以前未曾有过的全球经济一体化特征，这些变化对企业参与竞争的能力提出了更高的要求。要求从供应商、制造商到分销商形成一条供应链，组成一个利益共同体来进行供应链运作管理。在此背景下，企业的采购与库存管理也发生了重大变化。

13.1　供应链管理环境下的采购管理

在供应链管理环境下的采购管理是供应链管理的重点内容之一，它是沟通生产需求与物资供应的纽带，也是联系供应链企业之间原材料和半成品生产合作交流方面的一座桥梁。为使供应链系统能够实现无缝连接，并提高供应链企业的同步化运作效率，供应商就必须加强采购管理。

13.1.1　传统的采购模式

传统采购的重点放在如何和供应商进行商业交易的活动上，特点是比较重视交易过程的供应商的价格比较。通过多个供应商的报价，充分利用多头竞争，从中选择价格最低的作为合作者。虽然采购物资的质量、交货期也是采购过程中关心的重要因素，但与价格相比处于次要地位，而质量、交货期等都是通过事后把关的办法进行控制，如到货验收等，因此在供应商与采购部门之间经常要进行报价、询价、还价等来回的谈判，并且多头进行，交易成本高，交易时间长，控制困难，及时性差，经常造成生产被动，损失重大。

传统的采购模式的主要特点表现在如下几个方面。

（1）传统的采购过程是典型的非信息对称博弈过程

供应商的选择是传统的采购活动中的一个首要的任务。在采购过程中，存在着两种信息非对称现象，其一是采购一方为了能够从多个竞争性的供应商中选择一个最佳的供应商，往往会保留私有信息，因为如果提供供应商提供的信息越多，供应商的竞争筹码就越大，这样对采购一方不利。因此采购一方尽量保留私有信息。其二是供应商也在和其他的供应商竞争中隐瞒自己的信息。因为各供应商都想在竞争中获胜，自己的信息被其他供应商知道得越多，自己被击败的可能性就越大。这样，采购、供应双方都不进行有效的信息沟通，这就是非信息对称的博弈过程。

（2）验收检查是采购部门的一个重要的事后把关工作，质量控制滞后、难度大

物资质量与交货期是采购一方要考虑的另外两个重要因素，在传统的采购模式下，由于采购方很难参与供应商的生产组织过程和有关质量控制活动，供应商的产品质量信息在购买之前采购方是很难知晓的，只能在采购后的验收过程中才能知道所购物资的质量是否买符合有关标准如国际标准、国家标准，这时再退货、换货或另外寻找其他供应商有可能给企业的生产经营造成巨大损失。所以缺乏合作的质量控制会导致采购方对采购的物资质量控制的时间滞后，难度增加。

（3）供需双方的合作关系短暂，而且竞争多于合作

在传统的采购模式中，供应与需求之间的关系是临时性的，或者短时性的合作，而且竞争往往多于合作。由于供需双方之间的信息不对称，工作不透明，缺乏有效沟通，采购过程中各种抱怨和扯皮的事情比较多，很多时间消耗在解决日常问题上，没有更多的时间用来做长期性预测与计划工作。

（4）响应用户需求能力迟钝

由于供应与采购双方在信息的沟通方面缺乏及时的信息反馈，在市场需求发生变化的情况下，采购一方也不能改变供应一方已有的订货合同，因此采购一方在需求减少时库存增加，需求增加时出现供不应求。重新订货需要增加谈判过程，因此供需之间对用户需求的响应没有同步进行，缺乏应付需求变化的能力。

13.1.2　供应链管理环境下采购的特点

在供应链管理环境下，采购工作要做到 5 个恰当：

- 恰当的数量——实现采购的经济批量，既不积压又不会造成短缺；
- 恰当的时间——做到采购的及时性，既不提前也不滞后；
- 恰当的地点——实现最佳的物流效率，尽可能地节约采购成本；
- 恰当的价格——达到采购价格的合理性，价格过高则造成损失，价格过低质量难以保证；
- 恰当的来源——力争实现供需双方间的合作与协调，达到双赢的效果。

为达到上述 5 个恰当要求，供应链管理环境下企业的采购必须在传统采购模式基础上做出变革，主要体现在以下几方面。

（1）从为库存而采购转变为订单而采购

在传统的采购模式中，采购的目的很简单，就是为了补充库存，防止生产出现停工待料，即为库存而采购。采购部门并不关心企业的生产过程，不了解生产的进度和产品需求的变化，因此采购过程缺乏主动性，采购部门制定的采购计划很难适应制造需求的变化。在供应链管理模式下，采购活动是以订单驱动方式进行的。制造订单驱动采购订单，采购订单再驱动供应商，如图 13-1 所示。

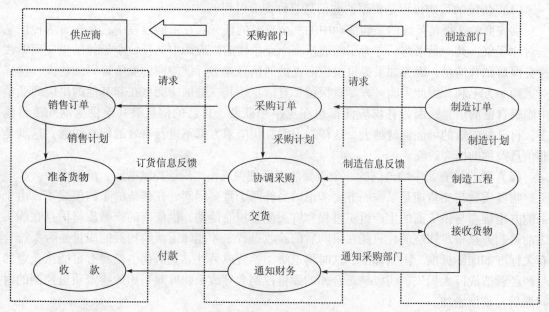

图 13-1　订单驱动的采购业务原理

订单驱动的采购方式有如下特点。

① 信息传递方式发生了变化。在供应链管理环境下，供应商能参与制造商的生产过程中，共享制造商的信息，减少信息失真。同时在供应过程中不断进行信息反馈，修正供应计划，使供应与需求保持一致。

② 签订供应合同的手续大大简化。由于供需双方建立了战略合作伙伴关系，相互信任，信息沟通及时，不再需要双方的询盘和报盘的反复协商，交易成本也因此大为降低。

③ 缩短了用户响应时间。在同步化供应链计划协调下，制造计划、采购计划和供应计划能够并行进行，从而缩短了用户响应时间，实行供应链的同步化运作。

④ 实现了面向过程的作业管理模式的转变。订单驱动的采购方式简化了采购工作流程，采购部门的作用主要是沟通供应与制造部门之间的联系，协调供应与制造的关系，为实现精细采购提供基础保障。

⑤ 降低了库存成本。采购物资直接进入制造部门，减少了物资验收、入库、保管等不增加价值的活动过程，减少了采购部门的工作压力，实现了供应链精细化运作。

（2）从采购管理转变为外部资源管理

准时化思想出现以后，对企业的物流管理提出了严峻的挑战，需要改变传统的单纯为库存而采购的管理模式，提高采购的柔性和市场响应能力，增加和供应商的信息联系和相互之间的合作。但是，在传统的采购模式中，供应商对采购部门的要求不能得到实时的响应，采购部门对产品的质量控制也只能进行事后把关，不能进行实时控制，这些缺陷使供应链企业无法实现同步化运作。为此，可采用供应链外部资源管理来加以解决。

所谓供应链外部资源管理，是指把供应商的生产制造过程看作是采购方的一个延伸部分，采购方可以"直接"参与到供应商的生产制造过程中，从而确保采购物资的质量的一种做法。外部资源管理是实现供应链管理的系统性、协调性、集成性、同步性，实现供应链企业从内部集成走向外部集成的重要一步。但要实现有效的外部资源管理，采购方的采购活动应从以下几个方面着手进行改进。

① 和供应商建立一种长期的、互惠互利的合作关系。这种合作关系保证了供需双方能够有合作的诚意和参与双方共同解决问题的积极性。

② 通过提供信息反馈和教育培训支持，在供应商之间建立质量改善和质量保证机制。传统采购管理的不足在于没有给予供应商在有关产品质量保证方面的技术支持和信息反馈。在让顾客满意，满足顾客需求的今天，产品的质量是由顾客的要求决定的，而不是简单地通过事后把关所能解决的。质量管理的工作需要下游企业提供相关质量要求的同时，应及时把供应商的产品质量问题及时反馈给供应商，以便其及时改进。对个性化的产品质量要提供有关技术培训，使供应商能够按照要求提供合格的产品和服务。

③ 参与供应商的产品设计和产品质量控制过程。同步化运营是供应链管理的一个重要思想。通过同步化的供应链计划使供应链上的各企业在响应需求方面取得一致性的行动，增加供应链的敏捷性。实现同步化运营的措施是并行工程。采购方企业应该参与供应商的产品设计和质量控制过程，共同制定有关产品质量标准等，使需求信息能很好地在供应商的业务活动中体现出来。

④ 协调供应商的计划。一个供应商有可能同时参与多条供应链的业务活动，在资源有限的情况下必然会造成多方需求争夺供应商资源的局面。在这种情况下，下游企业的采购部门应主动参与供应商的协调计划。在资源共享的前提下，保证供应链的正常供应关系，维护企业的利益。

⑤ 建立一种新的、有不同层次的供应商网络，减少供应商的数量，与供应商建立合作伙伴关系。一般而言，供应商的减少有利于双方的合作。但是，企业的产品对零部件或原材料的需求是多样的，因此，企业应该根据自己的情况选择适当数量的供应商，建立供应商网络，并逐步减少供应商的数量，致力于和少数供应商建立战略伙伴关系。

外部资源管理并不是采购一方（下游企业）的单方面努力就能取得成效的，需要供应商的配合与支持，如供应商保证高质量的售后服务服务，对下游企业的问题做出快速反应，基于用户的需求，不断改进产品和服务质量等。

（3）从一般买卖关系转变为战略协作伙伴关系

在传统的采购模式中，供应商与需求企业之间是一种简单的买卖关系，因此无法解决一些涉及全局性、战略性的供应链问题，而基于战略伙伴关系的采购方式为解决这些问题创造了条件。这些全局性、战略性的问题主要有以下几种。

① 库存问题。在传统的采购模式下，各级企业都无法共享库存信息，不可避免地产生需求信息的扭曲现象；但在供应链管理模式下，通过双方的合作伙伴关系，供应与需求双方可以共享库存数据，采购的决策过程变得透明多了，减少了需求信息的失真现象。

② 风险问题。供需双方通过战略性合作关系，可以降低由于不可预测的需求变化带来的风险，比如运输过程的风险、信用的风险、产品质量的风险等。

③ 合作伙伴关系问题。通过合作伙伴关系，双方可以为制定战略性的采购供应计划共同协商，不必为日常琐事消耗时间与精力。

④ 降低采购成本问题。通过合作伙伴关系，避免了许多不必要的手续和谈判过程，信息的共享避免了信息不对称决策可能造成的成本损失。

⑤ 战略性的伙伴关系消除了供应过程的组织障碍，为实现准时化采购创造了条件。

13.2　准时采购策略

13.2.1　准时采购的基本思想

准时采购也叫 JIT 采购法，是一种先进的采购模式，是一种管理哲理。它的基本思想是：在恰当的时间、恰当的地点、以恰当的数量、恰当的质量提供恰当的物品。它是从准时生产发展而来的，是为消除库存和不必要的浪费而进行持续性改进。要进行准时化生产必须有准时的供应，因此准时化采购是准时化生产管理模式的必然要求。它和传统的采购方法在质量控制、供需关系、供应商的数目、交货期的管理等方面有许多不同，其中关于供应商的选择（数量与关系）、质量控制是其核心内容。

准时采购包括供应商的支持与合作及制造过程、货物运输系统等一系列的内容。准时化采购不但可以减少库存，还可以加快库存周转、缩短提前期、提高购物的质量、获得满意交货等效果。

13.2.2　准时采购对供应链管理的意义

准时采购（JIT 采购）对于供应链管理思想的贯彻实施有重要的意义。从前面的论述中可以看到，供应链环境下的采购模式和传统的采购模式的不同之处，在于采用订单驱动的方式。订单驱动使供应与需求双方都围绕订单运作，也就实现了准时化、同步化运作。要实现同步化运作，采购方式就必须是并行的，当采购部门产生一个订单时，供应商即开始着手物品的准备工作。与此同时，采购部门编制详细采购计划，制造部门也进行生产的准备过程，当采购部门把详细的采购单提供给供应商时，供应商就能很快地将物资在较短的时间内交给用户。当用户需求发生改变时，制造订单又驱动采购订单发生改变，这样一种快速的改变过程，如果没有准时的采购方法，供应链企业很难适应这种多变的市场需求。因此，准时化采购增加了供应链的柔性和敏捷性。

综上所述，准时化采购策略体现了供应链管理的协调性、同步性和集成性，供应链管理需要准时化采购来保证供应链的整体同步化运作。

13.2.3　准时化采购的特点

准时化采购和传统的采购方式有许多不同之处（见表 13-1），其主要表现在如下几方面。

表 13-1　准时化采购与传统采购的区别

项　　目	准时化采购	传统采购
采购批量	小批量，送货频率高	大批量，送货频率低
供应商选择	长期合作，单源供应	短期合作. 多源供应
供应商评价	质量、交货期、价格	质量、价格、交货期
检查工作	逐渐减少，最后消除	收货、点货、质量验收
协商内容	长期合作关系、质量和合理价格	获得最低价格
运输	准时送货、买方负责安排	较低的成本、卖方负责安排
文书工作	文书工作少、需要的是有能力改变交货时间和质量	文书工作量大，改变交货期和质量的采购单多
产品说明	供应商革新、强调性能宽松要求	买方关心设计、供应商没有创新
包装	小、标准化容器包装	普通包装、没有特别说明
信息交流	快速、可靠	一般要求

（1）供应商越来越少，甚至单供应源

传统的采购模式一般是多头采购，供应商的数目相对较多。从理论上讲，采用单供应源比多供应源好，一方面，管理供应商比较方便，有利于减少库存数量，降低采购成本和库存成本；另一方面，有利于供需之间建立长期稳定的合作关系，质量上比较保证。但是，采用单源供应也有风险，比如供应商可能因意外原因中断交货，以及供应商缺乏竞争意识等。

（2）对供应商的选择标准与以往不同

在传统的采购模式中，供应商与用户的关系是短期的合作关系，当发现供应商不合适时，可以通过市场竞标的方式重新选择供应商。但在准时化采购中，供应商和用户是长期的合作关系，这时供应商的合作能力将影响企业的长期经济利益，因此对供应商的要求就比较高。在评价选择供应商时，价格不是主要的因素，质量是最重要的评估要素，这种质量不单指产品的质量，还包括工作质量、交货质量、技术质量等多方面内容，而且需要对供应商进行综合评估。

（3）对交货准时性的要求高

准时采购的一个重要特点是要求交货准时，这是实施精细生产的前提条件。交货准时取决于供应商的生产与运输条件。作为供应商来说，要使交货准时，可从以下几个方面着手。

① 不断改进企业的生产条件，提高生产的可靠性和稳定性，减少延迟交货或误点现象。作为准时化供应链管理的一部分，供应商同样应该采用准时化的生产管理模式，以提高生产过程的准时性。

② 重视运输问题。在物流管理中，运输问题是一个很重要的问题，它决定准时交货的可能性。特别是全球的供应链系统，运输过程长，而且可能要先后经过不同的运输工具，需要中转运输等，因此要进行有效的运输计划与管理，使运输过程准确无误。

（4）对信息交流的需求与以往不同

准时化采购要求供应与需求双方在生产计划、库存、质量等各方面的信息高度共享，保证供应与需求信息的准确性和实时性。

（5）制定采购批量的策略与以往不同

采购小批量是准时化采购的一个基本特征。准时化生产需要减少生产批量，直至实现"一个流生产"，因此采购的物资也应采用小批量办法。当然，小批量采购节约了采购方的库存和库存成本，节省了仓库设施的投入费用，但自然增加了供应商运输次数和成本，对供应商来说，这是很为难的事情，特别是国外供应商在远距离的情形下，实施准时化采购的难度就更大。解决的办法可以通过混合运输、代理运输等方式，或尽量使供应商靠近用户等。

准时化采购和传统采购方式有许多不同之处。

13.2.4　准时采购的原理与方法

从准时化采购法的特点和优点可以发现，在供应链中要实施准时化采购，需要具备一些条件并采用相应的方法。

1. 实施准时化采购的条件

① 选择最佳的供应商并对供应商进行有效的管理，是准时化采购成功的基石。

② 供应商与用户的紧密合作，是准时化采购成功的钥匙。

③ 卓有成效的采购过程质量控制，是准时化采购成功的保证。

2. 实施准时化采购的方法

① 创建准时化采购班组。世界一流企业的专业采购人员有三个责任，即寻找货源、商定

价格、发展与供应商的协作关系并不断改进，因此专业化的高素质采购队伍对实施准时化采购至关重要。为此，应成立两个班组，一个是专门处理供应商事务的班组，该班组的任务是认定和评估供应商的信誉、能力，或与供应商谈判签订准时化订货合同，向供应商发放免检签证等，同时要负责供应商的培训与教育；另外一个班组是专门从事消除采购过程中浪费的班组，这些班组人员对准时化采购的方法应有充分的了解和认识，必要时要进行培训。

② 制定计划，确保准时化采购策略有计划、有步骤地实施。要制定采购策略，减少供应商的数量、正确评价供应商、向供应商发放签证等内容。在这个过程中，要与供应商一起商定准时化采购的目标和有关措施，保持经常性的信息沟通。

③ 精选少数供应商，建立伙伴关系。选择供应商应从这几个方面考虑：产品质量、供货情况、应变能力、地理位置、企业规模、财务状况、技术能力、价格、与其他供应商的可替代性等。

④ 进行试点工作。先从某种产品或某条生产线试点开始，进行零部件或原材料的准时化供应试点。在试点过程中，取得企业内部各个部门的支持是很重要的，特别是生产部门的支持。通过试点，总结经验，为正式实施准时化采购打下基础。

⑤ 搞好供应商的培训，确定共同目标。准时化采购是供需双方共同的业务活动，单靠采购部门的努力是不够的，需要供应商的配合。只有供应商也对准时化采购的策略和运作方法有了认识和理解，才能获得供应商的支持和配合，因此需要对供应商进行教育培训。通过培训，大家取得一致的目标，相互之间就能够很好地协调，做好采购的准时化工作。

⑥ 向供应商颁发产品免检合格证书。准时化采购要求买方不需要对采购产品进行比较多的检验手续。要做到这一点，需要供应商做到提供百分之百的合格产品，当其做到这一要求时，即发给免检手续的免检证书。

⑦ 实现配合准时化生产的交货方式。准时化采购的最终目标是实现企业的生产准时化，为此，要实现从预测的交货方式向准时化适时交货方式的转变。

⑧ 继续改进，扩大成果。准时化采购是一个不断完善和改进的过程，需要在实施过程中不断总结经验教训，从降低运输成本、提高交货的准确性和产品的质量、降低供应商库存等各个方面进行改进，不断提高准时化采购的运作绩效。

13.3　供应商管理

供应商管理是供应链采购管理中一个很重要的问题，它在实现准时化采购中有很重要的作用。供应商管理最主要的内容是供应商的选择和供应商的关系管理。

13.3.1　供应商管理的目标及战略

供应商管理有以下目标具体：

① 获得符合企业质量和数量要求的产品或服务；

② 以最低的成本获得产品或服务；

③ 确保供应商提供最优的服务和及时的送货；

④ 发展和维持良好的供应商关系；

⑤ 开发潜在的供应商。

供应商管理有以下 3 个战略：

① 设计一种能最大限度地降低风险的合理的供应结构；

② 采用一种能使采购总成本最小的采购方法；

③ 与供应商建立一种能促使供应商不断降低成本、提高质量的长期合作关系。

13.3.2　供应商的评估和选择

供应商的选择是供应链管理中的一个重要决策，一个好的供应商是指拥有制造高质量产品的加工技术，拥有足够的生产能力，以及能够在获得利润的同时提供有竞争力的产品。同一产品在市场上的供应商数目越多，供应商的多样性更使得选择变得复杂，需要一个规范的程序来操作。

1. 供应链管理下供应商选择的步骤

（1）成立供应商评估和选择小组

供应商选择绝不是个人的事，而是一个集体的决策，需要企业各部门有关的人员共同参与、共同决定，获得各个部门的认可，包括采购部门的决策者和其他部门的决策影响者。

供应商的选择涉及企业的生产、技术、计划、财务、物流、市场部门等。对于技术要求高、重要的采购项目特别需要设立跨职能部门的供应商选择工作小组。供应商选择小组应由各部门有关人员组成，包括研究与开发部、技术支持部、采购部、物流管理部、市场部、计划部等。

（2）确定全部的供应商名单

通过供应商信息数据库，以及采购人员、销售人员或行业杂志、网站等媒介渠道了解市场上能提供所需物资的供应商。

（3）列出评估指标并确定权重

确定代表供应商服务水平的有关因素，据此提出评估指标。评估指标和权重对于不同行业和产品的供应商是不尽相同的。

（4）逐项评估每个供应商的履行能力

为了保证评估的可靠，应该对供应商进行调查。在调查时一方面听取供应商提供的情况，另一方面尽量对供应商进行实地考察。考察小组由各部门有关人员组成，技术部门进行技术考察。对企业的设备、技术人员进行分析，考虑将来质量是否能够保证，以及是否能够跟上企业所需技术的发展，满足企业变动的要求；生产部门考查生产制造系统，了解人员素质、设备配置水平、生产能力、生产稳定性等；财务部门进行财务考核，了解供应商的历史背景和发展前景，审计供应商并购、被收购的可能，了解供应商经营状况、信用状况，分析价格是否合理，以及能否获得优先权。

（5）综合评分并确定供应商

在综合考虑多方面的重要因素之后，就可以给每个供应商打出综合评分，选择合格的供应商。

2. 对供应商评估与选择的方法

对供应商的评估与选择是多对象、多因素（指标）的综合评价问题，有关此类问题的决策已经建立了几种数学模型。它们的基本思路是相似的，先对各个评估指标确定权重，权重可用数字 1～10 之间的某个数值表示，可以是小数（也可取 0～1 的某个数值，并且规定全部的权重之和为 1）；然后对每个评估指标评分，可用 1～10 之间的某个数表示（或 0～1 的数值）；再用所得分数乘以该指标的权重，进行综合处理后得到一个数值；最后根据每个供应商的总得分进行排序、比较和选择。

3. 供应商选择的评估要素

对供应商评估的最基本指标应该包括以下几项。

① 技术水平。技术水平是指供应商提供的物资技术参数是否达到要求。供应商的技术队伍是否有能力去制造或供应所需的产品？供应商是否有产品开发和改进项目能力？供应商能否帮助改进产品？这些问题都很重要。选择具有高技术水准的供应商，对企业的长远发展是有好处的。

② 产品质量。供应商提供的产品质量是否可靠，是一个很重要的评估指标。供应商的产品必须能够持续稳定地达到产品说明书的要求，供应商必须有一个良好的质量控制体系。对供应商提供的产品除了在工厂内作质量检验外，还要考虑实际使用效果，即检查在实际环境中使用的质量情况。

③ 供应能力。即供应商的生产能力，企业需要核准供应商是否具有相当的生产规模与发展潜力，这意味着供应商的制造设备必须能够在数量上达到一定的规模，能够保证供应所需数量的产品。

④ 价格。供应商应该能够提供有竞争力的价格，这并不意味着必须是最低的价格。这个价格是考虑了要求供应商按照所需的时间、数量、质量和服务后确定的。供应商还应该有能力向购买方提供改进产品成本的方案。

⑤ 地理位置。供应商的地理位置对库存量有相当大的影响，如果物资单价较高，需求量又大，距离近的供应商有利于管理。购买方总是期望靠近自己的供应商，或至少要求供应商在当地建立库存。地理位置近送货时间就短，意味着紧急缺货时可以快速送到。

⑥ 可靠性。可靠性是指供应商的信誉。选择供应商时，应该选择一家有较高声誉、经营稳定及财务状况良好的供应商；同时，双方应该相互信任，讲究信誉，并能把这种关系保持下去。

⑦ 售后服务。良好的售后服务是建立和维护供需双方的战略合作伙伴关系的关键；同时，也能使供需双方对产品质量等其他方面的信息交流提供条件。

⑧ 提前期。为了应付一些紧急缺货情况的发生，不论在传统条件下还是在供应链管理条件下，供应商的供货都应当有一个合理的提前期，而在供应链管理的环境下，这种供货的提前期大大缩短了。

⑨ 交货准确率。由于供需双方间战略伙伴关系的建立、信息沟通的及时，所以供应商供应的物资的退货率也比以往大幅度降低，交货的准确率大幅度提高。

⑩ 快速响应能力。随着信息技术在供应链管理中的应用，供应商对客户的需求信息的响应力比传统管理下的供应商的响应力要高许多倍，从而大大提高了供应商对客户需求变化的适应能力，所以供应商对客户信息的响应能力是如何评价供应商的一项重要因素。

13.3.3　供应商关系的管理

1. 供应商关系的分类

从供应商与客户间的关系特征来看，传统企业的关系表现为3种：竞争性关系、合同性关系（法律性关系）、合作性关系，而且企业间的竞争多于合作，是非合作性竞争。供应链管理下的供需关系是一种战略性合作关系，提倡一种双赢（Win-Win）机制。具体而言，供应链管理下的供需关系有短期目标型、长期目标型、渗透型、联盟型、纵向集成型。

（1）短期目标型

这种类型的最主要特征是双方之间的关系是交易关系，即买卖关系。希望能保持长期的买卖关系，获得稳定的供应，但是双方所做的努力只是在短期的交易合同上。各自关注的是如何谈判，如何提高自己的谈判技巧，处于有利位置，而不是如何改善自己的工作，使双方都获利。供应一方最多提供标准化的产品或服务，以保证每笔交易的信誉，当买卖完成时，关系也终止了。双方只有供销人员有联系，其他部门人员一般不参与双方之间的业务活动，也很少有什么业务活动。

（2）长期目标型

长期目标型的特征是建立一种合作伙伴关系，双方的工作重点是从长远利益出发，相互配合，不断改进产品质量与服务质量，共同降低成本，提高供应链的竞争力。合作的范围遍及各公司内的多个部门。例如，由于是长期合作，对供应商提出新的技术要求，而供应商目前还没有能力，在这种情况下，可以对供应商提供技术资金等方面的支持。

（3）渗透型

这种关系形式是在长期目标型基础上发展起来的。其管理思想是把对对方的关心程度又大大提高了。为了能够参与对方的活动，有时会在产权关系上采取适当的措施，如互相投资、参股等，保证双方派员加入到对方的有关业务活动。这样做的优点是可以更好地了解对方的情况，供应方可以了解自己的产品在需求方起什么作用，容易发现改进的方向；同时需求方可以知道供应方是如何制造的，也可以提出改进的要求。

（4）联盟型

联盟型是从供应链的角度提出的。它的特点是从更长的纵向链条上管理成员之间的关系，难度提高了，要求也更高。由于成员增加，往往需要一个处于供应链上核心地位的企业出面协调成员之间的关系。

（5）纵向集成型

这种形式被认为是最复杂的关系型，即把供应链上的成员整合起来，像一个企业一样，但各成员是完全独立的企业，决策权属于自己。在这种关系中，要求每个企业在充分了解供应链的目标、要求及充分掌握信息的条件下，能做出有利于供应链整体利益的决策。有关这方面的实践中案例很少。

2. 双赢供应关系的管理

（1）两种供应关系模式

传统的供需双方间的竞争关系与供应链管理下的双赢关系模式的采购特征有很大的不同。

首先，竞争关系是价格驱动的，这种关系的采购策略表现为：

① 买方同时向多个供应商购货，通过供应商之间的价格竞争获得价格好处，同时也保证供应链的连续性；

② 买方通过在供应商之间分配采购数量对供应商加以控制；

③ 买方与供应商保持的是一种短期合同关系。

其次，双赢关系模式是一种供应商和生产之间共同分享信息，通过合作和协商的相互行为：

① 制造商对供应商给予协助，帮助供应商降低成本、改进质量、加快产品开发进度；

② 通过建立相互信任的关系提高效率，降低交易或管理成本；

③ 长期的信任合作取代短期的合同；

④ 比较多的信息交流。

（2）双赢关系对准时化采购的意义

供应商与制造商的合作关系对于准时化采购的实施是非常重要的，只有建立良好的供需合作关系，准时化采购策略才能得以彻底贯彻落实，并取得预期的效果。从供应商的角度来说，如果不实施准时化采购，由于缺乏和制造商的合作，库存、交货批量都比较大，而且在质量、需求方面都无法获得有效控制。通过建立准时化采购策略，把制造商的 JIT 思想扩展到供应商，加强了供需之间的联系与合作。在开放性的动态信息交互下，面对市场需求的变化，供应商能够做出快速反应，提高了供应商的应变能力。对制造商来说，通过和供应商建立合作关系，实施准时化采购，管理水平得到提高，制造过程与产品质量得到有效的控制，成本降低了，制造的敏捷性与柔性增加了。

概括起来，双赢关系对于采购中供需双方的作用表现在：

① 增加对整个供应链业务活动的共同责任感和利益的分享；

② 增加对未来需求的可预见性和可控能力，长期的合同关系使供应计划更加稳定；

③ 成功的客户有助于供应商的成功；

④ 高质量的产品增强了供应商的竞争力；

⑤ 增加对采购业务的控制能力；

⑥ 通过长期的、有信任保证的订货合同保证了满足采购的要求；

⑦ 减少和消除了不必要的对购进产品的检查活动。

建立互惠互利的合同是巩固和发展供需合作关系的根本保证。互惠互利包括了双方的承诺、信任、持久性。信守诺言，是商业活动成功的一个重要原则；没有信任的供应商，或没有信任的采购客户都不可能产生长期的合作关系，即使建立起合作关系也是暂时的；持久性是保持合作关系的保证，没有长期的合作，双方就没有诚意做出更多的改进和付出。机会主义和短期行为对供需合作关系将产生极大的破坏作用。

3. 双赢供应关系的管理

双赢关系已经成为供应链企业之间合作的典范，因此，要在采购管理中体现供应链的思想，对供应商的管理就应集中在如何和供应商建立双赢关系及维护和保持双赢关系上。

（1）信息交流与共享机制

信息交流有助于减少投机行为，有助于促进重要生产信息的自由流动。为了加强供应商与制造商的信息交流，可以从以下几个方面着手。

① 在供应商与制造商之间经常进行有关成本、作业计划、质量控制信息的交流与沟通，保持信息的一致性和准确性。

② 实施并行工程。制造商在产品设计阶段就让供应商参与进来，这样供应商可以在原材料和零部件的性能和功能方面提供有关信息，为实施 QFD（质量功能配置）的产品开发方法创造条件，把用户的价值需求及时地转化为供应商的原材料和零部件的质量与功能要求。

③ 建立联合的任务小组，解决共同关心的问题。在供应商与制造商之间应建立一种基于团队的工作小组，双方的有关人员共同解决供应过程及制造过程中遇到的各种问题。

④ 供应商和制造商经常互访。供应商与制造商采购部门应经常性地互访，及时发现和解决各自在合作活动过程中出现的问题和困难，建立良好的合作气氛。

⑤ 使用电子数据交换（EDI）和因特网技术进行快速的数据传输。

（2）供应商的激励机制

要保持长期的双赢关系，对供应商的激励是非常重要的，没有有效的激励机制，就不可能维持良好的供应关系。在激励机制的设计上，要体现公平、一致的原则。给予供应商价格折扣和柔性合同，以及采用赠送股权等，使供应商和制造商分享成功，同时也使供应商从合作中体会到双赢机制的好处。

（3）合理的评价方法和手段

要实施供应商的激励机制，就必须对供应商的业绩进行评价，促使供应商不断改进。没有合理的评价方法，就不可能对供应商的合作效果进行评价，将大大挫伤供应商的合作积极性和合作的稳定性。对供应商的评价要抓住主要指标或问题，比如交货质量是否改善了，提前期是否缩短了，交货的准时率是否提高了等。通过评价，把结果反馈给供应商，和供应商共同探讨问题产生的根源，并采取相应的措施予以解决。

13.4 供应链管理环境下的库存管理

库存以原材料、在制品、半成品、成品的形式存在于供应链的各个环节，库存费用一般占库存物品价值的 20%～40%，因此供应链中的库存控制是十分必要的。库存决策的内容集中于：生产部署策略，例如，是采用推式生产管理还是拉式生产管理；库存控制策略，如各库存点的最佳订货量、最佳再订货点、安全库存水平的确定等。

绝大多数制造业供应链是由制造和分销网络组织的，通过原材料的输入转化为中间和最终产品，并把它分销给用户。最简单供应链网络只有一个节点（单一企业）：同时担负制造和分销功能。在复杂的供应链网络中，不同的管理者担负不同的管理任务。不同的供应链节点企业的库存，包括输入的原材料和最终的产品，都有复杂的关系。供应链的库存管理不是简单的需求预测与补给，而是要通过库存管理获得用户服务与利润的优化。其主要内容包括采用先进的商业建模技术来评价库存策略、提前期和运输变化的准确效果；决定经济订货量时考虑供应链企业各方面的影响，在充分了解库存状态的前提下确定适当的服务水平。

13.4.1 供应链管理环境下的库存问题

供应链环境下的库存问题和传统的企业库存问题有许多不同之处，这些不同点体现出供应链管理思想对库存的影响。传统的企业库存管理侧重于优化单一的库存成本，从储存成本和订货成本出发确定经济订货量和订货点。从单一的库存角度看，这种库存管理方法有一定的适用性，但是从供应链整体的角度看，单一企业库存管理的方法显然是不够的。

目前供应链管理下的库存控制存在的主要问题有三大类：信息类问题、供应链的运作问题、供应链的战略与规划问题。这些问题可综合成以下几个方面的内容。

（1）没有供应链的整体观念

虽然供应链的整体绩效取决于供应链各个节点的绩效，但是各个部门都是各自独立的单元，都有各自独立的目标与使命。有些目标和供应链的整体目标是不相干的，更有可能是冲突的。因此，这种各行其道的山头主义行为必然导致供应链的整体效率的低下。

一般的供应链系统都没有针对全局供应链的绩效评价指标，有些企业采用库存周转率作为供应链库存管理的绩效评价指标，但是没有考虑对用户的反应时间与服务水平，用户满意应该成为供应链库存管理的一项重要指标。

（2）对用户服务的理解与定义不恰当

供应链管理的绩效好坏应该由用户来评价，或者用对用户的反应能力来评价。但是，对用户的服务的理解与定义各不相同，导致对用户服务水平的差异。许多企业采用订货满足率来评估用户服务水平，这是一种比较好的用户服务考核指标。但是用户满足率本身并不保证运作问题，比如一家计算机工作站的制造商要满足一份包含多产品的订单要求，产品来自各供应商，用户要求一次性交货，制造商要把各个供应商的产品都到齐后才一次性装运给用户。这时，用总的用户满足率来评价制造商的用户服务水平是恰当的，但是，这种评价指标并不能帮助制造商发现是哪家供应商的交货迟了或早了。

传统的订货满足率评价指标也不能评价订货的延迟水平。两家同样只有90%的订货满足率的供应链，在如何迅速补给余下的10%订货方面差别是很大的。其他的服务指标也常常被忽视了，如总订货周转时间、平均回头订货、平均延迟时间、提前或延迟交货时间等。

（3）不准确的交货状态数据

当顾客下订单时，总是想知道什么时候能交货。在等待交货过程中，也可能会对订单交货状态进行修改，特别是当交货被延迟以后。这并不否定一次性交货的重要性，但必须看到，许多企业并没有及时而准确地把推迟的订单交货的修改数据提供给用户，其结果是用户的不满和良好愿望的损失。

（4）低效率的信息传递系统

在供应链中，各个供应链节点企业之间的需求预测、库存状态、生产计划等都是供应链管理的重要数据，这些数据分布在不同的供应链组织之间，要做到有效地快速响应用户需求，必须实时地传递，为此必须通过系统集成的办法，使供应链中的库存数据能够实时、快速地传递。但是目前许多企业的信息系统并没有很好地集成起来，当供应商需要了解用户的需求信息时，常常得到的是延迟的信息和不准确的信息。由于延迟引起误差和影响库存量的精确度，短期生产计划的实施也会遇到困难。

（5）忽视不确定性对库存的影响

供应链运作中存在诸如订货提前期、货物运输状况、原材料的质量、生产过程的时间、需求的变化等诸多不确定性因素。为减少不确定性对供应链的影响，应了解不确定性的来源和影响程度。但很多公司并没有认真研究和跟踪其不确定性的来源和影响，错误估计供应链中物料的流动时间（提前期），造成有的物品库存增加，而有的物品库存不足的现象。

（6）库存控制策略简单化

库存控制的目的都是为了保证供应链运行的连续性和应付不确定需求。了解和跟踪不确定性状态的因素并制定相应的库存控制策略，这是一个动态的过程。

许多公司对所有的物品采用统一的库存控制策略，物品的分类没有反映供应与需求中的不确定性。在传统的库存控制策略中，多数是面向单一企业的，采用的信息基本上来自企业内部，其库存控制没有体现供应链管理的思想。因此，如何建立有效的库存控制方法，并能体现供应链管理的思想，是供应链库存管理的重要内容。

（7）缺乏合作与协调性

供应链是一个整体，需要协调各方活动，才能取得最佳的运作效果。协调的目的是让满足一定服务质量要求的信息无缝地、流畅地在供应链中传递，从而使整个供应链能够根据用户的要求步调一致，形成更为合理的供需关系，适应复杂多变的市场。但供应链的各个节点企业都有不同的目标、绩效评价尺度，不同的仓库，也不愿意去帮助其他部门共享资源，组织之间存在的障碍有可能使库存控制变得更为困难。在分布式的组织体系中，组织之间的障碍对库存集中控制的阻力更大。

要进行有效的合作与协调，组织之间需要一种有效的激励机制。在企业内部一般有各种各样的激励机制加强部门之间的合作与协调，但是当涉及企业之间的激励时，困难就大得多。问题还不止如此，信任风险的存在更加深了问题的严重性，相互之间缺乏有效的监督机制和激励机制是供应链企业之间合作性不稳固的原因。

（8）产品的过程设计没有考虑供应链上库存的影响

现代产品设计与先进制造技术的出现，使产品的生产效率大幅度提高，而且具有较高的成本效益，但是供应链库存的复杂性常常被忽视了。结果所有节省下来的成本都被供应链上的分销与库存成本给抵消了。同样，在引进新产品时，如果不进行供应链的规划，也会产生如运输时间过长、库存成本高等原因而无法获得成功。

另一方面，在供应链的结构设计中，同样需要考虑库存的影响。要在一条供应链中增加或关闭一个工厂或分销中心，一般是先考虑固定成本与相关的物流成本，至于网络变化对运作的影响，如库存投资、订单的响应时间等常常是第二位的，但这些因素对供应链的影响是不可低估的。

13.4.2　供应链中的需求变异放大原理与库存波动

"需求变异加速放大原理"是美国著名的供应链管理专家 Hau L. Lee 教授对需求信息扭曲在供应链中传递的一种形象描述。其基本思想是：当供应链的各节点企业只根据来自其相邻的下级企业的需求信息进行生产或供应决策时，需求信息的不真实性会沿着供应链逆流而上，产生逐级放大的现象，达到最源头的供应商时，其获得的需求信息和实际消费市场中的顾客需求信息发生了很大的偏差，需求变异系数比分销商和零售商的需求变异系数大得多。由于这种需求放大效应的影响，上游供应商往往维持比下游供应商更高的库存水平。这种现象反映出供应链上需求的不同步现象，它说明供应链库存管理中的一个普遍现象："看到的是非实际的"。图 13-2 显示了"需求放大效应"的原理和需求变异加速放大过程。

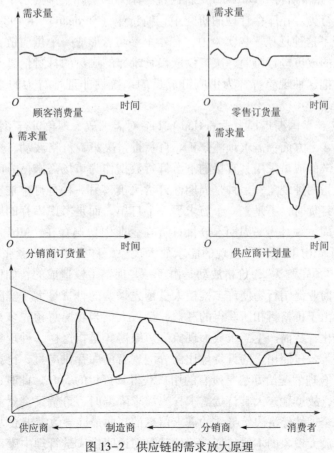

图 13-2　供应链的需求放大原理

宝洁公司最先发现需求放大效应。宝洁公司在一次考察该公司最畅销的产品——一次性尿布的订货规律时，发现零售商销售的波动性并不大，但他们考察分销中心向宝洁公司的订货时，吃惊地发现波动性明显增大了，有趣的是，他们进一步考察宝洁公司向其供应商，如3M 公司的订货时，他们发现其订货的变化更大。除了宝洁公司，其他公司（如惠普公司）在考察其打印机的销售状况时也曾发现这个现象。

需求放大效应是需求信息扭曲的结果，图 13-3 显示了一个销售商实际的销售量和订货量的差异，实际的销售量与订货量不同步。在供应链中，每一个供应链的节点企业的信息都有一个信息的扭曲，这样逐级而上，即产生信息扭曲的放大。

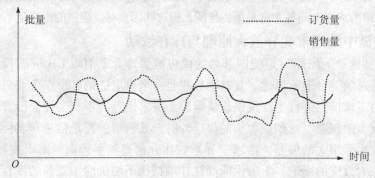

图 13-3 实际需求与订货的差异

早在 1961 年，弗雷斯特（Forrester）就通过一系列的实际案例揭示了这种工业组织的动态特性和时间变化行为。在库存管理的研究中，斯特曼（Sterman）在 1989 年通过一个"啤酒分销游戏"验证了这种现象。在实验中，有 4 个参与者形成一个供应链，各自独立进行库存决策而不和其他的成员进行协商，决策仅依赖其毗邻的成员的订货信息并将其作为唯一的信息来源。斯特曼把这种现象解释为供应链成员的系统性非理性行为的结果，或"反馈误解"。

1994 年、1997 年美国斯坦福大学的 Hau L. Lee 对需求放大现象进行了深入的研究，把其产生的原因归纳为 4 个方面：需求预测修正、订货批量决策，价格波动、短缺博弈。需求预测修正是指当供应链的成员采用其直接的下游订货数据作为市场需求信号时，即产生需求放大。订货批量决策指两种现象，一种是周期性订货决策，另一种是订单推动。周期性订货是指当公司向供应商订货时，不是来一个需求下一个订单，而是考虑库存的原因，采用周期性分批订货，比如一周、一月为一周期。分批订货在企业中普遍存在，MRP 系统是分批订货，DRP 也是如此。用 MRP 批量订货出现的需求放大现象，称为"MRP 紧张"。价格波动反映了一种商业行为："预先购买"，价格波动是由于一些促销手段造成的，如价格折扣、数量折扣、赠票等。这种商业促销行为使许多推销人员预先采购的订货量大于实际的需求量。因为如果库存成本小于由于价格折扣所获得的利益，销售人员当然愿意预先多买，这样订货没有真实反映需求的变化，从而产生需求放大现象。短缺博弈是指这样一种现象：当需求大于供应量时，理性的决策是按照用户的订货量比例分配现有的库存供应量，比如，总的供应量只有订货量的 50%，合理的配给办法是所有的用户获得其订货的 50%。此时，用户就为了获得更大份额的配给量，故意地夸大其订货需求，当需求降温时，订货又突然消失。这种由于个体参与的组织的完全理性经济决策导致的需求信息的扭曲最终导致需求放大。

这里解释需求放大现象的本质特征，目的就是想说明供应链管理中库存波动的渊源和库存管理的新特点。采用传统的库存管理模式不可能解决诸如需求放大现象这样一些新的库存问题。因此探讨新的适应供应链管理的库存管理新模式对供应链管理思想能否很好实施起着关键作用。

13.4.3　供应链中的不确定性与库存

1. 供应链中的不确定性

从需求放大现象中可以看到，供应链的库存与供应链的不确定性有着很密切的关系。从供应链整体的角度看，供应链上的库存无非有两种，一种是生产制造过程中的库存，一种是物流过程中的库存。库存存在的客观原因是为了应付各种各样的不确定性，保持供应链系统的正常性和稳定性，但是另一方面，库存也同时产生和掩盖管理中的问题。

供应链上的不确定性表现形式有两种，一种是衔接不确定性。企业之间（或部门之间）的不确定性，可以说是供应链的衔接不确定性，这种衔接的不确定性主要表现在合作性上，为了消除衔接不确定性，需要增加企业之间或部门之间的合作。另一种不确定性是运作不确定性。系统运行不稳定是组织内部缺乏有效的控制机制所致，控制失效是组织管理不稳定和不确定性的根源。为了消除运行中的不确定性需要增加组织的控制，提高系统的可靠性。

供应链的不确定性的来源主要有 3 个方面：供应商不确定性、生产者不确定性、顾客不确定性。不同原因造成的不确定性的表现形式各不相同。

供应商的不确定性表现在提前期的不确定性、订货量的不确定性等。

生产者不确定性主要缘于制造商本身的生产系统的可靠性、机器的故障、计划执行的偏差等。造成生产者生产过程中在制品的库存的原因也表现在其对需求的处理方式上。生产计划是一种根据当前的生产系统的状态和未来情况做出的对生产过程的模拟，用计划的形式表达模拟的结果，用计划来驱动生产的管理方法。但是生产过程的复杂性使生产计划并不能精确地反映企业的实际生产条件和预测生产环境的改变，不可避免地造成计划与实际执行的偏差。生产控制的有效措施能够对生产的偏差给以一定的修补，但是生产控制必须建立在对生产信息的实时采集与处理上，使信息及时、准确、快速地转化为生产控制的有效信息。

顾客不确定性原因主要有需求预测的偏差、购买力的波动、从众心理和个性特征等。通常的需求预测的方法都有一定的模式或假设条件，假设需求按照一定的规律运行或表现一定的规律特征，但是任何需求预测方法都存在这样或那样的缺陷而无法确切地预测需求的波动和顾客心理性反应。在供应链中，不同的节点企业相互之间的需求预测的偏差进一步加剧了供应链的放大效应及信息的扭曲。

本质上讲，供应链上的不确定性，不管其来源出自哪方面，根本上讲是 3 个方面的原因造成的。

① 需求预测水平造成的不确定性。预测水平与预测时间的长度有关，预测时间长，预测精度则差。另外，还有预测的方法对预测的影响。

② 决策信息的可获得性、透明性、可靠性。信息的准确性对预测同样造成影响，下游企业与顾客接触的机会多，可获的有用信息多；远离顾客需求，信息的可获性及准确性差，因而预测的可靠性差。

③ 决策过程的影响，特别是决策人心理的影响。需求计划的取舍与修订，对信息的要求与共享，无不反映个人的心理偏好。

2. 供应链的不确定性与库存的关系

（1）衔接不确定性对库存的影响

传统的供应链的衔接不确定性普遍存在，集中表现在企业之间的独立信息体系（信息孤岛）现象。为了竞争，企业总是为了各自的利益而进行资源的自我封闭（包括物质资源和信息资源），企业之间的合作仅仅是贸易上的短时性合作，人为地增加了企业之间的信息壁垒和沟通的障碍，企业不得不为应付不测而建立库存，库存的存在实际就是信息的堵塞与封闭的结果。虽然企业各个部门和企业之间都有信息的交流与沟通，但这远远不够。企业的信息交流更多的是在企业内部而非企业之间进行交流。信息共享程度差是传统的供应链不确定性增加的一个主要原因。

传统的供应链中信息是逐级传递的，即上游供应链企业依据下游供应链企业的需求信息做生产或供应的决策。在集成的供应链系统中，每个供应链企业都能够共享顾客的需求信息，信息不再是线性的传递过程而是网络的传递过程和多信息源的反馈过程。建立合作伙伴关系的新型的企业合作模式，以及跨组织的信息系统为供应链的各个合作企业提供了共同的需求信息，有利于推动企业之间的信息交流与沟通。企业有了确定的需求信息，在制定生产计划时，就可以减少为了吸收需求波动而设立的库存，使生产计划更加精确、可行。对于下游企业而言，合作性伙伴的供应链或供应链联盟的关系可为企业提供综合的、稳定的供应信息，无论上游企业能否按期交货，下游企业都能预先得到相关信息而采取相应的措施，这样企业无需过多设立库存。

（2）运作不确定性对库存的影响

供应链企业之间的衔接不确定性通过建立战略伙伴关系的供应链联盟或供应链协作体而得以消减，同样，这种合作关系可以消除运作不确定性对库存的影响。当企业之间的合作关系得以改善时，企业之间的衔接不确定性因素减少时，企业的内部生产管理得以大大改善，生产系统的控制才能达到实时、准确，也只有在供应链的条件下，企业才能获得对生产系统有效控制的有利条件，消除生产过程中不必要的库存现象。

在传统的企业生产决策过程中，供应商或分销商的信息是生产决策的外生变量，因而其无法预见到外在需求或供应的变化信息，至少是延迟的信息；同时，库存管理的策略也是考虑独立的库存点而不是采用共享的信息，因而库存成了维系生产正常运行的必要条件。当生产系统形成网络时，不确定性就像疫病一样在生产网络中传播，几乎所有的生产者都希望拥有库存来应付生产系统内外的不测变化，因为无法预测不确定性的大小和影响程度，人们只好按照保守的方法设立库存来对付不确定性。

在不确定性较大的情形下，为了维护一定的用户服务水平，企业也常常维持一定的库存，以提高服务水平。在不确定性存在的情况下，高服务水平必然带来高库存水平。

通过分析不确定性对库存的影响可以知道：为了减少企业的库存水平，需要增加企业之间的信息交流与共享，减少不确定性因素对库存的影响，增加库存决策信息的透明性和可靠性、实时性。所有这些，需要企业之间的协调。

供应链管理模式下的库存管理的最高理想是实现供应链企业的无缝连接，消除供应链企业之间的高库存现象。

13.4.4 供应链管理下库存控制的目标

供应链管理下的库存控制，是在动态中达到最优化的目标，在满足顾客服务要求的前提下，力求尽可能地降低库存，提高供应链的整体效益。具体而言，库存控制的目标有以下5个方面。

① 库存成本最低。这是企业需要通过降低库存成本以降低成本、增加赢利和增强竞争力

所选择的目标。

②库存保证程度最高。企业有很多的销售机会，相比之下压低库存意义不大，这就特别强调库存对其他经营生产活动的保证，而不强调库存本身的效益。企业通过增加生产以扩大经营时，往往选择这种控制目标。

③不允许缺货。企业由于技术、工艺条件决定不允许停产，则必须以不缺货为控制目标，才能起到不停产的保证作用。企业某些重大合同必须以供货为保证，否则会受到巨额赔偿的惩罚时，可制定不允许缺货的控制目标。

④限定资金。企业必须在限定资金预算前提下实现供应。这就需要以此为前提进行库存的一系列控制。

⑤快捷。库存控制不依本身经济性来确定目标，而依靠大的竞争环境系统要求确定目标，这常常出现以最快速度实现进出货为目标来控制库存。

为了实现最佳库存控制目标，需要协调和整合各个部门的活动，使每个部门不是以有效实现本部门的功能为目标，要以实现企业的整体效益为目标。高的顾客满足度和低的库存投资似乎是一对相冲突的目标，过去曾经认为这对目标不可能同时实现。现在，通过供应链管理下创新的物流管理技术，同时伴随改进企业内部管理，企业已完全能够实现这一目标。

13.5　供应链管理环境下的库存管理策略

为了适应供应链管理的要求，供应链的库存管理方法必须作相应的改变，本节将引用国内外企业实践经验及研究成果，介绍几种先进的供应链库存管理技术与方法，包括 VMI 管理系统、联合库存管理、多级库存优化等。

13.5.1　VMI 管理系统

在供应链管理环境下，要求供应链的各个环节企业的活动同步进行。但是长期以来，流通中的库存是各自为政的。流通环节中的每一个部门都是各自管理自己的库存，零售商、批发商、供应商都有各自的库存，各个供应链环节都有自己的库存控制策略，由此不可避免地产生需求的扭曲现象，无法使供应商快速地响应用户的需求，也因此无法满足供应链上各个环节企业活动同步进行这一要求。近年来，在国外出现了一种新的供应链库存管理方法——供应商管理用户库存（Vendor Managed Inventory，VMI），这种库存管理策略打破了传统的各自为政的库存管理模式，体现了供应链的集成化管理思想，适应市场变化的要求，是一种新的有代表性库存管理思想。

1. VMI 的基本思想

传统的库存是由库存拥有者管理的。因为无法确切知道用户需求与供应的匹配状态，所以需要库存，库存设置与管理是由同一组织完成的。这种库存管理模式并不总是有最优的。例如，一个供应商用库存来应付不可预测的或某一用户不稳定的（这里的用户不是指最终用户，而是分销商或批发商）需求，用户也设立库存来应付不稳定的内部需求或供应链的不确定性。由于供应链的各个不同组织根据各自的需要独立运作，导致重复建立库存，整个供应链系统的库存会随着供应链长度的增加而发生需求扭曲，因而无法达到供应链整体成本最低。

VMI 库存管理系统能够突破传统的条块分割的库存管理模式，以系统的、集成的管理思想进行库存管理，使供应链系统能够获得同步化的运作。

VMI 的定义，国外有学者认为："VMI 是一种在用户和供应商之间的合作性策略，以对双方来说都是最低的成本优化产品的可获性，在一个相互同意的目标框架下由供应商管理库存，这样的目标框架被经常性监督和修正，以产生一种连续改进的环境。"

VMI 也有其他的不同定义，但归纳起来，该策略的关键措施主要体现在如下几个原则之中。

① 合作性原则。在实施该策略时，相互信任与信息透明是很重要的，供应商和用户（零售商）都要有较好的合作精神，才能够相互保持较好的合作。

② 互惠双赢原则。VMI 不是关于成本如何分配或谁来支付的问题，而是关于减少成本的问题。通过该策略使双方的成本都获得减少。

③ 目标一致性原则。双方都明白各自的责任，观念上达成一致的目标。如库存放在哪里，什么时候支付，是否要管理费，要花费多少等问题都要回答，并且体现在框架协议中。

④ 连续改进原则。使供需双方能共享利益和消除浪费。

VMI 的主要思想是供应商在用户的允许下设立库存，确定库存水平和补给策略，拥有库存控制权。

精心设计与开发的 VMI 系统，不仅可以降低供应链的库存水平，降低成本，而且用户还可获得高水平的服务，改善资金流，与供应商共享需求变化的透明性和获得更高的用户信任度。

2. VMI 的实施方法

实施 VMI 策略，首先要改变订单的处理方式，建立基于标准的托付订单处理模式。首先，供应商和批发商一起确定供应商的订单业务处理过程所需要的信息和库存控制参数，然后建立一种订单的处理标准模式，如 EDI 标准报文，最后把订货、交货和票据处理各个业务功能集成在供应商一边。

库存状态透明性（对供应商）是实施供应商管理用户库存的关键。供应商能够随时跟踪和检查到销售商的库存状态，从而快速地响应市场的需求变化，对企业的生产（供应）状态做出相应的调整。为此需要建立一种能够使供应商和用户（分销、批发商）的库存信息系统透明连接的方法。

供应商管理库存的策略可以分如下几个步骤实施。

第一，建立顾客情报信息系统。要有效地管理销售库存，供应商必须能够获得顾客的有关信息。通过建立顾客的信息库，供应商能够掌握需求变化的有关情况，把由批发商（分销商）进行的需求预测与分析功能集成到供应商的系统中来。

第二，建立销售网络管理系统。供应商要很好地管理库存，必须建立起完善的销售网络管理系统，保证自己的产品需求信息及物流畅通。为此，必须：保证自己产品条码的可读性和唯一性；解决产品分类、编码的标准化问题；解决商品储存运输过程中的识别问题。

目前已有许多企业开始采用 MRP II 或 ERP 企业资源计划系统，这些软件系统都集成了销售管理的功能。通过对这些功能的扩展，可以建立完善的销售网络管理系统。

第三，建立供应商与分销商（批发商）的合作框架协议。供应商和销售商（批发商）一起通过协商，确定处理订单的业务流程及控制库存的有关参数（如再订货点、最低库存水平等）、库存信息的传递方式（如 EDI 或 Internet）等。

第四，组织机构的变革。组织机构的变革很重要，因为 VMI 策略改变了供应商的组织模式。过去一般由会计经理处理与用户有关的事情，引入 VMI 策略后，在订货部门产生了一个新的职能，负责用户库存的控制、库存补给和服务水平。

一般来说，在以下的情况下适合实施 VMI 策略：零售商或批发商没有 IT 系统或基础设施来有效管理他们的库存；制造商实力雄厚并且比零售商市场信息量大；有较高的直接储存交货水平，因而制造商能够有效规划运输。

3. VMI 的支持技术

VMI 的支持技术主要包括 ID 代码、EDI/Internet、条码、条码应用标识符、连续补给程序等。

（1）ID 代码

供应商要有效地管理用户的库存，必须对用户的商品进行正确识别，为此对供应链商品进行编码，通过获得商品的标识（ID）代码并与供应商的产品数据库相连，以实现对用户商品的正确识别。目前国外企业已建立了应用于供应链的 ID 代码的类标准系统，如 EAN-13（UPC-12）、EAN-14（SCC-14）、SSCC-18 及位置码等，我国也建立了有关于物资分类编码的国家标准。

供应商应尽量使自己的产品按国际标准进行编码，以便在用户库存中对本企业的产品进行快速跟踪和分拣。因为用户（批发商、分销商）的商品有多种多样，有来自不同的供应商的同类产品，也有来自同一供应商的不同产品。实现 ID 代码标准化，有利于采用 EDI 系统进行数据交换与传送，提高了供应商对库存管理的效率。目前国际上通行的商品代码标准是国际物品编码协会（EAN）和美国统一代码委员会（UCC）共同编制的全球通用的 ID 代码标准。

（2）EDI/Internet

EDI 是一种在处理商业或行政事务时，按照一个公认的标准，形成结构化的事务处理或信息数据格式，完成计算机到计算机的数据传输。下面主要介绍 EDI 如何应用到 VMI 方法体系中，如何实现供应商对用户的库存管理。

为了能够实现供应商对用户的库存进行实时地测量，供应商必须每天都能了解用户的库存补给状态。因此采用基于 EDIFACT 标准的库存报告清单能够提高供应链的运作效率，每天的库存水平（或定期的库存检查报告）、最低的库存补给量都能自动地生成，这样大大提高了供应商对库存的监控效率。

分销商（批发商）的库存状态也可以通过 EDI 报文的方式通知供应商。

在 VMI 管理系统中，供应商一方有关装运与发票等工作都不需要特殊的安排，主要的数据是顾客需求的物料信息记录、订货点水平和最小交货量等，需求一方（分销商、批发商）唯一需要做的是能够接受 EDI 订单确认或配送建议，以及利用该系统发放采购订单。

（3）条码

条码是 ID 代码的一种符号，是对 ID 代码进行自动识别且将数据自动输入计算机的方法和手段，条码技术的应用解决了数据录入与数据采集的"瓶颈"，为供应商管理用户库存提供了有力支持。表 13-2 为 ID 代码与条码的对应关系。

表 13-2 ID 代码与条码的对应关系

代码	国际条码标准	国家条码标准
EAN-13（UCC-12）	EAN-13	《商品条码》GB12904
EAN-14（SCC-14）	ITF-14	《储运单元条码》GB16830
	EAN/UCC-128	《贸易单元 128 条码》GB15425
SSCC-18	EAN/UCC-128	《贸易单元 128 条码》GB15425
条码应用标识符	EAN/UCC-128	《贸易单元 128 条码》GB15425

条码是目前国际上供应链管理中普遍采用的一种技术手段。条码技术对提高库存管理的效率是非常显著的，是实现库存管理的电子化的重要工具手段，它使供应商对产品的库存控制一直可以延伸到和销售商的 POS 系统进行连接，实现用户库存的供应链网络化控制。为了有效实施 VMI 管理系统，应该尽可能地使供应商的产品条码化。

（4）连续补给程序

连续补给程序策略将零售商向供应商发出订单的传统订货方法，变为供应商根据用户库存和销售信息决定商品的补给数量。这是一种实现 VMI 管理策略的有力工具和手段。为了快速响应用户"降低库存"的要求，供应商通过和用户（分销商、批发商或零售商）建立合作伙伴关系，主动提高向用户交货的频率，使供应商从过去单纯地执行用户的采购订单变为主动为用户分担补充库存的责任，在加快供应商响应用户需求速度的同时，也使用户方减少了库存水平。

13.5.2　联合库存管理

1. 基本思想

VMI 是一种供应链集成化运作的决策代理模式，它把用户的库存决策权代理给供应商，由供应商代理分销商或批发商行使库存决策的权力。联合库存管理则是一种风险分担的库存管理模式。

联合库存管理的思想可以从分销中心的联合库存功能谈起。地区分销中心体现了一种简单的联合库存管理思想。传统的分销模式是分销商根据市场需求直接向工厂订货，比如汽车分销商（或批发商），根据用户对车型、款式、颜色、价格等的不同需求，向汽车制造厂订的货，需要经过一段较长时间才能达到，因为顾客不想等待这么久的时间，因此各个推销商不得不进行库存备货，这样大量的库存使推销商难以承受，以至于破产。据估计，在美国，通用汽车公司销售 500 万辆轿车和卡车，平均价格是 18 500 美元，推销商维持 60 天的库存，库存费是车价值的 22%，一年总的库存费用达到 3.4 亿美元，而采用地区分销中心，就大大减缓了库存浪费的现象。图 13-4 为传统的分销模式，每个销售商直接向了厂订货，每个销售商都有自己的库存；而图 13-5 为采用分销中心后的销售方式，各个销售商只需要少量的库存，大量的库存由地区分销中心储备，也就是各个销售商把其库存的一部分交给地区分销中心负责，从而减轻了各个销售商的库存压力。分销中心就起到了联合库存管理的功能，分销中心既是一个商品的联合库存中心，同时也是需求信息的交流与传递枢纽。

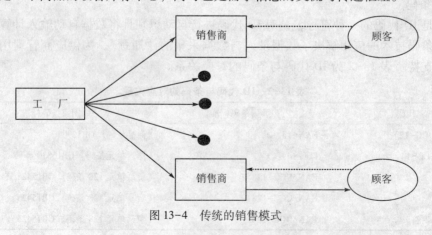

图 13-4　传统的销售模式

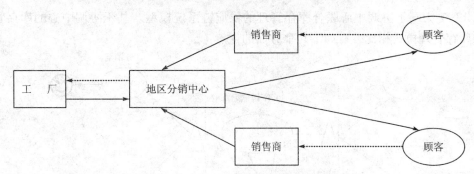

图 13-5 有地区分销中心的销售模式

从分销中心的功能得到启发，我们对现有的供应链库存管理模式进行了新的拓展和重构，提出了联合库存管理新模式——基于协调中心的联合库存管理系统。

近年来，在供应链企业之间的合作关系中，更加强调双方的互利合作关系，联合库存管理就体现了战略供应商联盟的新型企业合作关系。

传统的库存管理，把库存分为独立需求和相关需求两种库存模式来进行管理。相关性需求库存问题应用物料需求计划（MRP）处理，独立性需求库存问题采用订货点办法处理。一般来说，产成品库存管理为独立性需求库存问题，而在制品和零部件及原材料的库存控制问题为相关性需求库存问题。如图 13-6 所示为传统的供应链活动过程模型，在整个供应链过程中，从供应商、制造商到分销商，各个供应链节点企业都有自己的库存。供应商作为独立的企业，其库存（即其产品库存）为独立需求库存。制造商的材料、半成品库存为相关性需求库存，而产品库存为独立的需求库存。分销商为了应付顾客需求的不确定性也需要库存，其库存也为独立性需求库存。

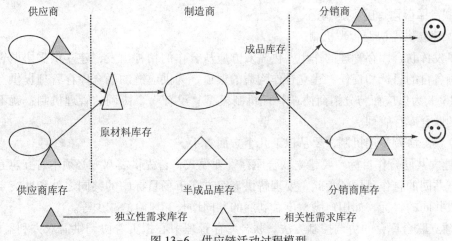

图 13-6 供应链活动过程模型

联合库存管理是解决供应链系统中由于各节点企业的相互独立库存运作模式导致的需求放大现象，提高供应链的同步化程度的一种有效方法。联合库存管理强调双方同时参与，共同制定库存计划，使供应链过程中的每个库存管理者（供应商、制造商、分销商）都从相互之间的协调性考虑，保持供应链相邻的两个节点之间的库存管理者对需求的预期保持一致，从而消除了需求变异放大现象。任何相邻节点需求的确定都是供需双方协调的结果，库存管理不再是各自为政的独立运作过程，而是供需连接的纽带和协调中心。

图 13-7 为基于协调中心联合库存管理的供应链系统模型。基于协调中心的库存管理和传统的库存管理模式相比，有如下几个方面的优点：

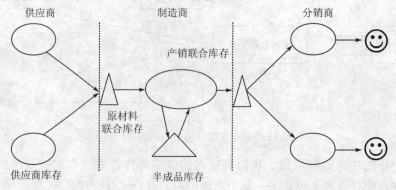

图 13-7　基于协调中心联合库存管理的供应链系统模型

① 为实现供应链的同步化运作提供了条件和保证；

② 减少了供应链的需求扭曲现象，降低了库存的不确定性，提高了供应链的稳定性；

③ 库存作为供需双方的信息交流和协调的纽带，可以暴露供应链管理中的缺陷，为改进供应链管理水平提供依据；

④ 为实现零库存管理、准时采购及精细供应链管理创造了条件；

⑤ 进一步体现了供应链管理的资源共享和风险分担的原则。

联合库存管理系统把供应链系统管理进一步集成为上游和下游两个协调管理中心，从而部分消除了由于供应链环节之间的不确定性和需求信息扭曲现象导致的供应链的库存波动。通过协调管理中心，供需双方共享需求信息，因而起到了提高供应链的运作稳定性作用。

2. 联合库存管理的实施策略

（1）建立供需协调管理机制

为了发挥联合库存管理的作用，供需双方应从合作的精神出发，建立供需协调管理的机制，明确各自的目标和责任，建立合作沟通的渠道，为供应链的联合库存管理提供有效的机制。图 13-8 为供应商与分销商协调管理机制模型。没有一个协调的管理机制，就不可能进行有效的联合库存管理。

建立供需协调管理机制，要从以下几个方面着手。

① 建立共同合作目标。要建立联合库存管理模式，首先供需双方必须本着互惠互利的原则，建立共同的合作目标。为此，要理解供需双方在市场目标中的共同之处和冲突点，通过协商形成共同的目标，如用户满意度、利润的共同增长和风险的减少等。

② 建立联合库存的协调控制方法。联合库存管理中心担负着协调供需双方利益的角色，起协调控制器的作用。因此，需要对库存优化的方法进行明确确定。这些内容包括库存如何在多个需求商之间调节与分配，库存的最大量和最低库存水平、安全库存的确定，需求的预测等。

③ 建立一种信息沟通的渠道或系统。为了提高整个供应链的需求信息的一致性和稳定性，减少由于多重预测导致的需求信息扭曲，应增加供应链中各方对需求信息获得的及时性和透明性。为此，应建立一种信息沟通的渠道或系统，以保证需求信息在供应链中的畅通和准确性。要将条码技术、扫描技术、POS 系统和 EDI 集成起来，并且要充分利用因特网的优

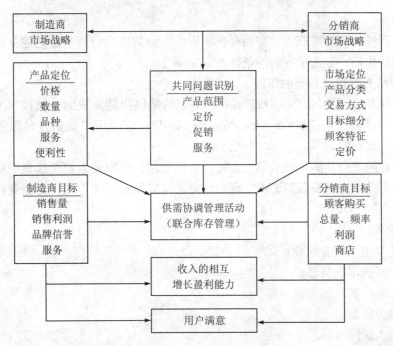

图 13-8 供应商与分销商的协调管理机制

势，在供需双方之间建立一个畅通的信息沟通桥梁和联系纽带。

④ 建立利益的分配、激励机制。要有效运行基于协调中心的库存管理，必须建立一种公平的利益分配制度，并对参与协调库存管理中心的各个企业（供应商、制造商、分销商或批发商）进行有效的激励，防止机会主义行为，增加协作性和协调性。

（2）发挥两种资源计划系统的作用

为了发挥联合库存管理的作用，在供应链库存管理中应充分利用目前比较成熟的两种资源管理系统：制造资源计划系统（MRP II）和物资资源配送计划（DRP）。原材料库存协调管理中心应采用 MRP II，而在产品联合库存协调管理中心则应采用 DRP。这样在供应链系统中就能够把两种资源计划系统很好地结合起来。

（3）建立快速响应系统

快速响应系统是在 20 世纪 80 年代末由美国服装行业发展起来的一种供应链管理策略，目的在于减少供应链中从原材料到用户过程的时间和库存，最大限度地提高供应链的运作效率。

快速响应系统在美国等西方国家的供应链管理中被认为是一种有效的管理策略，经历了三个发展阶段。第一阶段为商品条码化，通过对商品的标准化识别处理，加快订单的传输速度；第二阶段是内部业务处理的自动化，应用自动补库及 EDI 数据交换系统，提高业务自动化水平；第三阶段是采用更有效的企业间的合作，消除供应链组织之间的障碍，提高供应链的整体效率，如通过供需双方合作，确定库存水平和销售策略等。

目前在欧美等西方国家，QR 系统应用已到达第三阶段，通过联合计划、预测与补货等策略进行有效的用户需求反应。美国的 KurtSalmon 协会调查分析认为，实施快速响应系统后供应链效率大有提高，缺货大大减少；通过供应商与零售商的联合协作，保证 24 小时供货；库存周转速度提高 1～2 倍；通过敏捷制造技术，企业的产品中有 20%～30% 是根据用户的需求而制造的。

快速响应系统需要供需双方的密切合作，因此，协调库存管理中心的建立，为快速响应系统发挥更大的作用，创造了有利的条件。

（4）发挥第三方物流系统的作用

第三方物流系统（Third Party Logistics，TPL），是供应链集成的一种技术手段。TPL也叫作物流服务提供者（Logistics Service Provider. LSP），它为用户提供各种服务，如产品运输、订单选择、库存管理等。

把库存管理的部分功能代理给第三方物流系统管理，可以使企业更加集中精力于自己的核心业务，第三方物流系统起到了供应商和用户之间联系的桥梁作用，为企业获得诸多好处（见图13-9）：

① 减少成本；

② 让企业集中于核心业务；

③ 获得更多的市场信息；

④ 获得一流的物流咨询；

⑤ 改进服务质量；

⑥ 快速进入国际市场。

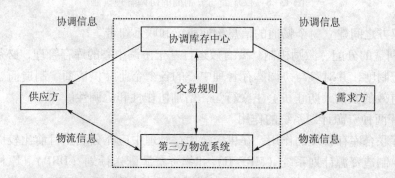

图13-9　第三方物流系统在供应链中的作用

面向协调中心的第三方物流系统使供应与需求双方都取消了各自独立的库存，增加了供应链的敏捷性和协调性，并且能够大大改善供应链的用户服务水平和运作效率。

13.5.3　多级库存优化与控制

基于协调中心的联合库存管理是一种联邦式供应链库存管理策略，是对供应链的局部优化控制，而要进行供应链的全局性优化与控制，则必须采用多级库存优化与控制方法。因此，多级库存优化与控制是供应链资源的全局性优化。

多级库存的优化与控制是在单级库存控制的基础上形成的。多级库存系统根据不同的配置方式，有串行系统、并行系统、纯组装系统、树形系统、无回路系统和一般系统。

供应链管理的目的是使整个供应链各个阶段的库存最小，但是，现行的企业库存管理模式是从单一企业内部的角度去考虑库存问题，因而并不能使供应链整体达到最优。

多级库存控制的方法有两种：一种是非中心化（分布式）策略，另一种是中心化（集中式）策略。非中心化策略是各个库存点独立地采取各自的库存策略，这种策略在管理上比较简单，但是并不能保证产生整体的供应链优化，如果信息的共享度低，多数情况产生的是次

优的结果，因此非中心化策略需要更多信息共享。用中心化策略，所有库存点的控制参数是同时决定的，考虑了各个库存点的相互关系，通过协调的办法获得库存的优化。但是中心化策略在管理上协调的难度大，特别是供应链的层次比较多，即供应链的长度增加时，更增加了协调控制的难度。

供应链的多级库存控制应考虑以下几个问题。

（1）库存优化的目标是什么？成本还是时间

传统的库存优化问题无不例外地进行库存成本优化，在强调敏捷制造、基于时间的竞争条件下，这种成本优化策略是否适宜？供应链管理的两个基本策略，ECR 和 QR，都集中体现了顾客响应能力的基本要求，因此，在实施供应链库存优化时要明确库存优化的目标是什么，成本还是时间？成本是库存控制中必须考虑的因素，但是，在现代市场竞争的环境下，仅优化成本这样一个参数显然是不够的，应该把时间（库存周转时间）的优化也作为库存优化的主要目标来考虑。

（2）明确库存优化的边界

供应链库存管理的边界即供应链的范围。在库存优化中，一定要明确所优化的库存范围是什么。供应链的结构有各种各样的形式，有全局的供应链，包括供应商、制造商、分销商和零售商各个部门；有局部的供应链，分为上游供应链和下游供应链。在传统的所谓多级库存优化模型中，绝大多数的库存优化模型是下游供应链，即关于制造商（产品供应商）—分销中心（批发商）—零售商的三级库存优化。很少有关于零部件供应商—制造商之间的库存优化模型，在上游供应链中，主要考虑的问题是关于供应商的选择问题。

（3）多级库存优化的效率问题

理论上讲，如果所有的相关信息都是可获的，并把所有的管理策略都考虑到目标函数中去，中心化的多级库存优化比基于单级库存优化的策略（非中心化策略）要好。但是，现实情况未必如此，当把组织与管理问题考虑进去时，管理控制的幅度常常是下放给各个供应链的部门独立进行，因此多级库存控制策略的好处也许会被组织与管理的考虑所抵消。因此，简单的多级库存优化并不能真正产生优化的效果，需要对供应链的组织、管理进行优化；否则，多级库存优化策略效率是低下的。

（4）明确采用的库存控制策略

在单库存点的控制策略中，一般采用的是周期性检查与连续性检查策略。在周期性检查库存策略中主要有 (nQ, s, R)、(S, R)、(s, S, R) 等策略，连续库存控制策略主要有 (s, Q) 和 (s, S) 两种策略。这些库存控制策略对于多级库存控制仍然适用。但是，到目前为止，关于多级库存控制，都是基于无限能力假设的单一产品的多级库存，对于有限能力的多产品的库存控制是供应链多级库存控制的难点和有待解决的问题。

13.5.4 多级库存优化的方法

下面分别从时间优化和成本优化的角度分别探讨多级库存的优化控制问题。

1. 基于成本优化的多级库存优化

基于成本优化的多级库存控制实际上就是确定库存控制的有关参数：库存检查期、订货点、订货量。

在传统的多级库存优化方法中，主要考虑的供应链模式是生产—分销模式，也就是供应链的下游部分。进一步把问题推广到整个供应链的一般性情形，如图 13-10 所示的供应链模型。

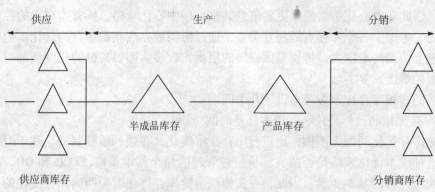

供应　　　　　　　　　生产　　　　　　　　　分销

半成品库存　　　　　产品库存

供应商库存　　　　　　　　　　　　　　　　分销商库存

图 13-10　多级供应链库存模型

在库存控制中，考虑集中式（中心化）和分布式（非中心化）两种库存控制策略情形。在分析之前，首先确定库存成本结构。

2. 供应链的库存成本结构

（1）维持库存费用（Holding Cost）C_h

在供应链的每个阶段都维持一定的库存，以保证生产、供应的连续性。这些库存维持费用包括资金成本、仓库及设备折旧费、税收、保险金等。维持费用与库存价值和库存量的大小有关，其沿着供应链从上游到下游有一个累积的过程，如图 13-11 所示。

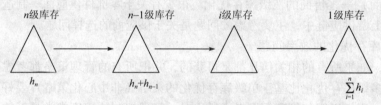

n级库存　　　$n-1$级库存　　　i级库存　　　1级库存

h_n　　　　h_n+h_{n-1}　　　　　　　　$\sum\limits_{i=1}^{n} h_i$

图 13-11　供应链维持库存费用的累积过程

h_i 为单位周期内单位产品（零件）的维持库存费用。如果 v_i 表示 i 级库存量，那么，整个供应链的库存维持费用为

$$C_h = \sum_{i=1}^{n} h_i v_i \tag{13.1}$$

如果是上游供应链，则维持库存费用是一个汇合的过程，而在下游供应链，则是分散的过程。

（2）交易成本（Transaction Cost）C_t

即在供应链企业之间的交易合作过程中产生的各种费用，包括谈判要价、准备订单、商品检验费用、佣金等。交易成本随交易量的增加而减少。

交易成本与供应链企业之间的合作关系有关。通过建立一种长期的互惠合作关系，有利于降低交易成本，战略伙伴关系的供应链企业之间交易成本是最低的。

（3）缺货损失成本（Shortage Cost）C_s

缺货损失成本是由于供不应求，即库存 v_i 小于零的时候，造成市场机会损失及用户罚款等。

缺货损失成本与库存大小有关：库存量大，缺货损失成本小；反之，缺货损失成本高。为了减少缺货损失成本，维持一定量的库存是必要的，但是库存过多将增加维持库存费用。

在多级供应链中，提高信息的共享程度、增加供需双方的协调与沟通，有利于减少缺货带来的损失。

总的库存成本为

$$C = C_h + C_t + C_s \tag{13.2}$$

多级库存控制的目标就是优化总的库存成本 C，使其达到最小。

3. 库存控制策略

多级库存的控制策略分为中心化库存控制策略和非中心化库存控制策略。

（1）中心化库存控制

采用中心化库存控制的优势在于能够对整个供应链系统的运行有一个较全面的掌握，能够协调各个节点企业的库存活动。

中心化库存控制是将控制中心放在核心企业上，由核心企业对供应链系统的库存进行控制，协调上游与下游企业的库存活动。这样核心企业也就成了供应链上的数据中心（数据仓库），担负着数据的集成、协调功能，如图 13-12 所示。

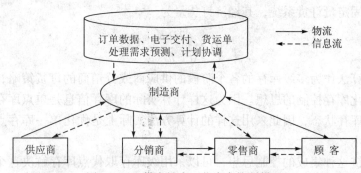

图 13-12　供应链中心化库存控制模型

中心化库存优化控制的目标是使供应链上总的库存成本最低。理论上讲，供应链的层次是可以无限的，即从用户到原材料供应商，整个供应链是 n 个层次的供应链网络模型，分一级供应商、二级供应商、…、k 级供应商，然后到核心企业（组装厂）；分销商也可以是多层次的，分一级分销商、二级分销商、三级分销商等，最后才到用户。但是，现实的供应链的层次并不是越多越好，而是越少越好，因此，实际供应链的层次并不很长，采用供应—生产—分销这样的典型三层模型足以说明供应链的运作问题。图 13-13 为三级库存控制的供应链模型。

各个零售商的需求 D_{it} 是独立的，根据需求的变化做出的订货量为 Q_{it}，各个零售商总的订货汇总到分销中心，分销中心产生一个订货单给制造商，制造商根据产品决定生产计划，同时对上游供应商产生物料需求。整个供应链在制造商、分销商、零售商三者存在三个库存，这就是三级库存。这里假设各零售商的需求为独立需求，需求率 d_i 与提前期 LT_i 为同一分布的随机变量，同时系统销售同一产品，即为单一产品供应链。这样一个三级库存控制系统是一个串行与并行相结合的混合型供应链模型，建立如下的控制模型

$$\min\{C_{\mathrm{mfg}} + C_{\mathrm{cd}} + C_{\mathrm{rd}}\} \tag{13.3}$$

式中：C_{mfg} 为制造商的库存成本；C_{cd} 为分销商的库存成本；C_{rd} 为零售商的库存成本。

关于订货策略采用连续检查还是周期性检查的问题，原则上都是适用的，但问题在于采用传统的订货策略有关参数的确定和供应链环境下的库存参数应有所不同，否则不能反映多

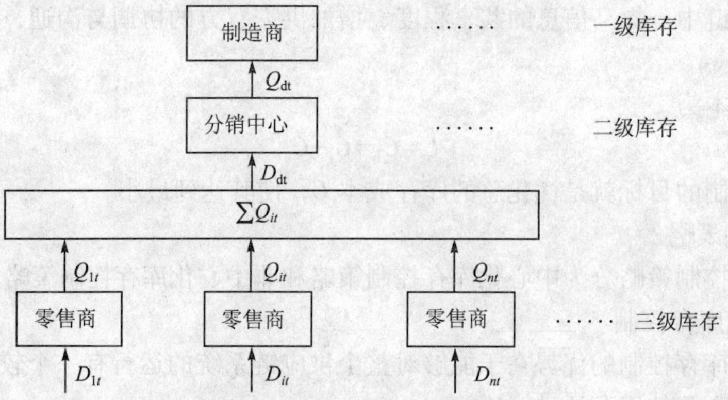

图 13-13　三级库存控制的供应链模型

级库存控制的思想。因此，不能按照传统的单点库存控制策略进行库存优化，必须寻找新的方法。

按照传统的固定量订货系统，其经济订货量为

$$Q = \sqrt{\frac{2D_i K_i}{h_i}}$$

如果把这个算法作为多级库存的各个阶段的供应商或分销商的订货策略，那么就没有体现供应链的中心化库存控制的思想。因为这样计算实际的库存信息是单点库存信息，没有考虑供应链的整体库存状态，因此采用这样的计算方法实际上是优化单一库存点的成本而不是整体供应链的成本。

要体现供应链这种集成的控制思想，可以采用级库存取代点库存解决这个问题。因为点库存控制没有考虑多级供应链中相邻节点的库存信息，因此容易造成需求放大现象，采用级库存控制策略后，每个库存点不再是仅检查本库存点的库存数据，而是检查处于供应链整体环境下的某一级库存状态。这个级库存和点库存不同，需要重新定义供应链上节点企业的库存数据，在此采用"级库存"这个概念。

供应链的级库存＝某一库存节点现有库存+转移到或正在转移给其后续节点的库存

(13.4)

这样检查库存状态时不但要检查本库存点的库存数据，而且还要检查其下游需求方的库存数据。级库存策略的库存决策是基于完全对其下游企业的库存状态掌握的基础上，因此避免了信息扭曲现象，建立在 Internet 和 EDI 技术基础上的全球供应链信息系统，为企业之间的快速信息传递提供了保证，因此，实现供应链的多级库存控制是有技术保证的。

（2）非中心化的库存控制策略

非中心化库存控制是把供应链的库存控制分为三个成本归结中心，即制造商成本中心、分销商成本中心和零售商成本中心，各自根据自己的库存成本优化做出优化的控制策略，如图 13-14 所示。非中心化的库存控制要取得整体的供应链优化效果，需要增加供应链的信息共享程度，使供应链的各个部门都共享统一的市场信息。非中心化库存控制策略能够使企业根据自己的实际情况独立做出快速决策，有利于发挥企业自己的独立自主性和灵活机动性。

非中心化库存订货点的确定，可完全按照单点库存的订货策略进行，即每个库存点根据库存的变化，独立地决定库存控制策略。非中心化的多级库存优化策略，需要企业之间的协调性比较好，如果协调性差，有可能导致各自为政的局面。

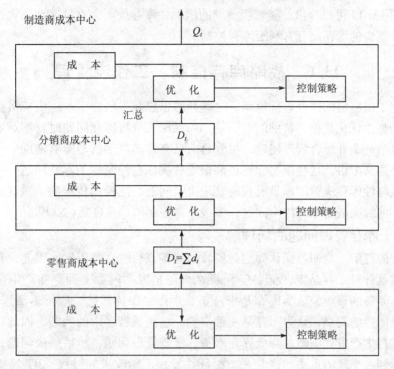

图 13-14　多级库存控制模式

13.5.5　基于时间优化的多级库存控制

基于成本优化的多级库存优化方法，是传统的做法。随着市场变化，市场竞争已从传统的、简单的成本优先的竞争模式转为时间优先的竞争模式，这就是敏捷制造的思想。因此，在供应链管理环境下，供应链的库存优化不能简单地仅优化成本，还应该考虑对时间的优化，比如库存周转率的优化、供应提前期优化、平均上市时间的优化等。库存时间过长对于产品的竞争力不利，因此，供应链系统应从提高用户响应速度的角度提高供应链的库存管理水平。

为了说明时间优化在供应链库存控制中的作用，看下面一个例子（见图 13-15）。

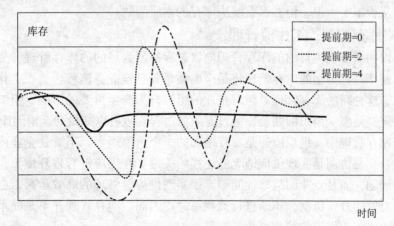

图 13-15　零售商库存水平与供应提前期的关系

图 13-15 显示了随着时间的推移，一个零售商从供应商获得的库存水平与变化的提前期

的关系。从图 13-15 可以看出，随着提前期的增加，库存量更大而且摆动更大；缩短提前期不但能够维持更少的库存而且有利于库存控制。

13.6　战略库存控制：工作流管理

前面论述了供应链的库存管理策略，这些新的思想和方法对于改进供应链企业的库存管理及供应链的整体优化是很有帮助的。但是，如果深入分析库存问题时就不难发现，库存控制是一个很复杂的企业综合管理问题，尽管目前已有许多数学模型能够辅助库存管理，但是从管理的战略意义上讲，这些模型和算法都很难解决库存控制中的本质问题——战略性库存决策问题。战略性库存决策问题是宏观的管理决策问题，纯粹用传统的、微观的、基于算法求解的方法不能解决战略库存决策问题，多级库存控制的难点也就在这里。

13.6.1　关于库存管理问题的新理解

对于库存的理解，我们习惯认为它是资源的储备或暂时性的闲置，因此，长期以来对库存作用的理解就针对库存是因"储备"而存在、还是因"闲置"而存在产生截然相反的看法。持库存是储备的观点，认为库存是维持正常生产、保持连续、应付不测需求所必需的；而认为库存是闲置的观点，认为库存是一种浪费，它掩盖管理中的问题，因此，主张消除库存，通过无库存生产方式不断地降低库存水平，暴露管理问题，然后解决问题，使管理工作得到改进，达到一个新的水平。这是一个循环往复、不断改进的过程，JIT 思想集中体现了这种理念。

从深层次的研究发现，库存并不是简单的资源储备或闲置的问题，而是一种组织行为问题，这是关于库存管理新的理解，即库存是企业之间或部门之间没有实现无缝连接的结果，因此，库存管理的真正本质不是针对物料的物流管理，而是针对企业业务过程的工作流管理。

基于传统的库存观点，库存管理就是物料管理，于是人们花大量的时间与精力去优化库存（物料成本优化），但总是没有达到预期效果。这种只看树木不见森林的管理思维一直没有得到突破。而所谓的库存管理也总是围绕物流管理、仓库管理等问题展开，或者基于降低浪费的角度，采用 JIT 准时制进行无休止地改进以降低库存，虽然这些都是库存管理的有效方法，但是，从根本上来说，仍然没有解决库存的本质问题。

13.6.2　战略库存控制：工作流管理

从传统的以物流控制为目的的库存管理向以过程控制为目的的库存管理转变是库存管理思维的变革。基于过程控制的库存管理将是全面质量管理、业务流程再造、工作流技术、物流技术的集成。这种新的库存管理思想对企业的组织行为产生重要的影响，组织结构将更加面向过程。供应链是多个组织的联合，通过有效的过程管理可以减少乃至消除库存。

在供应链库存管理中，组织障碍是库存增加的一个重要因素。不管是企业内部还是企业之间，相互的合作与协调是实现供应链无缝连接的关键。在供应链管理环境下，库存控制不再是一种运作问题，而是企业的战略性问题。要实现供应链管理的高效运行，必须增加企业的协作，建立有效的合作机制，不断进行流程革命。因而，库存管理并不是简单的物流过程管理，而是企业之间工作流的管理。

基于工作流的库存管理能解决传统的库存控制方法无法解决的库存协调问题，特别是多级库存控制问题。多级库存管理涉及多组织协作关系，这是企业之间的战略协作问题。传统的订货点方法解决不了关于多组织的物流协作问题，必须通过组织的最有效协作关系进行协调才能解决。

　　基于工作流的库存控制策略把供应链的集成推到了一个新的战略高度——企业间的协作与合作。

本章小结

　　供应链环境下的采购管理与传统采购有很大的区别，对采购工作提出了 5 个恰当：恰当的数量、恰当的时间、恰当的地点、恰当的价格、恰当的来源等要求，为此企业的采购必须实现为订单而采购、进行外部资源管理、建立战略协作伙伴关系三大转变。准时采购是一种先进的采购模式，它的基本思想是：在恰当的时间、恰当的地点、以恰当的数量、恰当的质量提供恰当的物品。供应商管理最主要的内容是供应商的选择和供应商的关系管理，双赢关系已经成为供应链企业之间合作的典范。为了适应供应链管理的要求，库存管理需要采用先进的供应链库存管理技术与方法，包括 VMI 管理系统、联合库存管理、多级库存优化等。库存管理的真正本质不是针对物料的物流过程管理，而是企业之间工作流的管理。

　　本章的重点是供应链管理环境下采购的特点，准时采购策略，供应商选择的评估要素，供应链管理环境下的库存问题和库存管理策略。

　　本章的难点是准时采购策略，供应链管理环境下的库存管理策略。

学习资料

综合信息中心负责人工作责任制度

职务

　　（一）在厂长领导下，贯彻政府关于"开发信息资源，服务社会建设"的精神，有目的地组织收集、整理、分析、传递、研究、处理、储存厂内外有关改革和经营管理科技进步、群众生活、思想工作等方面的综合信息，为领导决策和各部门应用服务。

　　（二）根据《工业企业档案管理暂行规定》要求，负责归口管理全厂计划统计、经营销售、生产调度、物资供应、财务管理、劳动人事、教育卫生等各方面工作所形成的档案，并积极组织档案编研，主动为领导和群众提供利用。

　　（三）负责组织开展经济技术情报工作，为工厂制定经营决策和产品开发方案提供依据。

　　（四）组织搞好科技资料图书选购、收藏、介绍工作，为提高工厂科学技术素质服务。

　　（五）归口管理全厂照相器材。

　　（六）负责组织协调全厂信息（通讯）网络的工作。

　　（七）负责组织制（修）订综合信息管理制度。

　　（八）积极组织开展重大信息的调研活动，努力办好信息刊物，不定期召开信息发布会，及时向厂内外传递、发布有关信息。

　　（九）积极参加行业、地区及国家经济技术信息网络活动，搞好信息的协作和交流，不断提高工厂信息管理水平。

　　（十）逐步开展对外有偿信息咨询服务活动。

　　（十一）逐步发展与国际上的信息联系。

　　（十二）完成厂领导交办的其他工作。

职权

（一）有权组织信息员收集厂内外各方面的信息。

（二）对所辖信息工作岗位有检查督促权。

（三）有权代表工厂参加行业和地区经济技术信息网络活动。

（四）有权组织开展综合信息调研活动，组织召开厂内信息发表会，主持编撰《××信息》刊物。

（五）有权向全厂各单位索取有关信息资料，督促按期整理交缴档案。

职责

（一）对收集、整理、传递、储存发布的信息的准确性、及时性负责。

（二）对所管辖信息岗位工作的质量和安全负责。

（三）对照相器材管理不善，造成丢失、损坏、影响工作负责。

（四）对档案信息资料保管不善，造成丢失、损坏和失、泄密现象负责。

思 考 题

1. 传统采购模式有哪些特点？

2. 供应链管理环境下采购工作有什么新要求？需要进行哪些变革？

3. 订单驱动的采购方式有哪些特点？

4. 什么是准时采购？准时采购有什么特点？

5. 实行供应商管理有什么目标？

6. 对供应商评估应包括哪些指标？

7. 供应链管理下的供需关系有哪几种类型？

8. 建立双赢关系对供需双方有什么作用？

9. 供应链管理下库存控制有哪些问题？

10. 产生需求变异放大的原因是什么？

11. 供应链不确定性产生的来源是什么？

12. 库存控制的目标是什么？

13. 供应商管理库存的具备思想是什么？

14. 实施供应商管理库存应遵循什么原则？

15. 实施供应商管理库存策略需要经过哪几个步骤？

16. 实施供应商管理库存有哪几种支持技术？

17. 联合库存管理的基本思想是什么？

18. 如何建立供需协调机制？

19. 多级库存控制有哪几种方法？

20. 库存管理的真正本质是什么？

参考文献

1. 徐源．物控主管实务．广州：广东经济出版社，2005
2. 张屹．物料的配套供应．北京：经济管理出版社，2004
3. 赵光忠．企业生产管理模板与操作流程：流程、方法、模式、范例．北京：中国经济出版社，2004
4. 廖金福．库存管理入门．广州：广东经济出版社，2004
5. 阎子刚，吕亚君．供应链管理．北京：机械工业出版社，2003
6. 马士华，林勇，陈志祥．供应链管理．北京：机械工业出版社，2000
7. 宋华，胡左浩．现代物流与供应链管理．北京：经济管理出版社，2000
8. 汪星明，邹菊梅．工商管理案例作业管理卷．北京：中国人民大学出版社，1999
9. 黄卫伟．生产与作业管理．北京：中国人民大学出版社，1997
10. 顾国祥．现代工业企业物资管理．上海：复旦大学出版社，1987
11. 戴克商．供应与销售．厦门：鹭江出版社，1989

后　　记

　　《物资管理理论与实务》终于可交稿付印了！由曹俊超、戴克商编写的此讲义在企业管理类专业讲授过 7 年，同时该讲义又吸收了由戴克商主编的福建省企业供销科长岗位培训教材《供应与销售》的内容，并结合变化了的企业管理实践拓展而成。因此，本书所阐述的内容有一定的实践基础。但由于编者水平所限，全书的体系和取材仍然有待改进的地方，疏漏也难免。希望本书的出版能够得到社会各界更多的关心和支持；殷切期望广大专家和读者不吝指教，使本教材更为完善。在本书成稿过程中，也参阅了同行的文献资料，在此向其作者深表谢意。

　　本书共分 13 章，具体的分工是：曹俊超（第 1～5、7～10、13 章）；戴婉如（第 6 章）；戴克商（第 11 章）；彭明旭（第 12 章）。全书由戴克商进行修改、定稿。

编者

2006.1 于福州